金剛經講義

江味农 著

华东师范大学出版社

图书在版编目（CIP）数据

金刚经讲义/江味农著.—上海：华东师范大学出版社，2013.9

ISBN 978-7-5675-1243-6

Ⅰ.①金… Ⅱ.①江… Ⅲ.①《金刚经》—研究 Ⅳ.①B942.1

中国版本图书馆 CIP 数据核字（2013）第 232062 号

金刚经讲义

著　者　江味农
项目编辑　许　静　储德天
特约编辑　邱承辉
审读编辑　金国正
封面设计　吕彦秋

出版发行　华东师范大学出版社
社　　址　上海市中山北路 3663 号，邮编 200062
网　　址　www.ecnupress.com.cn
电　　话　021－60821666　行政传真 021－62572105
客服电话　021－62865537（兼传真）　门市电话　021－62869887（邮购）
地　　址　上海市中山北路 3663 号华东师范大学校内先锋路口
网　　店　http://hdsdcbs.tmall.com

印 刷 者　北京文昌阁彩色印刷有限责任公司
开　　本　787×1092　16 开
印　　张　31
字　　数　420 千字
版　　次　2014 年 1 月第 1 版
印　　次　2018 年 12 月第 5 次印刷
书　　号　978－7－5675－1243－6/B.807
定　　价　49.80

出版人　王　焰

（如发现本版图书有印订质量问题，请寄回本社市场部调换或电话 021－62865537 联系）

目录

金刚经讲义

总序

前言

导读

序一

序二

卷一 /003

卷二 /034

卷三 /120

卷四 /297

卷五 /375

附录 金刚般若波罗蜜经/452

《金刚经》校勘记 /461

《归元文库》总序

佛教是中国传统文化的重要组成部分，自两汉之际传入中国内地以来，逐渐融入中国文化之中，在哲学、文学、建筑、雕塑、绘画、音乐、美术等各个领域产生了深刻的影响。佛教的思想体系对中国哲学思想的发展起到了重大的推动作用，而佛教的积善行德的说教也一直深入民心，成为广大百姓为人处世的重要原则，对于安定社会民心，维护社会和谐起到了积极的作用。

佛教发源于印度，自两汉之际传入中国内地。魏晋南北朝时期，是其在中国的翻译和广泛传播时期。在这一阶段中，借助中国固有的儒家、道家思想以及魏晋玄学的概念，来翻译和诠释佛教思想。随着佛教经论的大量翻译，佛教概念逐渐得到了厘清，形成了有别于儒道的独具一格的思想体系，产生了众多的佛教学派，为隋唐佛教宗派的形成奠定了基础。

隋唐时期是佛教中国化及佛教思想发展的高峰，尤其是以隋唐大乘佛教宗派的创立为重要的标志，智𫖮创立天台宗，吉藏创立三论宗，玄奘和窥基创立法相宗，惠能创立禅宗（南宗），法藏创立华严宗，还有律宗、净土宗、密宗等宗派，一时蔚为大观，为中国哲学思想的发展提供了丰富的资源。

宋以后佛教得到了持续的发展，虽然没出现开宗立派的大师，但佛教的思想和信仰影响了中国社会的各个层面，尤其是其哲学思想深深地影响和启发了儒学，产生了吸纳佛学、融入道学的新儒学——宋明理学，在中国传统社会产生了深远的影响。

当中华大地还沉浸在天朝大国的睡梦之中时，不期被西方的坚船利炮所震醒，包括儒释道在内的传统文化受到了新的冲击，随着西学的大量传入及对传统文化的反省，人们重新认识到中国佛教资源的重要价值。杨文会、欧阳竟无等人竞相创办刻经处及佛学院，流通经籍，培养佛学研究人才；康有为、谭嗣同、章太炎、梁启超等人都对佛学做了大量深入的研究，使中国佛学呈现了复兴之势。特别是太虚、月霞、谛闲、圆瑛、弘一、印光、虚云等佛教高僧对佛教的振兴、弘扬，使佛教在艰难曲折中得到了新的发展。

武汉归元禅寺位于汉阳区翠微横路，东眺晴川阁，南滨鹦鹉洲，北邻古琴台。清顺治十五年（1658年），由浙江僧人白光禅师和主峰禅师经17年筚路蓝缕，募化王氏葵园而创建，以《易经》"元者，善之长也"，乾元资始，坤元资生，而易行乎其间，此万法归一的思想，以及《楞严经》中"归元性无二，方便有多门"而得名。辛亥革命期间归元禅寺是武昌起义军的指挥部之一，故被清军破毁，1922年才又恢复原貌。建国后，曾得到周恩来总理的关怀和保护。现为湖北省佛界协会、武汉市佛教协会驻地，湖北省政府确定为重点文物保护单位。1983年被国务院确定为全国汉族地区佛教重点寺院之一；2001年1月，被国家旅游局确定为全国首批4A级旅游风景区。武汉归元禅寺历史文化底蕴深厚，是国内屈指可数的著名曹洞宗传法丛林之一，寺内五百罗汉造像工艺精湛，是国内现存的清代之前四大罗汉堂之一。"数罗汉"已经成为武汉市民一项重要的民俗活动，同时也是国内外众多游客游览归元寺的一件趣事。各国政要，如柬埔寨西哈努克国王、美国国务卿基辛格、新加坡总理李光耀、日本首相中曾根康弘等都曾先后来此参观。

近代以来，太虚法师、虚云法师、月霞法师、持松法师等高僧大德曾在此讲经说法或兴办佛教教育，为佛教文化的传播和发展做了很大贡献。改革开放以来，尤其是最近十多年来，寺院在坚持继承佛教文化传统的同时，又积极创新，适应时代，在寺院文物古迹保护、佛教文化建设及慈善公益事业等诸多方面成绩突出，为佛教文化建设及和谐社会建设发挥了积极作用。

随着党和国家宗教信仰自由政策的贯彻和实施，中国佛教正处于历史上最好的发展时期。武汉归元禅寺和全国所有寺院一样，经历了寺院殿堂建筑修复重建的阶段。目前归元禅寺耗资两亿多元、全国最大单体石木结构建筑的圆通阁已经建成，硬件建设的任务即将告一段落，下一步的工作重心将由寺院基础建设转向文化建设和佛教教育事业，这是佛教长远发展和综合实力的重要体现。为此，我们推出《归元文库》，准备系统整理历史上尤其是近代以来有着深远影响的佛教高僧和学者大德的著述，并且深入研究武汉归元禅寺历史上的祖师著述和曹洞宗法系传承，希望发挥佛教劝善教化，安定社会民心，促进和谐社会建设方面的积极作用，并且对佛教的研究和佛法的弘扬有所裨益。是为序。

隆印
2013 年 9 月 22 日于武汉归元禅寺

前　言

《金刚经》是佛教界流通最广，诵持最多，也是影响最大的一部经典。《金刚经》全名《金刚般若波罗蜜经》，意即以如金刚般锐利（能断烦恼）的大智慧到彼岸。此经阐释的是佛教的最高深的智慧，即佛教的空性，而不是所谓的世俗的聪明才智。能够体悟佛教的空性，就能见性成佛。如何才能体悟这种空性呢？要从破相、去执、无我三个方面去体会。

一、破相。凡夫执著世间的名相，汲汲一生，无非为名为利，头出头没，没有了时。既没有认清世界的真相，也迷失了自己，很是悲哀。《金刚经》反复宣说凡所有相，皆是虚妄，又说"一切有为法，如梦幻泡影，如露亦如电，应作如是观"。指出世间的一切不能独立而自存，事物的存在有赖于因缘的凑合，缘散复归于无，如梦幻，如露电，这即是空。如能认识到空性，就能明白相即是非相的道理。

二、去执。明白了相即是非相的道理，就能放下执著。凡夫追求的名利，到头来不过是过眼烟云，汲汲追逐，得不到会很痛苦，就算得到了，也只是暂时地保有，终究不能长久，虽然一时得到了满足，终究还是痛苦。只有放下执著，心境才能变得宽敞明亮。

三、无我。人一生最放不下的是自己，把自己的身体执实为自己，于是于滋养、满足、放纵身体相关的财利名声都看作是自己的，不惜一切代价尽量攫取，牢牢不放。既造成自身的痛苦，也给他人带来困扰。有的人物欲淡泊一些，能够放下财色名利，但不一定能放下自我。本经一再宣说要无我相、无人相、无众生相、无寿者相。其实何为我？我是谁？能把自己的身体看做自己吗？能把纷飞的妄念当做自己吗？身体没有了，自己在哪里？因此只有无我相、无人相、无众生相、无寿者相，才能放下自己，才能体认空性。

《金刚经》围绕须菩提的两个问题"发阿耨多罗三藐三菩提心（即无上正等正觉之心，也即是成佛之心），应云何住，云何降伏其心"而展开，阐发了般若空观的奥义。佛答："诸菩萨摩诃萨，应如是降伏其心。所有一切众生之类，若卵生、若胎生、若湿生、若化生，若有色、若无色、若有想、若无想、若非有想非无想，我皆令入无余涅槃而灭度之。如是灭度无量无数无边众生，实无众生得灭度者。何以故？须菩提，若菩萨有我相、人相、众生相、寿者相，即非菩萨。"此说的是破相、去执、无我的道理，菩萨不应执着于相，但又不能落于绝对的空无。菩萨无我相、人相、众生相、寿者相，并非无事可做，否则会堕入小乘的灰身灭智，而放弃了大乘菩萨的普度众生的责任。接着佛又回答："复次，须菩提，菩萨于法，应无所住，行于布施。所谓不住色布施，不住声、香、味、触、法布施。须菩提，菩萨应如是布施，不住于相。何以故？若菩萨不住相布施，其福德不可思量。"菩萨一方面要不著于相，另一方面还得行布施、持戒、忍辱、精进、禅定、智慧等六度，只是应生无所住心而行六度。破相讲的是空慧的道理，但修菩萨道还得积聚福德资粮，没有福德资粮也是成不了佛的，只有福慧双修，才能圆成佛道。修福德资粮以布施为最，包括财布施、身布施和法布施。其中以受持说法的功德最大。《金刚经》阐发的福慧双修的道理是进入佛道的关键，因此此经在佛教界极为重要。

禅宗六祖慧能大师是通过听闻《金刚经》而开悟的，他对《金刚经》的主旨做了很好的总结。他说："我此法门，从上以来，先立无念为宗，无相为体，无住为本。""无相者，于相而离相。无念者，于念而离念。无住者，人之本性，于世间善恶好丑，乃至冤之与亲，言语触刺欺争之时，并将为空，不思酬害，念念之中，不思前境。若前念今念后念，念念相续不断，名为系缚于诸法之上。念念不住，即无缚也，此是以无住为本。"外离一切相，名为无相。能离于相，则法体清净。于诸境上，心不染著，不与境上生心，就是无念。念念不住，即是无住。

《金刚经》既是禅宗最重要的经典，五祖弘忍大师就以《金刚经》传法印心，也是中国佛教各宗非常重视的经典，"一切诸佛及诸佛阿耨多罗三藐三菩提法，皆从此经出。"慧能祖师听闻至"应无所住而生其心"，言下大悟，可见本经对悟道的重要性非同凡响。本经也一再宣说，受持读诵为人解说的功德更是不可思议。

　　本经不仅在教内极受欢迎，在教外也受到了极大的重视。毛泽东主席在外出途中，时常带《金刚经》和《六祖坛经》、《心经》等佛教经典参究，他和赵朴初、班禅都探讨过《金刚经》的相关问题，并且说："《金刚经》值得一读。"

　　《金刚经》最早由鸠摩罗什翻译，此后还有五个译本，但以鸠摩罗什的翻译最为流畅优美，故他的译本传诵最广。历代注释《金刚经》的高僧大德及相关著作极多，但以江味农居士的《金刚经讲义》内容最为丰赡。

　　江味农居士（1872—1938年），原名忠业，字味农，法名妙熙，晚号定翁。祖籍江苏江宁，出生官宦，1903年考中举人，但不乐仕进。曾听谛闲讲经，且录有讲义。又曾赴日本学东密，归国后随白普仁喇嘛在沪、杭、湘、鄂等地弘扬藏密。1931年任上海省心莲社社长，常在社中讲经。江味农居士一生修持金刚经，极有心得，在蒋维乔的邀请下，讲解《金刚经》，留下未完成的遗著，经弟子周清圆整理形成本书。作者对《金刚经》进行了逐字逐句的讲解，同时贯穿佛教的历史、制度和基本理论，看本书不仅对金刚经能有深入的理解，对整个佛教也会有大体的了解，因此本书可以称得上是一本佛教的百科全书。特别是作者从信解行证四个方面疏通金刚经（信，就是相信佛法；解，就是理解佛法；行，就是实修佛法；证，就是证悟道果），在本书中处处揭示了《金刚经》指示的实修的方法，我们读本书不仅能够理解《金刚经》，而且还能找到真切实用的修学方法，对学习佛经和修身都会大有裨益。本书曾有较多的科判的内容，因不适合现代人阅读习惯，此次出版做了删除，只是在会影响文意的地方做了保留，且作了相关说明。

　　人最大的烦恼在于身见，我们如常读诵修持《金刚经》，就能用金刚般锐利的般若慧剑，斩断烦恼之根。从世俗来说，破相能够不为事物的假象所迷惑，认清事物的本质；去执能够采用灵活的手段处理问题；无我能够放下自己，精勤地做事。认真领会本经，对成就世俗的功业是有帮助的；从出世的角度说，福慧双修，精行六波罗蜜，就能圆成佛道。所以本经不愧为教内教外俱受欢迎的佛教的根本经典，值得我们认真读诵。

导读 发挥般若之精义，成就圆满之人生
——江味农与《金刚经讲义》

隆印

般若类经典是公元前后印度佛教大乘思潮的产物，其以理论色彩浓厚，涉及问题众多，影响深远而久负盛名。其中《金刚经》言简意赅，是般若经典中的著名篇章，是佛教界流通最广，诵持最多，也是影响最大的一部经典。《金刚经》宣说"一切诸佛及诸佛阿耨多罗三藐三菩提法，皆从此经出"，受持、读诵、为人解说此经能成就"第一希有功德"、是"第一希有法"，果报不可思议，历来备受佛教各宗派所重视，禅宗与《金刚经》的因缘尤为密切。禅宗五祖弘忍大师即以《金刚经》传法印心，六祖慧能大师听闻至"应无所住而生其心"，言下大悟，可见此经对禅宗修学的重要性。《金刚经》对于中国佛教乃至中国文化都有着深远的影响，除了在教内极受重视，也得到了教外的普遍关注。毛泽东主席在外出途中，常携带《金刚经》加以参究，与赵朴初、十世班禅等佛门大德都曾探讨过《金刚经》的相关问题，并且说："《金刚经》值得一读"[①]。由晋至唐，《金刚经》在我国的翻译不断，多有译本，因译者之不同，名称也有所差异，其中姚秦鸠摩罗什于弘始六年（404年）所翻译的《金刚般若波罗蜜经》，《出三藏记集》卷二中有著录："《金刚般若经》一卷，或云《金刚般若波罗蜜经》"[②]，是《金刚经》的第一个汉译本。鸠摩罗什所译《金刚般若波罗蜜经》以达意为原则，直译为主，适合中国人的阅读习惯，流传

甚广，广为教内外所持诵、抄写、宣讲和注疏，在中国佛教史上产生了重要影响。

在我国，注疏《金刚经》的疏本繁多，各个宗派都有自己的判释系统，最早有鸠摩罗什门人、被誉为"解空第一"的僧肇撰写的《金刚般若波罗蜜经注》，随后又有三论宗吉藏法师所著《金刚般若疏》，天台宗智顗大师所著《金刚般若经疏》，华严宗智俨法师所著《佛说金刚般若波罗蜜经略疏》，唯识宗窥基法师所著《金刚般若经赞述》、《金刚般若论会释》，宗密法师所著《金刚般若经疏论纂要》等疏本传世。除此之外，另有明代著名高僧紫柏真可、藕益智旭等注疏流传，及至近现代，太虚法师、慈舟法师、印顺法师、圆瑛法师、江味农居士等也有相关论述和讲记流传于世，而在众多《金刚经》疏本中，尤以近代著名居士江味农所作的《金刚经讲义》内容最为丰赡，讲解最为全面，且通俗易懂，自成书以来，深受佛教界重视，先后有蒋维乔、周清圆、范古农等居士呕心沥血促成出版，广为学佛之人所熟识。

一、《金刚经》的翻译版本及其主要思想

《金刚经》汉译本除了姚秦鸠摩罗什所译《金刚般若波罗蜜经》以外，后又有北魏菩提流支和南朝陈真谛相继翻译，名字都作《金刚般若波罗蜜经》。此经的第四个译本是隋代达摩笈多翻译的《金刚能断般若波罗蜜经》，唐代三藏法师玄奘所译的《能断金刚般若波罗蜜经》与隋译名字略近，是第五次翻译。此后，唐代义净第六次翻译此经，称名为《能断金刚般若波罗蜜多经》，或《佛说能断金刚般若波罗蜜多经》。以上六个版本在《大正藏》中均有收录，其中玄奘译本并没有单独列出，而是收入《大般若经》之第九会，即第五百七十七卷中。另外，在《大正藏》中还有一种元魏留支译的《金刚般若经》附于菩提流支译本之后，据此，《大正藏》共收录七个本子。由于菩提流支的译本在宋以前已佚失，宋代《思溪大藏经》误将真谛的译本重出，当作菩提流支的译本纂入。元代刊刻《普宁大藏经》时，从菩提流支翻译的《金刚般若经论》中辑出经文，重新刻印流

通。所以《大正藏》中所收的元魏留支译本是一个伪本。

这部经的六种译本中,前三个本子均作《金刚般若波罗蜜经》,后三个本子增加"能断"二字。玄奘曾谈及新译与旧译的差别时说:"据梵本,具云《能断金刚般若》,旧经直云《金刚般若》。欲明菩萨以分别为烦恼,而分别之惑坚类金刚。唯此经所诠,无分别慧乃能除断,故曰能断金刚般若。故知,旧经失上二字"③。玄奘认为,"般若"是能断的智慧,"金刚"如所断的烦恼。烦恼如金刚一样坚硬而难以降伏,只有此经所宣示的无分别智慧才能净除。所以将此经译为《能断金刚般若波罗蜜经》。而按照鸠摩罗什翻译的《金刚般若波罗蜜经》,则将"般若"比喻为金刚,因为世间之物,金刚最为坚硬,能破坏一切物体却不被他物所坏。"般若"也是如此,能够破坏一切烦恼,但却不被烦恼所坏。所以从"金刚"所比喻的对象看,二者确实有很大的差别:玄奘译本是将"金刚"比喻为所断的烦恼,而罗什的旧译本则将其比喻为能断的智慧。但是从二者所要表达的思想来看,都是要说明"般若"能够断除一切邪见、妄执等烦恼,所以其含义并无根本性的差异。太虚法师在讲《能断金刚般若波罗蜜经》时曾谈到这两种说法:"'能断金刚'有两种解释:一、以金刚喻菩萨的智慧。菩萨有如金刚的般若慧,所以能断一切无明烦恼,于是金刚是能断,无明烦恼是所断。二、以金刚喻所断的分别疑惑。就是由颠倒分别所起的最坚、最利、最细的妄执疑惑,而以此经的般若慧能断尽无余,于是金刚又是所断了"④。

"般若经系"庞大,《金刚经》是其中较早出现的经典之一,历来备受世人关注,多有发挥。《金刚经》主要阐发了"世俗世界的一切现象(有为法),如梦幻泡影,如露亦如电;人们所见所思维的一切对象(法相)均属虚妄;人们用言语表达的事物,包括佛所说法,都非真实。因此,佛所说法,不可以言取,佛不可以相取。把握佛的真髓(如来),就只有去把握实相,而实相则是非相,既不可言说,也不可思议。唯一能使菩萨修道者达到心清净的方法是不应住色生心,不应住声香味触法生心,应无所住而生心"⑤。早期禅宗主要以四卷《楞伽经》为宗经,后来融摄《金刚经》思想加以阐发,更加完善了自身理论。禅宗六祖慧能大师是通过听闻

《金刚经》而开悟的,他对《金刚经》的主旨做了很好的总结,他说:"我此法门,从上以来,先立无念为宗,无相为体,无住为本。""无相者,于相而离相。无念者,于念而离念。无住者,人之本性,于世间善恶好丑,乃至冤之与亲,言语触刺欺争之时,并将为空,不思酬害,念念之中,不思前境。若前念今念后念,念念相续不断,名为系缚于诸法之上。念念不住,即无缚也,此是以无住为本"。外离一切相,名为无相。能离于相,则法体清净。于诸境上,心不染著,不与境上生心,就是无念。念念不住,即是无住。

《金刚经》围绕须菩提长老的两个问题"发阿耨多罗三藐三菩提心(即无上正等正觉之心,也即是成佛之心),应云何住,云何降伏其心"而展开,深入阐发了般若空观的奥义。佛答:"诸菩萨摩诃萨,应如是降伏其心。所有一切众生之类,若卵生、若胎生、若湿生、若化生,若有色、若无色、若有想、若无想、若非有想非无想,我皆令入无余涅槃而灭度之。如是灭度无量无数无边众生,实无众生得灭度者。何以故?须菩提,若菩萨有我相、人相、众生相、寿者相,即非菩萨"⑥。此说的是破相、去执、无我的道理,菩萨不应执着于相,但又不能落于绝对的空无。菩萨无我相、人相、众生相、寿者相,并非无事可做,否则会堕入小乘的灰身灭智,放弃了大乘菩萨普度众生的责任。接着佛又回答:"复次,须菩提,菩萨于法,应无所住,行于布施。所谓不住色布施,不住声、香、味、触、法布施。须菩提,菩萨应如是布施,不住于相。何以故?若菩萨不住相布施,其福德不可思量"⑦。菩萨一方面要不著于相,另一方面还得行布施、持戒、忍辱、精进、禅定、智慧等六度,只是应生无所住心而行六度。破相讲的是空慧的道理,但修菩萨道还得积聚福德资粮,没有福德资粮也是成不了佛的,只有福慧双修,才能圆成佛道。修福德资粮以布施为最,包括财布施、身布施和法布施,其中以受持说法的功德最大。《金刚经》阐发的福慧双修的道理是进入佛道的关键,因此,此经在佛教界极受重视。

鸠摩罗什所译《金刚经》全名《金刚般若波罗蜜经》,意即以如金刚般锐利(能断烦恼)的大智慧到彼岸。此经阐释的是佛教最高深的智慧,即佛教的空性，而不是所谓的世俗的聪明才智。能够体悟佛教的空性，就能见性成佛。如何才能体悟这种空性呢？要从破相、去执、无我三个方面去体会。

第一，破相。凡夫执著世间的名相，汲汲一生，无非为名为利，头出头没，没有了时。既没有认清世界的真相，也迷失了自己，很是悲哀。《金刚经》反复宣说："凡所有相，皆是虚妄"；又说"一切有为法，如梦幻泡影，如露亦如电，应作如是观"。指出世间的一切不能独立而自存，事物的存在有赖于因缘的凑合，缘散复归于无，如梦幻，如露电，这即是空。如能认识到空性，就能明白相即是非相的道理。

第二，去执。明白了相即是非相的道理，就能放下执著。凡夫追求的名利，到头来不过是过眼烟云，汲汲追逐，得不到会很痛苦；就算得到了，也只是暂时的保有，终究不能长久，虽然一时得到了满足，终究还是痛苦。只有放下执著，心境才能变得宽敞明亮。

第三，无我。人一生最放不下的是自己，把自己的身体执实为自己，于是于滋养、满足、放纵身体相关的财利名色都看作是自己的，不惜一切代价尽量攫取，牢牢不放。既造成自身的痛苦，也给他人带来困扰。有的人物欲淡泊一些，能够放下财色名利，但不一定能放下自我。本经一再宣说要无我相、无人相、无众生相、无寿者相。其实何为我？我是谁？能把自己的身体看作自己吗？能把纷飞的妄念当作自己吗？身体没有了，自己在哪里？因此只有无我相、无人相、无众生相、无寿者相，才能放下自己，才能体认空性。

二、江味农生平及与《金刚经》的因缘

江味农，原名忠业，字味农，法名妙熙，晚号定翁，生于清同治十一年（1872年），卒于民国二十七年（1938年），世寿67岁。居士原籍江苏江宁南乡凌阁村，幼年随祖父寄籍湖北服官，在家塾攻读儒书，天资聪颖，学而能解。光绪二十八年（1902年）乡试中举，为官道员候补，但不乐仕进。居士自幼随祖父持诵《金刚经》，终生不辍，中年丧偶后感悟人

生之无常，故潜心学佛，不拟续娶。后以亲命难违续娶继室，然他素有出家之志，以父母在而未决。1917年，江味农父亲亡故，母亲郭太夫人自幼奉观音大士，在居士的劝说下长斋茹素，虔诚礼诵。1918年春，江味农礼禅宗大德微军和尚为师，受菩萨戒，此后终身虔习佛法，广弘佛教事业。同年，江味农受上海著名善士简照南所托，携10万银元远上华北赈济灾民，在北京结识居士蒋维乔、徐文蔚、梅光羲等人，并与之共创"北京刻经处"。时逢徐文蔚等发起讲经会，礼请宁波观宗寺谛闲尊宿北上讲经，遂在听经之余与蒋维乔等作听经笔记，并整理为《圆觉经亲闻记》，得到了谛闲尊宿的赞许。后又于1921年，谛闲法师在上海功德林宣讲《大乘止观》之际，为之记叙笔记，并且发挥成书，谛闲尊宿命名为《大乘止观讲记》。1931年，江味农应蒋维乔等居士推举为上海省心莲社社长，1934年开始在省心莲社开讲《金刚经》，所积累之讲稿即是后来出版之《金刚经讲义》原稿。1938年，江味农旧疾复发，卧床不起，于农历五月十八日安然长逝。

江味农居士一生学兼儒、释，学养深厚，佛学造诣颇深，既从学大乘经典，涉猎显密，又深谙净土修学之法门。唐宋以后，以弥陀净土为旨归的净土信仰影响日广，既有专门弘传净土法门的净土宗创立，也有禅宗、天台、华严诸宗兼弘净土的局面，"家家弥陀佛、户户观世音"成为了千百年来中国佛教的真实写照。《四十华严》最后一品《普贤行愿品》最后以"十大愿王"导归西方弥陀净土，加深了华严经系、普贤菩萨与净土信仰的关系，遂成为"净土五经"[⑧]之一，历来为修学净土之人广为念诵。江味农居士一生弘传佛教事业，心系净土，注重讲闻，贻学后人。1938年，即使在弥留之际犹遗言后学"修持以普贤行愿为最要"。晚清以后，中国佛教亟待复兴，日本密教（唐密）回传，藏传佛教东来，对内地学佛具有较大的影响，江味农居士也不例外。1921年，因郭太夫人病重，江味农返回上海，亲见郭太夫人往生之种种瑞祥，更是增加了学佛的信念，但也有感于多生多劫的习气一时难以革除，想借密宗神咒之力加以消除，于是返回北京，随正在北京传授日本东密的觉随和尚听受密法，后又与觉随往日本高野山修学密法，后因事未得修学而返回上海。1925年7月，应关炯之、闻兰亭等人之求敦请北京雍和宫著名喇嘛白普仁尊者携带全部法器和28名喇嘛南下上海，修供"金光明法会"，传"大白伞盖度母"灌顶，江味农陪同襄助，辗转于上海、杭州、长沙、武汉、九江、南京等地数千公里，从学受益。

江味农"教宗般若，行在净土"，与《金刚经》的缘分可以追溯到幼年，蒋维乔居士撰写的《江味农居士传》中记载："居士幼时，即随乐峰公（祖父），持诵《金刚经》，终身未尝少辍"、"余与居士缔交二十余年，知其一生持诵《金刚经》，独具心得"，可见江味农与《金刚经》的深厚缘分。1934年7月至次年9月，上海省心莲社学佛子弟借江味农为蒋维乔详解《金刚经》之机缘，要求公开宣讲《金刚经》，每周两次。鉴于蒋维乔作听讲笔记，复由江味农修改之繁琐费力，遂由江味农每每课前撰写千余字的授课讲稿，所以授课圆满后积累了诸多讲稿，是为《金刚经讲义》之肇始。为了能够集结成书，李稚莲居士发愿租得沪西房舍三间专供江味农居住，以一年为期，润色补充完整该讲稿。但事与愿违，《金刚经讲义》的成书过程命途多舛，江味农居士也于1938年往生，而其时书未脱稿，况又在治丧慌乱期间，几近遗失。后来幸有江味农弟子周清圆居士发愿编辑此书，虽几经波折，终将全书录成。录成之后，又因刊印费用等问题而拖延，后请范古农居士校订，蒋维乔、孟定常协同校对，于1940年6月印成。后蒋维乔感慨此事曰："是岂无上甚深之秘机，未可轻易宣露，抑众生福薄，未能仰契大法耶？否则何以魔障重重，若是之甚也！"

三、《金刚经讲义》的特点及价值

自西汉哀帝元寿元年（公元前2年）月支使臣伊存为汉博士弟子景卢口授《浮屠经》，到汉明帝夜梦金人，求取《四十二章经》，及至唐宋明清，印度佛经的翻译成为了中国佛教不可或缺的一部分。尽管经典翻译有"信、达、雅"，"五失本"、"三不易"等原则所限，翻译文本尽量避免晦涩难懂，但终因时代久远、语言差异以及佛学积淀参差不齐等诸种原因，导致世人参悟佛教经典仍存在或多或少的问题。近代居士江味农所编著之

《金刚经讲义》在严格的校勘基础之上，系统地对般若经义进行了阐发。自成书以来就备受各方面关注，既是因为其阐发《金刚经》经义，不但通俗易懂，而且在依据古本校勘的同时，旁征博引，深入浅出地解释了相关名相以及思想渊源，故范古农在《金刚经讲义序》中说："读此解者，不独知弥陀经义，且能知一切经法。今于江居士《金刚经讲义》亦云然。自斯讲义流通，我知读者一展斯编，不啻读余经十百部也。经云：一切诸佛及诸佛菩提法，皆由此经出，不尤彰明较著者哉？"

《金刚般若波罗蜜经》是鸠摩罗什的《金刚经》译文，历代以来广为流传，各种抄写、刻印本、注疏本流行于世，而各不同版本之间又多有不同，甚至影响到了经义的阐发。江味农居士在撰写《金刚经讲义》前博览古今，著有《金刚经校勘记》及《校正本跋》，将《金刚般若波罗蜜经》的经文逐句进行了校对，极具有文献学价值，范古农评价为："至于依据古本，考订异字，勒为定本，尤为千余年来斯经之功臣矣。"江味农之《金刚经讲义》以敦煌石室版本为底本，兼以数十种不同版本进行校勘。《金刚经校勘记》罗列之历代《金刚般若波罗蜜经》相关版本及注疏本主要有：唐柳公权所书、五代南唐翁方纲书、宋代《碛砂大藏经》、南宋张樗寮书、唐纪国寺释慧净注《金刚经注疏》、姚秦释僧肇注《金刚经注》、天台智顗撰《金刚经智顗疏》、嘉祥吉藏撰《金刚经义疏》、窥基撰《金刚经赞述》、宗密撰《金刚经疏论纂要》、民国十九年北平刻《金刚经疏论汇编》。江味农在仔细研读各个文本的同时，加以对照比较、考订研究，最终形成的《金刚般若波罗蜜经》文本，大大减少了经文流布中的错讹现象。如经中"'应云何住'，在柳书、翁书、宋藏、张书、明刻及慧注、肇注、纂要、三会本中皆同。而今流通本及清初本作'云何应住'，与后周语同。按赞述引经，亦作'应云何住'"；又"'若非有想非无想'一句在柳书乃至明刻、慧注、肇注、智疏、赞述、纂要、五会本及今流通本皆同。清初刻本，于'非无想'上，有加一'若'字者。并注云：古本无之。按古本既无，何可滥加？今以所见各本参校，盖自唐季以后，经文乃被人陆续增易，而明清间增易最多也"；再有"'则非般若波罗蜜'一句，柳书至明刻，及慧注会本并同。流通本及清初诸本，'则'作'即'。其下又有'是名般若波罗蜜'句。清初有本并注其下云：古本无，按是名般若波罗蜜句，南宋碛砂藏始见加入，不但为唐人写经所无，即南唐石刻，及张樗寮书，皆无之也。慧注等五会本经文，皆无是名句。又考肇注曰：则非般若，即慧空也。境灭慧忘，何相不尽？弘持之旨，宜在于此。智者疏同。智疏又曰：般若即非般若，此是如空。嘉祥义疏曰：般若非般若，心行断也。下如来无所说，绝言语也。又曰：佛说般若，此是佛般若也。则非般若，非是二乘智慧。慧注曰：证真之日，得真般若。得真之时，便舍文字。故云：佛说般若即非般若。赞述曰：则非般若波罗蜜者，非一佛独陈也。纂要曰：则非般若者，无著云：对治如言执故。以上诸古注，皆未释及是名"，可见江味农对于历代《金刚经》版本的研读之深，由演习考证而加以比较，终成就后人依止诵持之正本。

佛教经典浩繁，思想深奥，判教是古德高僧在自我所奉持之佛教教义的基础之上，而对于所有佛教学说及经典的归类和划分等级，其主要目的是通过调和各种佛教经典中不同，甚至相互矛盾的思想，来论述本宗派所奉持之理论的殊胜，并且为本宗派的理论提供经典和历史的依据。判教思想发端于印度，其理论与方法则是在中国佛教的发展流布中逐渐成熟起来的，中国佛教的判教思潮及实践起源于南北朝，隋唐之际伴随各宗派的正式创立而不断完善。汉传佛教各派均有自己独立、完整的判教体系，其中天台宗智颛大师的"五时八教"和华严宗法藏大师的"五教十宗"算是其中代表。天台"五时八教"由"五时"、"化仪四教"和"化法四教"组成，其中"化法四教"将所有佛教经典分为"藏"、"通"、"别"、"圆"四教，《般若经》因其既讲解深奥义理又包括浅显的道理，故判释为"通教"，而天台所宗之《法华经》则为至圆之教；华严"五教十宗"之"五教"是依据佛所说法的内容来判释的，"十宗"则是从义理方面对"五教"的细分解释，"五教"包括小乘教、大乘始教、大乘终教、顿教、圆教，《般若经》被判释为"大乘始教"，也称"权教"，主要是阐释了一切有因缘聚合所生的事物，不仅其形为空，且没有自性，而华严宗所宗之《华严经》则为"别教一乘"的圆教。《金刚经讲义》记："天台判此经（《金刚经》）为通别兼圆。贤首则判属始教，亦通於圆"。天台宗"藏通别圆"四教是依次深入，由浅入深，及至圆融的法门，《金刚经》可深可浅，因时机和个人佛学水平的不同而具有不同的理解，其具备了"通"、"别"、"圆"三教的特性；华严宗因《金刚经》开篇讲解必须离四相而成菩萨为初级菩萨，是为大乘始教，但深究其义理，逐渐深入经文可见不但四相皆空，甚至佛法皆空，则又是极圆之教的特性，故亦通於圆。

江味农居士研习《金刚经》极富有心得，对于《金刚经》的判教提出了独到的见解，他认为："(《金刚经》)境心俱冥，遮照同时，慧彻三空，功圆万行，(是)至圆极顿之大教"，对于理解、分析《金刚经》思想义理具有极为重要的意义。江味农否定天台智顗和华严法藏判释《金刚经》为"通别兼圆"、"始教亦通于圆"两种说法，认为《金刚经》义趣是佛为了开启众生本来就具有的如来智慧觉性，绍隆佛种，传授心印之教法，本身就是至圆极顿之教法。《金刚经》经文谓之曰："一切诸佛，及诸佛阿耨多罗三藐三菩提法，皆从此经出"，又"是经有不可思议，不可称量，无边功德。如来为发大乘者说，为发最上乘者说。若有人能受持读诵，广为人说。如来悉知是人，悉见是人，皆成就不可量，不可称，无有边，不可思议功德。如是人等，则为荷担如来阿耨多罗三藐三菩提"，而诸经从其所出，又具有无边无量的不可思议的功德，即是无上之法宝，若非至圆极顿之教，何足语此？一切圆顿经教，皆可为《金刚经》所摄，一切藏、通、别、圆，小、始、终、顿、圆，种种教义，一齐摄尽。

江味农《金刚经讲义》对《金刚经》进行了条分缕析的解释，同时贯穿佛教历史、制度和基本理论，通过本书，不仅对《金刚经》能有深入的理解，对整个佛教也会有深入的理解，因此本书可以称得上是一本佛教百科全书。特别是作者从信、解、行、证四个方面疏解《金刚经》(信，就是相信佛法；解，就是理解佛法；行，就是实修佛法；证，就是证悟道果)，处处揭示了《金刚经》指示的实修法门。我们通过本书的学习不仅能够理解《金刚经》，而且还能找到真切实用的修学方法，对学习佛经和修身都会大有裨益。本书曾有较多的科判的内容，因不适合现代人阅读习惯，此次出版做了删除，只是在有可能影响文意的地方做了保留，且做了相关说明。人最大的烦恼在于人我见与法我见，我们如常读诵修持《金刚经》，就能用金刚般锐利的般若慧剑，斩断烦恼之根。从世俗来说，破相能够不为事物的假象所迷惑，认清事物的本质；去执能够采用灵活的手段处理问题；无我能够放下自己，精勤地做事。认真领会本经，对成就世间的功业也是有帮助的。从出世的角度说，福慧双修，精行六波罗蜜，就能圆成佛道。所以本经不愧为教内教外俱受欢迎的佛教的根本经典，值得认真读诵。

注释：

① 卢志丹：《毛泽东品国学》，新世界出版社，2009年。

② 梁·僧祐《出三藏记集》卷十四，《大正藏》第五十五册。

③ 慧立：《大慈恩寺三藏法师传》卷七，《大正藏》第50册，第259页。

④ 太虚：《能断金刚般若波罗蜜多经释》，《太虚大师全书》，《法性空慧学（五）》，第104页，台湾善导寺佛经流通处，1998年。

⑤ 杜继文：《佛教史》，江苏人民出版社，2006年第一版。

⑥⑦ 鸠摩罗什译：《金刚般若波罗蜜经》，《大正藏》第八册，235卷。

⑧ 净土五经：《无量寿经》、《观无量寿经》、《阿弥陀经》、《普贤行愿品》、《大势至菩萨念佛圆通章》。

序 一

《金刚经讲义》为江味农居士之遗著。此著在居士生前，既因病魔时扰，未克写定；殁后，又因种种障碍，几至佚失。是岂无上甚深之秘机，未可轻易宣露，抑众生福薄，未能仰契大法耶？否则何以魔障重重，若是之甚也。

余与居士缔交二十余年，知其一生持诵《金刚经》，独具心得。甲戌之夏，向之启请，讲述大意。余就记忆所及者，归而录之。居士喟然曰："竹本虚心是我师。君字以竹，而虚心若此，可谓名副其实。与其略讲，不如为君详谈。"而省心莲社同人，闻知此事，要求公开。遂移座社中正式宣讲，规定每周二次。晚间升座，听者恒数十人。余亦即席笔记，翌日，缮呈居士改正。数月后，居士以改正费力，不若自写。遂于每讲前一日，撰数千字，畀余抄录。余虽仍有笔记，乃无暇整理矣。此法会始于甲戌七月，至乙亥九月圆满。积稿盈尺，居士以为尚须润色，并将初分所缺者补足，方可成书。同人因居士在家，问道者多，因谋另辟静室供养之，俾专心撰述。李君稚莲，闻有是举，发愿独任经费。遂于沪西，租屋三间，右为卧室，中为佛堂，左为讲室，以处居士。期以一年将此《讲义》补撰完成。然居士每岁遇黄梅时节必病，病辄数月。病愈，则又悯念南北死难众生，启建大悲道场，虔心超度。因此迁延，卒未脱稿。余与晤时，偶问及此，居士似不愿人之督促者。余知其意，遂不复问。

戊寅首夏，居士复示疾，胃纳不舒。余每隔二三日，往省之，见其病势，较往岁为重，深为忧虑。是年五月，寂然往生。家人来治丧，纷乱之中，几失此遗稿所在。余急使人遍觅得之，携回检视，皆为散片，前后间有错乱。同人以余有笔记，多促余补撰成之。但余以事繁，从居士自撰《讲义》以后，所记之稿，即未暇缮正，当时之速写，日久视之，字迹强半不能认。且在居士生前，余之笔记，尚须俟其改正后，方无错误。今贸然取以续貂，亦有未安。古德遗著，缺略不全，用以付印者，亦多有之，何况此书已成十之六七耶。惟付印必须编会，余日无暇晷，搁置又数月。幸居士之弟子周君清圆，发心任此，因以全稿畀之。逐叶搜讨，随时将经文会入。而清圆亦因在佛前发誓代众生受罪，时时抱恙，不免作辍。录写及半，又因意外波折，几至功亏一篑。至己卯之冬，始将全书录成。魔障如是，终得成书，亦云幸矣。

  一日，余偶遇李君稚莲于途，知其自香港来沪，不久即去。因述此稿，已可付印。李君欣然，谓余云：印费由渠任之，倘有人随喜，渠亦不愿独占此功德，留资于省心莲社而去。适范古农居士，避难来沪，寓于社中，商得其同意，任校订之责。遂得于今年六月印成。至书之内容，精深微妙，发前人所未发，随时指示学人切实用功处，皆过来人语。读者展卷自知，毋庸多赘，但述此书始末经过之曲折如此，是为叙。

蒋维乔法名显觉写于因是斋
民国二十九年六月

序 二

《金刚般若波罗蜜经》为般若经大部六百卷之一卷，文约而义精，喻为金中之刚，良有以也。六百卷文，汪洋浩瀚，读者难之。此一卷文，家诵户晓，般若深义，庶几弘传矣。自古以来，解此经者，无虑百数，其具异见者无论矣。其契正义者，当以无著、天亲、施功德三论及僧肇、智者、嘉祥三疏为最。嗣后宗泐、憨山、蕅益、续法诸师论著，各具精义，要不出于古注者近是。然未有如味农江老居士《金刚经讲义》之殊胜渊博也。《讲义》发挥般若要旨，既详且尽，又复旁通诸大乘经。其指导学者观照法门，不第禅宗之向上，净宗之一心，皆有所阐发而已。其尤具法眼，发前人所未发者，则台宗判斯经为通别兼圆，贤宗判属始教，而居士独判为至圆极顿之教，庶不背经中所谓"如来为最上乘者说"也。他如经中文句，云"如来"，云"佛"，云"世尊"，云"不也"，云"佛告须菩提"等，为常人所忽略者，居士辄能发明其胜义。

顷者省心莲社印此讲义，余助校订，得读其文，不禁欢喜踊跃，叹未曾有。至于依据古本，考订异字，勒为定本，尤为千余年来斯经之功臣矣。曩阅黄涵之居士《弥陀经白话解》，尝叹曰："读此解者，不独知《弥陀经》义，且能知一切经法。"今于江居士《金刚经讲义》亦云然。自斯讲义流通，我知读者一展斯编，不啻读余经十百部也。经云"一切诸佛及诸佛菩提法，皆由此经出"，不尤彰明较著者哉。校订既毕，因赞叹而为之叙。

范古农和南敬叙
中华民国二十九年庚辰首夏

金刚经讲义

卷 一

一、总释名题——本经主旨

（一）说般若纲要

般若纲要，含有三义。

一、谓般若为大乘佛法之纲要也。此义，诸大乘经论及古德著述中，随处可见。若博引之，累牍难尽。兹且舍繁就约以明之，取其易了也。

夫大乘教义，深广如海，然壹是以自度度他为本。自度度他，法门无量，然壹是以六波罗蜜为本。而施、戒、忍、进、定五度，若离般若，非波罗蜜。是所谓六波罗蜜者，壹是以般若波罗蜜为本。然则般若为大乘佛法之纲要也，彰彰明矣。故《大智度论》曰："般若波罗蜜，是诸佛母。诸佛以法为师。法者，即是般若波罗蜜。"

《大般若经》曰："摩诃般若波罗蜜，是诸菩萨摩诃萨母，能生诸佛，摄持菩萨。"可见所谓大乘最上乘者，惟一般若而已。除般若外，便无佛法。当知大小乘一切教义，皆自般若出。一切教义，间有与外道如儒家道家中最高之理论相近者。独有般若，惟佛能证，惟佛能说。外道最高之理论，一遇般若，冰销火灭矣。故华严会上，诸大菩萨赞曰：

天上天下无如佛，十方世界亦无比；
世间所有我尽见，一切无有如佛者。

知此，则三教同源之说，其荒谬何待言哉。知此，则学佛者苟不了彻般若，虽尽知种种教义，尽学种种法门，皆是舍本逐末，在枝叶上寻觅耳。岂能到彼岸乎？

夫般若非他，理体本具之正智是也。理体者，实相般若也。正智者，观照般若也。皆名般若者，显其理外无智，智外无理，理智一如也。既曰学佛，首当开佛知见。云何为佛知见？般若是也。乃从来罕有学此者，或望而生怖，或无知妄谈。此所以学佛者虽多，而证道者甚少也。岂但辜负佛恩，抑且辜负己灵。何以言之？如我世尊成道时，诧曰："奇哉奇哉，大地众生皆有如来智慧觉性。但因妄想，不能证得。若无妄想执著，则无师智、自然智即时现前。"

如来智慧觉性，即实相般若。妄想即分别心，第六识。执著，即我见，第七识。而观照般若，即转此二识者也。此二识转，藏识及前五识皆转矣。故曰："若无妄想执著，无师智、自然智，即时现前。"此二智，即谓如来智慧觉性，因非外来，亦不可授人，故曰"无师"。因法尔本具，必须自觉自证，故曰"自然"。亦可配根本智、后得智，或道种智、一切智说。总之，凡夫所以为凡夫者，由于无始无明。无明犹言无智。故今欲超凡入圣，惟在开其正智耳。佛门中人有恒言曰："求开智慧。"此语，正谓当开般若正智，亦即开佛知见。我世尊为一大事因缘，出现于世。何谓大事因缘？即是为一切众生，开佛知见，示佛知见，俾得悟佛知见，入佛知见耳。

乃众生虽知求开智慧，而不明其所以然。教者、学者一味寻枝觅叶，绝不知向般若门中问津，甚至相戒勿言。可悲之事，孰逾于此？违背佛旨，孰逾于此？误法误人，孰逾于此？自今而往，深愿与诸善知识，昌明正义，极力弘扬也。

二、所谓般若纲要者，谓即般若而明其纲要也。如上引《大智度论》所言，佛法即是般若。可见般若一门，摄义无量。若不明其纲要，未免泛滥无归。前人有宗第一义空立说者，有宗二谛立说者，有宗八不立说者，其说至不一也。

第一义，即谓本性。性为绝待之体，故曰"第一义"。性体空寂，故曰"第一义空"。此义，是明般若纲要，在于破我除执，必须我法俱遣，情执尽空。所谓"得无所离，即除诸幻"，而后实相现前也。

二谛者，俗谛也，真谛也。俗，谓世俗。真，谓真实。谛者，精审确当之意。谓世间之事相，凡俗见以为审确，是名俗谛。真实之理性，圣智乃知其审确，是名真谛。若约佛法言，凡明诸法缘生之义者，曰俗谛。何以故？以世俗未悟本性，逐相而转。因晓以一切诸法但是缘生，有即非有，其义决定故。凡明缘生即空之义者，曰真谛。何以故？以圣智即虚妄相见真实性。故洞然一切诸法非有而有，当体皆空，其义决定故。

龙树菩萨曰："为世谛故，说有众生。为第一义谛故，说众生无所有。"世谛，即俗谛。第一义谛，即真谛也。由此可知，俗谛明即空之有也，真谛明即有之空也。又曰："诸佛依二谛，为众生说法。"故嘉祥大师曰："佛法不出二谛，二谛赅摄一切佛法也。"夫般若本摄一切佛法尽，而曰佛依二谛说法，则般若纲要不出二谛也明矣。盖般若要旨，为令空有不著，以合中道第一义。真俗二谛，正明此义者也。

"八不"者，所谓"不生不灭、不断不常、不来不去、不一不异"。因迷八不之浅深，而成六道。因悟八不之浅深，而有三乘。盖一切众生，计执生、灭、断、常、一、异、来、去等相而著有，故谓之迷。三乘中人，虽不执生灭诸相，而又著于不生不灭等，以偏于空。故佛说八不之义，正令洞明乎二谛。二谛明，而后中道显也。而第一义空之义，亦是令空、有俱空，而后一切不著，中道圆明。

由是观之，第一义空、二谛、八不，说虽不同，而义显中道则同。然则般若之纲要非他，即是令于空、有二边，遣荡情执，务令罄尽，以显圆融中道耳。换言之，佛说般若，在令一切妄想执著之众生，开其理体本具之正智，以明其无明，觉其不觉，俾无相无不相之实相、空不空之如来藏现前，同证如来智慧觉性耳。此正我本师出现于世之大事因缘也。是则般若法门，乃最上乘，令一切众生乘之，而直至佛地者耳。

由是言之，与其别别举义，明其纲要，何若曰"《金刚般若经》，实为般若部之纲要"？尤为要言不繁。何以故？本经无法不摄，无义不彰。上举二谛、八不、第一义空诸义，一一具足故。如曰：无我相，无法相，亦无非法相等，第一义空之义也；"灭度所有一切众生"，俗谛也；"实无众生得灭度"，真谛也；"行于布施"，俗谛也；"于法无住"，真谛也；乃至不应取法，不应取非法，"即非……是名……"等等，全经所说，无往非明二谛之义者。至令菩萨通达无我法，在于开佛知见。入后所说，则皆不一、不异、不断、不常、不来、不去、不垢、不净等义，以显诸法空相，是法平等。夫诸法空相，是法平等，即所谓"不取于相、如如不动"也。而令学人如是演说，如是受持，岂非以如是等义，为般若之纲要乎哉？不但此也，如上引《大般若经》、《大智度论》之言曰："般若能生诸佛，摄持菩萨，佛法即是般若。"是指示佛法要领，不出般若也。而本经则曰："一切诸佛，及诸佛阿耨多罗三藐三菩提法，皆从此经出。"其指示般若要领全在此经，不尤昭昭明明乎？

佛说般若，前后共十六会，义丰文富。闻西藏译文至千卷之多，中文简括，亦有六百卷。内典中卷帙最大者，惟般若部。读诵已难，遑论演说受持，故于第九会，由博而约，特说此经。罗什大师师弟译成华文，并加入魏译之数行计之，止五千八百三十七字耳。不但般若要旨，尽在里许，且得此一卷，一切佛法无不在握矣。何以故？此卷为般若之纲，般若为一切佛法之纲故。故必一切佛法通，而后此经可通。何以故？因网乃得纲故。然亦必此经之义趣深解，而后一切佛法头头是道。何以故？纲举则目张故。当如是知也。

此一卷经，既为三藏之纲，其关系重要可知，其义蕴之玄廓，条理之繁密，亦由是而可知。且以少文而摄多义，幸得译人笔妙，方足以传之。是以经中一句一字，皆关宏旨。即一名称，一结集者标举之词，亦含精义。少少忽略，义便难通。

自译传之后，禅宗五祖、六祖，极力宏扬。遂尔家喻户晓，流通不绝。虽多未明其义，而学佛者盖无有不读此经者也。各佛教国中，未见其比。即此观之，足见吾国众生，深蒙佛护，良堪庆慰。何以故？此经流传不绝，便是佛种不断故。自今而后，当于云何演说、云何受持特别加意。乃足以少报佛恩，及翻译此经、流通此经者之恩也。荷担如来，当得菩提，愿与诸君共勉之。

三、谓即《金刚般若》而明其纲要也。本经之纲要无他，遣除妄想执著是已。盖如来智慧觉性，一切众生，人人本具，个个不无，但为妄想执著所障，不能证得。佛为一大事因缘出世者，为此事也。一切佛法，无非破执除障之法门也。而本经所说，尤为直捷了当。譬如金刚宝剑，依此而行，可以直下断除者也。

妄想，即是分别心。执著分为两种：执五蕴色身为我，名曰"人我执"，简言之，曰我执；执著一切诸法，名曰"法我执"，简言之，则曰法执。我执不除，生烦恼障，法执不除，生所知障，总名惑障。由惑造业，则为业障。因业受苦，名曰苦障，亦名报障。我、法二执，细分之，又有分别、俱生之别。起心分别，因而执著者，为分别我、法二执，故粗。并未有意分别，而执著之凡情随念俱起者，为俱生我、法二执，故细。此是多生以来，习气种子，蕴在八识田中，故尔随念即起，最为难除。

当知妄想执著，由于无始无明。而般若，则为理体正智。智开，则无明者明矣。无明明，则妄想执著自断矣。故学佛，首当开示悟入佛之知见。佛之知见，即是般若正智也。无论修何法门，皆须致力于此，故一切法不能离般若也。修净土念佛，亦然。经云："心净则土净。"妄想执著不除，心何由净耶？古德言："爱不重不生娑婆。"情执我见，实为爱根，故求生净土，必应从此下手。所谓老实念佛者，"老实"二字，必当注意。世间一切染缘，攀缘不息，云何能老实乎？由此可知，般若、净土，初非二事。此经，实一切学人出妄之宏纲，净心之枢要也。兹不过略谈大旨，详见下三，依五重释题中。

古人将释一经，先说玄义，亦曰玄谈。玄者，深也，又悬也。谓将经中深义，提要钩玄而先谈之。使闻者得知大要，入文时乃有头绪也。故"玄谈"云者，犹言提要，正一经之纲要所在也。今故依天台例，开为五重说之。

上来初说般若纲要竟。

（二）明融会各家

解释佛经之书，各宗俱备，且皆流传不失者，莫过此经。有弥勒菩萨之颂，有无著、天亲、功德施三菩萨之论，但译笔晦涩，颇不易读，且各就所见发挥，往往有乍视之，若与经义相反，而实相成者。其精妙之处，非后贤所及也，须向大处深处领取。若死在句下，拘执文字，一一与经文比附，反增障碍。圭峰之《论疏纂要》，即犯此病。功德施论题即妙，曰

《金刚破取著不坏假名论》，全经要旨，尽在里许矣。

吾土注此经最早者，为罗什入室弟子僧肇，着墨不多，但略诠释一二要旨而已，然不刊之作也。六朝时注释，至今仍存者，有三论宗嘉祥，天台宗智者两师之疏。嘉祥一生精力，在于三论，所有著述，无一不精。而《金刚经义疏》，则不经意之作，或为门弟子随意录存，未经审订者，亦未可知。因多闲文，笔亦芜杂，与嘉祥其他著作，殊不相类故也。智者之释，全依肇注，偶有一二处，略加疏通耳。智者以三谛发挥一切经，独于此经，宗二谛说之，而于"是名"之言，皆作假名会。祖师法眼，令人钦服，不解台家子孙，何故不遵祖训也！岂未见此书耶（智者疏，清末始由杨仁山居士向日本请归刻之）？

唐时法相宗窥基，亦有注释，多述法相。复有释慧净之注，精湛处不亚肇公。古注中，当以肇、慧为最佳矣！华严宗圭峰，作《论疏纂要》，虽是精心结撰，惜拘牵论文，经义反晦。宋时有长水师，作《刊定记》，以释圭峰《纂要》，依文解义，甚详也。禅宗祖师，亦有说经之作。如唐之六祖，元之中峰，明之憨山，然皆寥寥短篇，无甚发挥。明末，天台宗蕅益，作《金刚破空论》，盖有为而作，亦可备一格也。此外宋明清时，出家在家之释此经者，所在多有，不无一二道着语，精审则未能也。清初有台宗溥畹之《心印疏》，以三谛说经，语多坐实，殊违经旨，独科判间有可取处。又有华严宗达天之《新眼疏》，间有精到，能发前人所未发者，以信解行证判经，见地尤卓。他如五十三家注等，驳杂不纯，不足观也。

今番演说此经，重在将经中精深微妙之旨趣，一一剖而出之。向来视为大乘初门者，一一言其究竟，归于圆融。向不经意之处，则为阐发其宏旨。向谓重复之语，则为抉择其浅深。于前后义蕴关连钩锁之处，皆一一道出所以然，而贯通之。于所有观门、行门，指示修功处，不敢一字忽略，务令闻者得以入手。多引他经，互相证明，以便得所会通。精要处，且融归净土，以破向来歧视之病。自愧学力疏浅，不足以说此深经，然大愿所在，实欲人人明了般若真实义，庶不致于怕谈、妄谈、浅谈云尔。若上举前贤论疏中精要之说，皆一一择取而融纳之，但不必袭其面貌，拘其文字耳。

上来次明融会各家已竟。

(三)依五重释题

"五重"者,名、体、宗、用、相。"依"者,台宗智者大师说《法华经》经题,约名、体、宗、用、相,开为五重,以发挥经中要旨,最为简明,少一重不得,多一重亦不必,故今依之也。

此之五重,次第相生。夫一经必有一经特立之名。名者,所以标一经之概要,以显其异于他经者也,故第一重为释名。名者实之宾也,既标此名,必有其实,非虚立也,故次显体。体者,实体,即经名之主体也,因名核实矣!然非修观行,仍属空名,而依体起修,必明宗趣,故三明宗。

宗者,修宗,谓修行之旨趣也。既已真修,必得其用,故四论用。用者,功效之意。佛随众生根机之大小利钝,说种种法以教化之,故经教即有大、小、偏、圆、渐、顿之殊。如华严宗,判为小、始、终、顿、圆五种教相;天台判为藏、通、别、圆四种化法,顿、渐、秘密、不定四种化仪是也。一经之名、体、宗、用,四重玄义既明,则其属于何种教相,亦可得而了然矣,故第五重为判教相也。今依五重之次第,开为五科。

1. 释名

通名者,《金刚般若波罗蜜经》之"经"字是也。佛所说法,通名为经,非一经为然,故"经"字乃一切佛法之通名,梵语曰"修多罗",亦作"素怛缆"、"修妒路"。修多罗之本义为线,引申为贯穿,为摄持,为契合,既将佛说之法,分类结集成书,因以修多罗名之,谓贯穿佛语,摄持不失,上契佛心,下契众机也。大法东来,古德遂以经字译修多罗。经字本义,为经纬、组织,与修多罗之线义、贯穿摄持等义,正复相当。且吾国习惯,惟圣人语,始得称经,极其隆重。译修多罗为经,精当之至。

但我国经字,不含契合之义,与修多罗原义,少嫌不足。然除经字外,更无他字可译,故古人不得已,称佛书曰契经,既以补足原义,且显此是佛经,非他教经也。至若释经为常,为道,此乃经字引申之义,修多罗中原无此义,故释佛经,不宜引用也。

"金刚般若波罗蜜"七字,为本经特立之名,一切经不能通用,是谓别名。金刚者,喻也,般若波罗蜜者,法也,是为法喻立名。诸经经题,安名之法，取义不外七种，所谓人、法、喻、单、复、具是也。如《阿弥陀经》，阿弥陀，佛名也，取人名为经题，谓之单人立名。如《般舟三昧经》，般舟三昧，为一种法门，是为单法立名。如《稻秆经》，稻秆，喻因缘生法也，是为单喻立名。如《妙法莲华经》，妙法，法也；莲华，喻也，有法有喻，非单而复，谓之法喻立名。如《普贤行愿品》，有法有人，是为人法立名。如《如来师子吼经》，如来，为人，师子吼，为喻，是为人喻立名。如《大方广佛华严经》，大方广，法也，佛，人也，华严，喻也，则是具足人法喻以立名也。单三，复三，具足者一，共为七也。如一题之中，有两喻而无人法，亦单是喻而非复，有两法两人者，例此可知。故经名无量，取义只此七种而已。

梵语"嚩曰啰"，或"跋折啰"，义为金刚，物名也。盖金中之精，最坚最利。能坏一切物，为利；一切物不能坏之，为坚。内典言，帝释有宝，名曰金刚，持之与修罗战。金刚力士所持器仗，曰金刚杵。金轮王有金刚轮宝，因称金轮王。本为天上之宝，人间虽亦有之，然甚罕见，古人谓之金钢钻，色如紫石英，透明。或曰"生水底石上"。内典中，常用以喻法喻人，如曰金刚三昧、金刚力士、金刚身、金刚网、金刚手、金刚心等，皆取其坚固不可坏，而能摧灭一切魔障之义也！今以喻般若正智，般若如大火聚，四面不可触，触则丧身失命，如金刚然——一切物不能触其锋也；般若正智，能破烦恼重障，如金刚能坏一切物也。什师云："金刚宝方寸，其光明能照数十里。"般若智光，亦复如是，彻见一切凡情妄想，而破无明也。金刚宝，惟金刚力士能持，般若亦然。非具大乘根性者，弗克承当。故曰："若乐小法者，著我、人、众生、寿者见，则于此经，不能听受读诵，为人解说也。"

真谛三藏言，金刚宝有种种色：青色者，能消灾厄，如般若波罗蜜，能除三障，成三身，度生死流，达涅槃岸，度一切苦厄也；黄色者，得满所求，如般若之庄严万行，成就无边功德也。红色者，向日出火，如般若以始觉合本觉，出智慧火，烧烦恼薪，如千日轮，光明遍照也；白色者，澄清浊水，如般若能背尘合觉，度五浊世，达清凉池也；碧色者，消伏毒害，如般若之除我法执，消三毒苦也；又有无色金刚，亦名空色，得之者能于虚空行住，般若亦然，所谓第一义空也。

具此三空之智，则我空、法空，并空亦空，空中无色，无受想行识，乃至无智亦无得，而得无上菩提，仍归于无有少法可得，则如如不动，成金刚身矣。

总之，金刚之坚，喻实相般若，随缘不变，在缠不坏也。金刚之利，喻观照般若，无我不破，无惑不断也。金刚之明，喻文字般若，能开解慧，无明得明也。金刚为无上宝，价值不可称量，喻般若为无上法宝，功德不可称量也。金刚宝世间罕有，喻般若法宝之希有，所谓"无上甚深微妙法，百千万劫难遭遇"也。

梵语般若，义为智慧，非世智小慧也，乃理体本具之正智，所谓佛之知见。理体，即是觉性，亦曰实相般若。正智，即观照般若也。理外无智，智外无理，理智本来一如，故皆名般若。因恐人误认是寻常之智慧，故经论中多举译音"般若"为言也。

此智一切众生本具，但为无始无明所障，不得显现。且此智，自证方知，非言语文字所能形容。何以故？必须言语断，心行灭，乃能自证故。然而一切众生，昧之久矣，不假方便，障云何开？障若不开，此智又何能现？

故我世尊为此大事，出现于世，不得已，仍用语言文字以启导之。凡说佛知佛见，以开示众生，使得悟入者，名曰般若法门，亦云文字般若——欲令众生，因文字，起观照，证实相也。其他所说一切法门，如布施、持戒等等，皆从佛知佛见出，使众生依而行之，以为开悟般若正智之助者。故曰："一切法不离般若，般若为一切法之纲要。"换言之，即是般若为一切法之主干，寓于一切法中，非离一切法而别存也。质言之，我佛出世，为怜悯众生，同具如来觉性，皆得成佛，而竟不自知，故说佛之自证者，以破众生之愚痴。对愚痴言，假名曰"智慧"耳，实则智慧非别，觉而已矣。

实相般若者，本觉也。观照般若者，始觉也。以一切众生从来不觉故，乃假文字般若以觉悟之耳。因是之故，读经闻法，要在深自警惕，以佛所说者为镜，时时处处，用以自照。不观不照，迷何由觉？是即所谓依文字，起观照也。观照功久，则皇皇然，警惕之心自生，是即始觉也，亦理体本具之正智初开也。

如是不退不懈，观照之功，日深日醇，则所谓始觉者，先如初生之月，渐渐光多暗少，以至于月轮圆满，光辉焕然，则性体显现，即是始觉合于本觉，而亦无始、本之分也。当知所谓成佛者无他，觉性圆明而已。而觉性之开，非仗文字般若之力，其道无由。故曰"一切诸佛从此经出"。

复次，在梵语本文，智曰"若那"，慧曰"般若"。照见为智，解了为慧；决断为智，简择为慧；知俗谛为智，照真谛为慧；彻明妙有为智，契悟真空为慧也。佛经常说六度，有时亦开为十度，第七度曰方便，第八度曰愿，第九度曰力，第十度曰智，以对第六度之慧也。

然而空是即有之空，有乃即空之有，故智慧二字，实分而不分。此经，正明空有不著。所以"般若"字，应作智慧会，不能拘执文义，强分为二。不过有时佛经中亦不分而分，举智以明俗谛，举慧以明真谛，故学人亦不可不知此义耳。

金刚原以喻般若，然惟第九会所说者，乃以金刚能断喻之，岂非以此经所说之义，尤为坚利而明，尤能断惑？余会说者为金，此经说者乃金中之精乎？故本经曰："佛及佛法，从此经出。"又曰："此经义不可思议，果报亦不可思议。"克指此经为言，则般若纲要，尽在此经，更足证明矣！

梵语波罗蜜，义为"彼岸到"，顺此方文字，应曰到彼岸。印土古俗，凡所作究竟，皆云到彼岸，犹此方方言，所谓"到家"也。若约佛法言之，所谓离生死此岸，渡烦恼中流，达涅槃彼岸是也。故波罗蜜亦是喻词。

涅槃者，不生不灭，即谓本性。本性者，性乃本具之意也。言本具者，明非造作。既非造作，可见本来如是，而非从无而有者，故曰"本自不生"，言其本来已具，非新生也。既本不生，故今亦不灭。而众生生死不已者，相也，非性也。何故生死不已？由于其心生灭不停。

当知生灭不停之心，所谓识相也，亦非性也。何故如此？由于烦恼。以烦恼故，遂致心有起灭，性变为识，由此造业，受轮回苦。而众生不知返本，认识为性，迷于生死之相，所以轮回不息，而与不生不灭者，虽觌面而成永隔矣。故以烦恼喻中流，以生死喻此岸，以涅槃喻彼岸也。盖本无此岸彼岸，因有中流隔之，遂成彼此之别也。

烦恼亦曰惑，所谓见、思惑也。见、思惑皆从我见而生，故欲了脱生死之相，须证不生灭之性。而欲证本性，须化除我见。然我见根深，必须用种种法以调伏之，开根本智以断绝之。所谓理虽顿悟，事须渐除，犹之过渡，从此岸达彼岸，行之以渐，不容急也。故曰"离"，曰"渡"，曰"达"，以显其未可一蹴即到，而说一"流"字，又所以显其危险。无明风万不可起，起则随流而下，甚至有灭顶之凶，尚能渡达彼岸乎？修行人其慎诸。

然如上所说，尚是专约凡夫说。若细别之，生死含有两重，烦恼亦兼见、思、尘沙、无明而言。凡夫著有，执于人我，遂因见、思烦恼，而堕分段生死。二乘及一类菩萨著空，执于法我，遂因尘沙、无明烦恼，而有变易生死。故欲证到无余涅槃，须空、有俱空，破我、法二执，了两重生死，渡过见、思、尘沙、无明等烦恼中流，乃达涅槃彼岸耳。故《大智度论》云："有无二见，皆属此岸。二执俱空，始达彼岸。"二执，即我、法二执也。

渡流之筏为何？六波罗蜜是也。用此六法，可到彼岸。故此六法，亦名六度。六度之中，布施要矣，般若尤要。布施，舍也。若不知舍，云何肯离此而渡？然若无观照之智，又云何肯舍？故般若为五度之纲要。五度离此，非波罗蜜也。

又复"智慧"二字，分言之，亦可因位名慧，果位名智。般若波罗蜜，约因位说，犹言到彼岸之观慧，若约果位说，则般若即是波罗蜜。何以故？果位之般若，即是理智一如。理智一如，即是不生不灭也。约因位说，金刚即喻此之观慧，最坚最利最明，故能到彼岸；约果位说，金刚则喻如来法身，所谓金刚不坏身也。

上来释名竟。

2. 显体

体者，主体也。凡说一经，不能数言便了，往往千言万语，头绪纷然。读者、闻者，如入大海，但见汪洋一片，莫辨津涯，不免兴望洋之叹。当知每一部经，卷帙无论如何重大，条理无论如何繁多，必有其归趣所在。换言之，一经必有一经主要之点，千言万语，皆趋重于此点也。千条万绪，皆发生于此点也。此点即一经主要之点，所谓体也。寻出千言万语、千条万绪中主要之一点，而指明之，所谓显体也。

读者、闻者，若明得经中主要之点，则要纲在握，不致望洋兴叹，亦不致入海算沙，更不致误入歧途矣！知此，可知显体等等之关系甚要也。知此，可知古人于经前先说玄谈之苦心也。总之，此所谓体，乃经体耳，非谓性体。

辨异同，有二义。初约经体、性体，辨其异同。夫经体非性体，固已。然而佛为一大事因缘出现于世，所谓一大事者，即是开示一切众生，同具如来智慧觉性，俾得悟入，一齐成佛，说法四十九年，专为此事。由是言之，一切经莫非开示本具佛性，是一切经之主体，皆不外乎发挥性体可知矣。

然则上文乃曰：此中所显，乃经体非性体，若不能不辨别者，何耶？当知一切经虽皆不外乎发明本具佛性，然各经立说，旨趣不同：有重在除障者，有重在修福者，有说夙因者，有说后果者……机有万千之别，说法便因而有万千之别，非部部经皆直指本性，彻底发挥也，岂能笼统颟顸，呆指经体即是性体？且即以直指本性言，性体包罗万有，一名不能尽其量，遂不得已，而立种种名，如曰真如，曰如如，曰实相，曰法界，曰法身，曰性净明体，曰圆觉，曰自性清净心，等等。

其名无量，显义亦即无量。直指本性之经，有举此名者，有举彼名者，有兼举数名者，因说经之旨趣而异。即此可见，虽同是直指本性之经，显义既各各不同，经中之归趣所在，亦因而各各不同。故经体与性体，约彻底显性之经言，虽二而不二，仍复不二而二，不能混为一谈也。其异同必须辨明者，此也。

次约各宗，辨其异同。无论何宗，其说经题，必须将经中要旨，摄入而发挥之，方为言中有物。而分门别类，立有一定之规格者，当推天台、贤首两家。然贤首之十门分别，有时不甚适用，不若台家所立五重之简明切要也。即以显体言，两家亦颇异其趣。盖显经体同，而显体之命意，大不同也。

贤首宗，多就通名之"经"字上显体，亦即约能诠之经教显体也。此宗大德每曰："一切大乘经，以诸法实相为体。"圭峰《金刚经纂要疏》曰："以文字般若为体。"此皆约能诠之经教而言者也。

夫一切大乘经，以诸法实相为体，则一切大乘经莫非文字般若明矣。

若克指般若部言，则前后十六会所说，皆文字般若也，岂独第九会为然？岂独此经为然？故圭峰所说，可通之于他经，故曰：是就通名之经字上显体也。而台宗之显经体，则克指当部，不能移易，即是就别名之"金刚般若波罗蜜"七字上，显本经主要之体，亦即约所诠之理事以显体。故曰："台家所立，简明切要也。"此两家显体之异同也。

今既依台家规格，约经题之别名，以显经义所明之主体，则台宗诸大德所说，不可不先知之也。台宗古德之本经注疏，流传至今，其人可师，其注可传者，惟有两种：一隋时智者之注，一明时蕅益之《破空论》是也。智者以"若见诸相非相，即见如来"为经体。蕅益以"实相常住"为经体。

近时台宗大德谛闲法师撰《金刚经新疏》，则以"第一义空"为经体。三师标显各异，恐或致疑，然不必疑也，当知三说但文字不同耳，理则无殊，盖实相即是第一义空。《大智度论》云："所谓第一义空者，诸法实相是。"如来之称，以显性德，即是显法身德，而法身非别，实相是也。由是可知三说虽异，实同矣。然《新疏》之"第一义空"，其文非本经所有；智注最佳矣，而本经更有简要之句可取也；"实相"切要矣，"常住"二字似略凑，若但举"实相"二字，虽妙，然一切大乘经，皆以诸法实相为体，又嫌肤泛。

故今不执三说，而易之曰：经体者，"生实相"是也。本经云："信心清净，则生实相。"实相者，无相无不相，即谓真如法身，亦即空不空如来藏。生者，现前之意。云何现前？由心清净。云何清净？由于无住。无住者，离一切诸相是也。离一切诸相，即是空、有不著，亦即一空到底。本经曰："离一切诸相，则名诸佛。"何以故？诸相离，则实相现前故。

由是观之，以"生实相"三字显本经之归趣，理无不摄，事无不彰也。本经自释实相之义曰："实相者，即是非相。"此中"非"字，是一切俱非；非有、非空、非亦有亦空、非非有非空。凡此空、有、双亦、双非之诸相俱非，非亦不立，是为离一切诸相。众生自性之相状，本来如是，真实如是，无以名之，强名实相耳。离者，无住之谓。无住者，不取之谓。不取于相，便如如不动，无以名之，强名曰"生"耳。文字般若，诠此实相也。观照般若，观此实相也。至于实相般若，圆满显现，则到彼岸矣。而取相由于我见，一切诸相离，则我见除，烦恼断。而烦恼断一分，实相便生一分。

喻本经之文字般若、观照般若以金刚者，正因其能断烦恼，生实相也。然则"生实相"三字，为《金刚般若波罗蜜经》主要之体，岂不昭然若揭哉？

3. 明宗

所谓明宗者，明修也。宗，主也。明，说明也。夫明修谓之明宗，何耶？天台宗如此立说，具有两重深义：一通，二别。

一、警策学人，佛法以实行为主也，此是通义。

二、修行之法无量，因根机及目的而异其法，犹如世法学校，因种种类别，而定有主要科、随意科也。本经有不思议功德，为发大乘最上乘者说，其修法以何为主乎？此别义也。不曰"明修"，而曰"明宗"者，取义在此。

明宗紧蹑显体来。盖经义之主体虽显，然非修莫证。若仅知显体，而不依体起修，如数他家宝，自无半钱分，显之何益？故我佛每说一法，未说之先，必诫以"谛听"——闻、思、修三慧皆具，是为谛听，而每经结语，必曰"信受奉行"，即是开示读经、闻法，以如说修行为主也。

然则本经归趣所在，所谓经义之主体，吾知其为"生实相"矣。实相必云何而后生耶？我佛说法，句句说性，即句句说修。今将如法实行，于无量行门之中，经旨究以何法为主耶？以是之故，显体之后，必继以明宗也。

如上所言明宗之宗，与各宗各派之宗，又宗派之宗，与宗教之宗，又佛门所说之宗教，与世俗所说之宗教，不但世人不明，即佛门中人，亦多混淆。今乘便将其异同之点，一一辨白清楚，想为诸君所愿闻也。

今人所说宗教，其义本拾西人牙慧，世有其书，兹亦无暇琐及，可简言以明之曰：一教之中，奉有无上权威者，以为之主。其主，能生死人，一切荣枯，咸在其手，故崇拜之——此世俗宗教之说也。故一言宗教，即含有迷信依赖意味。世人徒见我佛门，奉佛为教主，复闻佛门亦有宗教之言，莫明其妙，遂与西人宗教，混为一谈，随人脚后跟转，嗤为迷信，任意毁谤，造无间业，真可悯也。且因佛门礼像，诋为拜木偶，意谓佛教尚不及他教，其愚可谓极矣。

今亦无庸深谈宗趣,详引教义,片言即可判其与西人宗教大相径庭。当知佛像、经卷及出家人,称为住持三宝,意在令人因像而观想乎佛,因经卷而通达其理,因出家人而引起超尘离垢之心耳,故谓之"住持"。盖借住持三宝,观自性三宝,证常住三宝。生死荣枯,皆由乎己,无上权威,握在自手,故曰"万法唯心,心外无法"。此佛法所以超胜于世间一切道德哲理也,岂其他宗教所能梦见哉?

若佛门中所言"宗教","宗"谓明心见性,因佛法以明心见性为主故也;"教"谓一切经义,因一切经义为佛所示教故也。故若通达乎心性,谓之宗通;若通达乎经义,谓之教通。宗也,教也,截然两事,岂谓奉一无上权威者,为教中主人翁哉?则所谓宗教,其名虽同,义则迥异,较然明矣。

是故佛门中宗教之宗,原非指宗派言。但因禅门惟一以自悟心性为主,不重经教,名曰"教外别传",遂谓之"宗下",明其与明心见性为主之宗旨相合也。宗教之教,亦非谓教主。其能深通经义,依文字,起观行,证实相者,则谓之"教下",明其能依教奉行也。此乃后起之义,已含有宗派意在矣。然曰"宗下",曰"教下",义犹平等,初无轩轾。继而凡言宗下,不但专指禅宗,并含有是能实行,是能扼要之意。凡言教下,泛指禅门以外各宗派,并含有但求多闻,有益于人之意。则一重一轻,大有不能同日而语意思,其义更属后起,盖在禅宗极盛时也。

至于所谓各宗,各有所主之意耳:或主法相,如慈恩宗,亦名法相或唯识宗;或主法性,如禅宗及三论、天台、贤首等宗。亦因依教不依教,别禅宗于其他言性者之外,如上所说之宗下、教下。亦因所主之经义不同,而立宗名,如曰三论宗、法华宗、华严宗、净土宗、密宗,主律者曰律宗,是也。

由宗再细别之,则名为派。如法相宗有真谛之旧派,玄奘之新派。《华严经》兼明性、相,故宗《华严》者,其教义性相并通。若约法相而言,贤首一家,亦可称为法相之又一派。他如净土宗,亦有作观、持名之别。禅宗之分临济、沩仰、曹洞、法眼、云门五宗,虽立宗名,实乃派别之义。余可类推。

总之,"宗派"之"宗",因其立义、施教,各各不同,遂立各种宗名，不但修行方法有异已也。若"明宗"之"宗"，则专约修言矣。大抵宗教之宗，其义最广；宗派之义，已为渐狭；至曰明宗，义尤狭矣——此其异也。而宗字之义，为主张，为主旨，则无不同。

若夫西人所云宗教，乃是"有无上权威者，为一教之宗主"之义，与吾所谓宗教，义乃迥异，此皆不可不辨者也。世俗中人不明此义，尚不足责。乃佛门中人，亦因异同未曾辨明，不知将佛门中宗教之正义，详切声说，但曰"佛法非宗教"，以与世俗争。夫佛法明明有"宗"有"教"，何云"非宗教"？古人著述中，屡见不一见，如此立说，岂能令人心折？若将正义说明，使知吾所谓宗教，非彼所谓宗教，则泾渭分明，彼亦无从施其毁谤矣。

又台宗以外各家，亦尝明宗矣，然其所明，非台宗之所明，其异同，亦不可不一辨也。如贤首宗智、俨二祖，注魏译《金刚经》曰："文字、观照、实相三般若，为一经之宗。"则所谓宗者，既非专约修功，亦非克指《金刚经》，只可谓之泛论般若诸经之主旨耳。圭峰之疏，以"实相般若、观照般若，不一不二"为宗，视前说略优，然亦只是总论，而非切指本经。且为"性"、"修"合说，非专约"修"言也。

三论宗嘉祥《义疏》云："因果为宗。"盖以无住之修为因，成就得无所得为果也，此说则克指本经，不能移之他部，切要多矣，然已涉入台家第四重之"论用"。何以故？功用属果故。由此可知诸家明宗则同，而所明之宗则异也。且由此愈见台家之五重，简明切要，非诸家所能及焉。

台家大德明宗之说如何？智注标宗，为以"实相之慧，修无相之檀"。般若为理体本具之正智，故曰"实相之慧"。檀者，布施，取经中"菩萨于法，应无所住，行于布施"之义也。蕅益《破空论》，以"观照契理"为宗。契理者，契合理体也，即智注实相之慧义也。谛法师《新疏》，则以"发菩提心"为宗。三说之中，自以智注为最精，余两说，未免宽泛。

兹依本经现成语句，"应离一切相"、"发阿耨多罗三藐三菩提心"，"离一切诸相，则名诸佛"，"以无我、无人、无众生、无寿者，修一切善法，则得阿耨多罗三藐三菩提"之义，约为两语曰：离一切相，修一切善，为本经依体起修之妙宗也。命意与智注同，而语句现成，且明显易了，故易之。

何谓与智注意同耶？本经举一"布施"，以摄六度万行。"行于布施"，正所谓修一切善也。而"离一切相"，正是实相之慧。盖法与非法，两皆不取，为离一切相，正与无相无不相之实相相应。是则离一切相，非实相之慧而何？当知本经惟一修宗，在"无住"二字，但标"无住"，以明经宗，全经之观门、行门，尽在其中矣。然恐领会不易，不如以"离一切相，修一切善"两语明之。则"无住"之旨，洞然明白。何以言之？无住者，两边不住也，亦即一空到底也。

经云："不应取法，不应取非法，非法非非法。"以及"即非……是名……"诸句，又云："无我相，无法相，亦无非法相。"无论约二边说，约重空说，皆所谓"离一切相"也，即"无住"之真诠也。而"于法应无所住"之下，紧接"行于布施"，即是"修一切善"之意，亦即空亦无住之意。全经所说观门、行门，一是以"离一切相，修一切善"为本。正所谓妙有不有，真空不空，遮照同时，宛合中道第一义也。

《大智度论》云："般若要旨，在离一切法，即一切法。""离一切法"者，"离一切相"也，"即一切法"者，"修一切善"也。得本经"离一切相"、"修一切善"两语，般若要旨，因而洞明，有下手处，故本经为般若之纲要也。且离一切相，方为发无上菩提，而得无上菩提，亦不外乎离一切相。何以故？无我、人、众、寿，正谓"离一切相"故。而离一切相，当从修一切善做出。此正无实从无虚出，无为从有为出之意也。故"离一切相"、"修一切善"两语，将金刚般若波罗蜜，从此岸，渡中流，达彼岸之行程，括尽无遗矣。故曰：为依体起修之妙宗也。

总之，明宗必与显体相应。经体既为"生实相"，而"离一切相"，本为实相之慧，故离一切相，修一切善，实相便从此而生。故曰："离一切诸相，则名诸佛。"故曰：以无我、人、众、寿，修一切善法，则得阿耨菩提。盖名为诸佛者，因其得阿耨菩提也。阿耨菩提者，实相般若也。离一切相，修一切善者，观照般若也。因观照而证实相，则举此两句经文，以明修宗，若网得纲，有条不紊矣！

4. 辨用

用者，功用也，力用也，即成效之谓。修必得其宗者，以不如是，便无成效之可期也。然则修宗既明,其成效为何如耶?且成效原非一端,当辨别其孰为最大。何谓最大?其成效与经体相应者是。夫有是体,必有是用。用若不与体合,是其修功犹有未到,亦不能谓之成效矣。故不曰"显用"、"明用",而必曰"辨用"者,以此。

不但此也,"用"由"宗"出,修宗属因,功用属果,因如是,而后果如是也,而曰"辨"者,辨其效果是否与经体合,即以辨其修因是否与经体合也。当知明修谓之明宗者,即明修因之宗旨,必不离乎经体。换言之,主要之修法,在以经体为宗,是则修行之方法,即须与经体合也,明矣。而因果从来一如,故约学人言,当辨其所得效果,是否与经体合,即可知其修因,是否与经体合。而约经义言,当于经中,辨其孰为与经体相应之功用,方是与修宗一如之成效耳。

总之,体、宗、用,必须一贯,而体、宗、用之名,是约所而言,即是约经义而言。盖显体者,显经义之归趣所在,是即一经主要之体也。明宗者,说明经中所言依体而起之主要修法也。辨用者,辨别经中所言,因修而得之最大功用也。若约能修之人而言,明宗,是明因位之修,辨用,是辨果地之证,而显体,是显因果之目的。盖明宗者,明其在因地时,必应如是修去,乃为向目的而行。辨用者,辨其所谓证果者,必得如是功用,乃为将目的达到也。当如是知也。

他宗于"辨用"一层,或略而不谈,或换一种说法。如贤首十门中,有一门,曰"教起因缘";慈恩宗,亦说"教起所为"——是皆论一经之功用者也,然所论未免过繁。以天台宗言,智者注本经,以"破执"二字为一经之大用。《破空论》则曰:"经用者,断疑是。"而《新疏》曰:"经用在于无住生心。"又过简略,不尽经义所言功用之量。

当知体、宗、用三,所以必须显之、明之、辨之者,重在令闻法者,得有方针,且资警策耳。固不但应以片言,括尽经旨,使能了然于一经之纲要所在,尤须明白易晓,使其触目惊心,有下手处。太繁太略,皆不相宜也。今欲详辨本经之大用,当先明所以成众生,及不能脱苦之病根所在。

佛言,一切众生,皆有如来智慧觉性,但以妄想执著所障,不能证得。此数语,说得极其彻底,意谓众生皆可成佛。何以故?皆有如来之智慧觉性故。然不能成佛,何耶?本具之如来智慧觉性,有物障之之故,此明成众生之所以也。夫一切众生，皆有此性而不自知，即知之，而所障若未除净，亦复不能证得，此明不能脱苦之所以也。

障物为何？妄想执著是。此明成众生、受苦恼之病根也，寥寥数语，一齐说尽矣。妄想者，分别心是。执著者，我、法二执是，即所谓我见也。粗则执著色身，是为人我见，则不能脱分段生死之苦。细则执著一切法，是为法我见，则不能脱变易生死之苦。不但此也，因我见之执，起分别之妄，于是顺我者贪之，逆我者瞋之，而不知本无所谓"我"也，故谓之"痴"，亦曰"无明"，亦名"不觉"。遂造种种罪业，为其牵系。其苦愈甚，愈不得脱，妄想执著，亦因而愈深愈重，本具之如来智慧觉性，更因而愈迷愈隔矣。

然则我见何自起耶？以不达一真法界故。法界者，四圣、六凡十法界也。十法界之相，虽差别无量，而十法界之性，则同一真如。不达者，不知也。故《起信论》云："以不达一法界故，不觉念起，而有无明。"因其不达，故谓之"不觉无明"也。念起，即谓妄想执著也。不达一真法界，犹言不知同具如来智慧觉性也。

盖不知性体本同，遂起人、我分别之念，业力由此而作，苦报由此而招矣。然则欲脱苦报，当消罪业，欲消罪业，当除我见，明矣。我佛为一大事出世者，为此；说法四十九年者，说此。本经为一切法之纲要，喻之为"金刚能断"者，其大用亦即在此。

经名曰"般若波罗蜜"者，谓此经能开众生到彼岸之智慧，俾得同到彼岸也。此智，为一切众生理体所本具，即是众生皆有之"如来智慧觉性"，故谓之"到彼岸智慧"。故此智开，便能到彼岸。何以故？此智若开，便是不觉者觉，无明者明，便是通达一真法界，便是从根本上破其我见，则无惑而不断，故以金刚喻之也。

然则，此智云何开耶？当知发大悲心，便是开此智。何以故？知一切众生，皆具如来智慧觉性，但因有障未证，是知众生之性体皆同也。故见众生苦，即是自己受苦；见众生乐，即是自己得乐。有一众生未证如来，则性体犹有亏也。

故发心必拔其苦，必予其乐，必度之成佛，是之谓大悲心，所谓同体大悲也。能发此心，名为"始觉"。虽曰始觉，便同正觉。故发同体大悲心，谓之"发阿耨多罗三藐三菩提心"，其义为"无上正等觉"也。故离一切相，方为发此心。

离一切相者，明其会归于同一真如之性也。何以言之？见有众生可成佛，而必度之，则是不取非法，亦非不众生。有无上菩提可得，离无相也。即复知众生本具如来智慧觉性，故虽度，实无所度，虽成，而实无所成，则是不取法，而非众生。得无上菩提而无所得，离有相也。有无之相俱离，谓之会归真如之性者，以其契合无相无不相之实相故。则初发心时，分别心已融，粗细之我见潜销矣。故喻此经义为金刚也。

试观此经，一启口便令发无上菩提心，灭度所有众生入无余涅槃，而实无众生得灭度。以后所说，皆是发挥此义，并忘其为菩提心，且直指心源，令向一念不生处契入。如后半部，开章便遣著于发菩提心。乃至曰："即非我见，是名我见。"则我见之踪影全无矣。故本经之极大功用，首在"破我"。

一切众生，以不觉知十法界同共一真如法身故，执有我他，起分别见。遂生三毒，造无量罪，受业系苦，堕落轮回。愈迷愈苦，愈苦愈迷。纵或夙有善根，遇善知识，教令发心，皈依三宝，而以夙世罪业，往往内外障缘，叠起环生，欲修不得，修亦难成。

故修行人，忏悔业障，极关紧要！华严会上诸大菩萨，尚以此门，列入行愿，何况凡夫？然罪业有可忏悔者，亦有不通忏悔者。若极重之罪，已成定业者，忏悔尤难。经曰："端坐念实相，是名真忏悔。重罪若霜露，慧日能消除。"此明欲消重罪，惟念实相，庶乎其可，非他法所能忏悔也。

若但视此经，为令观空，犹浅说也，偏见也。当知经文乃令空、有不著，双照二边，是谓"念实相"。何以故？实相者，无相无不相故。若但观空，是只观"无相"，而不观"无不相"，岂念实相哉？经以念实相之慧，喻之如日，正以日之行空而不住空也。故《行愿品》云："亦如日月不住空。"若但观于空，是住空矣，岂以日为喻之意哉？

当知实相之慧，从大悲生。以大悲故，广修六度万行，得无量福德。故经文之慧，摄有福在，方与念实相相应。福慧双修，观空而不住空，乃如光明赫赫之日，能除暗冥，能生万物。以此观行，乃能消重罪若霜露耳。当如是知！如是知者，是为正知。

本经功用，亦复如是。经体为"生实相"，所谓"实相般若"也；修宗为"离一切相，修一切善"，所谓"观照般若"，即是念实相也。盖离一切相，观空也，修慧也；修一切善，不住空也，修福也。

观念实相，福慧双修，是真忏悔，故能消除重罪定业，则内外障缘，一齐销尽，何修而不成乎？如本经曰："是人先世罪业，应堕恶道，以今世人轻贱故，先世罪业，则为销灭，当得阿耨多罗三藐三菩提。"曰"恶道"，是重罪也。曰"应堕"，是定业也。幸有善根，今世未堕，得闻此经，深解义趣，能知修宗，福慧并进，故能重罪轻受，夙业销灭。何以故？约对治言，福能灭罪故。约第一义言，慧能拔业故。当得菩提，明其所修必成也。以是之故，本经复有极大功用，曰"灭罪业"是。

二乘人能观空自觉，破人我见，而法我犹在，以智浅故，破之不尽。其成效极果，只能成就阿罗汉、辟支佛。大乘中人，虽能空有不住，不但自觉，且行六度以觉他，然而无明未能破净，即是微细之法我，犹未化除也，以未得金刚智故。故但分证法身，而未究竟。

本经所谓"成就第一希有"，以仅成正等正觉，未达无上也。若能于本经，深解义趣，信心不逆，尽能受持为人解说，即为荷担如来阿耨多罗三藐三菩提，当知是人成就最上第一希有之法，乃至生福灭罪，当得无上菩提。故本经更有极大功用，能究竟成就阿耨多罗三藐三菩提也。

合以上所辨列之三端，约成八字，曰："破我，灭罪，成就如来。"为本经之大用。庶几与经中"是经有不可思议、不可称量、无边功德"之文相应耳。经曰："狂心不歇，歇即菩提。"古德亦云："但尽凡情，别无圣解。"狂心、凡情，即是妄想执著之我见也。

当知如来智慧觉性，众生本具，不过为"我见"所障耳。此障若除，觉性则本来圆成，智慧则自在圆明，如来亦即出无明壳藏，而圆满显现矣。故曰："狂心不歇，歇即菩提"。"但尽凡情，别无圣解。"所以修行法门无量，而惟一宗旨，"除障"而已。本经大用，克实言之，亦只是除障而已。

而一言及障，法尔具三，所谓成就，亦可开三：一曰惑障，又名烦恼障，即见、思惑也。我、边、邪、二、取、贪、瞋、痴、慢、疑，其数有十，一是以我见为本，故破"我"则惑障除，而成般若德。二曰业障，本经曰："先世罪业，则为销灭。"故灭罪，则业障除，而成解脱德。三曰报障，报，谓苦报身也。成就如来，则报障除，而成法身德。故本经之大用，即是除三障，成三德。今举"破我，灭罪，成就如来"为言者，以其易晓，而"除三障，成三德"之义，摄在其中故也。

前言："体、宗、用三，其义一贯。"云何一贯耶？兹再综合言之。夫约所诠之经义，以显归趣之主体为"生实相"者，为发大乘、最上乘者，示以修因证果之目的也。若修宗之"离一切相，修一切善"，约经义言，"离一切相"者，所谓无相，"修一切善"者，所谓无不相也。然而，善法即非善法，是名善法，故究竟说之，修一切善，即摄"无相、无不相"义，而离一切相，则是"相、不相皆无"之义，正与"生实相"之经体相应。盖生实相之究竟义，亦为相不相皆无，而生即无生也。约能修人言，则是二边不著，一空到底，向生实相之究竟目的进修也。

至辨用之"破我，灭罪，成就如来"，约经义言，破我，为离一切相所得之功用，以妄尽情空故。灭罪，为修一切善所得之功用，以福慧增长故。亦可"破我，灭罪"，为"离相"、"修善"合得之功用，以观照般若之修功，信心清净，则生实相故。

盖二边不著，心与绝待清净相应，则破一分无明，证一分法身故。我见、罪业，由无明生，无明破，则惑业二障渐销，乃能证法身也。初证法身，为实相生也。若夫成就如来，则由观照功纯，实相般若，圆满现前，岂第如月之初生已哉？约能修人言，即是因圆果满，已达目的，而到涅槃彼岸矣！

上来辨用，并补发显体明宗未尽之义，及将体、宗、用，分别能所，综合一贯，而说其义，已竟。

5. 判教相

此中"判"字，盖有两义：分判也，辨别之义；又评判也，论定之义。"判教相"者，谓辨别经中旨趣，加以论定，应属何类也。教者，教化，即指经言。佛为教化众生而说法，结集所说之法而成书，称之曰经，故谓经为教也。佛之出世施教，在令众生除无明我见之障，证本具之如来智慧觉性。

简言之，一切佛法，不外明心见性而已。而心性要在自证，以其本非言说所可及也，故曰：说法者，无法可说。然众生既不自知，今欲教之，又不得不说。而障有浅深，说之又不能不应其机，故曰：对机则说。以说不对机，则不能了解，说复何益耶？机有二义：根机也，时机也。根机，指根性言，谓众生根性，各各不同也。何故不同？障有浅深厚薄故也。时机，指时节言。某时说《阿含》，某时说《方等》，先小后大，先浅后深，循循善诱，引人入胜，如所谓三时、五时是也。故名四十九年所说法，为一代时教。一代，谓佛之一生也。时教，谓因时施教也。

既是对机而说，因时施教，因之经教遂有半、满、权、实、渐、顿、偏、圆之异。故《大涅槃经》中，喻一代时教之相状，或如乳，或如酪，或如生酥、熟酥以及醍醐也，是之谓教相。譬如乳酪等等，名相虽异，而补身益人之妙用则一。经教亦然，虽不无半、满、偏、圆等等名相之异，而其宗旨，在于明心见性则一也。此以相为言之深意，明其不可拘执乎不一之相，仍应会归于不异之性也。

然既有种种不一之相，固不应拘执，亦何可颠顶？故古德于一切经教之教相，不惮勤劳，辨别而论定之。虽见浅见深，各因见地而异其说，而意在方便学人，俾得于一代时教之纲领条目，浅深次第，洞然心目，可以循序而进耳。其嘉惠后学之苦心，良足佩焉。是之谓判教相。

以上解释判教相之名义竟。

大法东来以后，至于晋末，判别一代时教者，有十八家之多，然皆不传。古德著述中，间有引其说者，一鳞半爪，未睹其全，就所引者窥之，大抵粗论大纲而已。自唐以来，共所依循，较为完备者，天台、贤首两家所判是也。天台判一代时教为藏、通、别、圆四种，学者名之曰"四教"。

贤首则判为小、始、终、顿、圆五种，学者名之曰"五教"。贤宗之"小"，即台宗之"藏"，谓小乘教也。其不称"小"者，盖以小乘于经、律、论三藏，虽义不及大乘之圆满，而三藏具足，若称为小，恐人疑其三藏缺而不全，故不曰"小"，而曰"藏"焉。《大涅槃经》，佛称小乘为"半字教"，大乘为"满字教"者，以小乘只明人空，大乘则人、法双空，故以半、满别之。

台宗之通教，贤宗名之曰始教，自此以往，皆指大乘而言。谓之"通"者，以其经义，下可通于小乘，上可通于别、圆也。总之，所明之义，三乘可以共行，因名曰"通"，犹言普通也。凡但言人、法俱空之理者,皆是。观空,为大乘初门,故名之曰"始教"也。

所谓别教者,别,即特别之义。始教但观空,与二乘同,故曰"三乘共行,因名曰通"。今则不止观空,且观假有,非二乘所共行矣,因谓之"别"。贤首则名为终教,明行菩萨道者,始虽观空,而终不住于空也。总之,大乘行门,始终不离乎生死、涅槃,两皆不住而已。又复先修从假入空,次修从空出假,各别修行,非如圆教之一修一切修,是与通教、圆教皆有别也。所谓下别于通,上别于圆,故谓之别教也。

圆教者,台宗所谓"即空、即假、即中,三谛圆融"。贤宗所谓"理事无碍、事事无碍、一即一切、一切即一"是也。总之,凡经义中,赅摄所谓小、始、终、顿,所谓藏、通、别之义者,即为圆教。

贤宗于终教、圆教之间,加一顿教,凡经义明一念不生,当体即佛,不涉次第者,属之。台宗于此层,非漏略也。当知台宗判教,分化法、化仪两种。化法者,教化之法门,所谓藏、通、别、圆是也,此指教化时所说之义趣言。化仪者,教化之仪式,所谓顿、渐、秘密、不定是也,此指教化时所现之事相言。约佛边言之,一时说尽,顿也;分次而说,渐也;放光表法,秘密也;非决定说,不定也。约闻法边言之,闻即彻证,顿也;不如是者,渐也;随类领解,不定也;各不相知,秘密也。

又复说顿义时,亦有渐义;说渐义时,亦具顿义;此人闻之以为顿,他人乃以为渐;本是顿义,仅得渐益;虽说通教,其中乃摄有别、圆,乃至说藏教时亦然。推之其他,莫不如是,皆所谓秘密、不定也。

总之,台宗以为藏、通、别、圆四教中,无不有顿有渐,故不另立一门。盖以化法、化仪,加以通五时、别五时,参伍错综,以判一代时教。以是之故,判教之细密圆融,莫过台宗。然于一代时教之义理、事相,仍有收摄不尽处也。当知此事惟佛与佛乃能究竟耳。各宗祖师未到佛地,虽各有见地,岂能便与佛同?后人惟当择善而从可耳。

以上泛论教相竟,即初总论已竟,以下正判本经教相。

台宗判本经为通、别兼圆,贤宗则判属始教,亦通于圆,皆不免拘牵名言,与经中义趣,未尽吻合也。今欲判定本经教相若何,不得不先明本经之义趣。

佛说此经,盖以开众生本具之如来智慧觉性,而复其本来面目者也，正是绍隆佛种，传授心印之无上甚深法宝。即此一点，已足证明其为至圆极顿之教法矣。至圆极顿，故所谓通、别，所谓始、终之义，无不摄尽。安得见其有通、始等义，遂拘牵文字，颠倒其说，谓其兼圆、通圆乎？

本经主旨，惟在"无住"，无住即是不著；不著，所以破我见也。何以故？我见即是妄想执著故。以如来智慧觉性，为我见所障。今欲显性，必除其障。故惟一主旨，在于无住以破我也。夫智障不并立，将欲开显智慧觉性，固在破除我见之障。然开、破一贯，能破便是能开，能开便是能破。然则此智云何为开耶？前已言之，发同体之大悲是已。悲智双具，即所谓阿耨多罗三藐三菩提心也。

此心是同体悲，故广修布施六度，以灭度所有众生，同证如来智慧觉性，而不著空。证如来智慧觉性，即是入无余涅槃也。此心是理体智，故虽度众生入无余涅槃，而实无众生得灭度者，而不著有。不著有，无相也；不著空，无不相也。无相无不相，正如来智慧觉性之真实相也。故本经启口即明此义，且明明示之曰："不应取法，不应取非法。"此约空、有二边不著言也。一有所著，则我见存，一无所著，则我见破矣。

盖灭度无量无数无边众生，而实无众生得灭度，是无我、人等相也。实无灭度，则虽广行六度法，而无法想，是无法相也。虽实无灭度，而度之不休，是亦无非法相也。无我、人等相者，无人我见也。法与非法皆无，无法我见也。换言之，无我、人等相，所谓我空；无法相，所谓法空；亦无非法相，所谓空空，亦曰"重空"——此约一空到底言也。

由是观之，本经之空，是并空亦空，所谓一空到底。一空到底，即是双遮二边、双照二边，所谓空有不著，圆之至矣。岂可以但观于空之始教，相提并论乎？而观开经所言，是三空之义，一时并具，亦即一修一切修，又岂先修从假入空，次修从空出假，隔别不融之别教义乎？且一空到底，二边不著，所谓离一切相也。必离一切相，方为发菩提心，而离一切相，则名诸佛矣。

盖空、有一切相既离，则心清净。心清净，则实相生。实相生，即是无明我见破，而真如法身现，故曰"则名诸佛"，故曰"若见诸相非相，即见如来"。不但圆极，亦顿极矣。

夫离一切相，为发无上菩提心者，以其遮照同时，宛合中道也。乃至菩提心亦不著，是则中亦不立矣。乃至曰："一切法皆是佛法。"所谓一切法者，亦复"即非"而"是名"，此正台宗所说一空一切空，一假一切假，一中一切中，至极圆融之义也。而曰如来者，即诸法如义。又曰："是法平等，无有高下。"此又贤宗所明理事无碍，事事无碍，一即一切，一切即一，至极圆融之义也。全经所说，皆是此至圆极顿之义，乃判曰"兼乎圆"，"通于圆"，一若经义有不尽圆者，何耶？

总之，全经之义，莫非阐发圆顿之无住，但前半多约境遣著。境者，一切相也，六尘、六根、六识，乃至空、有、双亦、双非，皆摄在内。故前半之义，可简言以括之曰："一切皆非，于相不取。"因不取，故皆非也。皆非而不取，则无明我见破，而观照般若之正智，焕然大明矣！

后半则约心遣著。心者，菩提心、三际心，有所发，有所得，一切分别执著等心，皆摄在内。故后半之义，可简言以括之曰："一切皆是，于相不生。"因不生，故皆是也。皆是而不生，则无明我见破净，而实相般若之理体，朗然全现矣。

故指示云何演说中，结以两语曰"不取于相"、"如如不动"也。看似因不取，而后不动，实则必能观不动，乃可不取。此义，曾于前半部中发之。如曰"若心取相，则为著我、人、众生、寿者"是也。盖心动则取，取则著相，故欲不著，必当不取，而欲不取，心当不动。可见前后义本一致，不过约文相，不无浅深次第，以方便见浅见深之闻法者耳。

前言："本经为绍隆佛种，传授心印之无上法宝。"即此一点，已足证明其为至圆极顿之教，此非无稽之言也！本经盖屡言之矣。如曰："一切诸佛，及诸佛阿耨多罗三藐三菩提法，皆从此经出。"又曰："是经有不可思议，不可称量，无边功德。如来为发大乘者说，为发最上乘者说。""若有人能受持读诵，广为人说。如来悉知是人，悉见是人，皆成就不可量，不可称，无有边，不可思议功德。如是人等，则为荷担如来阿耨多罗三藐三菩提。"又曰："先世罪业，则为销灭，当得阿耨多罗三藐三菩提。"又曰："当知是人成就最上第一希有之法。"又曰："是经义不可思议，果报亦不可思议。"

夫曰"诸佛从此经出"，曰"荷担如来"、"当得菩提"，非绍隆佛种乎？曰"如来为发大乘、最上乘者说"，非传授心印乎？曰经义、果报、功德、成就，皆不可思议，非无上法宝乎？非至圆极顿之教，何足语此？且明明曰："诸佛阿耨多罗三藐三菩提法，皆从此经出。"则是一切圆顿经教，皆为此经摄。此经能摄一切经教，一切经教，不能摄此经教。

然则至圆极顿，孰有能驾此经而上之者？佛语当信，不可诬也。今故谨遵佛旨，判本经为境、心俱冥，遮、照同时，慧彻三空，功圆万行，至圆极顿之大教。一切藏、通、别、圆，小、始、终、顿、圆，种种教义，一齐摄尽。其相，正如无上醍醐，为乳、酪、生熟酥之所不及也。

二、释人题——译者介绍

姚秦·三藏法师鸠摩罗什译。

晋时，内有各王争政，外有五胡乱华，于是群雄割据，全国扰乱。陵夷至于东晋之末，北方久已沦为异域，从无宁日，前后有十六国，姚秦，即十六国中之一也。迨刘裕灭晋称宋，而齐、梁、陈继之，名曰南朝。北则为元魏、周、齐，名曰北朝。然后一统于隋，而归于唐，斯民方得少少苏息也。

姚秦建都长安，国号曰秦，为别于前秦苻氏，故称后秦，亦称姚秦，国主姓姚故也。当前秦苻坚建元九年（亦云十三年），有异星见于西域分野。太史奏曰："当有大德智人，入辅中国。"坚曰："朕闻龟兹有罗什，襄阳有道安，得非此二人耶？"于是先礼致道安法师，复遣骁骑将军吕光，率兵七万伐龟兹，意在得什也。龟兹兵败，光得什，返至西凉，闻苻坚为姚苌所弑。光乃自据凉土，称三河王，并留止什。姚苌既弑苻坚称帝，屡请什师，吕光不允。苌卒，其子姚兴嗣位，复请，亦不允。

光卒后，传至吕隆。姚兴伐之，遂迎什师至长安，奉为国师，使沙门僧䂮、僧睿、僧肇等八百余人，集于什师门下，大兴译事，时在姚秦弘始三年也，吾国法运由此而盛。在佛教中，关系之巨莫过于此。当在西凉时，吕光但以什多智计，重之，初不弘道。姚苌亦因闻其计谋之名而请之耳。姚兴则信奉三宝者也。

凡能弘扬佛法者，称为法师。经律论三藏皆通，则称三藏法师，名尤隆重。

鸠摩罗什，梵语具云"鸠摩罗什婆"，什婆亦作耆婆。父名鸠摩罗炎，天竺人也，家世国相，将嗣相位，辞避出家，东度葱岭。龟兹国王，闻其弃荣，郊迎之，请为国师，强以其妹名"耆婆"者妻之，生什。兼取父母之名，名鸠摩罗耆婆，天竺俗尚如此。其母后又生一子，名弗沙提婆，乃慕道苦行，遂出家。时什年七岁，亦俱出家。

鸠摩罗什，义为"童寿"，谓童年有耆老之德也。日诵千偈，凡三万二千言（每偈三十八言），自通其义。随母至罽宾，礼盘头达多为师，攻难外道，能折服之。国王日给上供。所住寺僧，乃差大僧五人，沙弥十人，为营扫洒，有若弟子。其见尊崇如此。年十二，复随母还龟兹，游沙勒。小乘教义，无不通达。沙勒王请升座说法。暇则博览外道经论，四韦、五明、阴阳、星算，莫不毕尽，妙达吉凶，言若符契。为性率达，不厉小检，修行者颇疑之。然什自得于心，未尝介意。时有须耶利苏摩，专宏大乘。什亦宗而奉之，遂专务方等，诵《中》、《百》二论，及《十二门》等。龟兹王迎请还国说经。

年二十受戒，从卑摩罗叉，学《十诵律》。时母辞龟兹王，往天竺，已登三果，临去，谓什曰："方等深教，应大阐震旦，传之东土，惟尔之力。但自身无利，奈何？"什曰："大士之道，利众忘躯。必使大化流传，洗悟朦俗，虽身当炉镬，苦而无恨。"遂留龟兹。后于寺侧故宫中，初得《放光经》，读之，魔来蔽文，惟见空牒。什心愈固，魔去字显，遂广诵大乘经论，洞其秘奥。

龟兹王为造金狮子座，以大秦锦褥铺之，令什升而说法。盘头达多，不远而至。时什正欲寻之，告以大乘也。因与达多辩论大小乘义，往复苦至，经一月余，方乃信服，反礼为师，曰："我是和尚小乘师，和尚是我大乘师。"什每至诸国讲说，诸王皆长跪座侧，令什践而登座，其见重如此。

什既道流西域，名被东国，所以前秦苻坚必欲得之也。然吕光本不信佛，虽得什师，种种虐遇，师皆忍受。继因言无不验，光始异之。姚兴少崇三宝，既迎至长安，因请于逍遥园译经，并令名僧睿、肇等，咨受什旨。自汉明，历魏、晋，所出经论，往往文滞义格。什览之，多不与梵本相应，遂与僧䂮、僧迁、道恒、道标、僧睿、僧肇等，先出大品。姚兴自亦持经雠校。其新文异旧者，义皆圆通。众心惬伏，莫不欣赞。兴复自作《通三世论》，以示因果之理。王公以下，并赞厥风，屡请什于长安大寺，讲说新经，什师能汉言也。所译经论，凡三百余卷。

名僧道生，慧解入微，特入关，向什师请决。庐山高僧慧远，亦每以经中疑义，通书咨什。什每为睿言，西方重文，宫、商体韵以入弦为善，凡觐国王，必有赞德，见佛之仪，以歌叹为贵，经中偈颂，皆其式也。改梵为汉，失其藻蔚，虽得大意，殊隔文体，有似嚼饭与人，非徒失味，乃令呕哕。

姚兴虑法种无嗣，以伎女十人，逼令受之。自尔不住僧坊，别立廨舍。每至讲说，常先自说，譬如臭泥中生莲华，但采莲华，勿取臭泥。或有见师与女人处者，莫测究竟。师取针一握，谓之曰："若能吞得此针否？若其未能，何堪学我？"由此可知什师为宏大法，不得已暂示随缘，实则处污泥而不染，何可以迹相疑之耶？以弘始十一年八月二十日卒。临入灭时，谓众曰："自以暗昧，谬充翻译。若所传无谬，当使焚身之后，舌根不坏。"荼毗之，果然。

所译经、论共九十八部，三百九十余卷也。后有天竺人来云："罗什所谙，十不出一耳。"本经即其所译也。本经后于元魏、陈、隋，复重译之，唐时又有两译本，前后共六译。然古今流通，惟尚秦译。

至什师事实，古人著述中，往往言之，颇多异词，与《高僧传》所载，不无龃龉。兹略述之，不及详考也。吾人观于什师译经之事，有两事当注重者：

一、译经有两大派：一即罗什一派。融会全经之义，以汉文体裁达之。故其所译，往往字句章节，不与梵文尽合，而无幽不显，无微不彰。东方人读之，尤为应机，较易领解。盖依义不依文也，即今人所谓"意译"也。一为玄奘一派，拘守梵文格式，不顺汉文方法，东方人读之，殊为格格，义亦难通。此殆今所谓"直译"者欤？夫弘扬佛法，重在宣通其义耳，非为研究梵文，则所译之佛经，应以何派为善，可不烦言而解矣。

二、罗什以前，因译本不善，不但深微之义未达，即就浅近者言，亦多未能圆满其说，故士大夫信佛者少。自什师新译之经论出。远公在庐山，复力为宣布，于是文人哲士，始得渐通佛理。佛法之光明，乃始如日初升，至唐而如日中天矣。故大法东来而后，直至什师，方为大显。不然，其时虽先有道安、后有慧远两高僧，亦未必能蔚为后来之盛。何以故？依据之经论，未足备数，未足明义故。什师既是菩萨再来，及门弟子如睿、肇等，又皆文理湛深，于吾国旧学，《老》、《庄》、六经无不通晓。师、弟皆非凡人，故其所译，遂尔无理不达，而能深入人心也。

自宋而后，佛法由盛而衰，至于今日而极，而国乱人苦，无异晋时。彼时有什师师、弟之宏扬，佛法由此而大兴，人心由此而改善，国政亦由此而渐获太平。

然则欲世事太平，先当人心良善；而欲人心良善，先当佛法宏兴也，明矣！一观今日之情势，为何如耶？不但世事紊乱已也，佛法中亦复紊乱至极。无他，未明佛法之真实义故耳。是故欲大兴佛法，先当了解佛法之真实义；而欲了解真实义，先当弘宣绍隆佛种之《金刚般若》。是在吾辈之群起而荷担之矣！

什师译经，先从大品般若始，则欲荷担无上菩提法，当从金刚般若始，不尤彰明较著也哉！敬以此愿，普皆回向。

案：前玄谈系补讲之文，初讲时未说玄谈，先说要旨，虽似重出，然为江老居士亲笔，因附于后，抑为好略者所乐闻也！

金刚般若未说玄谈，因闻者茫然故，然要旨不可不说，括以八字，曰："理显三空，观融二谛。"

先从苦说起，所谓三苦、八苦。苦由业来，业由惑生，所谓见、思惑也。因详说之，而惑之本，则为我见。我见除，则诸惑不生。不生，则无业系之苦，所谓了生死是也。金刚坚利，喻般若能断惑故。本经宗旨，惟在破我。我执之粗者，为四大、五阴；细者，则取法，或取非法。凡有所取，便是我执未尽，故须重重空之，即无我相，无法相，亦无非法相是也——此之谓三空。

"法"字义广，事事物物，皆在其中。四大五阴，亦事物之一也。故约粗、细分言之，则为人我相、法我相，而约有相言，则同属于法，故人我、法我，可合而为一。此一切有相之事物，世俗眼光，莫不认为真实，故名之曰"俗谛"。谛者，真真实实之意。殊不知凡所有相，皆是虚妄，言其虽有而虚（有而不有），作此观者，名为"假观"。

非法相者，约一切法之性言。相假而性真，以相由缘生，性乃不变，故知是真，故名之曰"真谛"，作此观者，名曰"空观"。以性本无相，故名空也。然若取此空相，乃是偏空，非大乘之第一义空（亦名胜义空）。何则？譬如虚空，虽本无相，而万相森罗，且必万相森罗，乃成其虚空。须知性是体，相是用，有体必有用，故有性必现相。但相不可著，著则逐相而昧性，逐用而昧体矣。然亦不容断灭相，断灭相，则虽证体而有何用？且亦不成为体，以决无无相之体故也。故大乘之义，必作如是观，乃名"空观"（空而不空）。

如是，则二谛之观融矣。融，则为中道观之第一义谛矣，非二谛外，别有第一义谛，亦非假、空二观外，别有中道观。经中作如是说者，名为"遮诠"，盖以遮遣为说也。若《法华经》等说三谛者，则是表诠，乃以表显性德之二边不著，二边双照为说者。

遮诠，则是说著有不是，著空亦不是，为说两边俱遣，则两边融矣！《般若》正以遣执为宗，故只说二谛。须知凡夫病在处处著，故妄想多，必当先用遣荡功夫，而后性德乃能彰显。故世尊先说《般若》，后说《法华》也——此义极当注意。又大乘佛法，彻上彻下，切不可高推圣境，以为此是出世事，与世法毫无干涉，则辜负佛恩。当知三空、二谛不明，即做人亦做不好。因畅说其理，以上分作三数座说之。

卷 二

义因文显，且观照般若、实相般若，皆因文字般若而起，则经文中一字一句，其不能不考订明确也，审矣！盖本经读诵广遍，因之由明迄今流通于世者，异本甚多，往往传写讹夺，或意为增减，各是其是，几令人无所适从。

煦生也晚，幸值晋、隋及唐，如僧肇、智者、慧净，诸大德经疏，归自海外，而唐人写本，如柳诚悬诸人所书，闷在敦煌石室者，亦发现于世。煦得藉以互订参稽，考其真而正其谬，此实希有之遭，而亦后学者之责也，既别成《校勘记》一卷，附刊经后。若夫字句异同，虽一字之出入，而关系经义甚大者，今皆一一随文指出，明其义趣，孰正孰讹，较然可睹焉。读者详之。

经文大分三科（科相当于段落层次，此处指大的层次，下面有指小的层次，或段落的——编者注）：一名序分，二名正宗分，三名流通分。一切诸经，莫不如是。如是分判，起于东晋道安法师，即净土宗初祖庐山远公之师也。此说初起，闻者疑之，嗣就正于东来梵德，乃知西土于一切经，亦复如是分科，遂翕然悦服，成为定则矣。如本经，自"如是我闻"至"敷座而坐"，是为序分；"时长老须菩提"至"是名法相"，为正宗分；"须菩提，若有人以满无量阿僧祇世界七宝，持用布施"，至"信受奉行"，则流通分也。

如是我闻。一时，佛在舍卫国祇树给孤独园，与大比丘众千二百五十人俱。

此证信序，又名通序，诸经通有故，亦名经后序。佛初说经，本无此序，至结集时，始加入故，亦名遗教序。佛将涅槃，阿难尊者钦奉遗命，一切经首，当置如是我闻，一时佛在某处，与某大众若干人俱等语故。命置如是云云者，证明是佛所说，以起信故，故曰证信序也。

《大智度论》谓此科之文，为六成就。盖凡结集一经，必具六缘，乃克成就。云何六缘？一者，如是，信成就也；二者，我闻，闻成就也；三者，一时，时成就也；四者，佛，主成就也；五者，在某处，处成就也；六者，与比丘众若干人俱，众成就也。六缘既具，则说法之主，说法之时，说法之处，闻法之众，及结集人负责证明自所亲闻，凡足以成就众信者，一一皆备，故曰"六成就"也。

初曰"如是"者，不异为如，无非曰是，凡人相信，则曰如是。不信，必曰不如是。今结集者一启口而郑重言之曰如是，所以明其言言如佛所说，辞义无谬也，则足以信今而传后矣，故曰信成就也。《华严经》曰："信为道元功德母，长养一切诸善法。"信乃入道初门，故列在最初。次曰"我闻"者，我，阿难自称。特称我者，负责之词，且以明其自耳亲闻，而非传述。上承"如是"，下复详列同闻之众，又以明其亦非私闻也。则如是如是，信而有征，故曰闻成就也。

世尊成道之日，阿难降生，至出家时，佛已说法二十年，因请佛将二十年前说，均为补说。阿难复得法性觉自在三昧，能于定中，彻了一切法，故结集法藏，必推阿难，亦是佛所亲许。如《法华经》曰："我与阿难，于空王佛所同时发心，我好精进，遂致作佛；阿难常乐多闻，故持我法藏。"是也。结集时，阿难登座，身光如佛。众疑世尊重起说法，或疑他方佛来，或疑阿难成佛。阿难启口便曰"如是我闻"云云，三疑顿断。世尊盖悬知必有此疑，故令一切经首，皆置"如是"等句耳。

结集之事，经、律、论中，有种种说。或曰小乘三藏，皆阿难集；或曰优波离集律，阿难但集经论；或曰论是大迦叶自集；又谓论为富楼那诵出。此名五百结集，亦名第一结集。时为世尊入灭之年，地在王舍城外毕波罗窟。阿阇世王为外护，大迦叶尊者为上首，或曰五百众，或曰千众，或曰八万四千众。又称为上座部结集，以大迦叶为一切僧中上座故也。结集起于其年安居初之十五日；或曰安居三月结讫；或曰四月乃讫；或曰其年十二月王死，大迦叶亦入狼迹山，大众便散。当是之时，又有不能预会之学、无学众数百千人，欲报佛恩，去窟西北二十里，别集经、律、论及杂集藏、禁咒藏，为五藏。因其凡圣咸萃，谓之大众部结集（此皆佛弟子，非佛灭度百年后之大众部也）。婆修婆师罗汉为上首，亦阿阇世王为大檀越，种种供养。此见《法藏经》、《西域记》等书。其后更有三次结集：

一则佛入灭百年许，耶斯那（一作耶舍陀，一作须那拘）长老为上首，集七百圣众，长老离婆多与萨婆迦，问答断论，专为律藏严净非法，是名第二结集。

一在佛入灭二百三十五年，阿育王时，目犍连帝须为上首，集众六万，妙选千人，帝须造论，以破外道邪说，是为第三结集。

最后，则在四五百年许，迦腻色迦王时，集五百罗汉、五百菩萨，迦旃延子为上首，马鸣菩萨造论，经十二年成《毗婆沙论》百万颂，以释经（译出者其一部分）。或曰世友菩萨为上首，造三藏论，各十万颂，是为第四结集也。或佛在世时已有结集：如目乾连造《法蕴足论》是。然此不过一部分撰述。若召众集会，作大规模之结集，实起于大迦叶、阿难诸圣众也。

大乘结集，约有两说：一谓佛灭七日，大迦叶告五百罗汉，鸣椎遍集十方世界诸阿罗汉，得八万八千众，于娑罗双树间，而使阿难升座，分集菩萨、声闻、戒律三藏。其菩萨藏有八：胎化藏为第一，中阴藏第二，摩诃衍方等第三，戒律藏第四，十住菩萨藏第五，杂藏第六，金刚藏第七，佛藏第八云，见《菩萨处胎经》。一谓文殊、弥勒诸大菩萨，将阿难于铁围山，结集大乘三藏，见《大智度论》。

至于密部，亦有两说：或谓尽阿难集，或谓金刚手菩萨为正，阿难为伴。后说盖据《六波罗蜜经》，经中佛将诸法摄为五分，告慈氏菩萨曰："我灭度后，令阿难陀受持所说素呾缆藏（此云经藏），其邬波离（即优波离）受持所说毗奈耶藏（此云律藏），迦多衍那受持所说阿毗达磨（此云对法，即是论藏），曼殊室利受持所说大乘般若波罗蜜多，其金刚手菩萨受持所说甚深微妙诸法总持门。"是也。

表法者，销归自性也。听经闻法，重在将经文销融，一一归到自己本性上体会，方得受用。此段文，本是境缘事相，尚可销归自性，则向后经文，可以例知、推之。若对于一切境缘，皆能如是领会，则受用无穷矣。注意、注意！

"如"者，如如不动，谓当人本具之性体。"是"者，当下即是。一切凡夫，虽此性当下即是，而生灭刹那不停，并不如如者，何也？我执为之障故耳。故必破其小我之执，而会归于大我。大我者，所谓一法界，即心佛众生，三无差别，"常乐我净"之"我"也。此中我字，当如是会。闻者，返闻闻自性也。将欲会归，必当返闻，不能向外驰求，背觉合尘也。一时者，所谓十世古今，不离当念，亦即三际心不可得，当如是领会也。

上文"我"字，是令领会一法界，则空间之障碍除。此一"时"字，是令领会无三际，则时间之障碍亦除。本来性体，如是如是，当如是返闻也。

凡夫忘其本来久矣！今欲返照，须得方便。六根中，惟耳根最为圆通，所谓十方击鼓，十方齐闻，于性之本无障碍，较易领会。故令从耳根入，以耳根具足千二百功德也。千二百，不过表其圆满无碍，因十方之纲，只是四方。四隅及上下，皆由东南西北开出，故为余六之纲。此约横说，三世则约竖说。横竖交参，为十二，表其无尽，曰千二百也。与三世相乘，则为十二，百倍之，则为千二百。

"佛"者，自性天真佛也。双遮双照，中道圆融，自性本如是，是为自性之"舍卫国"。战胜五阴之魔，而绍隆佛种，是为自性之"祇陀太子"。庄严福慧，功德之林，是之谓"树"。

舍父逃逝之子，今返家园，承受父业，衣里明珠，不劳而获，是即自性之"给孤独园"也。"大"者，大悲大愿。"比丘"者，远尘离垢。"众"者，理事和合。"千二百"者，圆满耳根返闻之功德也。五十五人，即十信、十住、十行、十向、四加行、十地、等觉五十五位也。

盖谓如如不动之本性，当下即是。果能横竖无障，如是返闻，则自性天真佛，便如是而在，而与大悲大愿，远尘离垢，理事和合，圆满返闻功德之五十五位菩萨摩诃萨为伴侣矣。则灵山法会，俨然未散，且谓在灵山亲闻妙法也可，即谓灵山在此寸心也，亦无不可。何以故？自性天真佛，与释迦牟尼佛，已心心相印故，光光相照故，则已见证信序之境相为非相，而见如来故。

诸善知识，此之"如是"，非对经本则如是，不对经本便不如是；亦非在此讲经听经之座则如是，离座便不如是；更非在法会如是，出法会外便不如是。当于一切时、一切事、一切境皆见诸相非相，则动静一如，无往而不是矣。珍重、珍重！

> 尔时，世尊食时，著衣持钵，入舍卫大城乞食。于其城中，次第乞已，还至本处。饭食讫，收衣钵，洗足已，敷座而坐。

佛为出家制三衣：一名安陀会，此名五条（剪布为方块，缝而联之如田，故名福田衣。五条者方形大，九条则方形渐小），亦名着体衣，作务及坐卧着之。一名郁多罗僧，此名七条，讲经说法，则加于五条之上着之，故又名上衣（五条又名下品，七条又名中品，九条又名上品）。若居稠人广众，或入大都会，以及王宫，则着九条者，梵名"僧伽黎"，亦名大衣。今将入城乞食，故特着大衣也。

三衣，总名袈裟，袈裟者，杂也。非但以色有青、黄、赤、黑、紫为杂也（此依"梵网"说。他书或但说青、黑、赤，或但说赤，或曰赤衣上加青黑等点），以不用正赤色，或兼青，或兼黄，或兼黑，或兼紫故。不但赤非正赤，即青、黄、黑、紫，亦非正青、正黄、正黑、正紫，是之谓杂（如此说法，系博采众说而融会之，知其乃是如此，古无如是明白说者）。故赤而偏青，则成黑泥之色，故谓之披缁。赤而兼黄，则谓之木兰色也。紫色，亦是赤兼黑而成。皆非正色，故又谓之不正色、坏色、染色。

所以如此者，取其与在家人别，亦示不住于色之意（《增一阿含》云：染作袈裟衣，味为袈裟味，故袈裟训杂最妥）。如此之色，则暗淡无光彩，亦是不炫耀之意。着衣持钵、乞食等等，皆戒律制定。世尊如此，即是本身作则，教人持戒也。钵等，皆如常说。

乞食有多义，略言之，降伏我慢故，不贪口味故（这家布施甜，他家或布施咸，故名袈裟味），专心修道故（以上就出家边说），令见者生惭愧心故。出家本为度众生，欲度众生，须先断惑，断惑必须苦行，使一般人见之而生惭愧曰："以度众生故，而自苦如此，我辈乃如是之贪口腹图安逸乎？"庶几道心增长，俗念减少，则乞食之有益于众生也大矣。岂但令人布施，种福田而已？故乞食便是出家人修极大之福。

古德因虑信心不多，必遭毁谤，不得已置田自种，已违佛制，已极痛心。安可如今人所言，更要比丘兼营他业，则又奚必出家为？破坏佛法，大大不可。欲佛法大兴，非行乞食制不可。如曰"东方不可行，今日不能行"，则暹罗至今犹遵佛制而行，安见今日东方不可行哉？但须信心者多，然后能行耳。"敷座而坐"，将以入定也。照规，坐前尚有经行，今不言者，示用功要紧，不可片刻偷安之意。

说此大经，而发起于日用寻常之事，殊为奇特。故善现启口便叹"希有"。然奇特实无异寻常，故善现继之而曰："善护念"，"善付嘱"也。可见此文，关系全经，理极幽微而亲切，若草草看过，岂不辜负？今开十重，略明其义：前四重，约法以明；后六重，约教化以明。

一、示现着衣乞食，奔走尘劳，俨同凡夫者，佛不住佛相也，即是显示佛之无我相。全经宗旨，在于破我。今示现无我，不说一字，亦即示佛之无法相也。虽不说一字，而实示以无我法，又所以示佛之亦无非法相也。三空之理，彻底全彰矣！此之谓"善付嘱"。

二、如上所明，是大智也。修菩萨行，必应悲智具足，故详谈时，启口便令应度所有一切众生。而今之示同凡夫者，"四摄"中之"同事摄"也，乃我世尊大慈大悲，不舍众生，而本身作则，为诸菩萨摩诃萨作榜样耳。此之谓"善护念"。综而观之，以大智而行大悲，空而不空也；因大悲而显大智，有而不有也。空而不空，谓之妙有；有而不有，乃是真空。岂非即空即假，即假即空，二谛观融，宛然中道之第一义谛乎？是则于寻常日用间，已将理显三空，观融二谛之全经要旨，和盘托出矣！此之谓"希有"也。

三、佛说他经，往往放光动地，以为发起，示一切诸法，皆自般若正智而出，即法法莫非般若也。前说般若中，亦曾放光动地者，示般若正智之能拔住地无明也。今第九会说《金刚般若》，又不如是者，所以示并般若法相亦不著也，故本经曰："佛说般若波罗蜜，则非般若波罗蜜。"须知并般若而不著，乃为般若波罗蜜耳，此不取于相之极致也。

四、未说本经前数十年中，日日如此示现，既说本经后直至涅槃数十年中，亦复日日如此示现。可见"示现"云者，他人见之云然耳，佛无是念——我为大众作此示现也。盖无一刹那间，不在二谛圆融大空三昧中。他人所见之示现云云，皆从大空三昧中自在流出耳。佛则行所无事，初无容心也，此是如如不动之极致。全经千言万语，归结处则曰：受持读诵，为人演说。云何为人演说？不取于相，如如不动——可知此八字，为全经之扼要处，亦即为学人受持、演说之扼要处。今于日用寻常，即是显示金刚般若之扼要，可不谓之"希有"、"善护念"、"善付嘱"乎？

上来约法以明发起序之义竟。

五、一切众生，同具佛性，即是人人本具有法身如来。然其法身如来，藏而不显。所以藏而不显，不谓之如来，但谓之如来藏者，以其奔走衣食，背觉合尘，久已忘却本来故也。今以法身如来，示同凡夫，奔走尘劳者，无他，欲令一切尘劳中众生，各各回光返照其本具之如来藏耳。

六、博地凡夫，障深业重，今欲返照，非善为启迪，勤加熏习不可。今说此经，而发起于乞食等事者，指示众生受持此经，当视同家常茶饭，一日不可离也。如是久久熏习，庶几信心增长，于无明厚壳中，露出光明来。

七、然而最上乘经，甚深微妙。今得见闻受持，而欲领解如来真实之义，非具有相当资格，亦莫得其门而入。本经云："后五百岁，有持戒修福者，于此章句，能生信心，以此为实。"信者，入道之门也。以此为实者，解其真实义也。可见解其实义，乃为实信（上文问生实信。今答曰："能生信心，以此为实。"是明明告以能生信心，由于以此为实，亦即实解，乃是实信。实信者，别于悠悠忽忽之信也）。而实信则由于持戒修福，然则欲入此门，持戒修福，顾不重欤（何以持戒修福，能生信心，以此为实？其中关系，理甚精微，俟当文详之）？今着衣、持钵、乞食等事，皆佛制定之戒律。依此而行，便是持戒。而乞食，则令一切见者、闻者，生惭愧心，增长道念，不但令行布施种福田已也，乃是修福。金刚般若，发起于持戒修福者，正指示众生以起信入门之前方便也。

八、乞食等等，持戒也。敷座而坐，将以入定也。由戒生定，由定生慧。故序以为说金刚般若之发起者，又指示众生以无漏三学，一定之程序，以明持戒修福，能生实信，而入门矣。然欲般若正智现前，又非修定不可也。

九、修行之要，要在理事双融。静中养得端倪，更当于对境随缘时，勤勤勘验——古人谓之历事锻心，此是修行最要一着。二边不著之理，必须于吃饭穿衣时领会，必须于寻常日用中做到，庶几乎达于动静一如，则无往而不是矣——此又般若发起于乞食等事之微意也。

十、尤有妙者，此发起序，即是的指尘劳中人以下手方便也。既为夙业所牵，落在臭皮囊中，奔走衣食，其孰能免？为之逐末而忘本固不可，若因摆脱尘劳不得而生烦恼，又奚其可？道在善巧利用其环境，则何处不是道场哉？每晨着衣出外，各勤其乞食之职务，务毕即归，应酬等不相干事，可省即省。

此"还至本处"四字，急应着眼。归后，即将饮馔洗濯等等，应行料理收拾之事完毕，即当静坐，摄念观心。此"敷座而坐"四字，尤应着眼也。今人终日忙碌，应酬既多，归后又不摄静，纵令念佛诵经，功课不缺，而此心从未少用静摄之功。所以尽管念诵，尽管妄念纷飞，有何益处？又于不著相，及不著相乃是法与非法二边不著等道理，从不留心体会。所以修行多年，依然见境即迁，随缘便转，脚跟一点立不牢，自己即毫无受用，甚至大破戒律，无所不为，自以为不著法相，殊不知早取著了非法相矣。自己堕落，又牵引无数善男信女，一齐堕落。此皆由于从未摄念观心，从未于不住相，及二边不著之要义，体会了解，以致如此，岂不可怜？

故此中"还至本处，敷座而坐"八字，正是吾辈奔走尘劳中众生的顶门针、座右铭。以此为发起，正的示般若不是空谈得的，须要依文字，起观照，刻刻不放松，事事勤勘验，方许有少分荐得。

上来约教化以明发起序之义竟。

总此十义，以为发起，不但无上大法之理事全彰，并修行者预备之方，入手之法，亦尽在里许，真希有也。若不一一领会，如法而修，岂但辜负护念付嘱的希有世尊哉，并辜负此希有之发起序矣。

"尔时"：正当说听具足机缘成熟之时也。

"世尊"：别有十号，总称世尊，因具十号之德，为世尊崇，故称世尊，此依《大论》。十号者：

一、如来，诸法一如为如，不来而来为来，此约性体表德。

二、应供，应人天之供养，此约大悲大愿表德。

三、正遍知，知一切法，即假即空，莫非中道；一空一切空，一假一切假，一中一切中，无偏无倚，寂照同时，为正；三谛理智，圆融无碍，智周沙界，鉴彻微尘，为遍。此约寂照同时表德。

四、明行足，有二说：《大涅槃经》说，明者，得无量善果（指阿耨菩提）；行足者，能行之足（指戒慧，此中即摄定），谓得无上菩提，由乘戒慧之足，此约修因克果表德。《大论》说，明，即宿命、天眼、漏尽三明；行，指身口意三业；惟佛三明之行具足。约此义言，是此约神通表德。

五、善逝，犹言"好去"，谓入无余涅槃，所谓"生灭灭已，寂灭现前"也，此约断证表德。

六、世间解，一切有情、非有情事相，无不解了，此约后得智表德。

七、无上士，在一切众生中，佛为无上，此盖即位表德。

八、调御丈夫，或以柔软语，或以苦切语，善能调御丈夫，使入善道（无问男女僧俗，如欲远尘离垢，非具有大丈夫气概果决坚定之心志不可。如是之人，惟佛能调伏而驾御之），此约教主表德。

九、天人师，为人天之表率，譬如日光遍照，无不蒙益，此约普利表德。

十、佛，自觉、觉他、觉满，名佛陀耶，此约究竟觉果表德。其他经论，或合应供、正遍知为一，曰"应正遍知"，或合善逝、世间解为一，或合无上士、调御丈夫为一，或合佛、世尊为一，种种不同，盖因经言，佛具十号，故以合为十数为准。惟《大论》，从第一"如来"，至第十"佛"，分为十数，而以"世尊"为十号之总称，似乎最为得宜。

"食时"：三世诸佛定规，过中一发，即不得食。今谓食时将到，宜先往乞也。藏律中言食时，其说不一，今且述其一说：丑、寅、卯，为诸天食时，是名初分（或谓寅、卯、辰，为初分，圭峰《纂要》依此说）；辰、巳、午，为人间食时，是名中分；未、申、酉，为畜生食时，是名晡分；戌、亥、子，为神鬼食时，是名夜分。盖谓各道众生多在此时，或宜于此时就食，非谓一定不移。

惟佛法制定过午不食，用意深广。如律中说，乞食之时，大约在辰时左右，以太早太迟不能得故，防无所施，致恼他，无所获，复恼自也。

"着衣"：佛制三衣：

一、安陀会，义为中著衣，衬体所著也。行道（谓修行时）或作务可用，即是五条，名下品衣。

二、郁多罗僧，译义曰上衣，亦名中品衣，即七条也，亦可入聚落或说法。若遇大众集会，宜着大衣。

三、僧伽黎，义为众聚时衣，即大衣也，又名上品衣，亦名福田衣，即是九条，乃至二十五条。若入王宫、王城、聚落，凡大众集会，威仪严肃时、处，或授戒、说法、乞食等，应着此衣。自五条至九条，皆谓割截布成方块，缝而缀之。条数少，则方块大；条数多，则方块小。小则密密如田之界画分明，故惟九条称福田衣。十条以上，则因身量有魁伟者，衣量亦随而宽博，故条数增多耳。

天竺寒地，三衣许重着。东土因寒冷及习惯故，多就普通衣上，加而被之，故无重着之风，惟喇嘛中有之。

三衣统称袈裟。袈裟，梵语，依色立名，谓色之不正、坏、浊者。故引申之，杂味亦名袈裟味。不正者，意明杂，色杂，则色坏而浊矣。所以黑须如泥，青当似铜青（旧铜色也）。赤，则或赤多黑少，曰木兰色（川中有此树。日本名香染色，丁子香所染也），即天竺所谓乾陀色，或赤黑相参如紫。

《寄归传》曰："或用地黄屑，或荆檗黄等，研赤土赤石汁，和而染之。"总之，不许用青、黄、赤、黑、紫之光鲜正色，须兼杂色，令带暗浊。

《四分律》云："一一色中随意坏。"是也。若缦条衣，乃沙弥、沙弥尼之衣，谓漫漶无条相也。大僧无三衣者，可通用。优婆塞等，亦许于礼佛等时，暂尔借着，不得常披。佛法东来之初，出家人未知割截之制，但着缦条而已。经历百八十七年之后，乃始知之。

"持钵"：梵语"钵多罗"，此翻应量器，谓食应其量，勿过大以制贪，亦曰体色量，皆与法应。体限铁瓦等制，不许木制，以外道所用故，易垢腻故。色取朴素，量如上说，省曰应器，乃谓贤圣应供之器也。释迦成道，四天王取龙宫供养之过去维卫佛绀琉璃石钵，化而为四，各持一以奉献。世尊复合四而为一，持以乞食也。

"入舍卫大城"：园在城东南五六里，故曰"入城"。城周六十余里，内城居家九亿，地广人稠，故称大。

"乞食"：佛制不许出家人用四种方法，谋食养命。一者，种植树艺，名下口食；观察星象以言休咎，曰仰口食；交通四方豪势，曰方口食；卜算吉凶等，曰维口食。统名不净食、邪命食。惟许乞食，名正命食，乃出家之正道也。何谓正道？折伏我慢故，不贪口腹故，专意行道故，令一切人破悭增福故。至佛自乞食，准《缨络经》，含有多义：如使一切人不生骄慢，令一切障碍众生皆得见佛获益，垂示出家人不应蓄积故。

"于其城中，次第乞已"：次第者，逐家依次而乞，不加拣择。乞已者，或尽钵满，或止七家，非谓次第乞遍一城也。连下句言之，乞已即还，不少瞻顾也。

"还至本处"：由城还园。

"饭食讫"：饭者，吃也。如《论语》中，"饭疏食"之"饭"。讫者，毕也。《宝云经》言，乞得之食，分作四分。一分拟与同梵行者，一分拟施贫病乞人，一分施水陆众生，留一分自食。《十二头陀经》，不言与同梵行者。各有用意，宜合而行之。不言者，以皆应自乞，今言者，以或有他缘，不暇乞食故。今于梵行、贫病二种，皆言"拟与"、"拟施"，明不一定，有则与之。若水陆众生，则一定应施，故不言"拟"耳。

"收衣钵"：不收，则未免挂念，不能安心修道。

"洗足已"：为护生故，跣足行乞（印土常着革履，易伤生命）。恐着尘染，故须洗之。连下句言，事毕即修观，以道为重也。

"敷座而坐"：敷座者，敷，展也。座，坐具也。行住坐卧四威仪中，行易掉举，住易疲劳，卧易昏沉，修行者惟坐为胜，故出家人多有不倒单者。结跏趺坐，为佛门常式，故略不言。跏趺有四益：一、身心摄敛，速发轻安；二、能经时久，不令速倦；三、不共外道，彼无此法；四、形相端重，起他敬信。

以上自"着衣"至"而坐"，皆我佛慈悲，曲为大众以身作则耳。世尊初不必如此也，何以言之？如《缨络女经》说，化佛身如全段金刚，无生、熟二藏。《涅槃经》云：如来之身，非杂食身。何须乞食？而示乞食者，除上已举使一切人不生骄慢三义外，无非为修行人垂范。既不须食，又云饭食讫，不知究竟食否？此有二义：

一、若竟不食，施者福不得满，佛慈令他满愿，亦常随众而食。

二、有说食欲至口，有威德天在侧隐形，接至他方，施作佛事。此盖佛既示食，令施者福满，而又以神力移作佛事，是食与非食，二义无碍矣。

又《阿含经》说，佛行离地四指，莲花承足，原不必洗，而今一一示现如是等事相，岂非曲为大众作模范乎？

上来所说头一段，不过是依文销义。第二段说的，作人模范云云，亦为普通之义。最要紧的，是要明了本经为何序此等事相作为发起呢？当知此中，大有精义，这正是亲切指点，要人向行止动静中体会。

试思如来为度众生故，非生现生，示同凡夫，何日不穿衣吃饭？即何日不是以身作则？为什么各经之首，多序放光动地，今欲宣说一切法的总持，出生诸佛之金刚般若大法，却偏偏序此一段日用寻常的事做发起。奇不奇？妙不妙？奇妙不在奇妙处，奇妙是在粗浅处。要知道极平常的事，与极高深的理，是有密切关系的啊！

古今诸家，或看出是戒定为发起，或举如如不动的景象为发起，或谓日用事不可等闲看过，或曰着衣吃饭即是放光动地为发起。各有所见，各具其妙！兹酌采诸说，更从针对经文的要旨方面，引证揭明，使人较易体贴。义蕴既深，一时言之难尽，姑概括为十重，大略说之：

一、般若是长养慧命，绍隆佛种的要法，犹之衣食，是世人护持色身，承先传后的要事。今举此着衣、乞食等等为发起，正令发大心的人，明了这般若法食，是不可须臾离的。所以经云："受持读诵，广为人说，则为荷担阿耨菩提。"又云："当知是人，成就最上第一希有之法。"又云："是经所在之处，即为有佛，若尊重弟子。"从这几句经文的反面一看，便可懔然是同衣食一样，关系甚大，不可暂离的了。故以之为发起。

二、经云："后五百岁，有持戒修福者，于此章句，能生信心。"可见持戒修福，是般若入道之门。乞食是戒律制定的，今示着衣持钵，次第行乞，既是引导众生持戒，亦是普令众生修福。经颂所谓：

法身本非食，应化亦如然。

为长人天福，慈悲作福田。

世尊日日乞食，便是日日发起众生的堪入般若的信根。今于欲说金刚般若之先，即序以为发起，何等亲切。

三、圭峰大师说："戒能资定，定能发慧，故以戒定发起。"须知慧无戒、定，乃狂慧，非正慧。乞食是戒，敷座而坐，所以入定。既示戒、定事相，然后说甚深般若，岂非显示三学的一定程序，令人知所先后乎？又经中但说慧，特于发起中补足戒、定，佛菩萨为度众生，恳切周到，如是如是。

四、一切学人，能向衣食起居尘劳边锻炼，便是降伏妄心最要之方。盖贪求衣食，不惮尘劳，固是著相；即厌其尘劳而生烦恼，亦是著相。必须对境随缘，既不迷，亦不烦，乃是安心之法。故经云："一切法，皆是佛法。"又经中多就布施等度上说降住，亦是此意。试思吾辈凡夫，哪一个不要衣食，摆既摆不脱，贪又贪不得。

又既发大心学佛，布施度生等事，皆是必须学的，要不在一切皆如上用功，则一日到夜，不是著有，便是著空，何时方能讨一个自在？就是一句佛，又何能念得好？宏法利生等事，亦必学不好。今在穿衣吃饭上，发起二边不著，一切皆如的甚深般若，令人领会得，即在此等事相上用功。既不可执有昧空，而取法相；更不可离有说空，而取非法相。真大慈大悲也。

五、如来的随顺凡夫，着衣乞食者，是明不著果位之相也。正是经中所云："如来者，即诸法如义。"是也。须知果如因亦如，所以应离一切相，发阿耨菩提心，而降伏之道，尽在其中矣。以果德之不著相，发起因行之不应著相，真所谓因赅果海，果彻因源。妙极妙极。

六、《金光明最胜王经》有言："五蕴，即是法身。"五蕴，乃缘生之幻有；法身，是寂照之真空。这就是叫人要即幻有见真空，非断灭相。本经种种遣相，而归重在于法不说断灭相，亦是此意。当知所谓"第一义空"者，正须不取著，复不断灭，方称第一义。

此是学般若的紧要之点，而如来以法身示现凡夫衣食等幻相，正是要凡夫就各人幻相上，体认本具之法身。但勿逐妄，何须妄外求真？倘或执真，可是真中起妄。经中如"应无所住而生其心"，"应生无所住心"，"凡夫非凡夫"，"众生非众生"等等，莫非说明不取不断，不即不离之义。然则本经之发起，可谓切要极矣。

七、如来示现乞食，而乞已即还本处；吾辈凡夫，只知忙于谋食，终日终年，向外驰求，从不知返照本性。又如来示现食已，即收拾一切，摄静入观；吾辈凡夫，则饱食以嬉，躁动不息，几曾静得片刻，更何能修观耶？须知般若慧力，从内照生，而内照必先静摄。今用此等句发起，正指示吾人一切世缘，来则应之，事过便当收拾，掷过一旁，即复返观静照，背尘合觉，方堪发起般若本慧也。注意注意。

八、一部《金刚经》要旨，惟在"云何降"、"云何住"。然而谈何容易？达天法师云："一有所住，觉心便亡。才欲施降，妄心愈炽。"是须无降而降，无住而住。所谓无降降，无住住，云何下手耶？今观世尊穿衣吃饭，行街过巷，洗足敷座，琐琐屑屑，并非一时如是。度生四十九年，便四十九年如是。以金刚身无须饭食，无须洗足，且无须学定，然而为众生故，日日行之，行所无事，真是平等如如。

这一段本地风光，便是降心住心的大榜样也。吾辈必当如是修学。凡遇境缘来时，皆须如教而行，行所无事。行所无事，便是无降而降，无住而住。如此，庶可契入般若深旨乎？

九、上来所说无降而降，无住而住，恐犹未了，请复说之。世尊迥不犹人，何以示现凡夫行径，而了不异人。当知因其了不异人，所以迥不犹人耳。吾辈当从此点上体会，且向自身上体会。何以故？虽是凡夫，而本具有如如佛性故。何以故？不取于相故。

吾辈学般若，当从不取于相用功。不取者，谓不离一切相而不著。若偏以无相当不著，是又取非法相而为断灭矣。故经云："若见诸相非相，即见如来。"诸相非相者，虽有诸相而不著之谓。又云："不取于相，如如不动。"惟其不取，所以得见一切法相非法相。不取，便是无降而降，无住而住也。经首以"不取相"为发起，其旨深矣！

十、综合以上所说，可见发起一序，全显第一义空。你看如来示同凡夫者，为利他耳，无我相也。般若妙法，任运由琐屑事相上自在流出，无法相也。无须乎食而行乞食，乃至示现洗足敷座等，以不言之教，护念、付嘱一切发大心者，亦无非法相也。于此荐得，真空理智，宛然心目。发起之精，孰逾于此？

诸君须知，所以就发起序上，说而又说，不敢惮烦者，无他，欲使诸善知识，知得云何起信，并明了三空理智，随事可见。好向穿衣吃饭时，行止动静时，随时如是观照，当下可得受用耳。然后方知一部《金刚经》，真是除苦厄的良方，入佛智的捷径也。尊重尊重。

> 时长老须菩提，在大众中，即从座起，偏袒右肩，右膝着地，合掌恭敬而白佛言：

时：即指世尊乞食还园之时。此"时"字最宜着眼，下文"希有"之叹，即跟上文着衣持钵一段文而来。结经者安一"时"字，含有无穷感慨在里许。世尊着衣持钵乞食，日日如此，大众见如不见。此次机缘成熟，乃为须菩提一眼觑破。般若大法，世尊不常说，即说亦必待机缘成熟方可，此真希有难逢，所谓千载一时也。

长老：齿德俱尊之称，唐译曰"具寿"，惟显年老，魏译曰"慧命"，惟显德长。罗什顺此方文义，译为"长老"，兼含二义。

须菩提：亦翻空生，亦翻善现、善吉。彼之俗家，富有财宝，当彼生时，家中库藏金银悉空，故名空生。既生七日，库中财宝复现，故名善现。又相师占云："此子善吉，不须顾虑。"故名善吉。初生时库藏空，是表显空理，其后财宝复现，表显空非偏空也。

《西域记》云，须菩提本是东方青龙陀佛，影现释迦之会，示迹阿罗汉，辅助释迦牟尼行化。在佛门中，解空第一。空而不空，方是真空，方是第一义空——诸弟子不若须菩提之领悟最深，故般若会上，必以须菩提为当机，代大众请问也。

须菩提为大众启请，含有四要义：

一、普通大众，日日见世尊着衣持钵，与寻常乞食比丘相同，茫然不知用意何在，故必待示迹声闻之须菩提，为之启请。

二、此已至第九会，世尊在寻常穿衣吃饭时，善护念、善付嘱般若大法，将第一义空最深之理，和盘托出。大众当然不能明了，非须菩提亦不能为之启请。

三、佛门长老，不止须菩提一人，然解空不如须菩提，故当机请法，非须菩提莫属。

四、会中尚有菩萨摩诃萨，何不启请，而让须菩提单独请问？盖佛说般若，正为阿罗汉，兼为菩萨。若菩萨启请，则阿罗汉或将疑此为菩萨之法，与我们无涉，今让须菩提启请，则可防此疑。须菩提启请，完全为大众起见，下文开口即说善男子、善女人。故"在大众中"一语，含有种种意义在内。

即者，便也，有迫不及待之意。世尊敷座而坐，大众亦然，故须菩提即从座起。从迹上讲如此，若从本上说，须菩提早已成佛，世尊说般若，已经八会，何以必待第九次说《金刚般若》时，方从座起而请，可见凡事必需时、节、因、缘四者俱全，方能凑合。世尊说般若是时，说《金刚般若》是节，有种种因，有种种缘，至此因缘具足，须菩提乃当机请问此大法也。

袈裟在左肩，故右肩可偏袒。佛制，袈裟平时不偏袒，必恭敬时方偏袒。凡人作事，必用右手，行则右足先上前，此表示有事弟子服劳之意。此经重在荷担菩提，弟子正宜肩此责任也。

礼拜时双膝着地，如忏悔则跪右膝，古人名曰胡跪。"着地"者，脚踏实地，表法即实际理地，即实相，令人证得本性。"合掌"者，两掌相合，不执外物。吾人两手东扯西拉，全是尘垢，今则合之，即是背尘合觉。"偏袒"至"合掌"，是身业清净。外貌端肃谓之恭，中心虔恪谓之敬，是意业清净。"而白佛言"，白是表白，将自己意思表白出来，此是语业清净。以上皆结经者之辞。

> "希有，世尊！如来善护念诸菩萨，善付嘱诸菩萨。

通常说希有，归纳起来，有四义：一、时希有，如来出世，旷劫难逢故；二、处希有，三千大千世界中，惟有一佛故；三、德希有，福慧殊胜，无比并故；四、事希有，慈悲方便，用最巧故。以上四者，是通途之说。今谓"希有"，乃正指般若波罗蜜而言。

世尊：是总号，称呼时用之。称佛则表果德，称如来则表性德。须菩提于佛之穿衣吃饭等，见得诸相非相，即见如来，故开口即称如来。他老人家以法身如来，示现凡夫，此正在那里表示不住一切相。

以法身如来，何故示同凡夫？即是不舍众生，即是护念。不舍众生，是大悲；而以法身如来示现，即大智。此大悲从大智而生，是有而不有。

有而不有，方是妙有，方是不碍真空之妙有，以不碍真空之妙有来护念，岂不是"善"？现迹同于凡夫，正表示法身如来，不住一切相。《金刚般若》之精义，完全托出，此乃以不言之教来付嘱。

不言之教是大智，此大智从大悲而生，是空而不空。空而不空，方是真空，方是不碍妙有之真空。以不碍妙有之真空来付嘱，善莫善于此矣。不论护念、付嘱，无非空有双彰。全经发挥真空妙有之精理，处处可见。明乎此，则脉络贯通矣。希有之叹，固是旷劫难逢之意，然亦含有难得领会之义在内。

此以下文"我从昔来所得慧眼，未曾得闻如是之经"，及"我今得闻如是经典，信解受持，不足为难。若当来世，后五百岁，其有众生，得闻是经，信解受持，是人则为第一希有"，诸语观之，皆可证明信解之不易也。须菩提意谓我从昔至今，方看出如来之护念、付嘱，大众虽不能领会，世尊总是如此示现，更为希有。

护念、付嘱，所以俱言"善"者。护念属于心，付嘱属于口。若待起心护念，则起心时方护念，不起心时即不护念，若待发言付嘱，则发言时方有付嘱，不发言时即无付嘱，均不能称为善。今以如来入城还园，如如不动，密示住心，以身作则，正是加护忆念。又以食讫宴坐，一念不生，密示降心，令众取法，正是托付谆嘱。动静之间，以身教不以言教，随时随处，无不为菩萨模范，此真所谓"善"。须菩提开口叹为希有，良有以也。

世尊！善男子、善女人，发阿耨多罗三藐三菩提心，应云何住？云何降伏其心？"

通行本作"云何应住"，今依唐人写经本，作"应云何住"。

上文诸菩萨，即指此善男子、善女人而言，因其发无上心，即有成佛资格，即可称菩萨。善者，善根。发无上心者，非有大善根不可。凡人皆有善根，若无善根，则不能入人道中，亦不能闻此大法。然若不发心，则虚有此善根，岂不辜负？

佛经中往往呵斥女人，又常说女人障重，不能成佛，必先转男身方可。有疑及佛法平等，若女必先转男身，是不平等。此则未明佛理，先批评佛法，是大不可。要之女子的确障重：一有生育障碍，二往往误认爱为慈悲。慈悲是平等的，初无亲疏厚薄。爱是生死河，误用即堕入轮回。佛眼中初无男女相，所以说女子障重，是要其特别注意，不要受此障碍，只要发大心，一样成佛。此处须菩提所以双问。

发者，生也，起也，谓发起上求佛道下化众生之心，期证无上果也。发字贯上下文，义通能、所，上文善男善女为能发，下文"阿耨"等为所发。

梵语"阿耨多罗"，此云无上，"三藐"，此云正等，"三菩提"，此云正觉，合云无上正等正觉。正觉者，拣异凡、外之不正：以凡夫有我，不能自觉，外道有觉，属于偏邪，非正觉故。正等者，拣异二乘之不等：阿罗汉皆得正觉，然畏生死如牢狱，急于自度，缺少慈悲心，不能修善度生，无平等心故。三藐，正指菩萨言。正等者，自觉觉他，自他均等也。无上，拣异菩萨之有上：菩萨觉虽正等，然尚不如佛之觉行圆满。无上，正指佛而言。此善男子、善女人所发者，即佛之无上觉心。

心是灵明觉照之体，在用上分真、妄、染、净，今依菩提而发，显见是真是净，非妄染也。《大论》云："从因至果，有五种菩提。"一发心菩提，即十信位；二伏心菩提，即三贤位；三明心菩提，即初地至七地；四出到菩提，即八地至十地；五无上菩提，即如来果位。今约能发心，即当第一，约所发心，即当第五。能所合论，贯通初后也。是知无上属果，正等正觉属因，所发之心，通乎因果也。

"应"是应该。此字贯下二句，"住"是止于一处，"降伏"是克制摄持，"其心"之"心"字，指妄染而言。问有三意，凡为菩萨，须发菩提心，故先问发心。初发是心，不能如佛之随缘安住，故次问住心，意在求佛指示方法，能令此心相应而住。又以妄心数起，不能似佛之自然降伏，故次问降伏，意在求佛指示方法，能令妄心自然而降。

发心，先也，然必须发大心，方能修大行，得大果。《华严经》云："忘失菩提心，修诸善果，魔所摄持。"故善男女初发心时，即应以成佛自期，发阿耨多罗三藐三菩提心。无上者，正是所求故。欲求无上，必须修福度生，故次云正等；欲度众生，应先自度，故次云正觉。逆言之，即自觉、觉他、觉行圆满也。

论云:"初发究竟二不别,如是二心先心难。"发心菩提,至无上菩提,是一心非二心,然初发心难,故须菩提先举发心为问,住、降,后也。有人先曾发心,后时忘失,此是不知真心如何安住,致妄心不能降伏也。故善财童子,每遇善友,皆启请云:"我已先发阿耨多罗三藐三菩提心,而未知云何学菩萨行,修菩萨道。"是知发大心者,必修大行。住、降,正修行之切实下手处也,故次问住、降。然此二问,实在相资,以觉心住,则妄心不降而降,妄心降,则觉心不住而住也。

佛言:"善哉!善哉!须菩提,如汝所说,如来善护念诸菩萨,善付嘱诸菩萨。

结经者此处安"佛"字,有深意。佛是究竟觉之果,上文发心人,正是修因。欲知山下路,须问过来人,此安"佛"字,即如是因,如是果。反之,即如是果,如是因。

"善哉善哉"是赞,"如汝所说"是印。第一"善哉",赞其善契如来本心:数十年示现尘劳,默默护念付嘱,绝未有言说,今须菩提独能见到,故赞之。

第二"善哉",是赞其代众启请:佛之苦心,即要善男女发心去学,然无人能请,今须菩提独能请问,以完如来本愿,故又赞之。人家不能问,汝独能问,故第一"善哉",是赞他之大智;问法不为自己,而为大众,故第二善哉,是赞他之大悲。汝真能见到我之不住佛相,而护念、付嘱,故云"如汝所说"。盖如此护念、付嘱,大众不了,惟须菩提独能指出,故印可其说也。

"如来"二句,原是须菩提赞佛之语,今佛极力承当,谓如来之护念、付嘱,如汝所说,一点不错,是欲令众生于如来着衣持钵去来动静中,领取护念付嘱之意。

汝今谛听,当为汝说。善男子、善女人,发阿耨多罗三藐三菩提心,应如是住,如是降伏其心。"

须菩提岂有不谛听之理?佛之诫,是为大众,及现在我们众生。谛者,真实正确也。一不可以贡高,二不可以卑下,倘犯此二病,即不能谛听,即听亦不能正确。有人稍研求经论,即自以为通晓佛学,此犯贡高之病。有人高推圣境,以为如此大法,我们如何能解,此犯卑下之病。贡高是慢,卑下亦是卑慢。如此听经,即不能真实正确。是以学佛者务须免除以上二病,虚心领受,故云"谛听"。既能谛听,岂可不说?故云"当为汝说",意谓倘若不谛听,我即不当为汝说,此语是警策我们,在听经时,从前知见,必须一切抛开,不可放在心里。

"善男子、善女人"以下三句,正是标出修行宗旨。旧说"如是"二字,即指下文"灭度一切众生"一段文而言,如此则前后脉络不贯,况下文本有"应如是降伏其心"一句耶。

又说"如是"二字,指发起序中世尊着衣持钵至敷座而坐一段文而言,似亦未确。今谓"如是"二字,克指上文善护念、善付嘱二句而来,有现前指点,当下即是之义。"着衣持钵"一段文是远脉,"善护念"二句是近脉,既知近脉,则远脉自通。以法身如来,示现凡夫尘劳之相,是无我相、无法相,亦无非法相,故善男女亦应如我之不住相而住。凡夫不住于相,即住于非法相,一住便差,妄心生灭,不得降伏。故善男女,应在如来之穿衣吃饭上,理会两边不著之理,如是降伏之。

可怜苦恼众生,无论贫富,一生皆为衣食忙碌。无论操何职业,皆是乞食。朝上起来赶赴都市中做事,即是入城乞食,按时上工下工,即是次第乞已。乞食固然要紧,但应事毕即还至本处。凡夫之病,即是为衣食故,不得不向外驰求,结果忘却了主人翁,不复还至本处。所以工作完毕,要快快回头,把心静一静,回光返照,不要做不相干的事,此即是学佛之敷座而坐。

我们能将经文语句,回到自己身上,自有受用。果能于寻常日用之间,时时返照,即是降伏,即是两边不著,即是与性体相称而起修,即念佛亦念得好。

"唯然,世尊!愿乐欲闻。"

唯,应诺之词。声入心通,于如是住、降之理,已彻底明了。如来之护念付嘱，别人未能见到，须菩提独能见到，代大众启请住、降，果蒙佛赞许。结经者于"唯"下安一"然"字，写出须菩提庆快生平，自喜领会无差之情景，然为大众未能了解，故又请问。愿者，愿望；乐者，好乐；欲者，希求。若唯心愿而不好乐，闻或不切，又能好乐而不希求，闻或不深。此三字一层进一层，表示大众之渴仰，亦可为末法苦恼众生，表示渴仰。"闻"字与经初"如是我闻"之"闻"字相应，倘无须菩提之愿乐欲闻，阿难如何得闻耶？

闻有三种：一曰闻言，耳根发识，但闻于言；二曰闻义，意识于言，采取其义；三曰闻意，神凝心一，寻义取意。今闻如是住、降之言，必将得意、忘义、遗言，而消归自性可知。人人本具如如不动之自性，然有无明为障，致妄心生灭不停，故学者宜在闻字上用功，返闻闻自性。时时照，时时闻，则知心佛众生，三无差别。故此"闻"字，若作返闻功夫，即能消归自性。

> 佛告须菩提："诸菩萨摩诃萨，应如是降伏其心。

"佛告"句，为结经人所安。凡安此句，皆示人此中所言甚关紧要，不可忽略读过也。

"诸菩萨"句，即指发大心之善男女言。凡言菩萨摩诃萨有两义：一为菩萨中之大菩萨，如称观世音菩萨摩诃萨，是约一人而称；一为泛指多人而称，乃谓菩萨，或大菩萨也。发心者不止一人，故曰"诸"，诸者一切之意，此中既说多人，乃泛指之辞也。须知此经本是最上乘，则发心学此者，皆为大菩萨，然而根性不同，虽同发大心，有发得圆满究竟者，则可成大菩萨，发不圆满究竟，只可成菩萨矣！佛之说此，亦希望人人皆要发得圆满究竟耳。

何谓圆满究竟？如发"上成佛道、下化众生"之心，则菩萨也。若知发心上成下化，而又知虽上成而实无所成，虽下化而实无所化，乃是无所成而上成，无所化而下化，则性德究竟，体用圆满，而为大菩萨矣。世间此类事甚多，虽所学是无上大法，而成就则甚小甚小，皆由于不知如法而修，发心太小故也。

如念佛法门，本是至圆至顿之无上妙法，乃仅仅只知自了，则最上乘之法，不但不足为大乘，竟成为小乘矣！所以只能往生下品，多劫不能花开见佛，以与佛之悲愿相违，不知称性起修故也。甚且并下品亦不够，只能生到疑城，又须长时修行，方能离疑城而生安养。岂不上负佛恩，下负己灵？何故如此？皆由不明无上大法之所以然故。

所以学佛第一要开智慧。开智慧者，就最初一步言，便是明理。如不明了真实义理，发心不能达乎无上。明理不是专在文字上剖解，必须修观。云何修观？即须多读大乘经典，更须屏除外缘，收摄身心。若不先将此心摄在一处，何能依文字起观照？故曰"戒生定，定生慧"也。

戒以屏除外缘。定字有浅深，初下手时，必应勉强摄心一处，令心凝静而不驰散，乃能起观。迨至观慧生，则大定即在其中，不待勉强，故止观云者，止从观来，观成自止。何以故？观成则妄想悉除，便是止故，非以遏捺暗证为止也。

总之，定、慧二字，互相生起，不能呆板看成两橛，故曰"如车两轮"，又曰"即止之观，即观之止"也。止观是学佛紧要功夫，如上所说，又是止观中要紧道理，不可不知。

初发心人，何以便称菩萨摩诃萨？以其能发大心，便有成菩萨摩诃萨之资格，故即以此称之，一也。佛之称之者，是令当人直下承当，不要自失胜利，此其二也。世尊平等平等，其视众生本来同佛，然则称发无上心者为菩萨摩诃萨，又何足异？此其三也。

如是，指下正明之文。降伏其心，是令妄想不起，亦是使不觉者觉。上文先问"云何住"，佛之总示，亦先说应如是住，何故详谈时先说降伏乎？此中要义，当分三层明之。一切众生，从来不觉，今虽发无上觉心，亦不过发觉初心耳。其不觉之妄习，分毫未除，安有真心可住？若以为初发觉时便见真心，即此一念，依然是妄想也。故初发心人，其下手只有降伏。

古人云："但求息妄，莫更觅真。"即是此意。须知吾人之心，虽完全不觉，而实完全为本觉之所变现，所谓"真妄和合，名之曰识"，是也。只要妄心分分除，真心即分分显，迨至妄尽情空，则以其始觉合于本觉矣，初不必言住不住也。此所以不言住而先言降伏者，其理一也。

不但初发心时，应从降伏下手已也，自始至终，亦只有降伏之功，乃至成佛，亦无所住。须知妄想无明（无明即是妄想），以破为鹄。修行至信位，但能伏，犹未破也。由十信进入初住，始破一分无明，证一分法身（即是始见一分真心）。

十成只得一成，云何可住？名为住者，明其不退转于阿耨多罗三藐三菩提耳。从此步步增进，而经十住而十行、十向、四加行而后登地，至于八地，始称无学，无明向尽矣。而十方诸佛犹复殷殷劝进，应满本愿，广度众生，勿得住入涅槃。由是而历九地、十地至于等觉，尚有最后一分无明（可见至等觉，始破九分），仍当以金刚智破之，乃成究竟觉，而仍然不住生死，不住涅槃也。可知位至成佛，还是住而不住，不住而住。如我世尊之示同凡夫，非住而不住之榜样乎？然则始终皆无所住，只有降伏也，明矣。其理二也。

善现前虽先问"住"，而其目光实注重于"降伏"。盖以欲住不得，故继以降伏为问耳。否则，但问"应云何住"足矣，奚必更赘一词？而总示之既言"应如是住"，复言"如是降伏"者，意亦如斯。此则语有先后，意实一贯，除降伏外，别无进修方法。其理三也。

> 所有一切众生之类，若卵生、若胎生、若湿生、若化生，若有色、若无色、若有想、若无想、若非有想非无想，我皆令入无余涅槃而灭度之。如是灭度无量无数无边众生，实无众生得灭度者。

四大、五蕴众缘和合而现生相，故名众生，此众生之一名之本义，引申之则为数多类繁，名为众生。今人但知引申之义，而遗其本义，不知本义极妙，乃令观照本不生，及当体即空之理也。何以言之？以众缘之和合，名之曰"生"耳，性体初何尝生？故曰本不生。本既无生，今亦无灭矣！既是缘合现生，所以缘散即灭，岂非当体即空乎？此约相言也。若约性言，性本不因此而生，虽生灭之相纷然，与体何涉？故曰"当体即空"也。尽其所有之众生则数多，故云"一切"。其类繁，故又云之"类"。其类云何？"若卵生"至"若非有想非无想"是也。

佛经中言众生类别，有以六道分者，欲人明轮回之理也；有以十二类生分者（如《楞严》卷八说），欲人明十习因六交报之理也；有以三界分者，欲人明其高下依止，及不出色、欲二事范围之理也。今亦是以三界分类，而不言欲界、色界、无色界者，以无色界尚有特殊生理，须特别显出，方为彻底，亦欲使人明众生之所以不能出三界，不但著色、著欲之为障，尚有根本障碍，必应彻底了然，为之对治，乃能入无余涅槃，乃能灭度耳。

先言欲界，欲界有二：一、上界六欲天是也（四天王天、忉利天、夜摩天、兜率天、化乐天、他化自在天）。以福德胜人，故生天；以尚有淫欲，故居欲界；以欲念较薄，故但化生，而无卵、胎、湿三生。二、下界人、畜、鬼、狱是也［修罗分摄天（化生），人（胎生，从天坠者），畜（湿生，最下劣，生大海心，旦游空，暮归水），鬼（卵生，以护法力，乘通入空），见《楞严》卷九］。狱化生，鬼胎、化二生，人、畜四生具。此等皆因淫欲而正性命者，罪重情多，则愈下坠而堕地狱，以次渐轻，则居人道。

色界天以上（色界十八天，分初禅、二禅、三禅各三天，四禅九天也。色界亦有无想天，以既有色，故不摄入无色界），皆是化生，故仅举卵、胎、湿、化，已摄三界尽。然因色界以上之特殊生理不显故，又举若有色、若无色为言也。以无欲故因定力而化生色界，此其异于欲界者也。以并能不著色身相故，因定力而化生无色界，此其异于色界者也。但举有色、无色，亦摄三界尽——欲界以下，无不各有色身也，然欲天之下，不止化身，故必先举卵、胎、湿、化言之，于下界之生理乃备。

又无色界中，因定力之浅深，又有特殊之生理，不能不表而出之，故复言若有想、若无想、若非有想非无想也。

无色界四天，曰空无边处，曰识无边处，即此中之"若有想"。色相已空，故曰空无边处（无色界，但无业果色，以其断欲不著色身之相故。然有定果色，其色微妙，为色界以下所不能见，故曰无色界耳）。粗（色界）浊（欲界）之色身既空，则不执吝识在色身之内，故曰识无边处。识即八识（总八识而言，非专指第八阿赖耶），真妄和合，名之为识。因识故有想，想谓第七之恒审思量而执我，及第六之分别遍计也。

"有想"二字，统摄色、欲。色、欲界众生，莫不有识，因六、七识，故执色身为我，因执色身，故起种种贪欲之想。然色界以下，不但有识，而兼有色有欲，故必先举卵、胎、湿、化、有色言之，以明其异于无色界也。

"若无想"以上，则为无色界之特殊生理，故必表而出之，明其不但以无业果色，异于色、欲二界已也。此即无色界之无所有处天，谓第六识分别妄想无所有，以常在定中故，及第七之执我亦无所有，以定中无思量，且不执有色身识无边处，故其定力更深于前矣！

若非有想非无想，即无色界之非想非非想天，至此定力愈深，第八阿赖耶若隐若现，而未能转识成智，谓之有想非，谓之无想亦非也。

殊不知前云无所有，非真能无所有，不过六、七识暂伏，彼自以为已无有耳。何以故？六、七识转，第八识及前五识随转，何至尚若隐若现乎？且彼误矣，八识原为真心之所变现，何能无所有？更何必无所有？但转之可矣。六识转则为妙观察智，七识转则为平等性智，第八识即随转而为大圆镜智，前五识亦随转而为成所作智，如是而后体用全彰，又何可无耶？总由不知佛理，全用暗证，不得善巧，所以非想非非想，纵经八万劫长寿，仍然堕落也。

外道皆不知性，儒家亦然。天命之谓性，性不由天命也。或曰："天命者，谓其法尔有之。"此违孔子意矣。《易》曰："立天之道，曰阴与阳。"又曰："一阴一阳之谓道，继之者善，成之者性。"此天命为性之由来也，何谓法尔有之？孟子曰："食色，性也。"性中奚有食色？乃无量劫来习气种子使然耳，此正误认"识"为"性"也。至宋儒周、程、张、朱，乃剽窃禅门门面话（尚不足言皮毛），大谈性理，既非佛，又非孔，误法误人，莫此为甚。

凡先入彼等言者，佛理既绝不能明，孔子之真，亦为之障而不显。须知孔子六合之外，存而不论，故专就自天降命为言，虽不彻底，然能令人敬天命，畏天威，以立人道之极，故孔子实为世间大圣人，可佩可敬！孟、荀皆未能深契。

汉儒专重训诂，昧于大义，此犹有功。群经及其训诂，非赖汉儒考订搜集之力，后人何从明之？又奚从见之？宋人则别创一格，自以为直接心传，而不知孔学实因此而晦，其罪大矣。革命之废孔，实误认宋学为孔学耳，奚止毁谤佛法之罪已哉？可叹！

卵、胎、湿、化，先言卵生者，卵具胎、湿、化，故先言之。居母胎胎中，以血为养为湿，本无今有为化也，胎不兼卵而具湿、化，故次言之。湿兼化而不具卵、胎，又次之（湿生者，湿地受阴阳之气而化生，以其必在湿地，故曰湿生）。化生无而倏有，不具卵、胎、湿，故又次之。此约受生之繁简而言。又卵、胎、湿、化居先者，以其兼欲、色、识也。

若有色，不具欲而兼识，故次之。若无色，不具色、欲而有识，又次之。有色无色，此约色相之粗妙而言也。

若有想，正明其虽无色而尚有识想现起，故又次之。若无想，明其六、七识已伏，并想不具，故又居次。若非有想非无想，明其不但不具六、七识，第八识亦半伏焉，故以为殿。此约情识之起伏而言。盖前前必具后后，后后不具前前。卵、胎、湿、化，虽不尽以前后判优劣，而统欲、色、识三者言之，则又前前劣于后后，后后优于前前也。

佛之详细分类不惮烦琐者，并非闲文，意在使知一切众生，其类虽繁，不出识、色、欲三事，其所以成为众生者在此。今发无上觉心，欲令一切众生成无上觉，非断淫欲，不取色相，转识成智不可。妄尽情空，业识既转，则生灭心灭，生死海出，而证入不生灭之圆明性海矣！此之谓入无余涅槃，此之谓灭度。

大乘涅槃有二：

一、有余，已断枝末无明（即见思惑），尚余根本无明未断（即业识，即是最初之不觉自动，亦名生相无明，又名住地无明），故名有余。

二、无余，业识皆空（即转识成智之谓），无明更无余剩矣！（此与小乘之有余、无余异：彼谓所学已办，尚余苦报身未尽者，为有余依涅槃，所谓出烦恼障，有苦依身是也。尽此报身，则名无余依涅槃，所谓灰身灭智是也。）无余涅槃，为究竟觉果之称，以等觉尚有最后一分无明未尽故也（即微细业识，所谓生相无明是也）。

涅槃梵语具云"般涅槃"，不生不灭之意，谓性体也，亦译灭度，亦译无为（观此，可知内典是借用有向之名，其义与儒道两家迥异矣！即彼两家，亦大不同。老子之无为，谓因势利导，不图赫赫之功，不取赫赫之名，以其绝不现有为之迹，故名无为，亦谓之清静。自曹参误认"清静无为"为"不事事"，遂滋为儒者所诟。曹参之时，本宜休养生息，虽误会而有益。晋之清谈，则误国大矣。甚矣，真义不明之为祸烈也。孔子之无为，则是形容尧舜，知贤善任，端拱垂裳而治，及荡荡民无能名之意)。

"入"者证入也，即令众生证入究竟觉果之意。

"灭"者所谓"生灭灭已，寂灭现前"。

"度"者，度其分段、变易两重生死也。此处不举梵音，而举其义为言者，一以明所谓入无余涅槃者无他，灭识、色、欲之生灭心，便度生死海，而达涅槃彼岸矣；二则便于立言，如下文灭度无量无数无边众生，如换"灭度"为"涅槃"，则不易明了矣。此译笔之善巧也。

无余涅槃，法相家译为无住处涅槃，明其既不住生死，亦不住涅槃，此译与什译，各有取义，皆妙。至谓修行人逝世，为涅槃为入灭者，乃借以明其不住相而入寂。世人多误会涅槃入灭为死之专名，宋儒更误认寂灭为一事不为，差之远矣。

法相家言，三分半众生不得成佛，即定性罗汉，定性菩萨，一阐提（无信根），是为三分，加以不定性为半分。云何今皆得令成佛耶？须知经云："佛种从缘起。"又云（《涅槃经》)："凡是有心，定当作佛。"又云（《圆觉经》)："有性无性，齐成佛道。"

云何不得？盖佛性虽众生本具，而佛种要待缘生。法相言不得成，是言无种则必不成，非言定性、一阐提无佛性也。故"种"、"性"二字，必不容混。学性宗者，往往执性而昧种，如执性废修；学相宗者，又往往执种而昧性，皆不明经旨之过也。

如是，指上句令入无余涅槃。无量者，谓种类不限量，无论根性胜劣，皆度之。无数者，谓多寡不计数。然或只度一世界，一世界一劫、十劫，亦可谓无量无数矣。而今不然，乃无有边。无边者，横遍十方，竖穷三际也。故无边是总，无量无数是别，因其灭度无边，乃得为无量无数也。"实无众生得灭度者"，观照无生无得之理，乃真实无，非假想无也。古德以五义作观甚妙：

一、缘生：一切众生，莫非四大五蕴之假合，当体即空，安有众生。

二、同体：我与众生，相虽别而性实同，所谓一法界是也，然则见有众生，便是自心取自心，非幻成幻法。

三、本寂：所谓众生者，乃是缘合假现生相，其性则本无生，本无生则本无灭，安有所谓得涅槃乎？

四、无念：如上三义观之，可知见有众生，见有众生得涅槃，全是妄念分别。若无有念，则众生无，得亦无。

五、平等：如上所说，可见一切众生，本来是佛，平等平等。故曰"平等真法界，佛不度众生"也，若见有众生得灭度者，便违平等法界矣。总之，性真实，相虚妄，欲成无上觉，当证真实性。则于一切境界，当不著相而归于性，归之于性，乃为真实。故约性而言，则众生得涅槃之为真实无，非假想无也，明矣。

或曰："上文云'应如是降伏其心'，'如是'二字，正指此科，然读之实不解所谓'降伏'者，降伏何物乎？但发离相之广大心，便足以降伏乎？"曰："此义甚精，当为分析言之。"

所谓降伏者，降伏妄心也。妄心者，分别心是，而分别起于执我，故我见为分别之根。今故向根本上遣除，我见除则分别妄想自化矣。

又本科之文，着重在最后一句，前文皆为引起此句来。因欲说实无众生得度，故先说度无边众生入无余涅槃；欲说令入无余涅槃，故先说众生之类不外识、色、欲。然则知所以成众生，则知所以度众生；知无边众生无非识、色、欲幻成之虚相，则知灭其识、色、欲生灭之相，令入不生灭，乃实无众生，实无众生得度。

何则？众生但为识、色、欲所障耳，其本性原是不生不灭，且与我同体，何所谓众生，何所谓得耶？如是观照纯熟，则执我之见，不觉自化。何以故？知我亦众生故，知当体即空故，知起念则有，若无于念，一切皆无故，知本来平等故。此大乘法所以善巧，乃不降伏之降伏也。

此中尤有要义，当更为言之。

一、妄想根深，今初发觉，道力微薄，岂能敌之？且真心、妄心，原是同体，起心动念，则全真成妄，心开念息，则全妄即真。又何必除？以此两种原因，所谓除妄，假名曰"除"耳，实无可除。所谓降伏，乃善巧转移，使之归化，并非敌对而除之之谓也。今令发离相心者，正是善巧方便，大而化之耳。

二、何故发大心便能化？须知凡夫心量狭隘，所以执我，愈执则愈隘。若发广度无边之心，久久观纯，不知不觉，执情消泯矣。

三、凡夫只知有我，若令就自身上以观无我，必不能入。今令从对面向宽阔处观无众生，则心量既扩，一对照间，而我之亦为缘生，为本寂，便洞然易晓。此皆大而化之之善巧法门也。

四、见、思惑之根本为我见，今以转移默化之法，断之于不自觉，真至坚至利之金刚也。

五、执我是末那识，有我，便有人、众生、寿者等分别。分别是第六识。今一切不著，是转六、七识也。六、七识转，前五第八皆随转而成智矣。此之谓般若波罗蜜。

六、度所有众生成佛以遮空，实无众生灭度以遮有，是为双遮；虽广度而实无，虽实无而广度，是为双照。观、遮、照同时以为因，则得寂照同时之果也。

七、发广度心，大悲也；观实无理，大智也。悲智具足，又不住生死，不住涅槃之因也。

八、约上所说大悲边言，即是修福；约大智边言，即是修慧。福慧双修，又是成两足尊之因。可知一切大乘法，尽在里许，且皆是直趋宝所之法。故本经曰："一切诸佛及诸佛阿耨多罗三藐三菩提法，皆从此经出也。"

九、未能度己，先欲度他，菩萨发心，所谓大悲也。今观此科之义，始知度他即是度己，则大悲中便有大智，真善巧也。

十、此科是令发愿。从来学人每苦大愿发不起，可依上来一至九所说者观之，悲智具足之大愿，当油然生矣。

又上科所言降伏，亦含有别义。盖令发大愿者当立志坚强，勿生怯弱，即此便是降伏其心矣。

此标示、正明两科中，是的示吾人修功处，极其亲切，极其紧要。约言之。要义有八：

一、空生先问住，次问降，答乃先降次住，而答住中，复云"应无所住"，可见吾人用功，只要除妄。何以故？真心不现，全由妄障。妄不除尽，而曰"安住如如之真"——即此一念，依然是妄想也。况佛究竟证得，亦不住于涅槃，修因时何可言住耶？《楞严》云："因明照生所，所立照性亡。"又曰："知见立知，是无明本。"是知有住便有所，有所便有立，有所有立，便是大圆镜中自著尘染，光明何能遍照？故曰："无明本，照性亡也。"

所以禅宗祖师云："但求息妄，莫更觅真。"古德亦云："但尽凡情，别无圣解。"此谓尽凡情，正是圣解。经亦有言："狂心不歇，歇即菩提。"皆是说明用功只要降伏妄心之理。由此可悟，扫除差别知见，乃彻首彻尾功夫，岂但下手方法而已？

二、降伏须得方便，若无方便，妄心愈炽。今寓降伏于发广大之心，换言之，发广大心，便是降伏。然则降伏者，乃大而化之之谓耳。无所谓降，而自然降，方便极矣。

三、降伏者，降伏妄心也。须知妄心从分别生，分别之本，在于著我。故今以广大心降伏我、人等四相，且度尽无量无数无边众生，如此大慈大悲，则贪、瞋二毒除矣。又虽度生，实无所度，无常见也（亦即不著有）。虽无所度，而度之不息，无断见也（亦是不著空）。不常不断，具此妙慧，痴毒亦除矣。盖一切凡夫我见重、三毒深者，病根实由心量狭隘。须以广大心治其病根，从根本上解决，诸病自然易除。

四、一切众生，无始至今，从来不觉。所云不觉者，谓不觉知人、我分别皆由取相。离相会性，本是同体，岂有差别？以不知而著相，故愈著愈迷，迷即是痴。由是因我而立我所，贪瞋竞起，造业无穷。更不了所谓我所者，莫非缘生之幻有。无论法（有）与非法（空），但有所取，便是不了。法、非法相，皆由性起。且以性融之，相本非相，有何我所？有何我、人？因其不了，以致业系之苦，无由解脱。今以广大心度生、不取，便是令离一切法、非法相（即离空有二边），会归同体之性。若会于性，岂复更有我、人等差别之相，不是度他便是度己么？善巧孰逾于此？

五、凡夫易为境转者（境即我所），无他，著境故耳。即发心修行，亦不无所缘之境。譬如度生，即是大心行人所缘境也。既不能无所缘境（无境，即著空，亦即无从起修），又不能取著于境（取境，即著有）。今故首以度而实无所度，令不著二边，会归中道，合乎性体。的示入手之方，何等亲切。

六、此中虽言"降"，未言"住"，而"住"意实已默寓于中。发大心者首宜度生，岂非明示安心之法乎？而度无所度，亦即示以应住而无所住。此弥勒偈颂，所以言利益深心住也。质言之，即是令住般若正智。所谓观照般若，观照空假，不离空假同时之中道第一义谛也。因众生本有取著之病，故不明言，令不住相人自领耳。

七、通常见地，每谓般若系谈深理，甚至畏其偏空，修净土者更不敢道，而学般若，又往往执理废事，予人口实。今观首言"降伏"，可见妄习之障不除，般若正智，云何能开？且首言度生之事，可见历事锻心，正般若入手处，安可事外谈理？又空有二边，皆不可著，岂偏空乎？此等处，务须加意审之。

八、此中降分别心，即是转第六识，而降我相，即是转第七识。须知众生无始不觉，自性清净心不显，而现为识。识之作用最大者，惟第六、第七，故当从此下手，此时全个是识，哪有真心可住？此所以但言"降伏"，不言"住"也。

所谓观照般若之正智，亦仍是识。须知识之为物，原是自性所变现，用以分别执我，便成为识，名之曰妄，若用以降伏分别我执，即是引归正道，故名之曰正智。是为以子之矛攻子之盾，亦俗语所谓解铃还仗系铃人也。

宗下所谓离心意识参，等同一味。因其未离，所以教离。须知能离之念亦是识，盖不从此下手，直无办法。而宗下不明言是识者，与此中不言"住"，是一样用意，所谓等同一味也。宗下或因此俯视其他法门，谓宗下下手，便已离却心意识——这不是吃了灵药而不知药之所以灵么？

念佛法门亦然，一言及念，便是心识。殊不知一心正念，正所以降伏纷纷的妄念。或曰："以其未能离念，终不及宗下直指的高上。"殊不知净念与妄念大不同，妄念愈念则念愈起，净念则可以念念而至于无念。譬如用泥打水，水愈浑浊，用矾打水，水即清净。

若言直指向上，视彼宗下的直指向上，还要来得安稳，来得善巧，直所谓就地跌倒，就地爬起，还不直捷了当么？所以净土法门，下手便是转识成智，便是降伏，便是观照般若的正智，便是即念离念，二边不著。并且念佛人要发大心，普愿法界众生，同生极乐，就是以此正念，冥熏法界，广度含灵，这不是与此中所说一样的么？若能融会得这点道理，还有不加紧念佛的么？还怕念佛不得力么？要紧，要紧！

何以故？须菩提，若菩萨有我相、人相、众生相、寿者相，即非菩萨。

人、众、寿皆自我开出，有我相，便有对待之人相；人不止一，为众生相；执我之见继续不断，即寿者相——四相不外一个我相也。今开而说之者，明执我者，便有分别心，使知六识生于末那，有末那便有六识，不相离也。如此执我分别，乃凡夫通病，岂是菩萨？故曰"即非"，所以警诫发大心者至深切矣。

"我相"因"我见"生，我见以我相显，一表一里，从来不离。破我相即是破我见也。相有粗细，粗则著境，细则著心，后周亦言"我相是约心言"，即约识言，盖八识为真如心变现之相，故唯识宗亦名相宗。

此科本释上科令发大愿之故。何不曰："何以故？大而化之故，断惑故，转识故，乃至度己先当度他，度他即是度己故。"如此岂不令上科之义更显？而必从反面言之，何耶？盖断惑、转识等等，皆法也，皆不可取。取则又成我相，又成分别，故不用表诠，而用遮诠，一齐遣荡。此世尊之微意，亦般若之正宗也。

四相即是一个我相：有我，即有对待之人相；对待者不止一人，即众生相；我相在妄心中，念念继续不忘，即寿者相。菩萨苟见有众生得度，自我度之，即有我相，从而四相俱起。有四相，即有分别心，有分别心，是凡夫，不是菩萨。修行者，第一应撇开"我"字，发心为一切众生，此即降伏我相。

我皆令入无余涅槃而灭度之，众生刚强，令他修行已不易，何况了生死？然皆不问，无论人与非人，皆度之成佛，亦本来是佛，此即降伏人相。灭度无量无数无边众生，心中不起如何能度尽之念，此即降伏寿者相。实无众生得灭度者，此即降伏众生相。何以要如是降伏？盖发无上心者，要行菩萨行、普贤行，倘有四相，如何得称菩萨？

佛要修行人，从文字起观照。不用观照功夫，凡情不能转，故学人须从此下手。今就此段经文，详述观照之方法。古人于观照，多未详说。观是观察（最初译为思，是心中思惟）。禅宗不可用心意识参，是明明教人不用思，然又说不可堕入无思甲里，复是要用思。所以如此者，以凡夫知见多，必须单刀直入，先将枝叶斩除也。

宗下看话头，要起疑情，如不思，疑情从何起？观是思惟，然单是思惟不可，故又用"照"。照即宗下之看。如就文字起观照，一离文字，归到心上，然后能照住。照住时，说有思惟，却无思惟，说无思惟，又非无思惟。此时心中自然开出智慧。如何是开？即是妄想停，而住于本觉也。

般若有文字般若、观照般若、实相般若。文字指经文言，实相指人人本具之性言。佛说般若，即希望学人证此本具之性。如何能证？即应就文字起观照。若不观照，则文字自文字，不能消归自性，不得受用。

吾人读诵《金刚经》，原期消归自性，佛说是经亦为此。然则观照之道理，观照之方法，不可不知。不但般若要观照，一切佛法，说到修持上，千万法门，亦不外观照。

学佛之三条件，曰戒、定、慧。无戒，则身、口、意三业，不得清净，故戒是修学基础，是独立的。定、慧二字，互相生起。就果上言，是定、慧，就因上言，是止、观。止者，止息妄念；观者，即观照真心。因止能生定，因观能生慧。此是分配言之。其实止观功夫，只有一个"观"字，此两者系一件事。止者，初下手时，要摄心一处，即古人所说之定。其实初下手者，够不上说定，然定却由此而生，久久则由定生慧。何则？盖观一种法门成就以后，智慧即发生，妄想即脱落，故有慧方能成就此定。

又初下手摄心一处，必十分作意，方能摄得，可见此中有观。故说来说去，只有一观字，所以般若不说"止"而说"观照"也。

观照有多种方法，无方法则不能起观照。方法虽各宗不同，而其指归则一。如天台宗之空、假、中三观，华严宗之四无碍观及法界观，法相宗之五重唯识观，密宗之道场观、"阿"字观，禅宗之看话头，净土宗之观无量寿佛皆是。

或云念佛不是观——此语不然。须知即念即观，若妄想纷歧，散心念佛，不得受用。必须口念佛号，心想弥陀，如在目前——如此念佛，则妄想无从起，即是观。故用功莫要于修观。修观是收摄意根，意根摄住，身口二业，亦摄在一处。

故净宗之心想佛，口念佛，手持珠，密宗之心作观，口念咒，手结印，可见无论如何用功，皆非作观不可。教下之空、假、中三观，四无碍观，似乎观法不同，然其理则一，不可不知。否则，于各宗经典，不能融会，而有抵触矣！

作观方法，自唐以后，除禅宗外，各宗讲此者渐少。如台宗在讲教时，于空、假、中之理，发挥颇详，而用功时则不一定用此法。惟禅宗则自古以来，说向上一着，且不许用心意识参，因此有创为其余法门尚用思，惟禅宗不用思之说，并引经言"不可以生灭心为本修因"，以证实之。

不知"不许用心意识参"云者，乃不许用凡情去卜度也。一用意识，即是凡情。以凡夫心情，推测佛说，决无是处，所以不许。古来又有说观即"照"，照是照住，而古人对此，又有批评，以为如是照住，即是暗证。既不许用凡情卜度，"照"又是暗证，而观之本义，又是思惟，因此学者乃无所适从。

然则修观究应如何下手耶？鄙人在这里参过多年，从南岳大师《大乘止观》，悟得其理。古人说不用心意识参，即是不以生灭心为本修因——佛意实不如是，是说学佛者最初发心，不可以生灭心为本修之因，如本经"善男子、善女人发阿耨多罗三藐三菩提心"是也。至实际用功，则须用思惟，如本经"所有一切众生之类，我皆令入无余涅槃而灭度之"，即是思惟。最初发无上菩提，是称性起修，是谓不以生灭心为本修因。至修行必用观照，即是思惟。禅宗说不可用心意识参，是祖师苦心，其实仍要思惟，不思惟则不能起疑情。至不以凡情卜度，又是一事。

何以知唐以后，余宗多不知作观？此可以善导大师《十六观经疏》中之说证之，彼云："现在人根钝，修观不得成，故只提倡念佛。"此是指观经之观法广大，凡夫心量不能相应，不可因善导大师有此语，遂屏观法而不道也。

唐朝中叶以后，密宗极盛一时，不久消灭，华严宗亦然，天台宗亦中衰。经四明、慈云二位大师之提倡，各经疏又自日本取回，得以中兴。然二师之实际用功，亦用净土，不是止观。宋以后净土宗尚有几位大师，而作观方法，亦多不讲。故惟禅宗尚有观门也，后世修行人未尝不多，而得力者少，此于作观方法之不讲，颇有关系。

又修行者，往往初修时甚得力，后则改变。此亦因不知作观，枯燥无味，乃至于此。又有读诵大乘经典，能明了其理，结果反生邪见，亦是不知作观之故。又有读诵经典甚多，而道理是道理，于身心无干，而贪、瞋、痴之烦恼，毫不能除，亦是不知作观之故。

观即思惟，照有二义：一是照住，一是照见。照见者，指功夫修成时言，如心经之"照见五蕴皆空"是也。大抵照见，由照住而来；照住，由思惟而来。不思惟，即不能照住，不照住，则不能照见。思惟之久，心寄一处，即照住，此时许多妄念，暂时停止，不来打岔。若打岔即不能停也。人人现前一念，真心本具，只因妄念打岔，所以不觉。妄想一停，本有光明，自然发露，此即智慧。

观照须观吾人之心性，所谓消归自性。然凡夫却观照不到，完全是黑漆桶，完全是妄心，将如何而可？惟有依照佛说去观，即先就佛经之文字用功。佛说观照方法，即不许吾人用凡情卜度，如此段经文，若以凡情卜度，而不用观，即不能明了。

世人读经，专在文字上求之，以为已明其义，实万万不可。如"应如是降伏其心"句，凡情度之，当然有许多解释，此要不得，应除去之。再想又有别种境界，又要除去之。想而又想，皆要不得。愈想愈进，久久如呆，妙处即在此"呆"字。古人云："须大死一番。"死者，即死此妄心。如此用功，或半年，或一年，忽然开悟，出于意外。要请求善知识，证其合否。如无善知识，则以佛经证明，倘佛经上无此说，仍是凡情卜度。如此则心中妄想，打断不少，虽不即是消归自性，而已消归不少，故须多读诵大乘经典。本经处处说读诵受持，受持，即观照也。

又观"所有一切众生"至"实无众生得灭度者"，上文说降伏，此段何以不提降伏，是何意义？此是令吾人将心量扩至无量无边之大。因众生之大病根，即是心量狭小，因狭小，即执我。故佛令将此心放大，潜移默化，所谓大而化之。倘在寻常日用之间，时时如此观照，将佛说心量放大，移到自己分上，即是除我见，去烦恼之妙法。

又观此段文字，其归结在"实无众生得灭度者"一句，此是令吾人除我见，而并不直指我见，偏在对面众生分上作观。因凡夫执我，一刻不放松，若就我作观，则不能得力，故从众生方面观，观因缘聚合，当体即空。

又众生同体，如此观照，则不知不觉，我执自然化去，此乃消归自性之善巧方法。又观"若卵生"以至"非有想非无想"，可见一切众生，无不有欲、色、识，此三者不转移，则永远轮回三界之中，因知欲不可不断，色相不可执著，情识必须转移。如此观照，则不知不觉，欲、色、识三者可去。

又观"皆入无余涅槃而灭度之"，众生既若是之多，而如卵生之愚蠢，定性之难化，有想无想之贡高，如何能悉数灭度？然佛是无缘大慈，只要与我接近总是要度。如此观照，则自己忝为人类，上则尚未修到非想非非想天，下则比卵生、湿生高明，应当学佛成佛，无上心自然能起，妄心自然能转。

又观"实无众生得灭度者"一句。在"无量无数无边众生"句下，可见得有一众生未度，即我愿无尽。如此观佛语，理不离事，事不离理，是为理事双融。"我皆令入无余涅槃而灭度之"，遣著空；"实无众生得灭度者"，遣著有。两边皆遣，是双遮，两边又同做，是双照，是为遮照同时。此等修观，即能证寂照同时之果。一切众生皆灭度之，是大悲，实无众生得灭度者，是大智，是为悲智双融，能得不住生死，不住涅槃之佛果。我皆令入无余涅槃而灭度之，是修福，实无众生得灭度者，是修慧，是为福慧双修，能证二足尊之果。

"金刚"二字即断惑。惑不外见、思，见、思即我相。此经断我相，正有极大作用。化除我见，即转第七识为平等性智；皆入无余涅槃而灭度之，不起分别，即转第六识为妙观察智；实无众生得灭度者，即转第八识为大圆镜智。所以下文有"一切诸佛及诸佛阿耨多罗三藐三菩提法，皆从此经出"之语，岂不是成佛即在此一段经文耶？

一切大乘经典，说发大乘心之人，未能自度，先要度人，此是大悲。然度人即是自度，此种道理，如观照得了然，则佛法看似广大无边，实则亲切有味，看似高深，本是平实。将此段经文，放在心中时时观照，寄心一处，妄想即渐渐消除。即此数句，成佛已有余矣。

又观此段经文，不说降伏，即是降伏，是要吾人发起此愿，坚强其志，则我执我见，一切扫除，降伏即在内，自然受用。每日将此段文放在心中，受用无穷，所以须观照。

> 复次，须菩提，菩萨于法，应无所住，行于布施。

复，又也；次，次第也。"法"字包罗万象，一切事事物物，不论眼见耳闻，即不能见，不能闻，而为心所想及者，亦称为法。凡世间法、出世间法，均包括在内，故称一切法。应无所住，正答"应云何住"。住者，执著也。众生处处执著，不是著东，就是著西。世尊此答，正是当头一棒。

布施，六度之一也，亦名六波罗蜜。《大般若经》将六波罗蜜一一举出，此经单说布施，就文字言，是避繁就简。布施可赅一切法，佛法要"行"不要"住"，此二句，犹云应当无所住，而行一切法也。

凡经中安"复次"二字，必本文与上文有密切关系，此有二义，一是补足前义，二是申明前义。上文答"降伏"，此答"住"，看似另一义，实是一件事。盖前言降伏，即含住而无住之义，此云无住而住，亦含降伏之意，互相发明。又前发大愿，此起大行，愿与行不能相离，有愿必有行，有行必有愿，且不分先后，要见之于行，方不是虚愿，故有密切关系，此就补足前文言也。又前发大心灭度无量无数无边众生，而未言度生方法，此正言度生方法，是进一层之申明也。应无所住，既不著有，行于布施，复不著空，即不落二边之中道。

六度之义，应当略知。六度者，布施、持戒、忍辱、精进、禅定、般若也。此六度不外戒、定、慧，对治贪、瞋、痴。

布施，有财施、法施、无畏施三种。以饮食、衣服、医药等日用物施人者，必须用金钱，曰财施。为人讲经说法，或印赠经典，乃至世间典籍，只要于人有益，用以布施者，曰法施。无畏施即救苦救难。众生在灾难中，必有惊恐，吾去救他，令之无畏，只要能救，即舍身命亦不顾，曰无畏施。三即一，一即三。如救人苦难，使之无畏，不外用财施、法施，是可见施财时，法施、无畏施亦在内。

又为人说法，是法施。授人经典，使之增长福慧，即无畏施。再开之，有内施、外施，乃至究竟施。如《华严经》中所说，名目至多，合之则一：修布施，是破悭贪心。贪必悭，悭必贪，此能造种种业，长在生死苦海之中，故必破之。

戒，是戒律。"持"字与"守"字不同：拳拳服膺，一刻不放松为持。戒有在家、出家之别。在家有三皈，五戒，菩萨戒，密宗之三昧耶戒。出家有三皈，沙弥戒，比丘戒，菩萨戒。五戒虽只杀、盗、淫、妄、酒五条，而为一切戒之根本，即出家戒，亦依据此五条，惟分析特为详细耳。出家之菩萨戒，是十重四十八轻，佛为出家者制定，亦许在家人受此戒，不过须自己审量，能受得了方可。否则，佛有为优婆塞、优婆夷所制之菩萨戒，比出家者稍简，是六重二十八轻，故在家者，以受此戒为宜。

持戒为学佛之基础，最为重要，如造屋然，非先固基础不可，否则必崩坏。故本经言，持戒修福者，于此章句能生信心，以此为实。可见一切佛法，皆建筑在戒律上。戒条虽多，不外二门：一止持，一作持。止持，在消极方面用功。作持，在积极方面用功。止持即"诸恶莫作"，作持即"众善奉行"，此二语世俗用滥，实出佛经。学者先在止一方面持，再进而在作一方面持。如不杀固好，然但是止持，再进而劝人亦戒杀，即是作持，不但戒杀，并要放生，更是作持。

有人说："我能戒杀、戒盗。"此岂易易？如戒杀，必对蚊虫苍蝇亦不害其生命方可。假如某事不曾对人说明，而以为是我所为，即犯盗戒。又如在公共机关，因私事而滥用公家一信封一信笺，亦犯盗戒。

淫戒，佛制在家人但戒邪淫，亦是方便法门，实则必须断淫，因此是生死根本也。妄语戒，加恶口、两舌、绮语，开而为四。恶言骂詈为恶口，播弄是非为两舌，描写男女情感为绮语，文人最易犯。佛最初制根本大戒，原只杀、盗、淫、妄四者，后以酒能乱性，复加此戒。前四为性戒，后一为遮戒。故酒戒有时可开，如因病须用酒时，佛亦许用。

持戒须明开、遮之理，开则不遮，遮则不开，有时许开，开即不犯，故须将开遮辨清，否则持戒不能圆满。佛定戒律，比世间法更严密。如只受初步戒者，以上戒律，即不许阅看，看则为盗法。以出家人言，沙弥不许看比丘戒，比丘亦不许看菩萨戒，盖持法有不同，故不受则不许看。

出家戒律，在家人不许看者，盖以出家戒繁重已极，如比丘有二百五十戒，比丘尼有三百八十四戒，何故在家人不许看，此佛之苦心，恐在家人因此造恶业也。盖众生总犯一种大病，责人则详，责己则恕。比丘戒实为难持，动辄犯戒，恐居士阅之，自己并不受，而责备出家人反更甚也。

又佛制戒律，不似世间法之仅有条文，如说某戒条，必先将应持之理及事实，详说在前，方定此条。当时佛门有许多程度已高之弟子，尚不免犯戒，恐学者以为彼尚犯，吾曹可恕，故不许看也。持戒则贪、瞋、痴均为破除，如分别言之，戒杀治瞋为多，戒盗治贪为多，戒淫治贪、痴为多，戒妄语亦治贪、痴为多，戒酒则治贪、瞋、痴是也。最初持戒，重在事实，若受菩萨戒后，则心中一动念，即为犯戒。

忍辱亦译安忍，忍辱是安忍之一。忍不作忍耐解，乃顺受之意，故安忍者，安心顺受也。他人侮辱我，最不能忍，辱而能忍，则无事不能忍，故举忍辱以概其余也。又忍不但对辱而言，佛经中尚有法忍、无生法忍。如佛说法，吾人能遵照实行，丝毫不参差，为法忍；又如生本无生之理，吾人能明了，能实行，丝毫不参差，为无生法忍。忍辱是破除瞋心。

精进谓前进，有精细、精密二义：虽前进而并不盲从，是精细；按步前进而不躐等，是精密。精进是破除懈怠。

禅定是梵汉双举，梵语"禅那"，汉语曰定，所以双举，令人知是佛门之定，非外道之定也。犹之忏悔，忏是梵语"忏摩"，悔是汉语，所以双举，明佛家之忏悔，有礼拜等种种方法，与普通之悔过不同也。寄心一处，久后得定，得定即称三昧。禅定是对治散乱、昏沉、掉举等。

般若是译音，表明性体上发生之正智，与世智辩聪不同。世智辩聪，八难之一也。恐与世间智慧混乱，故不译智慧而用般若。般若是对治愚痴。

说六度实则是戒、定、慧，余三度乃补助此三学也。虽说六度，而主脑是般若，故般若不发生，余五度亦不能称波罗蜜。是以佛说五度是足，般若是目。布施乃至禅定，世法亦有之。佛法之精微广大，能普度众生出一切苦，了二重生死，乃至不住生死，不住涅槃，皆非般若正智不为功。故般若不明了，不能入佛门。

经中于六度只举一"布施"者，因六度可摄万行，布施又可摄余五度也。布施除财施外，如法施可摄精进、禅定、般若。盖佛法最重定慧，因上为止观，果上为定慧。说法之人，必有止观，有精进功夫，方能为人说。如无畏施可摄持戒、忍辱。持戒者，诸恶莫作，众善奉行，决不犯人，安忍顺受，人不畏之，即无畏施也。

古德解此段经文，均言布施，可摄六度万行，故佛只说布施，赅摄一切法。然说布施即一切法，亦可。譬如法施，使人知持戒、忍辱、精进、禅定、般若，即是余五度。无畏施，使人了生死，可以无畏，而了生死亦必行余五度。不特此也，任举一度，亦可遍各度：如持戒必须实行布施等余五度，忍辱、精进、禅定亦然，皆可摄一切法。

又五度若离开般若，皆不能见诸实行，可见般若乃至深至高，而为各度之本。然佛何以不举般若，独举布施者？《大智度论》云："一切法不生由般若生。"是知实行一切法之功夫，能不著相，即是般若，故非举布施不可。布施是实行，可见修佛法者，不但明理而止，必须实行方可。惟其实行，故只有布施能摄一切法。不修行一切法，如何能度众生？修行一切法而著相者，亦不能度众生也。

未能自度先要度他，此学大乘者之恒言，然必先问自己果有此资格否。如果不能切实用功，专作度生之事，即不免向外驰求，故《大论》云："若菩萨发心，即去度生，无有是处。"然则如何而可？曰应先发大心，而修行一切法。究竟从何处修起？则先行布施。布施不但居六度之首，亦四摄法之首，所谓布施、爱语、利行、同事也。

佛之穿衣吃饭，处处与众生同之，不外四摄。众生性刚强，不易听从，故必先就其需要者布施之。又以可爱之语，使之乐闻。又不论世间法，彼要行者，亦利行之，如求子得子，求财得财之类。且又与之共同作事，然后众生能为我所摄受。故此节正紧接上文度生，而指示下手之方法也。

且布施即一切佛法。佛法自始至终，不外一"舍"字，布施即舍也。推之，持戒舍贪、瞋、痴，忍辱舍瞋，精进舍懈怠、昏沉、掉举，禅定舍散乱、昏沉，般若舍二边及我执、法执，六度无非是舍。是知布施，乃一即一切，修行佛法，彻头彻尾，一贯到底者也。经文于度生下只言布施，真是扼要。小乘亦有行舍功夫，言其即行即舍。此文"行"字下加一"于"字，即是侧重布施。

前说布施不外一舍，是横说，实则下学上达，从竖说，亦不外一舍字。如听经者，舍世间娱乐而来学佛，天人舍欲界即升色界，舍色界即升无色界，舍我执即证罗汉，舍法执即为菩萨，并舍亦舍即成佛。故从竖说，布施亦是彻底功夫。

佛说法是圆音，面面俱到。行于布施，在表面看，是不取非法，然布施是舍，即不取法，故举一布施，即二边不著，本经无论何句皆然。或疑既不取法，又不取非法，学者动辄得咎，如何下手？其实不难，须知吾人去行布施，即可二边不著。行时先不住空，是行于法。

佛说云："宁可著有如须弥山，不可著无如芥子许。"故先须堵住空门，专意修法，在法上着力，即无断灭相。只要一面行去，一面不放在心里，即两边不著矣。然有所为而布施，即是住，即是著，不过有漏功德，不但非功德，更有因此堕落者。"舍"字用今之新名词，即是牺牲。在世为人，倘为社会牺牲，必能公而忘私，国而忘家。可知布施一法，包括一切，故佛法不但出世间者宜学，即在世间做人，亦不可不知。

所谓不住色布施。不住声、香、味、触、法布施。

"所谓"者，指从前所已说也。恐人怀疑，究竟如何不住而修一切法耶？佛告以即我从前所说，不住五蕴、十二处、十八界，乃至阿耨多罗三藐三菩提等。今简要言之，举色、声、香、味、触、法之六尘。六尘是修行上境行果之境，举此可摄一切法也。眼根所见之万象皆是色，耳根所听者为声，鼻根所闻者为香，舌根所尝者为味，身根所接者为触，意根起心动念之分别，有对色、声、香、味、触而起者，亦有对非色、非声、非香、非味、非触而起者，种类极多，无以名之，名之曰法。

六尘之名有二义：一言其无量无边，如微尘之多；一有染污意，吾人一有沾惹，即为所污。"不住"即不执著，一有执著，即心不清净。如就布施言，倘有所为而为，争自己面子，即住于色；又欲令人知之，即住于声；又欲人人闻其美名，即住于香；欲人人口中称道，即住于味；为得后来果报，即住于触；若有心为之，即住于法。故必心中一无所住，方为波罗蜜。波罗蜜，印度语处处用之，犹此方说"到家"二字。

上文菩萨于法，乃指一切法，此独举六尘，有许多妙义在内，于此须用观照，一步一步作观，由外而内，由粗入细：

一、佛不说一切法而只说六尘，实令吾曹知一切法不应住。

二、为何一切法不应住？应知一住即被染污。

三、佛举六尘，其理至深。何以故？说色有眼根在，说声有耳根在，乃至说法有意根在。根境相对，举六尘，即含有六根。浅者见浅，仅不住境，深者见深，即能不住心。

四、根是根，尘是尘，如何起交涉？中间之媒介，是六识。识不生，根境不交涉，所谓心不在焉，视而不见，听而不闻，食而不知其味。佛意非但境界不可住，即识亦不可住，令学者知住境祸根在识，即分别心，应于起心动念时下手，不住于识也。如此一步进一步，即能消归自性。起心动念，如何留神？就布施言，凡起心动念，不出三种：一为自身，二想人报恩，三想得果报。

布施不外财、法二施（无畏施包括于法），往往自己先觉舍不得，即有一我在。须知财、法不外六尘，此不可住。在起念时用功，将自身撇开，庶几我执可破。布施后希望人家报恩，须知酬报者无非六尘，此不可住，将望报之念撇开。布施希望得果，果报亦不外六尘，此不可住，将果报之念撇开。

五、频频观照，而我见仍在则如何？是应进观照三轮体空之道。布施，有施者（能施）、受者（所施），及所施之物。我今观照施者、受者，当体即空。何以故？皆因缘所生故。施受既空，所施之物亦空，是谓三轮体空。

能于此吃紧用功，破除六、七二识，则我见自消，证得自性矣！有人说，布施三面具足，何以名轮？不知此实有深意：一是运行，佛说布施，要令度人，轮有度义；修行者随时布施，能将烦恼碾碎，轮有碾义。此说不住色、声、香、味、触、法而行布施，即令吾人明三轮体空之道。财施即六尘，法施即法尘，皆是缘生之法。既知当体即空，又何必住？既观照三轮体空，当然不住。

须菩提，菩萨应如是布施，不住于相。

"如是"二字，即指上文所谓不住色布施，不住声、香、味、触、法布施而言。不住于相，并非断灭。不住即舍，然舍能否究竟，丝毫无住，亦非易言。故《华严》分舍为多种，最后说究竟舍，须心中些微不著，不落二边，方为究竟。此云不住于相，即含二边，言既不住法相，亦不住非法相也。何以知此"相"字可赅非相？可即上文证明之。

应无所住，是不住法相，行于布施，是不住非法相。所谓不住色、声、香、味、触、法布施，是不住有；菩萨应如是布施，是不住空。须知不住非断灭，不住即行，住即不能行，行即不能住。修菩萨道者，六尘固不可住，然若断灭，即不能度众生，众生正住六尘境界，故应从此处度之。

上文"应无所住，行于布施"，下文即言"应如是布施，不住于相"——佛意谓菩萨应当如我所说，二边不著，于中道行。可见无所住，并非不行。不住相，不是空谈，要在实行中间，不著有、不著空方合。全经破相，此处点出。佛意若谓，非教汝不住于法，乃不住法相也。

修行固然要离尘境，然不住六尘，谈何容易？故修行本旨是不住，而下手时却不能灭境。譬如念佛，观想佛像，色境也；天乐水鸟，声境也；莲花香洁，香境也；饭食经行，味境也；但受诸乐，触境也；忆念弥陀，法境也。故"不住"二字须认清，决非断灭！断灭即空，亦即非法。布施摄一切法相，亦摄非法相，故"不住"云者，不住法，不住非法也。

世人舍命亦是舍，不过住相耳，如尽忠报国，杀身成仁，至多不过成神。倘舍命时，另有利己心、瞋恨心，或至堕落。青年男女，为爱情而舍命，亦易遭堕落，或挟瞋恨而舍身，且至堕地狱。地狱有铁床、铜柱种种惨酷之报，正为慈悲众生而设也。凡此皆是住相。若存断灭想而舍命，如消极一流，觉世间无可留恋，自捐生命，此即住于非法相，沉滞于空，不如不舍。断灭沉空，或亦至堕落。故舍不应住法，亦不应住非法。

菩萨为众生而舍命，亦有之，然若住于度生之相，亦不能成佛。故本经下文有恒河沙等身命布施，不如受持四句偈之比较。恒河沙等身命布施，非菩萨不能，凡夫无此许多身命，然尚不如受持四句偈，为他人说得福多者，因受持诵说，能成佛也。

修行不得受用，不外二病：一不得扼要，二道理不明。如能扼要明理，自能受用。不可离修行而说性，否则空谈。不能离性而修行，否则盲进。本经处处说性，处处含实行。

发大愿，行大行，方能入佛门。前科"降伏"，即发大愿，此科"行于布施"，即行大行。必无所住行于布施，方是大行。有愿无行，愿是虚愿，有愿及行，愿是重要，行更重要。无大愿则大行不能起，即行亦是盲行。如何方为大愿？如何方为大行？必大悲大智方可。所有一切众生之类，皆令入无余涅槃而灭度之，大悲也。如是灭度无量无数无边众生，实无众生得灭度者，知众生同体，无所谓佛，无所谓众生，大智也。悲智具足，方能发大愿，行大行。

菩萨于法应无所住，凡夫之病，即处处执著，能不执著，即大智也。行于布施，即大悲也。无悲则大愿不能发，无智则大行不能行。悲智愿行无不大，方是菩萨摩诃萨。必如此圆满具足，方是无上菩提。上文于大愿，则先说大悲，是不住空，住空即不能发大愿。此文于大行，则先说大智，是不住有，住有即不能行大行也。

凡夫对一切事，总是放不下。为何放不下？即是有我在。佛只说布施，一下手即破我，再进一步，在境界上破，更进，在起心动念上破。前科说发大心，处处却是不住，是潜移默化，化去我见。凡夫为我之念最重，今为众生，将我抛开，无论卵生之极愚，无想之极高，必悉令入无余涅槃而灭度，此即化除分别心，正对六七识下药。凡夫所以轮回六道，不能出离，亦是六、七识使然，今转移之，即成波罗蜜。

发心要广大，非广大不能化我见。修行则要细密，先发广大心，方能修细密行。故必先观一切众生是缘生，且本寂，且同体。先知自己习气之重而潜移之，方能修行。

发大心，为何依降伏其心而说？起大行，为何依应无所住而说？此即是要降伏，应先知病根所在。知众生所以成为众生，即在有欲、色、识，故发心门说此类语。由此用功，六、七识自然能化。说细密修行，切指应无所住，可知修行当然要行不要住。下此功夫，正令六、七识无存在余地，真心自然显露。此是不住而住，故下文说"应如所教住"。

佛教人，所有一切众生，皆令入无余涅槃而灭度之——此菩萨发心，未自度，先度他。实无众生得灭度者，令人知缘生平等同体等等。此度他，即度自己，直是自他同度。然佛终不说度自己者，因吾人我执重，故不说也。度众生如何度？要起行。布施即破七识之执我，破六识之分别心，此明明是度自己。故发心要大，度己先要度他，度他即是度己。说到修行，先除自己病根，度他先度自己，度己即是度他。然布施一方面度己，而实际是度他，此佛只说行于布施之精意也。

古人说"应无所住，而生其心"一句，可以贯通全经，实则无论何句，皆可贯通。如"不住于相"句，兼赅非相，不落二边，行于中道，何尝不可贯通全经？大乘佛法之巧妙，可随人于各方去领会，所以称圆融。不但见浅见深，因人不同，即见深者，亦复所见不同。

前文之"相"字，从我相上说；此文之"相"字，从法与非法上说。本经往往后文无异为前文作注解：如"应无所住，行于布施"，即为上文度生作注解；"不住色、声、香、味、触、法布施"，即为"应无所住"作注解；"不住于相"，又为"不住色、声、香、味、触、法布施"作注解。有人疑《金刚经》前后意义重复者，是不善读《金刚经》，倘知后文与前文之关系，则不但不重复，且见其脉络贯通。

读此段经文，又须在观照上用功。佛法处处不离观照，必时时刻刻去思惟方可。须知不住于相是彻底的，自初下手至成佛为止，皆是不住于相。倘在布施之时，存一些见好之心，则不知不觉，住于六尘矣，故非作观不可。如不存见好之心，而但觉有此布施，即住于法，故不作观，即住亦不自觉矣。

又观行于布施，是令吾人成佛，如不作观照，如何能成？"应如是布施"，亦是佛说一句法。如行布施时，心中有"应如是布施"，亦即是住于法。吾人事事依照佛说去行，心中却一无其事，方是不住法相。心中虽无其事，依旧精进去行，方是不住非法相。"应如是布施"，尚在外面；"不住于相"，即向里追求，此正用功吃紧处。

又观不住于相，心中虽无其事，然存此心，又是住相。故作观时，心中一层一层入细，境与心也，法与非法也，二边不著也，二边双照也。心虽入细，仍在对待上，须知对待之见未忘，尚未能出世间。世间一切境界，无非是对待，如生死、老幼、高下、长短、大小等等，无非是分别心。

故出世法，必须离开分别心，在绝对上作观。转凡夫观念，至绝对境界，即是证性，证性须要无念，念者，分别心也。有分别心，即落于对待，落于对待，即时时刻刻去分别，而为意识所笼罩。必观至无念方可。然心中尚存"无念"二字，仍是住相，必并无念之念亦无，密密作观，庶几性德圆明，方是真不住相。佛说能观无念者，即为向佛智。是知观无念，非一时所能到，但宜向此进修，故曰向佛智。

念即是观，观即是念，能观无念者，转言之，即令吾曹念无念。念无念，必用思惟，思惟则能转分别心。分别心是向外驰求，思惟则向内寻求胜妙境界。当起心动念时，除去分别心，再依佛之方法，向内思惟，此为念无念，如念佛亦然，久久相应，即能无念。

何以故？若菩萨不住相布施，其福德不可思量。

"福德"即福、慧双修。福、慧如车之两轮，不可稍偏。有人说，佛既教人不住，何以又教人修福？此误也。若不修福，即成菩萨、成佛去度众生，而众生刚强，未必能度，故必先与众生结缘。本经所以处处说修福，而实行则只说布施，即令人福、慧双修。"思"是窥测，"量"是度量，言不可以心思去窥测，不可以数目去度量也。

不住相布施："不住相"即不住法，亦即不著有；"布施"即不住非法，亦即不著空。不住相而布施，布施而不住相，如此二边不著，乃是佛境界，故福德之大，不可思量。此福德乃指成佛而言。上文发阿耨多罗三藐三菩提心，即成佛之心，与此句针锋相对，可见不住相布施，即成佛之法门。

无上甚深微妙法，即指般若，极深极细。故本经句句如剥蕉，不易了解。说者须摄相观心，听者亦须摄相观心方可。经文处处言不住相，而又处处言福德者，正是不落二边之义。不住相，非即福德不可思量，必布施而不住相，方是福德不可思量。

大乘佛法，尘说刹说，横说竖说，面面俱圆，最要是破执。一有执即落二边，不著有，即著空，不是中道。听法看经，亦须面面观之，倘著一边，即不得受用。

佛说了义，不说不了义，说得彻底，尚恐听者不明，说不彻底，如何能令人了解？听者亦然，否则般若之理，不得了解，故须面面说。又说而不说，留一点让听者去想，若将极深道理，一一说尽，则听者不复用功。故古来禅宗祖师，开示学人时，恒留半句，待人自悟；否则，专事抄写讲义，自己不在此中努力，打一个筋斗，有何用处？

看本经上文，明明说不住六尘而行布施，盖以住于境，则心不清净。须一无所为方可。然此处则说福德不可思量，岂非上下文意义冲突耶？福德非即相乎？何故处处言不住，又处处言福德乎？须知上文教人不住六尘，是教人不执著，并非灭却六尘，下文有"于法不说断灭相"可证。盖修行即有境界，不是不要境界，托境方能起修。布施而讲福德，即指示人以下手方法。故教人学佛，必须托境，方可下手，自己学佛，亦必须托境，方能下手。

本经说不住六尘，而《弥陀经》全写极乐世界之六尘，看似相反，实则相同，且正可见净土境界之高。苦恼众生，起心动念，不离六尘。净土法门之妙，在改变众生之心，而观想极乐世界之六尘，即不住空；由此而脱离五浊之六尘，即不住有。故佛法治心，不重降伏而重转移，使众生心转向佛境之六尘，即脱离五浊之六尘。二边不著之下手方法，即在此。

> 须菩提，于意云何？东方虚空可思量不？""不也，世尊！""须菩提，南西北方四维上下虚空可思量不？""不也，世尊！"

"不也，世尊"之"不"字，古德注经读为"弗"字，字书上无此读音。盖古者译经，于梵文无相当之字，往往用近似之字，而另读一音，以为区别，亦译经之苦心也。如各经中凡遇"解"字，均读"懈"音，所以表明不但文字宜了解，并宜消归自性，不即文字，不离文字，方可。此处"不"读"弗"，是表明不仅作"否决"意解，含有唯唯、否否之意。大概下文无解释，是作否决解，下文有解释，是不完全作否决解。

虚空无相，而不拒诸相发挥，此语最宜牢记。平常眼光以为虚空是一切无有，乃小乘之顽空耳，实则虚空乃包罗万象。大乘经所说虚空，正指包罗万象而言，其中有无数相在内，方显虚空之大。佛所说空，皆应如此去领会。须知无所不容，乃是第一义空，所谓空而不空。不可思量云者，非谓其无相不可思量，正谓其无所不容，方是不可思量。举一东方，又必举南、西、北四维上下者，并非闲文，正显佛说随举一法，皆赅十方也。

佛说法面面俱圆，不可从一面去观，如《华严》专表重重无尽之义。盖佛说法从无量无边性海中流出，故重重无尽。虚空不可思量，若以为只喻福德，仍是从一面观，实则喻不住相布施也。

然佛以虚空为比喻，仅说东方，亦已可了解，何故又说四方上下？此有五义：

一、随举一法，当体即空，均不应住相，虽虚空亦然。

二、须知东、南、西、北四维上下，均是假名，望东成西，望南成北，本无一定，可知一切法亦均是假名，无有定法可得，所以不可住。

三、既然十方皆是假名，假名是相，故不可住。我与众生，亦是假名，亦不可住。然一切法皆是同体，在性体上原是一个。如此领会，方是心、佛、众生三无差别。如此福德不可思量，如此不住相布施即佛境界，福德之大，岂凡情所能窥测哉？

四、十方皆在虚空之中，实则皆在一念心中。虽说十方，不碍同一虚空，虽同一虚空，不碍十法界。令人领会因果同时不碍一法界，一法界不碍因果。

五、举十方，则虚空无相而不拒诸相发挥之理自明。从此观照，乃空有同时，虽空有而圆融自在，方可明布施不住相，不住相福德不可思量之义。（以下一段文是江居士亲笔，故不嫌重复，亦列入之）

以虚空为喻，而复举东、南、西、北四维上下为言者，并非闲文，实关要义，切不可忽：

一、十方皆在虚空中，使知十法界同居人人一念心中也。

二、随举一方，皆是虚空，使知随举一法，当体即空。

三、然则东、南、西、北，四维上下，皆假名耳，使知我人众生，乃至一切法，莫非假名。

四、既皆假名，故虚空原是一个，使知我人众生，乃至于佛，种种差别，约假名之相言之耳，约性体言则一也。故曰"心、佛、众生，三无差别"，故曰"一法界"。须知众生以不达一法界故，不觉自动而有无明也。

五、虽有十方，而不碍同一虚空；虽同一虚空，而不碍有十方。使知十法界因果森然，而不碍同一性空；虽同一性空，而不妨十法界因果森然。此即显发虚空无相，不拒诸相发挥之理。如此，空有同时，存泯自在，方是虚空不可思量，方足以喻布施而不住相，不住相而又布施之福德不可思量也。若但言虚空，乃偏空耳，岂般若之第一义空？又何足云"虚空不可思量"耶？所以言虚空必兼言东、南、西、北四维上下者，理在于斯，当如是知也。如是知者，乃为正知。

"须菩提，菩萨无住相布施，福德亦复如是不可思量。

十方虚空无相而不碍诸相发挥，正似布施不住相；不住相而布施，正似虚空不可思量。菩萨能如此有而不有，空而不空，方是背尘合觉。上文言不住相布施，此处"不"字易"无"字，大有深意。盖善男子、善女人，既发阿耨多罗三藐三菩提心，有成佛资格，故教以不住相布施。此处教之用功，必须达到真能无住，无一丝一毫之未尽方可。

须菩提，菩萨但应如所教住。

归结到无住乃是正住，正指"应无所住"，又答"应云何住"。上文皆说不住、无住，此忽言"如所教住"，意谓应依我所说之教而住，明是住而无住，无住而住，不是断灭。玩"但应"二字，可见除依我之"不住"、"无住"外，别无他住，且含有降伏之意，降伏即降伏此住也。

又"但应"者，意谓应如我所教之不住二边之住而住，方是正住。住又有主义，但应依我所教之二边不住去修行，本以不住为主，否则非大乘佛法。

此"发离相心"及"不住于相"两科，相互发明。前言降伏即含无所住之意，此言不住即含降伏意，故降伏及不住，两事即一事。修行下手，即是一"舍"字，舍不得即为执有我见。佛言舍，即破我执。此我执能舍一分，即破得一分，一层一层破去，至于究竟舍，我执方破尽。

等觉菩萨，尚有一分法执未破，必至佛果，方究竟舍，故佛法自始至终只一"舍"字。舍者，正是不住空，不住有，即是离相心。心量大到无量无边，方是阿耨多罗三藐三菩提，若心量狭小，又乌能舍？佛不说住，成佛尚不住佛相。故禅宗祖师，完全用《金刚经》方法，对学人说半句而不说破，令学者去思惟，左又不是，右又不是，将妄念打得落花流水，忽焉脱落，正是妙住。

须菩提，于意云何？可以身相见如来不？"

古德说："'菩萨但应如所教住'止，一部《金刚经》，大义已尽，以下是一重一重断疑。"断疑固是，然意义犹未完足。盖所以然不明，方有疑。若知所以然，则疑自断矣。

"身相"二字，旧解皆指三十二相之应化身言，如此则下文三十二相，岂非重复？《金刚经》一字一句，皆有深意，决无重复者。此"身相"二字，应就众生之本身言，"如来"二字，指众生本有之法身言。上文处处言不住相，不住者，即令人会相归性也。众生之心，称如来藏，是言众生本具法性，不过藏在人我、法我之中。佛教以不住相，即令众生自见所藏之如来，如此解释，比较亲切。佛意若谓：汝等众生，能就身相见汝之本性耶？

此科是将上来所说之理，再说明其所以然。上文所说种种道理，最紧要者，即反复陈明不住于相，而均归结于"可以身相见如来"一句。

上文菩萨不住相布施，其福德不可思量，佛已说明其故，然尚未说其所以然。盖不住于相，要点即在证性也。一切凡夫，从无始以来，只认得一个相，故向外驰求，背觉合尘，将本来面目忘了。

上文言不住法相，不住非法相。法者，指一切事事物物，吾人之臭皮囊，是一切事物中所最执著者。无始以来，即执此为身相，将假作真，殊不知是无常生灭。即见解稍高者，知此身如幻，然尚执著喜、怒、哀、乐之已发者为情，未发而无动者为性。彼以为心之官则思，思则有所禀受，推其原不可得，以为受之于天，故云"天命之谓性"。世间皆如此见解，此与佛法完全不同。

彼所说无动作者，正是佛法所说之相。佛所说之不动，则无论七八识之恒审思量，表面上尽是动作起灭，而性则不动，即喜怒哀乐亦是动作起灭。如误以未发者为性，即必为所束缚。世间上自圣人，下至愚夫，完全是此种执著，总不外乎生灭。故须认得此不生不灭之主人翁，方可不为"相"转，而"相"为我所转，不随生灭无常中走，即可以了生死。

佛令人不住相，吃紧用功在此，佛法千言万语，所说亦不外此，本经开始即说不住相，即令吾人认清此点。执相即著有，不执相即著空，是一切凡夫之通病。小乘与凡夫相反，了知身相是幻，即喜、怒、哀、乐之未发亦是相，证得偏空，而了生死，出三界。然又得一病，病在著空，此空仍是相。

《大乘起信论》说，空者空其妄念，必连起心动念之喜、怒、哀、乐未发者亦空之，即住于无相。以为偏空便了生死，不知著空，又住于非法相，故佛斥其不合。须知有体必有用，有性必有相。向来说凡夫之执著，不外随相追求，只须知相之虚妄即可，如又执著空，即堕于断灭。

性与相是不一，性是性，相是相，体是体，用是用，故不可灭相，灭相则如物之有底而无面。性与相又是不异，相即性之表现，性即相之根本，有根本而不表现，是有体无用，故佛不住涅槃。何以故？一切众生，正执著此相，若佛不表现此相，不能度他，故证性体原为起行。若小乘者，佛所以斥为焦芽败种，堕无为坑也。此科文正发挥此理，俾知佛令人不住法相，又不住非法相之所以然。

佛教人修行，原为度众生，倘堕无为坑，如何能度？故般若要在二边不住，必不住有，不住空，方能称性。又性是无相无不相。无相故，不可著有，不可以住法。无不相故，不可以著空，不可住非法。正惟性是无相无不相，故凡夫执"有"一边，见不到性，小乘执"无"一边，亦见不到性。千经万论，无非说明此理，大德注疏，亦无非发挥此理。

故此处身相，不应就佛身说，必就众生本身体相上说。上至佛，下至一切众生，皆是此相。佛证得法身，故称如来。一切众生，喜怒哀乐起心动念，本是不觉，然能成佛者，亦即此众生心。故此心即是如来，不过为无明所蔽，名之曰"如来藏"耳。佛问此语，是试探须菩提及大众，乃至未来众生，究竟我上文所说不住相，如何可以相上见性耶？倘答以"可以见如来"，则住于法相，是凡夫；倘答"不可以见如来"，则住于非法相，是小乘。

> "不也，世尊！不可以身相得见如来。

自来读《金刚经》，"不可以身相得见如来"，作一句读。妙煦持诵此经四十余年，在十余年前，偶然悟到，应作两句读，然尚不敢决。后读南岳大师讲《法华经》"惟佛与佛乃能究尽诸法实相，所谓诸法如是相、如是性、如是体、如是力、如是作、如是因、如是缘、如是果、如是报、如是本末究竟等。"有三种断句法，方敢决定分作二句。但此等方法，惟空宗之经，及罗什大师所译之经，可以用之。

旧解身相当然是空，从法身上说，应化身亦是幻相，故云"不可以得见如来"。但义有未尽，照此解释，则住于非法相矣。须知"不也，世尊"之"不"，是唯唯否否，不可完全作否决解。既答"不可"，复说"可以"，故是双明。且果全是否决，下句何必加以"得"字？须菩提意谓，不可以相作性，就身相见如来，然相由性现，亦得以身相见如来，故下文又有"如来所说身相"之申明也。

作一句读，于事实上、道理上、文字上，种种说不通。倘如此答——"不可以身相见如来"，须菩提尚只悟相是相、性是性，仍是小乘见解，落于偏空，不是第一义空，何以能称解空第一？况前八会皆是须菩提当机，且曾代世尊宣说二边不著之理，何以至此反不明了耶？此与事实不合也。

本经发起序中，世尊于穿衣吃饭，示现大空三昧，众人不知，须菩提已悟得其理，一启口即赞叹"希有世尊，如来善护念诸菩萨，善付嘱诸菩萨"，明明见得如来之示现凡夫相，见得相不障性。何至经世尊两番开示之后，仍只见得一边？性相不融？则前文"希有"二字，即无来历，"如来善护念"二语，亦了无意味，此与道理不合也。

又照此读法，完全是否决，则"不也，世尊"一句可了，何必赘"以身相见如来"？又何必加以"得"字？此于文字上不合也。

> 何以故？如来所说身相，即非身相。"

如来所说身相，即非身相，是二边双照。性即相之体，相即性之用；

相非性不融，性非相不显；离相即无所谓性，离性即无所谓相，但看执著与不执著耳。著相者，相即为障碍，而不得见性，故答言"不可"。

苟不执著，即相可以见性，相如物之表面，性如物之里面，倘物之表面如玻璃明彻，即能见其里面，故答云"以身相见如来"。盖不执著，即不落二边，正不必如小乘之灭色明空，灭相而见性，即下文不说断灭相也。般若之理，全在于此，须要观照，仔细用功。

约相说是身相，约性说当体即空，性本无相。约相说相是相，性是性，相是虚妄，性是真实，故云"不可"。约性说相本是当体即空，性可融相，真实之理即显，何必离虚妄之相，得见真实之性？故云"得见如来"。能知相空即得见性，如此解释，方与须菩提当机请法相合。众人见佛之穿衣吃饭，示现凡夫相，即著凡夫相，不见如来。须菩提由相见性，知佛之不住相，即见如来。故此正是双明之释成。

佛告须菩提："凡所有相，皆是虚妄。

结经者安"佛告须菩提"，示下文道理重要，此句即是印许，以下更推广言之。方才一问一答，只说身相，实则凡所有相，皆是虚妄。汝说"不可"甚是，盖性本非相也。此"妄"字是广义，"虚妄"犹言虚假，既知是虚假，应回光返照，不可向外驰求于相，从速归性。性本真实，岂能以虚假见真实耶？知此则凡夫之病可免，不至堕入轮回。

若见诸相非相，则见如来。"

"诸相"即一切相，即"凡所有相"。只须彻底明了一切相皆是虚妄，即不逐妄，即知有真。故"见诸相非相"，则相不能障性，即见如来，何必灭相？即相可以见性也。汝答"得见如来"，极是。"见"字亦有功夫，要真能见诸相非相方可，若只是说理，即不能见如来。"则"字，历来流通本作"即"，此依唐人写经作"则"。"则"与"即"本可通用，但作"便"字解可通，作"就"字解则不能通。

凡所有相，既是虚妄，皆不当住。故上说法相，说非法相，即包一切相。佛说不住相，即是令人见如来。若执应化身，即不能见法身。故不住相，即令人见性。又不住相，是不执著。不执著，即不为相所转，并且相反为我所转，故只须了知是虚妄，不必断灭且亦不可断灭，盖相本由性现也。

佛令人对世间法，不可执著，亦不可厌恶。凡夫执相，是住法相而生烦恼；修行人厌恶世法，又住非法相而生烦恼。须知性本无相无不相，不能断灭。吾人用功，须先观照，久久方能照住，最后能照见。依佛说二边不著去修行，行来行去，至功夫纯熟，深之又深，方是般若波罗蜜，方真见诸相非相，即《心经》所谓"照见五蕴皆空，度一切苦厄"也。

《心经》之"色"，即此经之"相"，"受、想、行、识"，即喜、怒、哀、乐起心动念。照到皆空，方是诸相非相。"皆空"即是三空，非小乘之但空，故又云"色不异空，空不异色"。如此说色与空尚是两橛，故又云"色即是空，空即是色"，此即空有同时，此与"凡所有相"四句相通。"凡所有相，皆是虚妄"，与"空即是色"通，一切假名，当体即空也。"若见诸相非相，则见如来"，与"色即是空"通，色即空，可见空不在色外，何必灭色明空？故云"则见如来"。见如来，即见性也。不执著相，即能度一切苦厄。

苦厄无量，举其大者，凡夫之分段生死，小乘之变易生死是也。凡夫身有长短，命有寿夭，流转生死，谓之分段生死。小乘证得性无相，既得体，本可现相，彼畏苦，不肯入世度生，心中起微细生灭，佛名为变易生死。

若见如来，即能度此等苦厄，度苦厄由于见如来，见如来由照见，故用功最要是作观。此科经文，若消归自性，则遇一切相时，第一步功夫，即观凡所有相皆是虚妄，至于色、声、香、味、触、法，则观诸相非相。

或以在尘劳不易作观为疑，请就上海言之：吾人终日所闻者，车声、人声、种种喧扰声，须知此等声，皆起灭不停，此等熙来攘往之众生，皆忙于衣食，不由自主。然此实非车声、人声、种种喧扰声，乃无常、苦、空、无我之声，当体即空。然明明是声，而如此作观，则不著有，不著空，乃是般若波罗蜜多之声。故经文无论何句，皆可作观，行、住、坐、卧，不离这个，则受用无穷。

如此依文字起观照，先须我去读经，是经转我，至于作观，则是我转经。经转我，则以经转移凡情，我转经，更为重要功夫。此科经文，是说明上文之所以然，即"降伏其心"、"应无所住"等之总结。故依此文观照，与观照上文无异。

凡所有相，皆是虚妄，若见诸相非相，则见如来，见如来即见性，见性即不住相之所以然。见性见得一分，即初地菩萨，即不退转于阿耨多罗三藐三菩提心。见得究竟，即成佛，即上文福德不可思量之所以然。成佛见性法身显现，遍满虚空，即上文用虚空作比喻之所以然。

须知本经说来说去，皆说无住。前文不住于相，即释应无所住，因此一开口，先说降伏其心。所有一切众生，皆令入无余涅槃而灭度之，即教吾人不住。灭度无量众生成佛，指示吾人发心之法门。实无众生得灭度者，又将此法扫却，此即指示吾人不住法相。后说菩萨应无所住，亦教人不住法相。行于布施，教人不住非法相。虽复说"但应如所教住"，意思仍是教人住于无住，即古德所说"但求妄息，莫更觅真"。

真即真心，又即真如，应者如如平等也。何以如如平等？性体本如此。有此性体，即能现相，故证得者，不可存此真心，若一觅真，即是六、七识，即成为妄，古德谓之执异。执异即判真妄为二，不是平等，故说应如我所教住，以降伏妄心。凡夫均是妄心，必妄心分分除，真心方分分现。"但求妄息，莫更觅真"，即此意也。

凡所有相皆是虚妄，一住即妄，故前文开口即言"降伏"，不言"住"，何以又说"若见诸相非相，则见如来"？此是说不住之益。倘能见诸相非相，即见得真性，此即上文不说"住"，而说"降伏"，"但应如所教住"之总结。于此可知，《金刚经》行文如天马行空，而说理则细针密缕，处处开，处处结。

读此科文，如奇峰突起，看似与上文不接，实为上文之总结。正如重山叠水，层层包裹，处处有来龙去脉，处处有结穴也。就文字说，一面说，一面扫，正是不住法相，不住非法相，真足当文字般若。读此经，讲此经时，在前文须将后文摄入，在后文应回顾前文。如"凡所有相，皆是虚妄"，即与下文"若以色见我，以音声求我"四句偈相照应。"若见诸相非相，则见如来"，与下文"于法不说断灭相"，亦息息相通。

此科，有四要义：

一、上来但以虚空喻福德不可思量，释明应不住相行施之故。此中更明若不住相，则能见如来性体，此福德之所以如虚空不可思量也。

二、上来说不住相，防不了者疑为灭相。此中更明是不取著，并非断灭其相，所谓"若见诸相非相，即见如来"，此是不住相之所以也。

三、上来说因行，应不住相，防疑：不但一切众生皆有苦果之四大五蕴身相，即世尊极果亦现丈六八尺三十二身相（古人但举如来果德之身相言，今谓亦可通于一切众生，于义较圆，因下文明言"凡所有相"故。又向后更有"可以三十二相见如来否"之问，乃是专指果德故）。云何不住？今明其皆不可住。约果德说，住则不能见如来，约苦果说，住则不能见本具之如来藏矣。此是"但应如所教住"，亦即"应不住相"之所以也。

四、小乘性相不融，既以音、声、色、相为佛，其自修又取堕著无为。今明供佛须不著色相而见如来，自修亦不应偏空，但不著相，则色即是空，相即是性，性相圆融，无碍自在。此正世尊说般若法，令得回小向大之所以也。

> 须菩提白佛言："世尊！颇有众生，得闻如是言说章句，生实信不？"

本经凡安"须菩提白佛言"者，是郑重其事，以所言皆最要紧之道理也。颇，多也。如是，指上文明示一科而言。言说，即上文所说之法。章句，非一章一句之谓，罗什大师，随顺此方成语，汉人治经之解说，多称章句，此二字，指上文所说之道理而言。实信，非悠悠泛泛之信，即能了解如是言说章句之真实义也。

须菩提此问，重在实信，即开示吾人对如此言说章句，必生真实信方可。上来世尊所说，甚深甚深，一切众生，闻者当然生信。然能生实信者，多耶？否耶？恐怕不多。盖道理如此之深，生实信者，非上根利智不办，然此等根器是不多见。究竟须上根利智耶？抑不必上根利智耶？

> 佛告须菩提："莫作是说。如来灭后，后五百岁，有持戒修福者，于此章句，能生信心，以此

为实。

结经者安"佛告须菩提",示所言重要之意。"莫作是说"一语,世尊直堵塞须菩提之口,令其不可作是说。不但现在大众能生实信,即如来灭度以后,至后五百年,有能持戒修福者,即于此章句,能生信心。其能生信心,即以此章句为真实义也。惟持戒、修福之两种人,于此章句,能生信心,其他即不能。

"以此"之"此",亦指言说章句。"为实"者,言能明了此经道理,从此用功,所以能生信心,全恃以此为实。古来许多大文人,看过三藏,不止一遍,问其修行则毫无,即坐"不以此为实"之病。以此为实,正答须菩提"生实信不"之问。

须菩提之问,一是令人须生实信,一是虑甚深之理,非大根器不能实信,用意亦是。佛何以堵塞其口?此含有三要义,从下文可以看出:

一是不可轻视众生,后五百岁,尚有其人,何况现在?

二不可阻人善念,使生退屈心,观下文"于无量千万佛所种诸善根"可知。

三不必上根利智,只须持戒、修福之两种人,便能生信。一、二两义,即从第三义生出。盖持戒、修福之两种人,智慧均不见高也。持戒、修福,皆求福报者,彼对甚深法门,原有退缩之意,故佛戒以"莫作是说"。

以上尚是浅言之,其中更含有深意:"莫作是说"一语,正对宏扬大乘佛法之人而言,不但对当时,并对后来宏扬大乘佛法之人而言;不但戒须菩提不可作是说,现在吾人亦不可作是说。佛之本意,是要竭力宏扬般若法门。本经是须菩提启请,前八会彼尚代佛宣说,可见须菩提是宏扬般若之人。

下文屡说有能受持读诵,为他人说,佛之希望宏扬般若,于此可见。倘作是说,岂宏扬之本意耶?然宏扬般若,正是不易。如我国自宋以来古德,见般若法门难修,多不愿讲,以为众生业深障重,种种著相,不易领会,又恐人闻此法门,反堕偏空,甚至成恶取空,不如不讲。世尊早见及此,故以"莫作是说"为戒。

讲般若所以反堕偏空等病，乃是讲者不善宏扬，非闻者之过。须知般若正是佛种，本经云："一切诸佛及诸佛阿耨多罗三藐三菩提法，皆从此经出。"苟不讲，则般若道理永不能明，岂非断佛种耶？故不得不竭力宏扬，下文所以有荷担如来三藐三菩提之语也。

近代大德，多不讲般若，而讲三谛圆融，实不易了解。佛言三谛，在法华会上，正在宣说般若之后。故佛预戒莫作是说，要须菩提宏扬此法门，意谓汝不宏扬，如何能令人了解，生实信？汝但虑及众生不易生信，而妄却宏扬般若之大事，其奚可哉？不但此也，汝不宏扬，即阻人善念，故宜竭力宏扬，然宏扬如不慎重，却又不可。

佛讲般若，已是晚年。初成道时，先说《华严》，盖贤劫之中，释迦牟尼已是第四佛，去佛久远，不能不将佛境界完全说出。然即回头讲《阿含》，是令人躬行实践，迨人根渐熟，即讲《方等》，将大乘之理说明，令人回小向大。继此方讲《般若》，可见此法门须慎重。

既要宏扬，又要慎重，故必拣择持戒、修福之根基。佛意谓：汝恐人不易生实信，又虑生实信者不多，只须依我所说宏扬，从实践上用功，则听者不致贻误，但看宏扬者之方法如何，何虑闻者不生实信耶？"莫作是说"一句最要紧，尽未来际之宏扬佛法者，皆当如此。

"如来灭后"，灭即灭度。灭度有二义：根本义，即指不生灭之心，所谓"生灭灭已，寂灭现前，名之曰涅槃"。后来借用，凡一切佛菩萨圆寂，亦名入灭。灭后者，指佛之一切生灭相既灭之后也，当是应化身灭。如来是法身，何故说灭？此有精奥之道理，佛要吾人了解，特说如来灭者，有三要义：

一、报身、应化身皆是相，灭者是报身、应身之灭。如世尊之穿衣吃饭，示现凡夫相之灭，是应化身灭也。报身亦从法身显现，既有显现，亦即有灭。此不说应身、报身灭者，即明示如来不复再现应身、报身，要吾人警觉。须知如来所显之应身、报身，尚是生灭，所谓"凡所有相，皆是虚妄"，何况吾人之臭皮囊乎？又吾人身相，生不知其所以生，灭不知其所以灭，完全为业力所牵，自己不能作主。佛则不然，虽应身、报身是生灭，然如来自己作主，要生即生，要灭即灭。吾人皆有如来藏，应从速回到本来面目。

二、证得本性名如来，然法身无相，如何可见？可见者即相，即菩萨所见，不过法身所现起之报身；凡夫所见，是法身所现起之应化身。然倘能见应身、报身之非相者，则见如来。故要见性，即从非相而见，不可入于断灭。故警告吾人，见如来已不容易，须勇猛精进，以证得之。吾人要见如来，当从性上求。说到性，则我与如来，自他不二，能在自己性体上理会一些，即是见如来之机。

三、如来之报身、应身，还是入灭，还是相，但不是永远灭，还要示现。须知报身、应身，仍是法身之影子。吾人知法身不灭，即报身、应身，又有示现之机会。古来有见丈六金身者，有勇猛精进，如罗汉之见千尺佛身者，有见如须弥山之大身者，即菩萨所见之报身。又如智者大师注《法华经》毕，亲见灵山会上，俨然未散，皆此证也。故第一义，说如来不再示现报身、应身，令吾人警觉。第二义，令人知要见如来，须在自身上用功。第三义，说如来不灭，只要用功，尚能见到。

后五百岁句，自来有三种解释：

一、以后对如来灭后之后讲，即指如来灭后之五百年。

二、以如来灭后第一五百年为前，第二五百年为中，第三五百年为后。

三、说如来灭后第五个五百年，盖正法像法各一千年，末法一万年，此正指末世之初五百年。

如来灭后正法千年，初五百年，解脱坚固，次五百年，禅定坚固。所谓解脱，即证得般若波罗蜜，度一切苦厄。坚固者，众生根器坚固也。次五百年，根器稍差，然能住于禅定。此解脱与禅定，正是定慧，故称正法。

像法千年之初五百年，虽亦有解脱、禅定者，然已甚少。专事讲理，不重实行，故云"多闻坚固"。须知看经重在作观，徒事多闻，如数他家宝，自家无半点分，又名说食不饱。世尊对阿难说，多劫以前，与我同修，至今仍为佛之侍者，其病即在专务多闻。次五百年，虽多闻者亦少，众生只知修寺造塔，故云塔寺坚固。此一千年，佛法形式尚是，已失佛之本意，不过相像而已，故称像法。

至末法之初五百年，佛法更衰，众生只知斗争，即新名词所说之奋斗。印度佛法之早灭，其原因在像法时已多斗争。我国亦然，在唐朝中叶，禅宗、净宗、相宗，均起门户之争，故云斗争坚固。本经后五百岁，正指此时。现在则又在末法之更后五百年矣，故佛说此时若有人能看经，是真不可多得者也。

以此为实，正是能持戒修福者，此有四义：

一、般若是正智慧，慧由定生，定由戒生。故欲起般若正智，须从戒用功，否则末由生定生智。凡夫能持戒，方能离外染，如不持戒，则心不清净，不能摄心一处，不能作观，如何能生般若？倘不由持戒而欲生智，则堕入恶取空，亦不可知。故福慧双修，如车两轮，缺一不可。修行者能如此，方能成两足尊，且两者须平等，不可轻重。

有人说，只要智慧，殊不知重慧轻福，即缺少大悲，万万不可。故诸佛教人发大悲心，本经开口即说布施，足见修慧不能不修福。若不修福，则与众生无缘，不但无缘，即修行者之相好，亦不能具足。

宏扬佛法者，相好亦关重要，故佛经中处处说佛菩萨之相好。罗汉之相，即不如佛，此有道理。前说证得体后要现相，均为众生，众生见相好者，易于亲近也。般若法门，是令人成佛，持戒修福，是成佛根基。

二、须知持戒之人，必少欲知足，贪欲较少，此类人修般若，方不出毛病。盖修般若须离相，贪欲多者，决不能离也。修福者必深信因果，世人要得名利，依照世法去求，此类人则照佛法去求，故深信因果者，决不致偏于断灭相。

不住于相，则持戒者最宜，不入断灭相，则修福者最宜。如贪欲多者，一闻般若，毛病甚多，有曲解不住相，以为为恶不妨，放言高论，无所不为，反自以为深得般若之理，甚至杀生淫乱，而皆以为不住相。故佛不取此类人，必拣少欲知足之人。

三、前文说发心行般若，应行布施。布施即舍，此两种人即能舍者，持戒能舍于世间之欲，修福则舍自己之财产精神，以为财、法、无畏施之于人，此正合般若道理。

四、修此法门，宜先将非法相一门堵塞。持戒修福，正是堵塞非法相。只要再在法相上，久久观照，于法相不取著，即可成就。故佛拣此两种人，可见持戒修福，无异于正指学般若法门之人，又即是对吾人言，若要学般若，须诸恶莫作，众善奉行。不作恶是戒，行善是福，切实履行，将基础筑固方可。此两种人，是谨小慎微，能放舍一切，否则不能入般若。能生信心者，以信为入道之门也。必如此实行，方能入门，否则单是讲说，不能入门。

有人说持戒修福，是修般若之根本，先堵住偏空，此固然矣，然尚有疑。经中明明说"以此为实"，此两种人，毕竟智识不足，何能明了本经之真实要义耶？此有紧要道理在，何以故？蒙佛加被故。此类人是佛所拣定之根机，若能依佛说，持戒、修福而行，必蒙佛加被，即能以此为实。

学佛者定须行、住、坐、卧，时时刻刻，求三宝加被，无论修何门功夫，均如此，即讲经时亦须将平时知见抛开，求三宝加被。若离此观念，即是未起信心。即如念佛，于念时，非将平时知见一切抛弃，心中一无所有，专意求弥陀加被不可。

然又有人说，如此则学愚夫愚妇即可，何以佛又说须读诵大乘经典耶？此有二义：

一、明了经典，则功夫加胜，将道理蕴于八识田中，一旦相应，则三明、六通能一时发生。

二、果真能信，应学愚夫愚妇之信心坚定。无奈世间中等人多，不肯自居于愚，故定需令之明理。

古德著书，开端多有求三宝加被之语，大菩萨作论，论前亦有承佛威神力故。此是真实不虚，非依赖性，亦非迷信。倘无此等观念，则有一我见存在，将自己性灵障住，著书作论，如何能彻底，故非将我见完全抛开不可。世间法如孔子，动辄归之于天，亦得此意。汉以后学者，即不之知。

当知是人，不于一佛二佛三、四、五佛而种善根，已于无量千万佛所，种诸善根。

上科"持戒修福"至"以此为实"，此科正为之作注解。

"是人"即指持戒修福者，指明是人，不说人等，可见持戒修福，虽说两事，实是一事，二者均不可缺。

一佛至二佛，时间已极长远，不知多少劫数，何况三、四、五佛？可见是人善根种得极远，而世尊又说尚不止此，已于千万佛所种诸善根。且千万之上，再加"无量"二字，则时间乃是不可说不可说之长远。是人不但修一善，并修诸善，诸善指六度万行而言，可见是人于般若，已修得极其长远矣。种根，正对持戒修福言。是人种根已极深，是诸善合成之根，真所谓难能可贵。

世尊于过去无量之事，均悉知之，此说是真实不虚。就吾人凡夫眼光观之，是人持戒修福已合道妙，何以故？上文世尊对须菩提一开口，即说所有一切众生之类，皆令入无余涅槃而灭度之，如是灭度无量无数无边众生，实无众生得灭度者，是发大心。先应度生，即不落空，次实无众生得度，不住于相，次说大行，应无所住。先说不住相，次说行于布施，倘住而不行，即是落空。此二段文，世尊叮咛告诫，必不落空，方可发心修行。是人下手即持戒修福，岂非与世尊所说先不落空暗合乎？

又发起序中，世尊欲说般若，先示现凡夫，着衣、持钵等即持戒；又令众生生惭愧心，即修福。是人持戒修福，岂非又与世尊本意暗合乎？

可见非久远以来种善根者，不能如此暗合道妙也。观世尊语气，似乎是极力赞叹是人，其实是鼓励吾人，使闻此言说章句者，即当实行。故对须菩提有"莫作是说"之诫词，以为若如须菩提之说，后之人必以般若为难修，浸至高推圣境，其实不难，即在持戒修福下手。此是世尊之大慈大悲。须菩提岂不知发心修行，须不落空？不过代众生请问耳，亦是大慈大悲也。

吾侪苦恼众生，如今得闻此言说章句，亦是希有，亦是无量千万佛所种诸善根者。倘不如此，则于甚深微妙之般若，不可得闻，即闻亦等于不闻。吾侪已在又后之五百岁中，斗争更为坚固，竟能来此地读诵受持，必是不愿竞争少欲知足，有持戒之资格者。如此，吾侪即不宜妄自菲薄。已持戒者，更宜用功，再求坚固。未持戒者，应照佛说去持，则诸佛必大欢喜。以此种得善根，于此发芽。吾侪有此资格，又有世尊加被，可不自勉乎？

"以此为实"，既明真实义，又能修行。六度之中，无论何度，皆归于修福。布施不必定要破产，但量力舍少数财，与人有益，即是财施。为人说法，或送人经典，即法施，并非难事。

又劝人学佛，必劝之持戒修福，见不持戒者更要劝，又见已持戒尚未知般若者，更要劝之使明般若。此福德之大，不可思量，何以故？以是绍隆佛种故。又要劝人从速修习净土，求生西方。须知般若与净土，关系至深。前说学般若者须先不住相，不住相方能就文字般若起观照，观照功深，而现实相般若，此即是性。修行下手先观照，最后要现实相，此甚不容易。

在娑婆世界中，种种恶诱，如何能即现实相？故大菩萨修行，发愿修三阿僧祇劫，不知经过多少轮回。是人善根固厚，然至千万佛无量劫之长时间，尚只是能生信心，可见业障深重，故必发愿求生西方方可。

又如上文发大心，所有一切众生之类，皆令入无余涅槃而灭度之。此等度生，上至非非想天，下至地狱，吾人即发此大心，如何能去度？此实令吾人先观照缘生平等之理。若欲满愿，非先证性不可。欲证性，不可不先求生西方。生西不是为自了，原为度众生，方与弥陀本愿相合，为满大愿，可证性故。故《普贤行愿品》说，虚空无尽，世界无尽，众生无尽，我愿无尽。此非与本经广度众生之愿，完全相同耶？可见般若法门，与净土法门，是一非二。必有此大愿，弥陀方来接引，往生不为自了。有往生法门，方能成就般若法门。

是人持戒修福，亦极不容易，已亲近过许多佛，但种善根。可见成就般若法门，应亲近弥陀，实相般若，方能现前。永明禅师云："但得见弥陀，何愁不开悟。"故学般若者，须速修念佛法门。修净土者，亦须速修般若法门。如不明了此第一义，徒念佛者，恐只生下品。

故提倡净土法门者，不可仅说念佛为止，须知修净土，正为满大愿，仅仅念佛下生，不能满也。永明禅师之"无禅有净土，万修万人去，但得见弥陀，何愁不开悟"，此偈只可劝愚人，不可劝利根人。世人忽略"得见"句，只注意"万修万人去"句，以为不必依照十六观经之修观，此是错误。观经明第一义，正是般若，若只生下品，不能见佛也。

> 闻是章句，乃至一念生净信者。须菩提，如来悉知悉见，是诸众生，得如是无量福德。

"闻是章句"，是指定持戒、修福之人。此"闻"字与上文"得闻如是言说章句"之"闻"字相应。闻得如是言说章句，以此为实，方能生信。净信二字，正指实信。何谓净？即后文之"信心清净则生实相"。是人切实用功观照，久久如此修行，一点不著，净信即生，亦即实相。此"净"字非对染而言，是绝对之净，空有二边皆不著，故是实相。

乃至者，超略之词。生净信，有净念相继者，有多念者，最少限度，是一念生净信，不能多念，亦不能念念相继。此"乃至"二字，包括许多功夫不同之人，故下文称"是诸众生"。然无论功夫浅深，如来悉知悉见。

一念，即起心动念。生者，即龙树所说一切法不生而般若生。可见非十分用功，不能得生。且一念相应，即净念相继之根，净念相继，即从一念相应而来。此一念清净，无人得知，惟有如来能知能见，盖净心是无相，非肉眼、天眼所可见也。然此说尚非根本义。须知此句，正是"生净信"之注解。

如来是法身，是人一念相应，即与如来心心相印，光光相照。故如来悉知，是性中知，正是悟彻佛性。如来悉见，是性光照，正是初开佛眼。此功夫是了不得，故古人云"一念相应一念是佛"。既是佛，福德讵可思量耶？

此二小科，正为能生信心以此为实作注解。"当知是人"起，至"已于无量千万佛所种诸善根"，是说明持戒修福之因。"闻是章句"起，至"得如是无量福德"，是说明持戒修福之果。世尊极力赞叹是人，正是鼓励吾人，发无上心，发大愿，起大行，而得无量福德。

又"须菩提，莫作是说"起，至"得如是无量福德"，正为前"应如是降伏其心"至"则见如来"作注解。上文是说其理，此则举出是人以证实之。须知惟持戒修福之人，方能如是生信，如是生净信，如是得无量福德。本经文义，处处相应，脉络贯通如此。

何以故？是诸众生，无复我相、人相、众生相、寿者相。无法相，亦无非法相。

此是正面释生信得福之故。何以能生净信？何以能得无量福德？须是除却分别心方可。分别既除，正信自现，即龙树所说"一切法不生惟般若生"。是人虽未能般若完全现前，然已生净信，与如来心心相印，光光相照，即得无量福德，此正不容易。由分别妄想既除，乃能无复我相、人相、众生相、寿者相。

"是诸众生"句，包括甚广，上文一念生净信者，指程度最低者言，尚有多念相应，净念相继者，故云"诸众生"。"无复"二字之"复"字，应注意，言是人我执已空，不复再有。"无法相"二句，言是人无法执也。

四相由执我相而起。佛经说四相者，意义甚多，今举其与本经契合者，有广、狭二义。狭义即指执五蕴色身，此即我相。凡夫同病此执，一切忘不了，不但现在，还计及未来，死后或升天，或升大梵天。所谓补特加罗，因此起种种妄想，相宗称为遍计所执。未来与现在，是对待的，在对待一方面看，是人相，由此身起盛、衰、苦、乐种种等，是众生相，再计五蕴色身，命根不断，是寿者相。此皆就自己五蕴上种种计度分别者也。广义计我种种分别，对待即人，不止一人，即众生，此计相续不断，即寿者。一起执著，即有能执所执，能即我，所即人，种种分别，即众生相，能执所执不断，即寿者相。要知四相即从我见开出。开即四相，合即我相。世尊何以开出而说？有妙义在。我见即分别，执我即七识，起分别即六识，般若是正智，如要实相般若现前，非将六、七识转移不可。六、七识转，五识、八识同转，故世尊屡说四相。四相空，即我执空，又名人空。

我相是从身上起执，法相是从法上起执。无法相，即法执空，亦名法空。非法即是无，即是空。亦无非法相，是空亦空，又名重空，又名俱空。般若显三空之理，以遣执为主。人我空后，又执法空，还是不可，故必重重遣之，连空亦要空。古人称为穷空到底，此与偏空大不同，故名胜义空，又名第一义空。

此释上科已生净信者，即能到三空。三空包含许多道理，其广无量，其深无底，普贤行愿所谓甚深教海也。依三空说，无四相是我空，无法相是法空，无非法相是空空，其实即是除我、法二执：无法相是空法执，无非法相亦是除法执。非法本无法，然却执不得，一执亦成非法执。故无法相之法执空，是第一重；亦无非法相之执亦空，是第二重。二者合来，皆是法执，与上文四相，却是我、法二执对说。

是人生净信，是我法二执俱遣。然我法二执，由分别而起者，是粗执；尚有俱生我法二执，从起心动念而来之细执，此名随眠，又名住地无明。是人但能除分别我、法二执，未能除俱生我、法二执也。

又含一种要义：分说是三空，合说是空我法二执，然又可以从空、有二边说。非法相是空，属空边；我、法可并说，属有边。是人生净信，又能二边不著。

有边名俗谛，空边名真谛，此中又含二谛。他经中佛说三谛，有第一义谛。《般若》遣执，只说二谛，要知遮照同时，即合中道，说二谛，实含三谛也。遣二边即双遮，双遮即双照，还须遮照同时。"是人"尚未至此程度，仅能二边不著，细玩经文可知。

凡佛之说，皆彻首彻尾，彻始彻终，不可忽看，即上文生净信得无量福德，亦有浅有深。总而言之，是人但除粗执，未除细执，佛故愈说愈深，以明是人除执，尚是初步，更须加功。然是人至此，却不容易，只一念相应，已了不得。凡用功之人，常有此种境界，觉得心中空空洞洞，干干净净，有时至半月，或半年，皆是此种景象。须知此种功夫，所差尚远，不可自足，否则生二病：对于经义，则以深为浅；对于自己，却又以浅为深，殊不知尚远尚远！如本经所指是人，分别我执已除，贪、瞋、痴虽未去尽，已经很薄，还须再加功。吾人用功，即可自己审量，究竟与经上所说合否。

说至此，因想古代有一段因缘：唐肃宗、代宗父子，平定安禄山之乱，代宗极力宏扬佛法，密宗不空三藏，亦于是时来中国，佛教盛极一时。代宗有一日，与宗国师谈佛法，鱼朝恩在旁，即揳问："佛说一切众生皆是佛，则无明如何而起？"国师即云："汝不配此问。"朝恩愠甚，然代宗在座，不敢作声，但怒形于色。宗国师即说："无明从此而起。"

吾人于此，可以试验。假如遇人来谤毁我，能否不生瞋？如遇色、声、香、味、触、法等，能否不起念？如遇贫乏时，今日饭亦无著，心中能否不愁？必行所无事方可，否则，即著我相、人相、众生相、寿者相矣。但若空空洞洞，固亦甚好，然不止于此，应当去行布施，六度万行，均要去做。若以空空洞洞了事，即著非法相，若自己有度生之心，即著法相。故知是人生净信，除却分别心，正是不易。所以如来悉知悉见，许其明同佛心，开了佛眼，得如是无量福德也。

此不但释上科，又回应明示一大科，因前文未说明，此处乃点醒之。"所有一切众生之类"，至"我皆令入涅槃而灭度之"，正合法相。"实无众生得灭度者"，正合非法相。"若菩萨有我相、人相、众生相、寿者相，即非菩萨"，即是"无复我相、人相、众生相、寿者相"。"菩萨应无所住行于布施"，即是舍，即破我，要吾人先空我相。"不住于相"，即不住种种相，即无法相。

又以虚空四方上下为喻，即无非法相。若见诸相非相，则见如来，是二边双融。盖但见诸相即著有，但见非相即著空，见诸相非相，即二边双融，即无相无不相，得见实相，故云"则见如来"。见如来故得如是无量福德，即上文"福德不可思量"。

佛意谓是人能明了我上文所说之法，持戒修福，能生净信，且以此为实，当然无我等四相，得如是无量福德。亦是鼓励吾人，欲修般若，应如是下手，不可落空，先将非法一面堵住，脚踏实地，躬行实践。法相、非法相，皆不著，是用功之要诀。（以下皆居士亲笔）

> 何以故？是诸众生，若心取相，则为著我、人、众生、寿者。若取法相，即著我、人、众生、寿者。何以故？若取非法相，即著我、人、众生、寿者。

上科是从正面释明何以为净信，及何以得无量福德，因其已见三空之理故也。无我、人等相，人空也（一名我执空）；无法相，法空也（一名法执空）；无非法相，并空亦空也（一名俱空）。是谓三空。由见三空，从此精进，净念相继，便证清净法身，故曰"得无量福德"。

此一科是更从反面显其必应三空之故，以明丝毫著相，便是分别心，便非清净性。何以故？凡所有相，皆是虚妄故。所以著相便是逐妄，逐妄便迷却真性。真性既迷，依然是起惑造业苦报轮回的凡夫，何能得无量福德耶？

由此可知既已正释，更加反显的用意，无非欲令众生速速觉悟，依此经无住之旨，一面勤行六度，一面观照无相，发生净信，以期证得三空性体，超凡入圣耳。此是必须反显之总义。

然尚有别义，盖防读上文者起疑也。云何起疑？

一、我人等相，从身见起。身为苦本，不应著相，其理易明。法则不然，自度度他，必有其法，如布施六度，岂不明明有法？有法便有其法之相，今云无法相，法而无相，是法亦在若有若无之间矣。然则法相云何可无耶？

二、若有身见，势必分别人、我，一有分别，势必造业受报，是故不应有身见，不应分别人我。而法本非身，其中哪有人我？即令于法上起分别，那便是分别人我。至于"非法"二字，无异空之别名。既名空，哪有相乎？然则何故将法与非法，与由身见而起之我人四相，相提并论，一概云无耶？为欲断此种种疑故，所以须从反面加以显明的说明也。

"是诸众生"，即指上来生净信，见三空的众生。"若心取相"的"心"字，要紧。须知心本无相，"相"字不必专指色身言，乃遍指一切境界相也。心本无相，若有一种相，便取著了境界。若取著境界之相，岂不是已经迷了自己的心么？这正是背觉合尘样子，所以成为凡夫者。因此更须知取著境相，是谁取之乎？并非他人，我也。可见心若取相，便成我相，而所取的相，是由能取的我而有，犹之人相是由我相而生，故所取之境，便成人相。所取之相，叠起丛生，便成众生相。其相不断，便成寿者相。

由是言之，无论取著何相，便有能取、所取，丛生不断，故曰"若心取相，则为著我、人、众生、寿者"也。"则为"者，犹言便是，言一取便著了。所以若取法相，亦即著在我、人、众、寿四相之上。何云法不同身，其中无我耶？一取便有能所的分别，何得云法上分别，不是人、我分别？且由此可知上科所云"无法相"者，谓其不取著耳，非毕竟无法无相也。若毕竟无，是断灭相矣！至若非法固是空之别名，空原非相，然既取之，便有能取之我，所取之人，丛生不断，四相宛在，故曰"若取非法相，即著我、人、众生、寿者"。

尝见一种刻本，不知被谁删去"若取非法相"之上的"何以故"三字，以为本是一直说下，义意明显，有此三字，反令语气曲折，其义不明。嘉庆间有一刻本，虽不敢径删，但注其下云"某某注释及各正本，俱定为衍文"云云。所云某某者，大都明清间人也。由此可证，此经字句，多与古本不同者，虽不无传抄之误，亦实不免被浅见者妄加增删，真是可叹。幸而近今经本，又经明眼人将此句补入，然偏远处经本，尚有删去此句者，万不可从。

盖用此三字，含有精意，关系紧要，万不可少。有人云是以"何以故"三字，跌起上义，使知若取非法，尚著四相，况取于法——此意尚浅，因若心取相则为云云，已释明其故了，何必更须跌起？然则其意云何？盖防不得意者，虽闻若取法相，即著我、人、众、寿，然尚未明何以方为不取，见地未真，或致误取非法，而尚自以为是不取法也，因用"何以故"三字警问，使深思其故，不可误会。

即接云"若取非法相，即著我、人、众生、寿者"，则知倘取非法，依然著相，无异乎取法者。将勿所谓不取法，并非毕竟不取耶？既非不取，而取又著相，可见不取者，乃令不取著相，会归于性耳。此意云何？便是广修六度万行，而心中若无其事，湛然凝寂，不为所动，即此便是不取法相的真实义。

如此而行，既不著法，亦不著非法，便是二边不著，合乎中道矣。然则有此"何以故"一句，下文"若取非法相"两句，无异为上文"若取法相"两句作了注解，说法之妙，如是如是。若删去此三字，则语气平列，便不能显出此义矣。

须知有是即空而有，空非离有之空，故《心经》云："色即是空，空即是色。"所以此经处处说不取著，却处处说不断灭。不断灭之言，虽在最末后点出，其实开首所说，无不含有不应断灭意在。如度生无度相，初不仅言"实无众生得灭度者"一句也；"应无所住，行于布施"，其意尤显，而"若见诸相非相，则见如来"，更是结晶语。诸相非相，即明不取，取则只见相而不见性矣。惟其不取，故见相即非相，而会归于如来藏性，故曰"见如来"也。

总之，相原无过，过在于取耳，所以若舍相而取无相，舍无相而取能无之无，取便成相，便障自性可知。但能不取，虽有相而无妨；苟或有取，虽无相而成障，初何必灭相见性哉？因是之故，所以独拣持戒、修福为能信机。盖持戒修福，已不著空，以般若熏习之，慧解一开，于法不执，自然能不著有，而又不复著空，易合中道，视彼狂慧，相去天壤。故经论有言："宁可著有如须弥山，不可著空如芥子许。"此明著有者易为功，著空者难施救耳。

此中"取"字，正与下文"舍"字紧对，此中是明不取法者，非谓可取非法也（约意言之）。下文则明法应舍者，非谓非法不应舍也。上下语意正同，皆含有不可离有谈空意。总之，二边皆不应取，即皆应舍，故下文即结以"是故不应取法，不应取非法"，仍指归中道也。

又用此"何以故"三字，更有一义。因上科无复我相乃至亦无非法相，是一直说下以明三空，已如前说。此科于"若取法"、"若取非法"之间，用"何以故"隔开者，便是别明空有二边不著义，以引起下文"是故"两句也。"若心取相"两句，本是总论。不可取相，即谓兼指身相，而身相属有边，与法相同，非法相则属空边。其问若不隔开，而仍如前一直说下，则此义不显，而下文"是故"二字，便无着落，而承接不上矣。足见秦译之妙。

是故不应取法，不应取非法。

"是故"之"故"，正承上文。因若取法、非法相，即著我、人、众、寿，故两边皆不应取也，亦与上"无复"云云相应，以不取则无相，无相方生净信，为如来知见，得无量福德耳。

总之，佛之言此，正示以下手方法，先令二边不取，渐能空相，心地清净。由是而信而解而行，至于究竟，亦不过两边不著耳。盖由观照般若证实相般若，实相者，无相无不相，非两边不著乎？此之谓因赅果海，果彻因源。

以是义故，如来常说：汝等比丘，知我说法，如筏喻者。法尚应舍，何况非法？

"以是"之"是"，正承上文"不应取法"两句，亦远与"无法相"以下诸句相呼应。

"筏喻者"，如来常说之法也。盖说船筏原为过渡，既渡则舍筏，以喻佛法为度生死。生死未度，不可无法，既达彼岸，法亦无用，此以示法不可执之意。盖《阿含经》中，为弟子等常说者也。

"法尚应舍"句，即蹑筏喻来，亦兼指上文"不应取法"，即以引起下文"何况非法"。"何况非法"者，明其非法更应舍也。舍即不取，然舍意更深，不但不取而已，前已取者，今亦须舍，究竟言之，即"不取"二字，亦应舍也。

所以引常说之筏喻者，一面用今义显常说，复一面借常说显今义也。盖谓以此法与非法皆不应取之义。所以如来常为比丘说的筏喻，虽只说了舍法，须知是连非法一并舍的。何以故？法尚应舍，何况非法？其更应舍也，何待言哉！此显无小非大，是法平等，即是用今义显常说也；且以显明今义之两边不取，语虽平列，须知非法更应不取，方不致于著空，此是借常说显今义也。

此段经文，义蕴深微，不止如上所说。当知今义与常说，有最冲突的一点，必应了然者：盖常说是令法不需要了，则舍。而今为初发大心者说，乃是令于正需要时舍法是也。

有此大冲突，世尊防人执常说疑今义，或执今义疑常说，故万不能不引来，使学人因之洞明虽异而实同耳。

其疑云何？疑云：正需要时舍法，法舍岂非无法？无法将何以度？这不与常说相反了么？乃又言，不应取非法，究竟有法乎？无法乎？未度者，需要法乎？不需要法乎？

当知今说之义，乃是有、无二边，俱不可著，所谓中道第一义。当知二边不著，便是二边双照。二边不著，固无所谓有法，而二边双照，则亦无所谓无法。且不著便是双照，可知正当无所谓有时，即复无所谓无，正当无所谓无时，何妨无所谓有？汝思之，深思之，究竟有法乎？无法乎？抑有即无，无即有乎？知此则知今义与常说，虽异实同矣。

虽然，佛引筏喻，专为常说、今义的异同释疑乎？非也，其深意所在，实为防人执今义疑今义。其疑云何？诸君看出了么？请看"是故不应取法"两句，虽是结束上文，而与上文所说大有浅深。世尊恐人不明，生出障碍，所以引常说筏喻来显明耳。不然，"是故"两句已结束了，原可不必又引筏喻也。至于上面所说的二边不著云云，乃至究竟有法乎、无法乎一段，正是借常说显今义，以免于今义之浅深，起疑生障耳。然则当先明其浅深何在。

请看第一段说的,"无复我相"乃至"亦无非法相",是说的无相。

第二段,"若心取相"乃至"若取非法相"等,亦是说的不取相。

至第三段,"是故"两句,乃是法与非法,一并不取,不止是不取相,此即与前两段,大大不同的所在,防人起疑生障者,正在于此。

你看第一段说了无相,因欲断人、法相不可无,及非法本无相之疑。故说第二段取则著相,使知所谓无者,乃是令人不取,并非无法无相。且既取,便有相,故非法相亦不应取,复点醒不取法相,是以不取非法相为界限,俾得明了不是绝对不取法,乃是虽取六度等法修行,而心无其相。然后学人才不致于或偏空或偏有,才有正确的下手处。

须知般若妙法,下手便应彻底。云何彻底?直须法与非法,影子也不留才对。盖名曰法相、非法相,可知其是法之相,是非法之相,若取法、取非法,取则有相,尚得曰"不取相"乎?所以前后所说,理原一致,但语有浅深次第耳。所以必须说第三段"是故"两句,应当如是彻底不取,方为不取相。然后因心清净,才能证入清净法身之果。

问:如此说来,法是应舍的了。且又说了一句不应取非法,我也明了,这亦是用来为不应取法作界限的,使知法虽不取,断不可取了非法。但是如此一说,即依六度法修行而心无其相的办法,便不能适用了。何以故?此中不是说不取法相,明明说不应取法故,然则从何措手耶?

答:世尊正为此故,所以要说第四句,显明出一个绝妙的办法也。

你看第四段中两句要紧的话:"法尚应舍,何况非法。"这两句,无异于为"是故"两句作注解的,这正是指示学人曰:我不是叫你单不取法,是叫你连非法一起不取的啊。只不取法,那就变成无法,无法云何修行得度?若法与非法,一齐不取,这就是妙法啊。

盖引筏喻来说者,因筏喻即是法也。所以一方面便是叫人领会常说之舍法,是连舍非法在内的,使知一并舍却,便是如来常说的筏喻之法。则今明明说是法与非法一齐不取,岂非即是所说之法乎?而一方面,又是叫人领会常说的筏喻,是说未度时不可无法,已度则舍之,使知今尚未度,何可无法?便不致误会不应取法是无法。况明明又说不应取非法,则更足证明法与非法,一齐不取,正是开示我们的妙法了。所以引筏喻者,正为显此。

问：如何一齐不取，正是妙法？这又把人弄糊涂了，如何便是妙法呢？

当知第一义中，法与非法本不可说。且无所谓生死，无所谓涅槃，更无所谓度。即二边不著，二边双照，皆成剩语，直须剿绝情识，斩断葛藤。正当剿绝斩断时，"囫"的一声，直下言语道断，心行处灭，则生灭灭已，便遍虚空皆成不动道场，遍虚空皆是净光明网，便与十方诸佛觌面了也。至此虽曰"无所谓度"，却已飞行绝迹的如是而度了。然后恍然即此"无所谓度"一句，亦是引人得度的妙法。

敢问这剿绝斩断的工夫，虽欲不谓之法，何可得乎？而法非法皆不取，非即剿绝斩断乎？两边逼得紧紧的，起心动念，非著此即著彼，直使分别妄想无存身处，譬如剿匪，两面包抄，逼得匪无立足点，自然降伏矣。此是快刀斩乱麻的手段，故曰"剿绝情识，斩断葛藤"，这正是龙树菩萨说的"一切法不生而般若生"。

般若正宗是无住，而两边不取，即是无住的铁板注脚，即此便是无上甚深微妙法，即经中所谓阿耨菩提法也。以此为本修因故，证阿耨菩提果。当可恍然，正与筏喻一样，不是无法可度，更不是未度舍法矣。汝乃疑将云何度？究竟度时有法无法？岂非梦呓？

问：佛何不说明不取便是法，而使人自领耶？

答：此亦具有深旨：

一、不取本不是法，无以名之，假名为无法之法耳。如布施、般若等，皆是假名，无以名之，姑名为法，岂实有其物乎？世出世法，莫不皆然。

二、正为众生处处著，故说两边不取，以治其病，倘以为此即妙法，便又住著了。此又不说明之苦心也。然世尊犹恐学人起心动念，不知不觉住著于此而起分别，则无明犹在，更须遣除，所以又说第二周（即后半部）者，正为此事也。

三、虽不说明，防人彷徨无措，故引筏喻透些消息，俾真修者亦得藉以自领。当知凡事由自己领悟得来者有受用，何则？当其领悟时，即其得受用时也，比从外面由见闻得来的有益。所以古德说法，每不尽情吐露者因此，盖防塞人悟门也。

鄙人今番讲出，未免有违古训，深知罪过，然不得不讲者，亦有区区微意。因佛法久衰，一般人怕闻般若。一般谈般若的，往往走入歧途，而诸君又如此热心求法，若绝对不与稍稍点醒，亦复不能启人的真实悟门。且更有所恃而不恐者，有后半部经，很深切的对治此病，不必怕其闻而住之矣（且先在此处点醒，说至后半部方有张本，此下应劝一座不可缺席，以免前后不接）。

说至此处，还有一事不能不供献：凡欲领悟经中的真实之义，惟在至诚恭敬的读。读熟了，常常观照其一段两段，或一句两句。观照即是思惟，然此思惟，与平常所谓研究，大异其趣。平常的研究一种学问，是专以凡情推测，此则不然。虽亦不离文字，然切不可在文字上推敲，即推敲亦推敲不出。必须扫尽一切杂念，澄心静虑的，将一个心，全注在其上。不在文字上推敲，便是不取法；却将全神注在这经上，便是不取非法，这个便是修定。久而久之，忽于一念不生时，性光发现，经中真实道理，自然涌现。这个就是思惟修，才是受持，才能领悟，所以说领悟时，即是得有受用时。读经要这样读法，定、慧二学，便一齐修了。还要多多忏悔，求三宝加被，不然，恐或障重，不但不能领悟，即观照亦做不好了（此下须说两边不取，不是不行布施等度）。

问：两边不取，即是般若法门，则布施等法，将可不行乎？

误矣，不行布施等，是取非法矣。须知般若是布施五度之母，般若生则五度即随之而益生，其行之也愈妙。以般若观智行五度，则五度皆是波罗蜜矣。

凡举一法，皆有四句差别：或曰有，或曰无（即是空），或曰亦有亦无，或曰非有非无。甚深般若，四句俱遣，所谓"离四句，绝百非"是也（百非不外四句）。因自性清净，不染纤尘，故应一切俱非，而此中四段，正是离四句也。

第一段，是以无遣有（著有则成凡夫，故须以无遣之）。

第二段，是说亦有亦无，以遣偏无（行六度法，存有也。心无其相，存无也。偏无，防堕断灭）。

第三段，是说非有非无，以遣亦有亦无，因亦有亦无，不免存有二边。故以二边皆不应取，即是取有亦非、取无亦非，则二边不致隔别，而相融矣。至第四段，"法尚应舍"之"法"，指六度等法言，"何况非法"之"非法"，指非有非无之法言。盖以一切法不生而般若生之义，所谓二边不取，是贯彻到底。故正度时，先从亦有亦无入手，以达非有非无。

既得灭度，则不但亦有亦无法舍了，当然并非有非无法一齐舍却，方成诸法一如之如来。此固诸佛如来所常说也。如我世尊然，穿衣吃饭，示同凡夫，声音相好，俨然具足，至此则生死涅槃，二皆不住。有乎？无乎？亦有亦无乎？非有非无乎？四句皆不可说矣。

"不应取法，不应取非法"两句，为最要语。上面诸说，皆是两边不取也，故此两句，无异为上文之结词。筏喻一段，亦是显明此两句即是妙法，所谓阿耨菩提法也（应详说之）。

如上说法，所谓无可说中方便而说的第一义悉檀也。此经所说，皆第一义悉檀，故讲者亦不得不如是而说。然佛圆音一演，无义不赅，无论作何种说，皆得。

上说甚高，亦无妨依为人悉檀说之。为人者，对机是也。经云："此经为发大乘者说，为发最上乘者说。"如是之机，所以为之顿说。如云无我、人四相，此说我空法，为度我执。又云无法相，不应取法，法尚应舍，此说法空之法，为度法执也。

又云亦无非法相，不应取法，何况非法？此说空空之法，为度空执也。说法甚多，云何疑其无法将云何度耶？须知是说无我人等相，非无我人等也。是说无法相，无非法相，非毕竟无法与非法也。

总之，曰无，曰不取，曰舍，但为遣执，非舍其法。三执既遣，则三空齐朗，三障圆销，方且生死涅槃，两皆不住。尚何此岸之不度，彼岸之不登乎？

更依对治悉檀说之。对治者，对症下药，医其病也。经云"众生病在处处著"，故佛对有说空，对空说有，无非为对众生治其偏著之病。一有偏著，便与性体不应，便是背觉合尘，便致业障丛生，受苦无尽，故须对治也。如此中云应舍法，复云更应舍非法（舍即不取，亦即无相，取意而言，不尽依文），则知所谓舍法者，乃舍其著有之病耳。

又如既云舍非法，却并云舍法，则知所谓舍非法者，亦舍其著空之病耳。病除，则有成妙有，空是真空。须知云妙有者，明其有而不有，故妙有即是真空。云真空者，明其空而不空，故真空即是妙有。

由是言之，可知下手便令二边不取者，正为令得二边双照。双照者，便是惺惺寂寂，寂寂惺惺，所谓寂照同时。同时者，即是寂而常照，照而常寂，便是寂照真如三昧，便是佛境界。到此地位，岂但灭烦恼障？亦灭所知障了，岂但度分段生死？亦度变易生死了。此之谓"皆令入无余涅槃而灭度之"。

可知此中所说，皆是极圆极顿，直令成佛的无上妙法，无论修何行门，如能领会此中义意而行，成就必速且高。且其法直捷了当，说难亦并不难。诸位善知识，佛法难闻竟得闻，佛恩难报终须报，惟在吾人直下承当耳。

> 须菩提！于意云何？如来得阿耨多罗三藐三菩提耶？如来有所说法耶？"

此段又是释明"不应取"两句之所以然（如何为两边不取，及为何须两边不取），而举果地证成因地，以明须因果一致也。故世尊举极果问须菩提，释明之后，复举一切贤圣证也。一切贤圣，望极果为因，而望初发心人则为果也（分三小段）。

经中语句，往往言在此而意在彼。眼光四射，八面玲珑。即如此中问语，观两"耶"字，明明言中含有无得无说，然而若曰"无得说"，则取非法了也，若曰"有得说"，又取法了也。今举此问，即是试探闻法者，究竟于两边不取之真实义，能否领解耳。

本经凡安"于意云何"四字，浅言之，则是试探听法之人，对以上所说，能否明了，深言之，即指示我们读诵之人，莫要错会佛意，于以下所说之话，要深深体会，方是正知正见，否则不合佛意。

佛问语称"如来"，须菩提答中却有一切贤圣，可见此不应取法，不应取非法，无论成贤、成圣、成如来，皆非从此法门不可。

"如来"两句，紧跟"不应取法"二句而来，骤看之，"得"字似乎有得，"有所说"似乎有说。佛意明明谓如来对于他所说之法，心中有所说否，此法正指阿耨多罗三藐三菩提。如来为何说法，即为一切众生证得无上菩提，方成如来，当然有"得"。

问中两"耶"字，表面是法，内中即含有非法在，盖恐粗心者有所误会，要须菩提来解释。不但试探听众，对于二边不著之义，能明与否，且指示我们用功，非从二边不著下手不可。

粗心者即疑佛在菩提树下成道，岂不是得果？四十九年说法，岂不是法？如何叫我们初发心人不应取法？一经须菩提解释："世尊无得而得，无说而说。"此疑即解。进一层言，不说"世尊得阿耨多罗三藐三菩提"，亦不说"佛"，而说"如来"。如来是法身，是性德。佛性人人有之，特凡夫藏在无明壳耳。故说此二句，是叫我们证性。性上岂有所得耶？岂有所说耶？

须菩提言："如我解佛所说义，无有定法，名阿耨多罗三藐三菩提，亦无有定法，如来可说。

此答极圆极妙！看似所答非所问：世尊就能得之人，能说之人，一边问；长老却就所得，所说，一边答。问是一边，答是一边，最为圆妙。意谓：你老人家问如来有所得有所说，我尚未成佛，哪里知道？故我不过就所说之法一边，且依佛向来所说之义略解之，如此一来，占住身份。我既未证得佛，当然不能知道，但就世尊教导之理，去领会之，当不致误也。长老此说，一方面为自己设想，一方面开示我们。世尊说此二句，极为紧要，应依照长老之旨，前去领会。

长老答中，不说"如来"，而说"佛"，大有深意。盖谓善男子、善女人等，欲证无上菩提，应依照已证得果位之佛去做也。"无有定法"，即法无有定，简单言之，即法不可执著，亦无有定法，即为法不可执作注解。

阿耨多罗三藐三菩提，尚无有一定之法可名，答上文所问之有所得、有所说之意已明。法尚无定名，何况有得？更何况有所说？佛对发菩提心之善男子、善女人，何以不说无上菩提，而说应行于布施？可见一切法外，无有阿耨多罗三藐三菩提，故无有定法。说法皆是方便，故亦无定法可说。

> 何以故？如来所说法，皆不可取，不可说，非法，非非法。

双非者，即非法、非非法，即双离，亦即双遮，谓皆非也。长老此数语，圆妙之极，可作种种解释。佛经文句，应作面面观。佛自言我说法穷劫不尽，何况我们凡夫，可不从多方面去领会耶？无定法，亦无定法可说，即就上文阿耨多罗三藐三菩提悟得。

长老自谓：我何以悟得无定法，亦无定法可说耶？因为如来所说之法，即无上觉，即究竟觉。究竟觉即无念，何以故？经中说离微细念故，照见心性，名究竟觉，可见究竟觉即无念。无念如何可取？心中一动方可取故。能取所取，皆要不得，故云"皆不可取"。

世尊要指示我们修行，故旁敲侧击，勉强而说，而般若心性，离言说相，了无能说所说，故云"皆不可说"。我们若执为真有阿耨多罗三藐三菩提可证，是错了，故云"非法"。然若执为没有阿耨多罗三藐三菩提，那又错了，故云"非非法"。

又"如来所说法"之"法"字，乃指一切法而言，盖一切法，即阿耨多罗三藐三菩提也。如来所说法，叫我们不可取，然明明又说许多法，叫我们不可取非法，所以我们听法的人，法与非法，皆不可取。

是知说法之人，亦不得已而说，对机而说。既然法无有定，可见执法不是，但是明明说法，可见执非法亦不是。非法非非法二句，正是不应取法、不应取非法之注解。何以不应取法？因非法故。何以不应取非法？因非非法故。非法非非法，又可倒转观之——若云"如来所说，非法，非非法，皆不可取，不可说"。

长老谓"亦无有定法，如来可说"，特提"如来"二字者，如来是法身，法身无相，哪有可说？含应、化身有相可说之意，故云"无有定法"。无有定法者，既不可执定有法可说，亦不可执定无法可说之谓也。

法身是性，性是大圆觉海，无量无边。一切众生及诸菩萨等，就性上说，皆是一真法界。故世尊之说法，自大圆觉海中，自在流出。

我们要证到大圆觉海，应先离心缘相，如何可取？又要离言说相，如何可说？离言说相，正是言语道断，离心缘相，正是心行处灭。既然心行处灭，言语道断，如何可去分别？故云非法、非非法。

前说无念，正要离分别心，故云不应取法，不应取非法。世尊证得法身如来，虽有所得，并无所得，虽有所说，并无所说。要双照，先得双离——世尊所问二语，即含有此意。若谓法身尚有所得耶？法身尚有所说耶？如来之所以称如来，是先离分别。汝等在因地修行，亦应先离分别，何可存有所得、有所说之见耶？

> **所以者何？一切贤圣，皆以无为法而有差别。"**

所以者何？即指出为何两边皆要非之所以然。一切贤圣皆用此双非之法，我们凡夫，何可不用？

十住、十行、十回向、四加行为贤，初地至等觉为圣，如来极圣，故云"一切"。无为即涅槃。涅槃，梵语具足曰"般涅槃"，译为寂灭，或不生不灭，罗什就中国旧名，译作"无为"。唐玄奘三藏不赞成用旧名，以旧名与梵语原意不尽同，故彼所译名词，皆系新造，以免读者误会。此处无为，是不生不灭，与老子纯顺自然不造作之无为不同，用新译固宜。但玄奘于不至误会者，亦新造许多名词，吾人亦不赞成。

无为者，指自性清净之心，原来具足，无造作相，佛经上无修无证，即指此而言。只要把生灭心灭了，此寂灭即现前。至修行下手，即上文非法、非非法，两边不取，必两边不取，将分别妄想除尽方可。故成贤成圣，皆用此法。

贤、圣大有差别，望于如来是因地，望于凡夫即果位。又后后望于前前皆是果，前前望于后后皆是因，故云"一切"。贤、圣由此无为取证，故云"皆以"。如来亦然，如来凡有所说，皆依自证无为，不可谓其非法。然贤、圣有差别，浅深地位不同，是知如来凡有所说，皆随顺机宜，方便非真，不可谓其非非法。

世尊所说法，无浅非深，无深非浅，故教初下手者，即从不应取法、不应取非法用功。到感果时，功候极深，亦是此法。我们应在起心动念上下手，先观无念。能在念一动时，便知道，立即返观。即能照住，念即无，然此非用功久者不能。故初步须观察，观察不可不深思惟，深思惟，则观此许多念头，从哪里起的？一观即起无所起，本来虚妄。再起，再观。反覆用功，即能照住，即能无念。

此一科，达天法师判为生信，深为确当。盖经文中能生信心，以此为实，及一念生净信，明明讲信也。如来依此法成如来，一切贤、圣皆依此法而成，则我们非如此能生信心，以此为实不可。

> "须菩提，于意云何？若人满三千大千世界七宝以用布施，是人所得福德，宁为多不？"

此为校胜科，"校"是比校，"胜"是殊胜，即就福德，以智慧来比较。有人说，此经佛教人不住相，又何以处处以福德比校？此有四种要义：

一、要人明了福慧应双修，专修慧不修福，却不可。假如讲经说法，原为度生，而众生偏不喜听汝之说，即缺少福德之故，故福德甚要紧。福慧双修，即是要人悲、智具足。智即慧，悲即福。诸佛如来，皆以大悲心为体，因于众生而起大悲，故大乘佛法，建立在众生分上。

观《普贤行愿品》，即知普贤之愿，是大悲所发，中有一段云："或复有人，以深信心，于此大愿，受持读诵，乃至书写一四句偈，速能灭除五无间业。"又说"速得成就微妙色身，具三十二大丈夫相"。是知众生如能圆满普贤功德，即能灭罪得福，而修普贤行愿，先要发大悲心，故悲即是福。本经所说福德，皆由大悲而发，并非令人求人、天福报也。

二、福德如此重要，宜发大悲心。然若无智慧，则菩萨道不能行，故大智尤为重要。古人云"福慧二轮"，可见如来必有两轮，方能行化。然两轮之力，如左右手，以右方为重。福德固要，而智慧尤要。故满三千大千世界七宝布施，不如受持四句偈，为他人说也。

三、借此"校胜"即将前文收束。佛说法虽一往之谈，中间必处处收束。此经"校胜"处，即章句收束处。

四、本经校胜多次，每次必加胜，愈校愈胜。并非后文深于前文，相差如此之远，乃就众生而言，指其功行愈胜，福德愈多也。

"若"者，设问之词，不必真有此事此人。"满三千大千世界七宝布施",在经上,是大梵天王宿世因中,即如此布施,不是一世,乃多生多世布施,积聚起来,有此之多。佛言倘若有此人,则当时并无此人可知。

佛经上说世界上极大之山曰"须弥山",亦称"须弥楼"。译言"妙高"。此山入海八万由旬,出海八万由旬(一由旬合中国四十里),故极高。此山非土石所成,乃金、银、琉璃、玻璃四宝所成,故曰妙。围绕此山有大海,名香水海。周围又有海有山,共七重,曰"七香海、七金山"。

此外又有大海,曰咸水海,外围有大山,曰"大铁围山"。山外更有四大洲,四大洲之一,即我们所居之南赡部洲。世人以地球之四洲,当佛经之四洲,误也。此四大洲,亦称四天下,在须弥山之半。

欲天六重,与人道最近者,为四天王天,其宫殿即在须弥山半。四天王统领人道鬼道,稽察人间善恶,即其责任。其上为忉利天,此天亦不在虚空,即在须弥山顶。道教之玉皇,儒教之昊天上帝,即此天,自四天王以及六道,均归此天所管。再上四重天,即在虚空。欲界以上之色界,有十八重天,分初禅,二禅,三禅,四禅。升此天者,不仅是福德,须具有定力,已无淫欲,但尚有色质,故称色界。

升初禅者,不必修佛门之定,即外道之定,亦能升此天,如道教之大罗天,亦是初禅。佛教之修定未出三界者,亦寄于此天,故统名曰"禅"。

初禅之大梵天王,其权高于释提桓因。释提管一四天下,大梵王则管三千大千世界,释迦所化之娑婆世界,亦如此之大。每佛所管之世界均如是,不过有净秽之不同,即极乐世界,亦如是之大,但其土是平,是七宝所成,与此土人心险恶所感之凹凸不平悬殊。

众生所修福德大,即感七宝多,所修福德小,即感七宝隐。此金、银、琉璃、玻璃、砗磲、玛瑙、赤珠,皆非现在人工所造。此人以满三千大千世界七宝施给众生,亦非人力所及,宁为犹言可谓。

世尊问语,极其善巧,不但试探须菩提,并探我等,盖恐我们误会上文不住相之意,以为既不住相,何必要福德?须知此人满三千大千世界之布施,即是救度众生。故只可不住相,不可不行布施,否则即不是大悲心。

须菩提言:"甚多,世尊!何以故?是福德,即非福德性,是故如来说福德多。"

此答意味深长。须菩提明了世尊之意,故云"甚多",又恐人不了解前此明明说不住相,此忽云甚多,斤斤较量,岂非住相耶?"何以故"下,即自己释明答曰"甚多"之所以然。

本经"是名……即非……"之文句颇多,此处乃是第一次见,故语意较详:特举出"性"字,使人了解以后凡说即非,皆指性言。是故说犹言"是名",使人了解以后凡说"是名",皆指相言。就相上说,名是名字相,言是言说相。凡物之大小、长短、高低、远近、表里,有对待者皆是相。相有变动,是虚妄。性则不动,是空寂。故就性上言,一切不可说。

须菩提意谓:若是福德之相可以说多,即非福德之性。若是福德之性,空空寂寂,即"福德"二字,亦安不上,哪里有多少可说?以下凡遇"即非……是名……",皆如此解。

此处特加"如来"二字,如来是性体之称,说福德多,是就相言,何故举如来?此含要义:盖性是里,相是表,性是本,相是末。有里方有表,有本方有末。意谓有如来之性,方有福德可说,若无性,则有何福德可言?是福德即非福德性,表面说是福德,实指示我们不可著相。是故如来说福德多,就是说有是性,方有是相,令我们会相归性。

"若复有人,于此经中,受持乃至四句偈等,为他人说,其福胜彼。

此科是佛语,应有"佛言"或"须菩提"字样,今略之。

"若复"之"复"字,再也。读者或致误会,以为读诵《金刚经》,其福即胜过大梵天王,实则应注意"受持"二字。是人能受持此经,又能布施,方胜过于彼。

"受"是领纳,是指真能领会经义,而得受用者,比"解"字更进一层。

"持"即拳拳服膺,一刻不放松之意,比"受"字又进一层。既受持,无有不读诵者,故只用受持二字。

"乃至"者，超略之词，谓或全部受持，或一部分受持，最少则四句，故置"等"字。

"偈"，字书本音"杰"，古德改读去声，与"解"字一例。此本是印度之诗，因韵文难翻，故翻译时，或有韵，或无韵，特改称为偈诵。印度原文，每四句为一章，此"四句偈"，不指定经中某处四句。任何四句，均可称之。以上是自利，下文为他人说，是利他。

"其"字即指持说之福。

"胜彼"者，超过前人，彼只做到布施，且是财施，是福德相。是人既能受持以修慧，又能为法施以修福。福慧双修，悲智具足，乃是福德性，故胜过于彼也。

何以故？须菩提！一切诸佛，及诸佛阿耨多罗三藐三菩提法，皆从此经出。

佛在《大般若经》说过，无论一切法，皆在般若中摄尽，故般若在诸经中为最要，而《金刚经》尤般若中之最要，凡《大般若经》中要义此经皆备。可见读此经，无异读《大般若经》，且无异读三藏十二部经。

此一部经所说，即无上正等之法，故云"一切诸佛，及诸佛阿耨多罗三藐三菩提法，皆从此经出"。"一切诸佛"者，能证人也，"阿耨菩提"者，所证法也。

照此看来，成佛法门在此经，成佛亦在此经，是人能受持此成佛法门，布施此成佛法门，故福德穷劫说之不尽，岂三千大千世界七宝之布施，可以比拟？此是本经第一次比较，举出大梵天王故事，正是铢两悉称。盖彼是成大梵天王之布施，此是成佛之布施。佛所管领，亦是三千大千世界，以彼比此，可为恰当。然大梵天王犹是凡夫，佛是圣人，是教主，焉能为比？况大梵天王，尚不能免大三灾耶。

尚有要义：本经处处教人不住相，就要人证性，可见此经中所说者，皆是性。"皆从此经出"者，实无异说此经从性体而出也，从性体出，故教人不可住相。凡人之病，是处处著，不著于此，即著于彼。本经处处教人见性，然经中"性"字，除"即非福德性"之"性"字外，别处不见，盖要人善自体会，连"性"字亦不可执著也。"一切诸佛，皆从此经出"，又是指点我们学佛，要从此经入。

此"校胜"收束的示"无住以生信"一科，最为适当，盖信心是入道之门也。

须菩提，所谓佛法者，即非佛法。

清初有人在"即非佛法"下，加"是名佛法"一句，是大错。不用"是名"，单说"即非"，乃有深意，何可妄加？此处不加"是名"句，是为上文作注解，若加此句，文体既不合，意义亦不对。凡加"是名"一句，是开下文。

此处所谓佛、法，佛即指上文一切诸佛，法即指上文诸佛得阿耨多罗三藐三菩提法。佛意谓：我上面所说一切诸佛，及诸佛阿耨多罗三藐三菩提法，是就名相上说佛与法，即非就性上说佛与法。本经明明教人不要住相，即上文所说"一切诸佛"二句，亦不可著相，若一著相，即非诸佛阿耨多罗三藐三菩提法。如此结束，于上文不住相行于布施，不取法，不取非法之意义，皆圆满矣。（以下是江居士亲笔）

上来的示"无住以生信"一科，开口便令广度众生成佛（入无余涅槃，即成佛也），是开示吾人应无住我人等相也；复曰"实无众生得灭度者"，是应无住法相也；更曰于一切法无住而行布施等法，是应无住非法相也。因以"不住于相"四字总结之。

不住于相者，无住之真诠也。所以应无住者，降伏其妄心也（妄心即是识，亦即分别）。妄心非他，分别著相之谓耳。然问中先住后降，答中却先降伏后住；而答住时，却曰"应无所住"，又曰"但应如所教住"，而所教乃是无住，岂非应住于无所住乎？此又的示以"但须除妄，莫更觅真"耳，盖妄除，则真自现矣。

且真如之性，如如平等，若住于真，便成执异。执则成妄，何"真"之有？异非平等，何"如"之有？故但应以无住降妄，即此便是正住。岂可别求住处？妄除一分，真便现一分，何须别觅真耶？故接而言曰："凡所有相，皆是虚妄。"此明住相之过，苟住于相，便是逐妄。此所以首言降伏也。

又曰:"若见诸相非相,则见如来。"此明不住相之益。若能不住法、非法相,便见真性。此所以但言降不言住,而降伏即是正住也。如此开示,的然显然,故以上诸文,俱归一小科,标名曰"明示"者,以此。

"明示"若此者,所以令人生信也,故接以"生信"一小科。此中独拣持戒、修福为能生信,尤具精深义趣,略言之有三:

一、般若此云正智慧,而慧从定生,定由戒成,今欲开其正智,必应持戒。不然,正智不生,反成狂慧,走入邪路,危险已极。福慧二轮,不可缺一,二轮并运,方成两足之尊。若慧多福少,则缺少大悲,不能摄化众生矣。故修般若正智,不能离布施等度而别修,故经中开首即云广度众生,又云于法无住而行布施。以离福修慧,既与众生无缘,相好亦不具足,欲化众生,众生亦不听其教化也。此吾人必应知之者。

二、持戒,则少欲知足。修福,必深信因果。今修观照般若,若贪欲多,何能离相?若因果不明,又易偏入断灭相。经曰持戒修福者,能生信心,即是的示吾人应持戒修福,乃能入般若之门耳——信为入道之门故,其警诫之意,深矣、切矣!此更吾人必应知之者。

三、总之持戒修福,已无非法相矣。故依经观照人空、法空,决不致走入歧途。果能一念相应,便契三空之理,所谓无我、人等相,无法相,亦无非法相,是也。

所谓无者,并非顽空,乃不取相之谓。"不取"二字,又是不住于相之真诠。而欲不取相,应不取法,不取非法;取法便成法相,即著于有矣;取非法,便成非法相,又著于空矣。空有不著,便是中道第一义,便是阿耨多罗三藐三菩提法。

譬如船筏,度时仗此法,度了还应舍,是故虽已成佛,虽如佛之说法度生,亦得而不有其所得,说而不有其所说。不能定执为有法,定执为无法,故曰:"无有定法。"此四字,又是不取法,不取非法之真诠也。以明因其无定,故不应取。所谓不取者,不执云耳。

总之,佛所说法,本来皆不可取,皆不可说,须于心行处灭、言语道断时契入。故取法说法,取非法说非法,皆非也。是之谓无为、涅槃,希贤希圣,无不由之。明得此真实义,便为实信。一念相应,便得无量福德，以一念相应，是净念相继之根也。

云何福德无量，复以"校胜"一小科明其所以然？所谓诸佛，及诸佛无上菩提，皆从此经出是也。此是说明一切佛、一切佛法，皆不外此经无住之理。若实信此理，一念清净，便可直至阿耨多罗三藐三菩提，福德岂非无量乎？然不可因闻此语，向文字中求之，须依经中所明之理，返照自性。自性空寂，并无佛字法字，果能久久观照，证入空寂之性，便是成就了无上菩提，便是成佛。

然佛虽成佛，终不自以为有少法可得。无少法可得者，不自以为成佛也，故曰"所谓佛、法者，即非佛、法"。彻始彻终，一以贯之曰"无住"而已矣。因赅果海，果彻因源，如是如是。

以上为第一科之要旨，开示"无住"，亦既详且尽矣。我世尊大慈大悲，欲人大开圆解，复将无住的义趣，层层推进而阐明之，以期解慧开，则信根成就，修功亦因而增长。庶几乎由观行而相似，而分证，以达究竟耳。

卷　三

得而无得，不取法也，所谓即非佛法也。无得而得，不取非法也，所谓佛法也。得而无所得，无得即是得。心行灭，言语断。何可取？何可说哉？总以明其两边无住之意，果地如此，因地可知，小乘如此，大乘更可知矣。

"须菩提，于意云何？须陀洹能作是念，我得须陀洹果不？"

须菩提言："不也，世尊！何以故？须陀洹名为入流，而无所入，不入色、声、香、味、触、法，是名须陀洹。"

初果断尽三界八十八使，已见真空之理，而知无我亦无我所矣。若作"我能得果"之念，是我见依然，何云得果乎？二果以上例此。须菩提皆就四果名相辨释，令著果相者，当下可以爽然自失，此说法之善巧也。

不也，是活句，犹言不是无得，亦不能作念。"是名"之"名"，谓假名也不可坐实，坐实即是作念，著于有所得矣。

梵语"须陀洹"，此云"入流"，谓已涉入涅槃末流，由此循流溯源，可达涅槃彼岸也。然而虽称入流，实无所入，"不入"句，正释其故。盖根尘相对，名为六入，谓根尘相入也（如眼对色，则若有色入眼，眼即为色所转，是亦可曰"眼入于色"矣。余仿此）。所以相入者，识为分别故，今曰"不入"，明其能空情识矣。

因其不入六尘，无以名之，名曰入流。亦因其不入六尘，情识能空，故虽名入流，而实无所入，是特假名入流耳，故曰"是名须陀洹"。名者，假名也，名相也，下"是名"句，皆仿此。意中若曰：倘作"我能入流"之念，是明明有所入矣。若有所入，情识依然，何云得初果耶？总之，得果正由无念，作念便非得果。

"须菩提，于意云何？斯陀含能作是念，我得斯陀含果不？"

须菩提言："不也，世尊！何以故？斯陀含名一往来，而实无往来，是名斯陀含。"

梵语"斯陀含"，此云"一往来"。证初果已，进断欲界思惑上上乃至中下，共六品，尚余下三品（欲界思惑共九品，断五品已，即断至中中品，名二果向；断至六品，名得二果），须一往天上，一来人间断之，故称一往来。然其心中，实并往来之相亦无之，因其无往来相，方能一往来，亦因其尚无往来相，岂有一次往来，两次往来之别？是亦假名为一往来耳。意若曰：倘作一往来之念，是明明著往来相矣。既已著相，俨然分别，初果尚不能得，何云得二果耶？

"须菩提，于意云何？阿那含能作是念，我得阿那含果不？"

须菩提言："不也，世尊！何以故？阿那含名为不来，而实无来，是故名阿那含。"

梵语"阿那含"，此云不来。证二果已，进断欲界下三品思惑尽，寄居色界四禅天，不来人间矣，故称不来。然其心中实无所谓来，因其来意已无，故能不来，亦因其尚且无所谓来，岂有所谓不来？是亦假名不来耳。意若曰：倘作不来之念，是明明来与不来，犹未能淡焉忘怀也。若未全忘，情识尚在，尚非初果所应有，何云得三果耶？

"须菩提，于意云何？阿罗汉能作是念，我得阿罗汉道不？"

须菩提言："不也，世尊！何以故？实无有法，名阿罗汉。世尊！若阿罗汉作是念，我得阿罗汉道，即为著我人众生寿者。

梵语"阿罗汉"，此云无生。证三果已，在四禅天断上二界七十二品思惑尽，便证无生法忍，不受后有，生死从此了矣，故称无生。然其心中实并法而亦无之，因其无法，则生灭心息，故曰"无生"。亦因其尚且无有无生之法，岂有所谓无生？是亦假名无生耳。意若曰：倘作无生之念，是明明有法矣。既有法相，即著我、人、众、寿。生心动念，依然凡夫，何云得四果，证无生法忍耶？

世尊！佛说我得无诤三昧，人中最为第一，是第一离欲阿罗汉。

无诤者，不与物竞，一切平等之意。由不自是，故能无诤。无诤，则不恼他，意在守护他心，令不生恼。修此三昧，岂非大慈？然此三昧之所以成者，则由于人、我、是、非之相皆空。《涅槃》云："须菩提住虚空地……若有众生嫌我立者，我当终日端坐不起；嫌我坐者，我当终日立不移处。"可见由其住于虚空，乃能如此。长老解空第一，故能入此三昧耳（十大弟子，各有特长，皆称第一：大迦叶以头陀称，阿难以多闻称，他如舍利弗智慧，目犍连神通，罗睺罗密行，阿那律天眼，富楼那说法，迦旃延论义，优波离持律，以及须菩提解空，皆第一也）。

三昧者，此云正受，亦曰正定。不受诸受，名正受。一切不受，则不为一切所动，是为正定。"人"谓凡夫。凡夫喜诤，岂能无诤？故曰"人中最为第一"。

"欲"字广义，遍指思惑。断尽三界贪等烦恼，方真离欲。凡成阿罗汉，无不离欲。离欲，亦必不与物竞，但未得无诤三昧，乃让长老亦得第一之称。

偈颂云："依彼善吉者，说离二种障（《新眼疏》以见、思惑当二种障，义狭）。"古注谓离欲是离烦恼障，为一切阿罗汉所共有（见惑思惑，通为烦恼），虽得无诤三昧，而不存有所得（即是自忘其无诤），是自忘其在定矣。此为离三昧障，乃真得无诤，真得三昧，故称"第一离欲阿罗汉"。

合上句言之，谓不但于一切人最为第一，即以阿罗汉之离欲言，亦称第一也。此是世尊平日称赞长老之词，故曰"佛说"。长老既自忘在定，诸弟子又不能及，惟究竟觉者，能知其入此三昧，故惟佛能说。佛者，究竟觉之称也。

此一科正标举其功行事相，非谈离相（次科方陈离相也），故不曰"如来说"，而曰"佛说"。以如来是性德之称，约性而言，则"无诤"及"第一"等名相，皆不可说矣。本经中即一称谓，无不含有妙义，如是如是。

我不作是念，我是离欲阿罗汉。

流通本有"世尊"二字，写经及古本无之，可省也。此中两句经文易解。今当说者：长老但云离欲阿罗汉，而不云无诤三昧者，亦有妙义，盖正明其自忘在定也。且普通之离欲，尚不存有所得，其不自以为得无诤三昧，可知矣。

世尊！我若作是念，我得阿罗汉道，世尊则不说须菩提是乐阿兰那行者。

"我若作是念"句，惟肇注本无此"我"字，按下句有"我"字，此原可省，今本既一依写经，故仍之。

阿罗汉道，即谓离欲。阿兰那，此云寂静，亦云无事（谓事相）。相尽于外，心息于内，内外俱寂，无时不静也。即无诤三昧之别名。

"行"者，功行。"乐"者，好也，心与契合之意，盖好之至极曰"乐"，有性命以之之意。乐阿兰那行，谓心之与行，契合无间，即证得之意。

上句不言"离欲",而换言"阿罗汉道",下句不言"无诤三昧",而换言"乐阿兰那行者",取两名含义正同(阿罗汉为无生,谓一心不生也。阿兰那,内外俱寂,亦一心不生意),则存有所得便非真得之意,更为显然易明也。得此反显,则上来所云,有我等相即非菩萨,以及取相则为著我等相之义,乃益阐明。何以著我便非菩萨?以其功行全失故也。

心念若起,必有取著,著则成相,其相便为我、人、众、寿。盖其所以起念者无他,未忘情于能得、所得故也。能得便是我相,所得便为人相(谁为能得?我也,故能属我。对能为所,犹之对我为人,故所为人相也),能所不一为众相,执持不断为寿相也。

作一得念,便不能得,可知作一布施等念,便不能布施矣。则发大心行大行者,万不可住相也明矣。因布施者若存有所施,最易志得意满,尚能广行布施乎?余可例知。

"以须菩提实无所行,而名须菩提是乐阿兰那行。"

"实无所行"句,作"实无其所行"解,谓行而无其所行也。无所得义,亦如此,不可误会为一无所行,一无所得。

此科承上科来,应言"实无所得",而今曰"实无所行"者,有深意焉:盖谓因修行此行时,无其所行,方名乐阿兰那行,换言之,即是因无其所行,然后乃能证得也。使一切因地之人,闻而悚然。倘不能无住而离相,则虚此修行矣。上举果位为言者,正为因地人作对照。今言小乘果位已毕,故特言"实无所行"以点醒之。

不曰"以我实无所行",而曰"以须菩提",亦含深意:盖表明所谓实无所行者,乃自旁观者见得,而本人并忘其为实无所行也。意显即"实无所行",亦不能存于心中,存之便是住相。何则?心存便是心取,若心取相,则为著我、人、众、寿矣。又玩其语气,若代世尊言者,意明世尊说"须菩提是乐阿兰那行者"无他,正因须菩提实无所行耳。

"而名"之"名",亦有义:使知乐阿兰那行,亦属名相,性中著不得此语。

综观上数科之义，凡以明必得而无其所得，乃为真得。若有所得，便为非得，使因人知必行而无其所行，乃为正行，若有所行，便非行矣。云何无其所得，无其所行？不作念是也。不作念，正指示不取、不住之方针。知此，然后无住始有入处。此皆所欲阐明者也。

> 佛告须菩提："于意云何？如来昔在然灯佛所，于法有所得不？"
>
> "世尊！如来在然灯佛所，于法实无所得。"

此世尊往昔行菩萨道，初登第八地时之事也，望于后成正觉，仍为因地，而望于初发心人，则为果位。今引此事，是为发无上菩提心者而说。

然灯佛事，及为世尊授记本师事，见《本行集经》及《瑞应经》。然灯未出家时，本名锭光（有足为锭，无足者为灯，以生时一切身边如灯光故）。世尊时为七地菩萨（名曰儒童，又曰善慧），正修行第二阿僧祇劫将满之际，遇佛闻法，证无生法忍而登八地（遂入第三僧祇）。然灯为之授记云："是后九十一劫，名曰'贤劫'，当得作佛，号释迦牟尼也。"

无生法，即谓真如实相。忍者，通达无碍不退之意，所谓理智相冥，忍可印持也。大乘证无生法忍，有种种说：《智论》谓登地（约别教言）便得；《仁王》等经，得在七、八、九地。须知圆初住上即已分证（所谓破一分无明，证一分法身），至于八地，则证圆满，故称无学。直至等觉，见性犹如隔罗望月，惟究竟觉，乃证得究竟耳。

"于法"之"法"，诸疏皆约授记语言说，欠妥。惟蕅益约无生法忍说，甚是［诸疏，盖泥于《弥勒颂》耳。颂云："佛于然灯语，不取理实智，以是真实义，成彼无取说。"按偈颂中之"语"字，并非克指授记语言。世尊昔因闻法而证无生，故为授记，则颂中"语"字，似指然灯所说之法言。颂意盖谓：闻法语而不取著于理体及实智（别于权智，故曰实智），以是之故，真实义得成，由此可证彼（谓世尊）决无取著于然灯所说也（此句是颂长老实无所得句意）］。

总之，由其不著于理智，故能理智相冥而证无生。真实义，指无生言。无生法为真如实相，故曰真实义也。或指在然灯佛所所闻之法说，亦可。有所得者，有其所得也。有其所得，便是取著，便是住相。问意谓：彼时闻法，能不住相否？若约证得无生忍说，则"得"字更易明了：问昔得无生法时，心中有一个所得之无生法否？此中不言"作念"者，以有其所得，便是作念，故省略之。

世尊虽是探问，实已暗度金针，开口便曰"如来"——约性而言，法且无形，得从何有？"世尊"以下为长老语，于"世尊"二字可见矣。宋后经本，"世尊"上有"不也"，大误。凡"不也"下有文字者，皆为活句，观下文所答，乃决定义，何需此活句为也？

长老开口亦称"如来"，正与问语针锋相对，其为"无所得"，已无待烦言矣。长老何以知于法实无所得，作此决定之词耶？以闻法住相，则心中生灭未息，何能便证无生？故知彼时得闻说法，而实无其所得也。此约闻法释，若约证无生法释者，既是证得无生法，岂能存有所得？若有一所得之无生法在，仍然是生灭心，尚能谓之证无生法乎？故知虽得无生法。而于此法实无其所得也。

以上依文解义已竟，而此科总义，尤含妙蕴，不可不知。何云"总义"，即何以又说"此科"是也。今略分三节说之：

上来诸科，于得果无住之义，业已阐发尽致，因地之人，当可了然，必应无住矣。然犹防人以为，虽因果必须一如，果既如是，因亦应如是，然而小乘果位，与大乘因行，或者有不尽同欤，故小乘说毕，特又举大乘果位，亦是得而无得，不可住相之义以明之。使凡修大乘者，于无住之旨，毫无疑蕴也。此其一。

说大乘果位，不举佛而举菩萨者，防疑：佛乃究竟觉，岂可相拟？而菩萨地位，则界于因果之间，本经下文又引此事而申言之曰："彼时若于法有所得，则不授记，以无所得，乃得授记。"使知菩萨住相，便不能成佛，则发心修大乘者，若其住相，岂能成菩萨？又岂是菩萨行？故上科有言，若有我人等相，即非菩萨也。如此一说，因果一如之理，及无住之要，更得恍然。此其二。

引菩萨果位固已，然不举别地菩萨，独举第八地者，何故？因前说小乘果位，以得无生者为证道，为无学，故今举大乘，亦引第八地得无生，至无学者为言。无学，即证道之意。盖八地以前，虽证而未圆满，故称有学（若论究竟证，则在佛位）。

大小乘所证皆同，令闻者于无住之理，不致丝毫有疑。且本经开章便说当发心，令入无余涅槃，后又曰"贤圣皆以无为法"。涅槃也，无为也，皆无生无灭义也。故大、小乘皆举证无生者言之，正与前言相应，使知既发心欲入无生，心不生灭。云何心能不生？必当无住于相。一有所住，是生灭心，哪能证入无生耶？故无住，正是无生之惟一入手方法。此其三也。

观此三义，可知本经义理之细密，线索之严整矣。结经者冠以"佛告"二字，正指示我们此中含有奥义，不可仅向文字中求也。

"须菩提，于意云何？菩萨庄严佛土不？"

"不也，世尊！何以故？庄严佛土者，则非庄严，是名庄严。"

菩萨修因时，六度万行，一一功行，回向净土，甲年讲此，并详谈佛土之义。佛者报身之相，土者依报之相也。此之谓庄严，所谓"愿以此功德，庄严佛净土"是也。然则菩萨岂有不庄严佛土者？举此为问，正欲修行者明了庄严之道耳，不得其道，则所庄严者，皆在相上，与自性无涉，便成有漏功德矣。此举问之深意也。

须知庄严佛净土，"净"字最要紧。土云何净？由心净耳。既须心净，所以庄严，不能著相，若心取相，便不清净矣。此意云何？必须明了上文"不应取法"两句之意，方为真实庄严之道耳。何则？庄严而著相是取法也；若误会不著相之意，而绝不庄严，是取非法也。举此以问，正是探试，果能领会得两边不取之真实义否耳。

复次，上来叠举果德无住问答者，原为阐明因行亦当无住，至此正说到因行上矣。

庄严佛土之菩萨，即发无上菩提之菩萨也。明得严土之道，便明得布施等之道矣。"不也"，活句，犹言非有所庄严，非不庄严。"何以故"下，正释其义。"庄严佛土者"句，标举之词。"则非"句，明其不著有，即是不应取法。"是名"句，明其不著空也，即是不应取非法，盖约心性言。

性体空寂（空寂，即所谓真谛。真谛者，明其非虚相。欲证真谛，必应离相，故曰"则非"也。非，有离意），岂有所谓庄严？故曰"非"也。而约事相言，可闻可见（可闻可见，即所谓俗谛。俗谛者，世间相也。假有不实，故曰"名"也），明明具足庄严，故曰"是"也。

意若曰：因其名相是有，故不应著空而取非法，菩萨应勤修六度万行以庄严之。因其心性本空，故不应著有而取于法，菩萨虽精进庄严，而心中若无其事也。如此一心清净，则土自净，此之谓庄严佛土，方得庄严之道。须知修因克果，而得胜妙之报身。清净之佛土，皆由心现，且皆由心净，乃能现之。譬如磨镜，尘尽而后像显，故《唯识论》云："大圆镜智，能现能生身土智影。"

总之，庄严佛土，应不取著，不断灭。"则非"者，明其不取著相也。"是名"者，明其非断灭相也。又甫言"则非"，即接言"是名"者，明其虽非而亦是，性必现相，性相从来不离。若知其非而不取著时，何妨庄严其相也？欲言"是名"，而先言"则非"者，明其虽是而却非，因相本以性为体，相从性生。故于行其是而不断灭时，仍应会归于性也，此是佛与须菩提问答阐明之要旨。吾人必应领解此旨，依教奉行者也。

"则非"、"是名"两句，即开念佛法要也。"则非"者，明自性清净，本无有念也。"是名"者，明妄念繁兴，必须执持名号以除妄念也。必应念至无念而念，念而无念，妄尽情空，一心清净而后可。是之谓一心不乱，不乱即所谓清净也。如其心净，即佛土净矣！

> "是故须菩提，诸菩萨摩诃萨，应如是生清净心。不应住色生心，不应住声、香、味、触、法生心，应无所住而生其心。"

此科经文不多，却是结束前文，为自开口说起说至现在，千言万语之点睛结穴处。故其中义趣，甚细甚深。若只依文解义，等闲看过，则辜负佛恩矣。今欲说明云何点睛结穴，先当依文释义，而寥寥两行余之文，七穿八透，妙义环生，即依文释义，亦复不易也。

"是故"者，所谓承上起下之词也。既是通贯前来诸说，则不但上承

"严土"诸科，直是紧与开经处总示数语，呼应相通也。且先就近脉言之，上来先明四果，各各得果无住，次须菩提自陈得果，亦无所住，此皆小乘也。

次世尊复就自身往事，以明于法实无所住（经云：于法实无所得，即是于所得之法不住也），此言大乘矣，然犹界于因果之间。最后更就菩萨修六度时，于庄严佛土，亦无所住。

"则非"句，不住法相也，"是名"句，不住非法相也，则专说大乘因地矣。如此不惮苦口，层递说之，愈说愈近，无非欲阐明此科中之应生清净心，应无所住而生其心耳。

因即以"是故"二字，承上起下，以明上来所说，皆是为生心无住，无住生心作张本，亦即为善男子、善女人发阿耨菩提心者，指示方针耳。此科，与开口处"善男子、善女人"等句，呼应相通。诸菩萨摩诃萨，即开经处所说之菩萨摩诃萨，亦即发阿耨多罗三藐三菩提心，应云何住、云何降伏之善男子、善女人也。

"应"者，决定之词，无论小乘、大乘，果位、因地，皆当无住，可知发大心者，决定亦当无住，非此不可，故曰"应"也。

此科之文，既是承上起下，则"如是"二字，即并指上、下文，只说一边，义便欠圆。且先约指下文说，盖正指"应无所住而生其心"句，而"不应"两句，亦兼指在内。须知"不应住色"两句，乃"应无所住"句之前提，故说到"应无所住而生其心"句，则"不应"两句之义，便全摄在内矣。

总之，"不应住色"乃至"而生其心"三句，皆是"应生清净心"句之注脚。如是则净，不如是则不净，故曰"应如是生清净心"也。

此科之文，是教导发菩提者，应当如是。何以不曰"发心"，而曰"生心"？请问发心、生心，同耶异耶？曰同而不同。生即是发，何异之有？故曰"同"也。生之取义，比发字深，何以言之？发者，但约其已经表著，为人所知者言。生者，不但言其表著，且有推究其本源之意。因凡言生，必有其根，若无有根，云何得生？故发心之义，谓其先无而今发起，而生心之义，乃谓其本具而能现前。故生心比发心义深，此其不同也。

何以得知生心之义，乃是如此？观"清净心"三字，便可了然。盖清净心，即是本具之性，所谓自性清净心是也。清者不浊，净者不染，譬如真金，辱在泥涂，用功洗涤，真金宛在。性亦如是，虽一向为无明烦恼尘垢所障，但能依法修行，清净本性，依然现前矣。故此句之意，是说凡发无上正等觉心之人，应令清净本性现前，故曰"应生清净心"，言下有回头是岸意，其警人也深矣。

不但此也，盖指示如来千言万语，言不应住相者，无非欲令见性耳。清净，即无相之意。凡夫著相，因之障性。今欲见性，相何可著？盖凡夫著相，故不清净，心不清净，所以障性也。今欲见性，故应清净。清净其心，故应离相也。

且说一生清净心，无异说明发菩提心之所以然。何谓发菩提心？曰"一心清净是已"。若心不清净，则所发者尚得谓之无上菩提乎？何则？菩提者，觉也。觉者，觉照本性也。且本性，又名大圆觉海也。

当知本性一尘不染，清净无比。既曰发觉，而又著相，则与觉字正相背驰，所谓背觉合尘之凡夫是也。故发觉心，必应合觉。云何合觉？必应背尘。背尘者，不住于相之谓也。由此观之，此一句中，具有无数提撕警策之意。

初发菩提心，云何便能清净心现前？须知正因其不能，故令如是而修。云何修？下文所谓"应无所住"是也。云何无所住？下文所谓"不应住色、声、香、味、触、法"是也，此正的示无住之用功方法。

"不应住色"两句义趣深广，若只略略看过，仅明其一义，真是辜负。且义蕴既未穷究，用功又岂能扼要？岂能切实？岂能入细？既是在浮面上做，则相何能离？性又何能见乎？故曰辜负也。不但辜负佛恩，直辜负自性矣。

一、此色、声、香、味、触、法，名为六尘。举此为言者，令明若著其一，便是尘心，正与清净心相反。此发正觉之心者，所以必应背尘，背尘而后合觉也。不应住六尘者，犹言不应合尘，合尘则背觉矣。其中消息，间不容发，真所谓"人心惟危，道心惟微"。

二、色、声、香、味、触、法，所谓器世间也，亦谓之境界相。今云不应住此六者，即不应住相之意。色、声、香、味、触五字，包括世间一切可见、可闻之境界。"法"之一字，包括世间一切不可见、不可闻，而为心思所能及者之境界。举此六字，一切境界相摄尽，亦即世间一切境界皆不可著。不但可见、可闻者不应著，即不可见、不可闻者亦不可著。此是教诫学人，世间一切，皆应不著。

三、不应著者，岂止境界而已？盖表面虽只言一六尘，实则连六根、六识，一并说在内矣。若但就表面观，即前所云但在浮面上做，则"不住"二字功夫，不能彻底，亦复不能扼要，虽欲不住而不可得也。须知色是外境，本无交涉。交涉发生，生之于住。是谁住之？曰眼也。眼云何住？曰眼识也。乃至法是呆物，若不住著，毫无关系。其发生关系，固由于意，而实由于意中惯于攀缘分别之意识。

由是可知，经云"不应住者"，令学人应于识上觉照，不起攀缘分别耳。经不但云"不应住色，不应住声、香、味、触、法"，而其下缀有"生心"二字者，正指示学人欲不住相，应在心上觉照，即是应在起心动念时，微密用功，如是乃为切实。

四、在起心动念时用功，此是初学者下手处，还须断其思惑。云何断？发大悲心、广修六度是也。布施、持戒，度贪；持戒、忍辱，度瞋，亦复度慢；般若则度痴；禅定既度瞋，而定能生慧，亦复度痴，而以精进之精神贯注之。且六度皆自大悲心出，则度度皆为利益众生，此又除我之利器也。盖因我见而起贪、瞋、痴、慢，故易起心动念。今欲不为色、声、香、味、触、法起心动念，必须在大悲心六度行上加功，乃为扼要也。

五、如上所说，仍未究竟。必须戒定坚固，生起般若正智，无明破得一分，识乃转得一分，待得八识皆转，乃为彻底。初学必须多读大乘经典，《般若》尤不可须臾离。依文字起观照，令其解慧渐渐增明，正是釜底抽薪之法。而解慧增明，更可以增长戒、定之力，盖戒、定、慧虽称三学，实是一事，有互相资助生起之妙。而定、慧，尤不能离，定固生慧，慧亦生定也。此义不可不知。

六、"生心"二字，不但是令应在起心动念时用功，尤有深意存焉。盖防（不得意者不明用功方法）误会"不应住"之意者，一味遏捺意识不令生起。如此行之，其急躁者必致发狂呕血。即或不然，亦是禅宗呵为

"坐在黑山鬼窟里作活计者",与外道之无想定何异?既然道理不明(不知本性活泼泼地,无相无不相,是谓道理不明),则慧不能生,惑不能除,业苦当然亦不能消,甚或转为草木土石无知之物。须知小乘之灭尽定,并非由遏捺意识而得,乃由证性,想自不起。

且到此地位,亦不应住,住则堕无为坑,焦芽败种,亦为世尊所呵。故经文既曰"不住色"等,又曰"生心",以示发菩提心者,不应住于尘相,非令心如死水也。此意正与下文"应无所住而生其心",互相叫应。指示学人既明且切矣。

七、不住六尘生心,更有一义。盖合上句言之,是令发菩提修六度者,当拣别真心、妄心。上句"清净心"是真心,此二句"住尘"是攀缘心,即是妄心。

《楞严》云:"一切众生,从无始来,种种颠倒,诸修行人,不能得成无上菩提,乃至别成声闻、缘觉及外道等,皆由不知二种根本,错乱修习。一者,无始生死根本,则汝今者与诸众生,用攀缘心为自性者。二者,无始菩提涅槃元清净体,则汝今者,识精元明,能生诸缘,缘所遗者。"

此中上句曰"应",下二句曰"不应",正亲切指示,不可错乱修习也。须知住尘之心是识,因其攀缘,名之曰妄,而此之妄心,原是真心之所变现。云何变?由其不达一真法界,分别人、我故也。故发大心之人,首须拣别真妄,不应以住尘著相之心为真心也。所以本经专重破我。

不应住六尘生心,即谓不应著我也。何以著尘即是著我?譬如行六度者,若意在人知,便是住色,乃至著法。如此等等,无非我见之故也。说此两句,原为叫起下句。

"应无所住",亦有多义:

一、即谓于六尘无所住。

二、谓根、尘、识,一切不住。不论住著者为何,心便染污,便是尘相。

三、无所住者,一无所住之意。

四、无所住者,无其所住也。所住为色、声、香、味、触、法。今云应于心中无其所住,非谓无有色、声、香、味、触、法也。含有不执著,亦不断灭两意。复次，所住之无，由于能住之空。所住指境言，能住指识言。故应无所住，犹言应令情识尽空。

"而生其心"之"而"字，有两义：

一、而者，而又之意，应无所住，而又生其心。此承前说无所住，兼有不断灭意而说，即是说明上文所言不应住六尘生心者，乃是应心中无其所住之色、声等相，非谓断灭相。不断灭者，以心不可断灭故。上言不应住尘生心者，是令应无所住而生其心耳。其字可指菩提，以及六度。如是，则所发修行六度之心，方为菩提心，以其背尘离相，合于自性清净心故。

二、而者，而后之意。此承前说应无所住，犹言应令情识俱空来，则"其心"即指清净，谓无所住，令其妄尽情空，而后方能现其清净心耳。生者，现前之意。盖"应生清净心"句，是标举之词。"不应"两句，是修行方法。"应无所住"句，是功效。必须如是作种种释，庶几经义稍觉显豁圆备，然亦不过大海一滴而已。

上来依文解义竟。

以上依文释义已竟，云何是上来诸说之点睛结穴处乎？且逐层逆说而上，前科不云"则非……是名……"乎？四字之所以然，前科原未显发，故此紧承其意而阐明之。

然则"如是"二字，可说是正承"则非……是名……"来矣。谓发大道心者，庄严佛土，应观照"则非……是名……"之义趣，生清净心也。盖"则非"句，是明应无所住。何则？性本无相。庄严者，其心应于六尘等相，一无所住，故曰"则非"。知得"则非"，则心净矣。所谓欲净佛土，当净其心，是也。

"是名"句，是明应生其心也。何则？但应心不住相，并非断灭其相，故曰"是名"。"是名"者，名正言顺，不能废其事也。须知庄严之事相，不能断灭，即是庄严之心，初未尝息，心未尝息，便是"生其心"也。

总之，庄严而心不住相，则炽然庄严时，其心却湛湛寂寂，不染纤尘。虽曰"生心"，实则生而无生，一心清净，故曰"应如是生清净心"。心净土净，所谓"随其心净，即佛土净"是也。菩萨庄严佛土，如是如是。此是发大道心，修六度万行，庄严佛土者之模范也。

上"生信"一科，有两要句，曰："不应取法，不应取非法。"此两句不但摄上科意尽，亦复摄全部意尽，前已屡言之矣。

而此中之"应生清净心"，"应无所住而生其心"，又是"不应取法"两句之点睛处。盖上科两句，是分开说，至此，则将两句之意，合而为一以说之矣。何以言之？应无所住，不应取法也。生其心，不应取非法也。

今云，应无所住而生其心，岂不是说，虽不应取法，而亦不应取非法乎？前言不取法，应以不取非法为界，正是从此处悟得者，所以独拣持戒修福者能生信心，亦因其决不致于取非法相，方堪修此不著相之般若耳。

可见吾辈必应先将非法相一面，关得紧紧，绝对不取，然后修习不取法相，方合佛旨，而生般若正智，以证般若理体。不但此也，试观"应生清净心"句：清净即是无所住，应生清净心，犹言应生无所住心也。而无所住，是不取法，生心，是不取非法。应生清净心，是言清净要在生心中显现（但清净，不生心，便是死水，佛法所不许）。岂不是说不取法，要在不取非法中做出乎？

换言之，不取法，空也。不取非法，有也。无所住而生心，是明空不离有。生清净心，是明空在有中。空不离有，犹言色不异空，空不异色，不离不异渐合矣。然而空还是空，有还是有，是犹一而二也。

若空在有中显现，则色即是空，空即是色，空有相即，则二而一矣，此之谓空有同时。必能如是，方为两边不著。何以故？尚无所谓两，从何著边耶？不但此也，既曰"无所住"，又曰"生其心"，岂非无所住，亦应无住乎？而"应生清净心"之"清净"二字，即所谓无所住也。

然则生清净心，无异言生无住心。虽生而无住，是明其生即无生，即是不住于生心也。不住生心，即是不住不取非法，而不住无所住，亦即不住不取法。岂非两边不取亦应不取乎？故上科于两边不取之下，即引筏喻，以明两边皆舍也。

上言空有同时，明其尚无有两，边无从著。然而犹妨著于一也（著一即所谓但中）。今则空有俱空，一且不存，著于何有？无碍自在，是真清净矣。"不应取法"两句之真实义，至此阐发深透，故曰"点睛"也。他如无法相亦无非法相，即是应无所住而生其心。非法非非法，即是空有俱空之清净心，亦即无为法。空有俱空，则心行处灭，言语道断，故曰"不可取，不可说"。此皆显而易见，可无烦言矣。

上科又有要句，曰："若见诸相非相，则见如来。"其所以然，亦在此中阐明。诸相非相，云何能见？若其心被尘染而背于觉，方且迷相为真，何能见得诸相非相乎？必须于六尘等相一无所住，而心清净庶几其可。何以故？如来是已究竟证得清净心者，不住六尘之人，虽未能云证得，而渣滓渐净，清光现前，譬如清净水，能现清净月，故曰"则见如来"也。盖如来是性体之称，必须不著相而照体，方能见之耳。

上科开首不云乎，菩萨于法，应无住行于布施。虽曾说明不住色、声、香、味、触、法，便是布施不住于相，然而必须发心布施时，其心本不是住在六尘上生起的，然后行时，方能不住于相。若其心不净，行时岂能不著相？可知此中所说，正是说在本源上。

虽上科所说，未尝不含有"心"字意在，其后亦曾点明之曰"若心取相"云云，实则至此乃为阐发显明。若无此段发挥，则布施不住相，便未易得手，故曰"此科是上来诸义的点睛结穴"。睛既点，则全身俱活。穴既结，则万脉朝宗，然后千言万语，一一都有个着落，而依教奉行，事事才有个把握矣。

总而言之，明得无所住而生心之真实义，则所谓生者，乃是任运而生，所谓无住者，无妨随缘而住。随缘而住者，无心于住，虽住而实无所住也。任运而生者，法尔显现，曰生而实无所生也。果能如是，则法法都显无住真心，物物莫非般若实相，正古德所谓"尘尘是宝，处处逢渠"也。

所以我须菩提，前于世尊着衣、乞食、行、坐、往、还时，荐得无住的妙谛，即于大众从座而起，顶礼赞叹曰"希有世尊"，"善护念"，"善付嘱"，而请问发大心者，应云何住？云何降伏？我世尊即逗其机而印许之曰：应如汝所说之善护念付嘱者，如是而住，如是而降也。

以下复详哉言之，譬如千岩万壑，蜿蜒迤逦，直至此处而结之曰"应如是生清净心"，"无所住而生其心"。应生清净心者，所谓应如是住也。应无所住而生其心者，所谓如是降伏其心也。得此中一个"如是"点醒，然后开口总示中所说的两个"如是"，才有个着落。即是上面两个"如是"，得这一个"如是"，其义乃更亲切，更透彻，谓之遥相呼应，尚隔一层，直是融成一味矣。

所以此科两行余文，是从开经至此的一个大结穴，如堪舆家然，千山万水，处处提龙，若找不出个正穴来，难免在旁枝上着脚，不得要领。若寻得正穴，则砂也，水也，青龙也，白虎也，处处皆为我用矣。学佛亦然，学佛必须依教奉行，教义幽深，必应得其纲要所在。

而此段，乃前来所说诸义之纲要也。应于"不应住色生心，不应住声、香、味、触、法、生心"上，如是知，如是见，如是信，如是解。无论修行何法，行住坐卧，不离这个，庶于无住之旨，才有个入处，而自性清净心，才能渐渐透露出些消息来，其所修之法，亦可望有个成就之期也。千万千万！

又此段既是上来诸文之纲要，解得此纲要，以行布施等法，则头头是道。

须菩提，譬如有人，身如须弥山王。于意云何？是身为大不？"

须菩提言："甚大，世尊！何以故？佛说非身，是名大身。"

譬如者，比喻也。凡是喻说，皆以证明法说。上之法说，虽已阐发无遗，今复证以喻说者，无非欲闻者更得明了耳。

"有人"，暗指发大道心之人。大心为因，大身为果也。

"须弥山王"，喻胜妙报身。此身微妙，虽有形相，然非地上菩萨不能见，正是多劫勤修六度万行，福慧双严，功行圆满，方能证得，所谓无边相好身也。

若疑胜妙果报身相，不同凡相，此若不取，则修六度万行何为？殊不知无论果位因地，相与非相，皆不可取。若于此理少有未明，则修因时，便于"应无所住而生其心"不能深契！此佛举问之微意也。须菩提深领佛旨，故开口即答"甚大"。言甚大者，明其此身不无，无异先与怀疑者以定心丸，使知发大愿，修大行，必获胜妙大身，固真实不虚也。"何以故"者，谓以何原故，获此大身耶？"佛"是果德之称。"非身"有两意：

一、约证果说，所证乃清净法身之体，非此报身之相也，则非身指报身言。

二、约证果说，既是法身体，而此法身周含沙界（其大无外），遍入微尘（其小无内），无形相，无数量，故《净名》云"佛身无为，不堕诸数"。意显约体言，故说非身，则"非身"指法身言。

"是名大身"，指报身言，以明胜妙高大之报身，意显约相言，故说"甚大"。是名者，名相也，意若曰：约证法身说，实为无形相之非身，岂有大小可说？今云"甚大"，乃就报身名相言之。得果者，虽不无此高大之相，而实不存有所得。存有所得，便是住于身相。若住身相，何云证清净无相法身？法身未证，亦无甚大之报身矣。

若明此理，则知不应取身相，然亦非无此胜报。能修六度万行而不取著，则证清净法身，而一切胜相，自然显现矣。不必著有，不必著无，然后修因时，便能不取我相，不住六尘，而生清净心矣。

"须菩提，如恒河中所有沙数，如是沙等恒河，于意云何？是诸恒河沙，宁为多不？"

须菩提言："甚多，世尊！但诸恒河，尚多无数，何况其沙？"

天竺有一大河，名曰"恒河"。"恒"字音少讹，应云"殑伽河"，此翻福河。印度此河，譬如中国之黄河、长江，灌溉全国，于交通、种植、商务、文化上，利益甚大，故曰福河。又古时印度人视为圣水，得见此河，或入河沐浴，其福无量，故亦翻"天堂来"，以其出处高也。中国亦有"黄河之水天上来"之句。

佛经云：赡洲北向有九黑山，次有大雪山，更有香醉山。香南雪北，有池名阿耨达，此云无热恼。池之纵广五十由旬，八功德水充满其中。池有四口，口出一河，湍流入海，各分二万五千道大河，统灌四大洲。东口所出，即殑伽河也，入东南海。南口出信度河，入西南海。西口出缚刍河，入西北海。北口出徙多河，入东北海。

恒河之沙极细，细则其数益以见多，故佛经中凡言极多之数不可计算者，则以恒河沙喻之。又因天竺，人人知有此河，知河中沙数不可计算，举河沙为喻者,以其为大众所共晓也。

"如恒河"之"如"字,譬如之意,其口气贯注下文"如是沙等恒河"句。"沙等恒河"者,将现在恒河中所有之沙,一沙化成一新河,原来之沙数无量,则新恒河与之相等,其数亦复如是无量。故曰"如是沙等恒河",犹言譬如将现在恒河中所有的无量沙数,化为与如是无量沙数相等的无量新恒河也。

"是诸恒河"者,"是"者,此也,"诸"谓无量。问此无量新恒河中之沙,可为多否?答曰"甚多"者,明其多至不可说也。

"但诸"下数句,谓但就新恒河言之,已多得无数可计,何况其中之沙?其数更是无边,无可形容,只得笼统说一个"甚多"耳。

"须菩提,我今实言告汝,若有善男子、善女人,以七宝满尔所恒河沙数三千大千世界,以用布施,得福多不?"

须菩提言:"甚多,世尊!"

"实言告汝",说在此而意注下科,使知下文所说持说之福,更多于此,是真实语,不可不信。古文中之"尔所",即今人行文所谓"如许"。

恒河无量,河沙无边,"尔所恒河沙数",犹言无量无边也。须菩提深领佛旨,知上来所说,无非借有为法之极大福德,作一比例,以显持说之无为法,福德更大于此。意原不在此,故但答曰"甚多",不加别语。

佛告须菩提:"若善男子、善女人,于此经中,乃至受持四句偈等,为他人说,而此福德,胜前福德。"

"受持"及"四句偈"之义,前已具说。四句偈等,极言持说极少之经,尚且福德胜前,则持说全经,其福更胜,不待言矣。受持,则能自度。为他人说,则能度他。自度度他,是菩萨行,故福德极大也。持经说法,福德胜过布施,其义有通有别。通者,无论持何经,说何法,莫不皆然。别者，专就此经说也。

今先明通义。约自度言，布施若不知离相，福德大至极处，亦不过生天而已，故名为有漏功德，即是言其尚漏落在生死轮回道中，说不上自度也。若能受持经义，能开智慧，能知轮回可畏而求脱离，行布施时，亦知离相，则是福慧双修，能达彼岸，了生死，证圣果；视彼但能生天，仍不免入轮回，相去天渊。所以，虽仅受持一四句偈等，其福便胜于充满无量无边大千世界之宝施，何况受持全经者耶？

约度他言，财施不及法施，具含多义，兹略明之：

一、财施，施者、受者未必有智。法施，非有智不能施，亦非有智不能受。

二、财施，施者得大福，受者只得眼前小益。法施，则施与受者皆得大福。

三、财施但益人生命，法施则益人慧命。

四、财施伏贪，法施断惑。

五、财施双方不出轮回，法施双方可了生死。

六、财施双方之受用有尽，法施双方之受用无穷。

七、财施施小则所益者小，法施可以少施获大益。

问：然则但行法施，不行财施，可乎？

曰：否。菩萨摄受众生，财施亦不可无，但宗旨在行法施，不以财施为究竟耳。

以上为通明，持说一切经法二利之益也，下科正别明持说此经之益。须知《金刚般若》，直指本性，若能见性，便可成佛，岂但自己了生脱死，令众生了生死而已？直可度无量无边众生，皆令成佛。绍隆佛种，莫过此经，其福德之大，不可思议，又岂止胜前满无量无边大千世界宝施之福德已哉？

> 复次，须菩提，随说是经，乃至四句偈等，当知此处，一切世间、天、人、阿修罗，皆应供养，如佛塔庙。

凡言"复次",虽是别举他义,实以成就前义,前已详言之矣。"随"者,不限定之意,略言之有六:曰随人,无论僧俗圣凡;曰随机,无论利根钝根(此即浅深互说意。或说第一义,或说对治);曰随文,无论多少广略;曰随处,无论城乡胜劣;曰随时,无论昼夜长短;曰随众,无论多人一人。如遇宜说机缘,即为说之,此之谓随说。

"当知"者,警诫不可轻忽之意。

"此处"即指说经之处,说经处如此,说经人可知矣。下科云"当知是人"云云,故知言处,兼言人也。

总之,闻经者不可不存恭敬心。何以故?尊重法故,不忘所自故。而说经者却不可存此心,何以故?远离名利恭敬故,不应著相故。此则双方皆应知之者。

又如《大般若经》云:"帝释每于善法堂,为天众说般若波罗蜜法,有时不在,天众若来,亦向空座作礼供养而去。"此即诸天遵依佛说,恭敬说经处之事实也。又《大品》云:"诸天日作三时礼敬,六斋日弥多,经所在处,四面皆令清净。"

"世间"犹言世界。"间"者,间隔之义。如言一间屋,是明屋之界限,若其无界,何名一间?故说世间,无异乎说世界也。世是竖义,三十年为一世也。界是横义,各方各处各有其界也。今曰一切世间,明其竖穷未来,横遍十方,即是尽未来,遍法界义。

言"天"言"人",意即赅摄三界所有众生,而言"天"言"修罗",意即赅摄天龙八部也。故名虽举三,意包一切。"皆应"二字,正与"当知"相呼应。云何当知?以皆应也。应者,非如此不可,故当知也。

供养有二:

一、事供养,略说十事:即香、花、璎珞、末香、涂香、烧香、幡盖、衣服、伎乐、合掌礼拜是也。说经之处,乃是道场,故应如是庄严恭敬。

二、法供养,即是如法修行,利益众生(如闻而展转为他人说,或以经赠送等),摄受众生(如劝人来听,分座与人等),乃至不舍菩萨业(如遇阻难,亦必来听,即是不舍),不离菩提心(如发起大愿大行,不违般若正智。"不离"者,不与经旨相违也)等,是也。

"如佛塔庙"者，言皆应如供养佛塔、佛庙一般的供养。供养塔庙，人所共知，说经之处，或忽视之，故举塔庙为例，以明说经即是道场，便与塔庙一般无二，故皆应供养也（何以便是道场，下文更郑重明之）。

总以发明说法人是佛所遣，所说法本是佛说，故代佛宣扬，即同佛在。《法华》云："能为一人说《法华经》，乃至一句，是人则为如来所遣，行如来事。"《法华》然，一切经皆然，《金刚般若》更无不然。上文曰"当知"者，指此。若其知是人为佛遣，法是佛说，自知皆应恭敬供养矣。

塔是梵语，具云"塔婆"，其音少讹，实是"窣堵波"也。义云高显处，亦翻方坟圆冢。塔必高显者，所以表胜也。佛塔多种，今且明四：所谓生处塔、成道塔、转法轮塔、般涅槃塔是也。今教供养如塔，即摄此四种塔之义也。

何以言之？此经是明实相。实相者，佛之法身也。又曰"一切诸佛从此经出"，则此处岂非佛生处之塔乎？闻法而后知修因证果，而此经生福无量，夙罪皆消，当得无上菩提，故此处便同佛成道处之塔也。代佛宣扬大乘最上乘法，是此处正为佛转法轮处之塔矣。

般涅槃者，义云"无为"，亦为"生灭灭已"，理事究竟之义，而此经所说皆无为法，令闻者灭生灭心，证究竟果，所谓令入无余涅槃而灭度之，谓此处即是佛般涅槃处之塔，不亦可乎？

庙者，貌也，意明供佛像处，梵语为"支提"。凡是佛塔，必供佛舍利，舍利即佛真身。凡供佛像之庙，必有经法，必有僧众。言一"庙"字，即是住持三宝所聚之处。今云如佛塔庙，是明说经人代佛宣扬，便同真佛在此，说此大法绍隆佛种，便是住持三宝。故曰如佛塔庙，皆应供养。

上文曰为他人说，福德胜前者，因此之故，由此可证经虽说处，意实在人。然而尊重说经人若此，倘说经人非法说法，法说非法，妄谈般若，误法误人，其罪业之大，亦不可言喻。从经之正面，即可看到反面，此又说经人所当知，应兢兢自审，不可少忽者也。

故下文又曰"何况尽能受持"云云。受者，谓领纳真实义也。持者，谓依义修持也。然则不能修持，便是能说不能行，如数他家宝，自无半钱分矣。且不能修持，亦必不能领纳，因甚深微妙真实义，决非能从文字上领会得的。不能领会而说，势必至于妄谈般若，浅说般若矣。警戒说经人，可不谓之深切著明乎哉？

何况有人尽能受持读诵。

言"受持"，复言"读诵"者，明其必能领纳修持，方为真能读诵，不然，读诵之益小矣。且既能受持，还须读诵，以经中义蕴无穷，时时读诵，更能熏习增长，则受持之力日益进步也。上言"说"，此言"受持"，一不同也。上言"随说四句偈"等，此言"尽能受持读诵"，二不同也。

而言"有人"，一若另是一人，初未指定即是说经之人者言。"何况"，亦是显明尽能受持读诵之人，更胜于随说之人。然而，世尊如此分而说之者，一以明其受持功大，使人皆知趋重此点；二以明其能说，必由能受持来。"随说"，必由"尽能受持"来，若非尽受尽持，岂能头头是道，为大众随时、随处、随机、随文而说耶？三以明尽能受持，必应遇有宜说之机会，即须为人说之，非但尽能受持，便是更胜也。

故上文与此科之文相虽别，义实互相彰显。则如来之意，实欲人人既能说，又能受持，既能受持，又能说，不可分而为二，各行其一。此意云何知之？于下言"成就"二字上，便可了然。盖世尊说此经法，原望人人成就，而成就必须自度度他，二利圆满方可。若但知说，或但知受持，是于利他与自利，偏在一边，尚有成就之望乎？故知经文，话虽分说，义实一贯。读经闻法，不应执著文字相，必应如是领会真实义，此之谓依义不依文。

又先言"随说"一段，与经初先言"度尽所有一切众生之意"正同，意明菩萨发愿，未能度己，先欲度他，度他即是度己也。次言"何况尽能受持"，亦与经初言，复次菩萨应无住法而行六度之意正同，意明度他还要自度，而自度原为度他也。若不领会得自、他不二之义，尚能谓之能受乎？尚安有成就可期乎？

世尊说法，如牟尼珠，面面俱圆。若不如此领会，岂不辜负此文？须知各经之文，无不说得极其周到详密，特恐人粗枝大叶，一知半解，不能尽空诸见，静心体会，必致取著片面，昧其全体，自误误他。所谓依义者，是教人必须融会贯通，明其真义所在。而不依文者，即是不可闻得一言半语，便断章取义耳。

须菩提，当知是人，成就最上第一希有之法。

"最上第一希有之法"，何法乎？即阿耨多罗三藐三菩提法也。此法为究竟觉自证之法，成就此法，亦即成佛之意。

《弥陀经》云：释迦牟尼能为甚难希有之事，能于五浊恶世中，得阿耨菩提，甚难希有，即第一希有也。更无在佛之上者，故曰"最上"。

若分言之，阿耨菩提，义为无上正等正觉。正觉者，从来不觉，而今能背尘合觉，非希有乎？正等者，等是平等之义。今不但自觉，而能觉他，自他不二，空有不著，平等法界，是第一义，故曰"第一"。无上者，径达宝所，证究竟觉，所谓无上菩提，无上即最上义也。古注浑简，现为确凿言之，使知其义。至后人所注，或以三身释，或以三般若释，则义欠亲切圆满矣。

"成就"者，言有成就此法之可能也。

"是人"，即通指随说是经，尽能受持，及闻经而能受持，能随说之人。

"当知"二字，统贯下文。若就本句说，谓如是之人福慧并修，自他两度，便得直趋宝所，大有成就，不可轻视。如知得是人成就不可思议，便知其福德远胜于以充满无边无量大千世界之七宝布施者。一有漏有为，一无漏无为，所以致异者在此，奚足怪乎？

若是经典所在之处，则为有佛，若尊重弟子。"

中国"经"字，本有路径之义。"典"者，轨则之义。是经所明，皆是发菩提心者不易之正轨，共遵之觉路。行此路，依此轨，自然直达宝所，故此经所在之处，便是宝所。既成宝所，故佛及一切贤圣，莫不在此。

"若尊重弟子"，犹言"以及一切贤圣"。"若"者，及也。"尊重弟子"，或曰指迦叶、目连诸大弟子，或曰指文殊、普贤诸大菩萨。总之，佛所在处，便有大众围绕而为说法，譬如众星捧月，故"尊重弟子"，是统谓一切贤圣、菩萨、罗汉，尽摄在内，不必分别专指也。

《大般若》云："般若所在之处，十方诸佛常在其中。"故欲供养佛，当知供养般若。般若与佛，无二无别。知十方诸佛皆在于此，则知遍虚空尽法界之一切菩萨、罗汉，无不尽在于此矣。总以明此经殊胜，在处处贵，在人人尊而已。

综上来数科观之，初显说经之处，次显受持之人，至此，则知所以显处、显人，实为显此经之功。经功非他，即是般若正智，则所以显经，又复实为劝人供养此经，读诵此经，受持此经，广为人人说此经，以期由文字起观照，证实相耳。佛之说法，眼光四射，面面俱圆，如此。

又初显处时，说"皆应供养，如佛塔庙"，是明说经即是住持三宝也。今则言凡经之所在处，便为有佛，及一切贤圣，是明常住三宝也。而中间乃曰，"是人成就最上第一希有之法"，是明其成就自性三宝也。

合而言之，便是因住持三宝，证自性三宝，成常住三宝，亦即因常住故住持，因住持故常住。且云何住持？云何常住？全仗自性以成就之耳。

又上言成就殊胜，以显福德殊胜之所以然。今更言熏习殊胜，以显成就殊胜之所以然。何以故？以经典所在，即是佛菩萨等所在。则持、说之者，便是亲近诸佛、菩萨等大善知识。如此时时熏习自性，岂有不大获成就者乎？

又初言"如佛塔庙"，云何说经之处如佛塔庙乎？今则曰经所在处，佛及贤圣皆在，岂非显明上文如佛塔庙之所以然乎？总之，既曰如佛塔庙，又曰佛及贤圣皆在，皆明此经是三宝命脉所关，故不惮详言，至再至三，使一切众生尊重此经耳。

又上言"成就"，即接言"经典在处，则为有佛，若尊重弟子"，此又显明是人之成就，最上则如佛，次亦如一切贤圣，而为第一希有。何以故？发无住心者，当证无为果，故一切贤圣皆以无为法而有差别，故持说无为实相之经，岂不成就此法乎？

此数科经文，文字无多，妙义无穷，发挥难尽。兹不过略略言之，已如上述，是在人人善于领会之矣。

又前次以一大千世界宝施，比较显其福德，今则以无量无边大千世界宝施，比较显其福德。

何以前后相差若此，其义云何？盖前次显胜，是说在能生信心之后，且曰"一切诸佛及诸佛无上正等正觉法，皆从此经出"，是明其如能闻是章句，信心清净，便是趋向佛智，故有如是福德。然不过初发净信之心，未能深入，所以只以一大千世界宝施显胜。

今则不然，乃是说在开解之后。云何开解？所谓生清净心，无所住而生其心是也。且曰"当知是人成就最上第一希有之法"，复曰"则为有佛，若尊重弟子"，是明其如能领解无住生心，生心无住之真实义，便有大大成就的可能。因解得经义，便得纲要，以视前之但具信心，未得纲要者，相去天渊，故以无量无边大千世界宝施比较显胜。是明此人之福德，超过前人无量无边倍矣。

何以故？一是初发信心，粗知名字，一是深解经义，渐能入观故。须知此经专明实相，直指本心，受持之者，果能直下承当，依经起观，则生福灭罪，径证菩提，功德何可称量？

而前半部五次校显，若经功有大小者，实因持诵者功行之浅深，成此差别，非经功有差别也。

尔时，须菩提白佛言："世尊！当何名此经？我等云何奉持？"

向下文义皆细，应当谛听，因文相关涉前后，须合前后统观而互说之，其义乃彻。既是综合前后而说，故义意繁密，恍惚听之，便难领会。

"尔时"者，前言已竟之时，意显领会得纲要时，便当行持，不容稍懈，所谓解时即是行时是也。结经家特标"尔时"，意在于斯。

又本经中凡标"尔时"、"须菩提白佛言"句，皆表更端之意（俗云另行起头），以示本科所说，更进于前，令人注意也。

然语虽另起，意亦蹑前，因上来屡显此经福德殊胜，乃至经所在处，佛与贤圣同在其处。殊胜如此，不知其名可乎？屡言受持此经，即一四句偈等，皆有极大福德，乃至尽能受持，成就无上菩提之法。然则，应云何持乎？此皆学人所急当知者，故问："当何名此经？我等云何奉持？"

他经请问经名，多说在全部之末，今独说在中间，何故？须知此经后半部之义，是从前半部开出，其义前半部中已有，不过说之未详耳。若非长老再为请问，则说了前半部，便可终止，以是之故，此经经名虽似说在中间，却实是说于前半部之末，仍与他经无别也。

"当何名此经"者，当以何名名此经也，亦可倒其句曰：此经当何名？义既殊胜，其名亦必殊胜，言下便有名必副实，若知其名，益可顾名思义之意。"奉"者，遵依。"持"，即修持、行持。请示持法，以便大众遵依，故曰"我等""奉持"。奉持，犹之乎奉行也。凡言及行，便具二义：一、自行，二、劝他行。故古人释"持"字义曰"任弘"。任者，担任，指自行而言也。弘者，弘扬，指劝他人行而言也。说到行持，便牵及上来所说矣。试观上来自详谈起，开口便说"应降伏其心"。云何降伏？即是发大愿，行大行，不住六尘境界，广行六度，度尽无边众生成佛，而不取度生之相，乃至法与非法，皆不应取。

如是层层披剥，愈剥愈细，结归到不住六尘，生清净心（此八字，即应生清净心及不住六尘生心缩语，亦即应无所住而生其心注脚），凡此所说种种义门，皆观门也，皆行门也，即皆应奉持也。

然则我世尊开示大众云何奉持，亦已至详至晰，何以须菩提长老，复于此处请问云何奉持耶？岂上来所说诸义，但令领解，非令奉持乎？抑奉持上来所说，犹有未尽，故今重请乎？顷言必须前后统观综合说之者，正在于此。此等处若未彻了，其奉持必不得力，不但容易发生如上所说之误会而已。

须知长老今之请问云何奉持者，别有深意：

一、佛所说法，无不理事圆融。圆融者，说理即摄有事，说事即含有理，所谓理外无事，事外无理是也。故学佛之人，亦必解行并进。解属理边，行属事边，必须并进，始与圆融相应。但众生根性，千差万别，自有人即解即行，亦自有人虽解而未能行，或虽行而未能相应。须知解而未行，行而未应者，实未真解。真能领解，将不待劝而自行，行亦自能相应。长老欲为此辈人更进一解，故复请问，此之谓婆心太切。

二、请问经名，即是请求开示，上来种种言说章句之总题。则请问

"云何奉持"，亦原是请求开示上来所说诸义，有无总持之法？若得总持，持此总题，岂不更为扼要么？此之谓闻法无厌。

明得此中第一层道理，便知上来虽未请问"云何奉持"，并非专令领解，已摄有奉持在内。今虽请问奉持，亦仍摄有更求领解之意在内。明得第二层道理，则知前既奉持，今亦何妨更请？然则前后岂但不冲突，不重复，且更可显发前义矣。

说至此处，恐人复生他疑，今当彻底更一言之。问：上来所说，既一一皆应奉持，今又明明请问云何奉持，何以第一大科，判为生信，今第二大科，判为开解，至第三大科，方判为进修耶？

答：开经以来，实皆可起修，然修持之究竟法，则在第三大科，故但予第三大科以"进修"之名耳。且此乃依经而判，非敢臆说。

如第一大科中，明明点出持戒修福，能生信心，是明信心之初起也。故判为生信。

第二大科，于请示名持之后，点明深解义趣，是明不但生信，且开解矣，故判曰"开解"。

至第三大科将完，又明明点出以无我、人、众、寿修一切善法，则得阿耨菩提，且曰"如来说善法，非善法，是名善法"，则并善法之相亦复不取，此之谓究竟修法。如此而修，谓之究竟者，以其合于诸法如义故也，故判之曰"进修"。

须知不曰"起修"，而曰"进修"，具有深义，盖明其乃深进之修持，兼明上来诸义，并非只是生信、开解，不是起修耳。

更有一义，不可不知者，信、解、行三事，不能定说无次第，不能定说有次第。人必具有信心，而后研求佛法，亦必明得佛法真实之义，而后方知真实修行，此固明明有前后之次第也。然克实而论，若其毫无功行，则障深慧浅，决不能领会甚深佛法。必须功行愈进，解理乃随之而愈深。且若非有解有行，其信心亦若有若无，不能说是信根成就。

由是言之，信、解、行乃是同时并进，岂有前后次第之可言？间遇有人，无端而能信佛，或初不学佛，一闻甚深佛法，便得明了，并有佛法一毫不明，而能发心精进勇猛修行者，此皆夙世本有功行，今遇因缘，遂尔发现，非偶然也。

即以证说，证者，凭证。凡亲眼见得，亲身做到之事，则谓之证。故必真实如法做到，始名曰"行"。真实见到佛理，始名为"解"。真实知得皈依三宝之益，始名曰"信"。然则一言信、解、行，皆已含有证的意义，但向不名之为证，惟证法身，始予以证字之名耳。可见是名义上之分别，若论实际，无往而非证也。

即以证法身言，云何为证？亦不过解、行二事之功效。解、行做到究竟，名之曰"究竟证得"。除解行外，无证可说。不但此也，本经云："信心清净，则生实相。"实相即是法身。换言之，法身显现，亦不过信心清净而已。

由是言之，岂但信、解、行、证，并无前后次第，实则名相上似乎有四事差别，而实际上毫无差别。四事化为一事，此之谓平等。即此四字，便可悟由平等见差别，由差别见平等之理。

再进一步言之，实相显现时，惟一清净，并"信心"二字，亦无痕迹矣，则真究竟平等，如如不动矣。是故若明佛理，随拈一事，皆能穷其究竟，归于平等。即如"生信"文中，"一念生净信"一语，就生信之事相言，故谓之一念相应，尚未净念相继耳。

若言其究竟，则此一语，可深至无底，广至无边。何以言之？生净信便同生清净心，亦与信心清净同一义味。一念者，惟此一念。此念非他，乃是信心清净。生者便是显现，则生净信，便是净心显现。

如此而说，是此一语，便是证得如如不动之性体矣。其他言句，皆可如是领会。所以闻得一言半偈，皆可证道也，此理不可不知。

然而讲经说法，有时又不能不随顺其文相而说，若开首即说此深义，反令闻者无可依循，此理又不可不知也。前说此句时，不能骤明此理者，因此。兹已说至渐深，无妨顺便拈出，使知佛法无浅非深，深亦可浅，直无浅深次第可说。故不可取著其相，而曰"则非"也。然为接引众生，启导进步，又不能不假设一浅深次第，以及种种庄严之事，故不可断灭其相，而曰"是名"也。

且住，今不说经文，而掷笔题外，将信、解、行、证啰唆如许言语，何为乎？当知非说闲话，乃是发明上文所说"无有定法"四字之义，通贯一切，俾大众领会此义，庶几头头是道。姑就信、解、行、证发挥之，以示凡事皆然，不但佛法然也。且自此以往，义趣愈入深微，若不于此义荐得少许，则心中不能活泼泼地，于深微义趣，便不易领会。当知下文"般若非般若"四段，正明无有定法。

我今如是而说者，正预为下文写照耳。须知因为无有定法，所以不可执有，不可执无。经中凡言"则非"，皆明不可执有也。不可执有者，是令会归性体也。何以故？性本无相，如太虚空故，安可以名字语言求？必须离相返照，庶几证入也。

凡曰"是名"者，乃示不可执无也。不可执无者，是令虽会归于性，而亦不坏假有之名相也。何以故？性本无相而无不相故。相即性体之用，有体必有用故。如太虚空体，固空空如也，而万象森罗，一切依正果报之相，皆由其中现出。若无万象，便成顽空，亦不足以显其是太虚空矣。但不取著其相，与太虚空何损？何得曰绝对无相，且亦何须灭其相耶？

持此义以修行，则知欲见本性，必应离名绝相，破其我见。我见不除，便生分别心，而起念即著相矣。而此我见是无始以来病根，不易破除，必应依照佛所说法，一面返观内照，息其攀缘妄想，而一面又应遵依各种仪轨、事相、礼拜、忏悔以及布施、持戒等等，求消业障，开发本智，俾得信心增长，解行成就，以期障除性显。

而行时又应心不取著色、声、香、味、触、法，体会此一念心之性，与诸佛众生，本是一体，且体本空寂，然后感应神速，成就自易。

夫修因时，既能不取相不灭相，空有两边不著，合于中道，所以感应大，成就亦大。所以成就以后，便能不动道场而身遍十方，现各种庄严之土，以普度无量无边之众生。是之谓无相而无不相，无不为而无为。

推而言之，持此义以为人，则能胸襟旷达，不惹烦恼而得自在矣。亦知谨言慎行，不错因果而无挂碍矣。持此义以处世，则知万事皆空，与我何涉，任他风浪起，稳坐钓鱼船可也。亦知人情世态，纷纭往复，安危苦乐，随遇而安可也。

持此义以当大任、作大事，以不著相故，虽事来即应，而天君泰然，不为所动，以相非断灭故，虽心不著相，而条理秩然，毫无废事。如此岂不是则非、是名，头头是道乎？真所谓道不远人，人自远之耳。

我佛原为度世而来，故所说法，无不世出世间，一切摄尽。惟须融会贯通如是真实之义，则事事皆可奉持，时时皆是修行，在在皆得受用，而处处皆是佛法矣。所以佛法称为法宝，此经尤是无上法宝，且收拾起闲言语，宣扬此无上法宝。

佛告须菩提："是经名为《金刚般若波罗蜜》。

此七字为全经之总题，于开题时已详释其义矣。兹略言之：般若，此云智慧，约因曰慧，约果曰智，因果一如，故总译其义曰智慧。

波罗蜜，此云到彼岸。有此智慧，乃能了生死、入涅槃。如此作释，则波罗蜜非他，即般若是。又此之智慧，非同世智辨聪，乃佛智佛慧，所谓佛之知见，是到彼岸之智慧。如此作释，则般若非他，波罗蜜是。

金刚是喻。金刚为物最坚最利，能断一切，以其坚故，一切物不能坏，以其利故，能坏一切物也，以喻般若波罗蜜如大火聚，四面不可触，能断一切烦恼也。

何谓烦恼？见、思惑是。见惑为身、边、邪、二取。最要者，身见、边见，身见即我见，小乘专指四大、五蕴假合之色身言，大乘则通于法我。若取法相、非法相，即著我、人、众、寿，故曰"法我"。人、众、寿三，皆由著我而起，言我则摄其余矣。

边见者，小乘专就由身见而起之断见、常见言，大乘兼指一切法空、有二边。执有便取法，乃常见也，执空便取非法，乃断见也。思惑即贪、瞋、痴、慢、疑，此为根本，由此生起悭、嫉等等。此之根本烦恼，皆无始病根积习深痼，遂致流转六道，受苦无穷。

今欲脱离此苦，非断此病根不可。云何而断？非仗此金刚慧剑不可也。又此部是《大般若经》第九会所说。诸会皆说般若，则皆能断，今独于此部加"金刚"名，可见此部之义，尤为精要，更坚更利，更为能断耳。

以是名字，汝当奉持。

此八字，是令顾名思义，因名会体的奉持，非谓持此名字。恐人误会，故次复自释其所以。

要知本经所明之义,皆是应无所住,而众生之病,在处处著,著即住义。因众生此病甚深,故开口便言"降伏",凡言不应取,不应住,皆降伏之意。至此复云:"以是名字,汝当奉持。"无异言汝等当奉"能断"之义以行持,且无异言汝等当奉《金刚般若》以降伏也。

见思惑中,我见为本,所以处处著者,因此;所以生种种惑,造种种业,受种种苦者,因此;所以急当断除者,亦即在此。我见除,则烦恼(即惑)障除,而业障、报障,亦随之而皆除矣。三障消除,则法、报、应三身圆现,故如是奉持,是从根本解决,能得究竟胜果,岂第了生脱死而已?

所以此经在处则处贵,在人则人尊。吾辈何幸得闻此无上经法?其必已于无量千万佛所种诸善根,可知。何胜庆幸?何可妄自菲薄?然而善根如此,却仍拖此臭皮囊,浮沉苦海,其必多生以来,或轻忽视之,未尝读诵,或虽读诵而未能受持,或虽受持而未能如法也,亦可知矣。

一思及此,又何胜惭愧?今幸佛光加被,又闻此法,又读此经,若仍如前怠忽,前路茫茫,又不知要轮回若干次数,自讨苦吃。一思及此,又不胜其悚惧。古德云:"此身不向今生度,更向何生度此身?"可怕可怕!

此中断、持二字,尤有要义。盖断者决断之义,持者坚持之义。如上文说,应不住六尘生心。无如凡夫力不从心,明知不应住,而不知不觉,心粘其上。心既粘上,便被其缚,摆脱不了。必须将不住六尘生心,放在心中,时时观照起心动念。倘于六尘少有触著,便当机立断,立断者不可畏难,不可苟安,即勇猛之意,更须坚持不懈。

坚持者,精进之意。精进者,所谓精审而进,密密内照,不使一毫放松也。精细而进,澄心静虑,审察隐微也。精诚而进,至诚恳切,求三宝哀怜摄受,放光加被,助我之力也。

念佛不得力,全由未在此中用功。吾辈修行,必须于一切染缘所谓六尘者,依照此经能断、奉持二义,而当机立断、坚持不懈。

若不如此竖起脊梁,立定脚跟,何能降伏得多生背觉合尘的习气?我不降伏他,就被他降伏我。此心既被尘染,便不清净,一句佛当然念不好。果能当机立断,坚持不懈,庶几有一心不乱之可能,而往生极乐,径登不退,不难矣。努力努力!

总而言之，上来所言降伏，及不住六尘，生清净心等，种种观门行门，必领会此中所说能断之义而奉持之，乃更有力。然则此中所明之义，甚为紧要可知矣。故向后之"校量经功"，亦迥不同前也。

所以者何？

"所以者何"四字，标词。此下将具释奉持能断之所以然，故先标举之，使人注意也。向来注释家，但以此句属于"佛说般若"一段，今谓乃是统贯下文两科。

盖下两科，皆是开示修持之法，则皆是说明"以是名字，汝当奉持"之所以然，何得但以属于一段，使其余经文，皆成散沙？则校显经功更胜于前之义，亦无着落矣，大大不可。综合下两科义趣观之，可知此一句中，含有三义：一、如何而断？二、从何断起？三、因何须断？

今顺序说之：

何谓如何而断耶？断者，断我见也。我见随处发现，不扼其要。云何能断？且我见者，妄想之别名。而妄想原是真心所变，本不能断，所谓断者，破之而已。然则云何能破？明理而已，开解而已。

试观经名"金刚般若波罗蜜"七字：金刚，坚利，所谓能断也，然原是用以喻下五字"般若波罗蜜"者。般若者，智慧也。波罗蜜者，到彼岸也。到彼岸之智慧，犹言彻底之智慧，由是可见断我见并无别法，惟在彻底明理，亦即彻底开解而已耳。

然则所谓彻底明理者，明何理耶？当知众生处处执著者，无他。由其不知四大五蕴，以及一切法，皆是缘生，如幻如化，而本其先入为主之见，视以为一定不移，遂致执著而不肯舍，是之谓我见。故欲破此见，首当明了一切法本无有定。如是久久观照，则知法既无定，云何可执？且既无有定，执之何益？若能于一切法而不执，则我见自化矣。此真破见、惑之金刚也。

所谓明理者，明此理也。明得此理，可破我见，所谓彻底也。故曰："以是名字，汝当奉持。"遵奉《金刚般若波罗蜜》以为修持，即谓遵奉此之名义以作观照也。

当知此部经法，正是般若波罗蜜，而曰"则非般若波罗蜜"：世尊时时说法，而曰无所说，乃至微尘、世界、三十二相，皆说其非，不过是名而已，皆所以显示无有定法之义也。此其一。

何谓从何断起耶？当先从与自己最密切之法上，精勤观照，以破其惑也。般若波罗蜜，为行人所当修持者，尚应知其则非，而离名字相。世尊言说，为行人所当遵奉者，尚应知其无所说，而离言说相。

大千世界，为佛教化之境，三十二相，为佛所现之身，皆应不著，则其余可知矣。此所谓高处落墨也。推之，凡是自己所修之法，所为之事，以及依报正报等等，皆当奉此义以为观照也。此其二。

何谓因何须断耶？观下文曰佛说，曰如来说，便知倘不如是观照，断其我见，便违佛旨，而不能见如来矣。此其三。

明此三义，则知当如是奉持之所以然矣。

须菩提，佛说般若波罗蜜，则非般若波罗蜜。

流通本有"是名般若波罗蜜"一句，为后人所加，大误。须知此科及下科，正明会归性体，故皆遣相以明性，至"大千世界"、"三十二相"两科，乃兼明不坏假名——章义分明。乃无知妄作，一味滥加，可叹。不但唐人写经，无是名句，智者、嘉祥、圭峰三大师注疏中，皆无是名句意。当从古本。

言"则非"者，令离相也。离相者，所以会性也。照上来语例，应曰"如来说"，今不曰"如来说"，而曰"佛说"者，义趣更深。略言其二：

一、佛者，究竟觉果之称。人皆知证得究竟觉果而成佛，由于修般若，而不知实由修般若则非般若也。使修般若而未离名字相，则为著我、人、众生、寿者，尚能称究竟觉耶？尚何成佛之可能？故今特曰"佛说"者，所以示证果者由此而证，则修因者当如是而修也。

二、既证性矣，亦复现相，则称之为佛。故"佛"之一称，乃性、相全彰之名，非同"如来"，但属性德之称也。故今曰"佛说"者，乃指示般若则非般若，不可打成两橛，则非般若波罗蜜，当从般若波罗蜜中做出。所以开示：当即名字以离名字也。故上文曰："以是名字，汝当奉持。"此与"应生清净心"句，同一意味，所谓空在有中，非灭有以明空也。

世尊因正令明性，既不能不遣相，而一味遣荡，又虑人误会而偏空，故不曰"如来说"，而曰"佛说"，以示意。此与不坏假名，说"是名某某"时，不曰"佛说"，而曰"如来说"者，用意皆极深密。盖不坏假名而曰"如来说"者，明其虽不坏相，仍应会归于性也。

今遣荡时，不曰"如来说"，而曰"佛说"者，明其虽应会性，而亦并非坏相也。然则此中已含有不坏假名意在，何须滥加"是名"一句，方显其不坏假名耶？总由未明经意，所以无知妄作。

总之，佛说般若，是如其自证之理智而说，令一切众生开佛知见耳。开佛知见者，令知性本无相，须离相修持，而后可以见性也，故曰"般若则非般若"。

若不明此理，心中有一般若波罗蜜名字相，便取法相，尚得曰奉持般若波罗蜜哉？何以故？若取法相，即著我、人、众生、寿者故。此中但云"般若波罗蜜则非般若波罗蜜"，不连"金刚"二字说者，正明上文所云"以是名字奉持"者，乃谓当奉"金刚能断"之名，以行金刚能断之实，而断其取著法相耳。

般若无上之法，尚应离名字相，何况其他一切法？又当知佛之说此，正令不取法相，以修持一切法，则法法莫非般若，乃为般若波罗蜜耳，此上来所以言"无有定法，如来可说"也。

总而言之，佛说般若则非般若，是令领会法法皆般若，不可著般若之名字相，此"以是名字奉持"之所以然，非谓在名字上奉持。又"所以"二字，便是真实义，上云汝当奉持，即谓当奉真实义而行持也。

须菩提，于意云何？如来有所说法不？"

须菩提白佛言："世尊！如来无所说。"

此问蹑上文来。或问："不应住般若波罗蜜法相，而此法原是佛说。说此法时，岂无法相？若无法相，又云何说？"防有此疑，故发此问。"有所说法否"者，谓心中存有所说之般若波罗蜜法相否也。世尊问意，已含

"无"字。何以故？如来是性德之称，性体空寂，岂有所说之法相耶？不曰"佛说"，而曰"如来"说，意在明此（又佛之现相，正为说法，若曰"佛说"，则与"无所说"义抵触。故此科只能曰如来说，不能言佛说也）。

凡标"须菩提白佛言"句，明其言甚要，不可忽也。答语更进一步，言不但无所说之法，且无所说。无所说者，无其所说也，非谓无说（无所行、无所得等句，意同）。盖性体自证，名为如来。如来者，即明其证得平等性体。平等者，理智一如，能所一如也（故后文曰"诸法如义"）。既证一如，故其言说，名为如说（故后文曰"如来是如语者"）。如说者，明其是由平等如如之性海中自在流出，初未起心动念，虽终日说、炽然说、刹说、尘说，实无言说之相。尚无说相，安有所说之法相耶？故曰"如来无所说"也。

此番问答，不但遮疑，且意在令奉持者，体会性体非但无名字相，并无言说相，亦复知得如来炽然说而无其说相。则知得奉持所说之法者，应炽然修而无其法相也。

合此两科观之，欲证性体，必当离名言之相。然则名言究应云何而后可离乎？若不知之，是但知其当然，而不知其所以然。

须知此两科义趣，我世尊实令奉持者离念也。念不离，则名言之相终不能离也。何以知之？《起信论》心真如门中有一段文，可以证明。论云："若离心念，则无一切境界之相。"又云："离言说相，离名字相，离心缘相，毕竟平等，乃至惟是一心，故名真如。"此文中真如，即性体之别名也。

"离言说相"三句，归重于"离心缘相"一句，此句即是离念之意。盖缘者，攀缘。心缘，即是起心动念。心念若动，必有所攀缘，便落于名字相矣！而言说者，心之声也。心必先缘于所欲言者，而后达诸言词，故心念若动，又落于言说相矣。

故三句中，"离心缘相"句是总。心缘相离，然后名字、言说之相皆离。此与论文上句，"若离心念，则无一切境界之相"句相应。

离心念，便无一切境界相。所以离心缘相，便毕竟平等，惟是一心，而名真如也。由此论义，以证经义，则此中令离名言相持，非即是令离心念修持乎？论中又引他经云："能观无念者，则为向佛智。"佛智即是般若波罗蜜,故此《金刚般若波罗蜜经》,当如是断其著名字言说之攀缘妄想,而奉持也。此"以是名字,汝当奉持"之所以然也。

《起信论》又云:"当知染法净法,皆悉相待,无有自相可说。是故一切法,从本以来,非色非心,非智非识,非有非无,毕竟不可说相。而有言说者,当知如来善巧方便,假以言说,引导众生。其旨趣者,皆为离念,归于真如,以念一切法,令心生灭,不入实智故。"此节论文,更好引来为此两科经文作注脚。

此"请示名持"一大科,关系紧要。今当再依此节论文,详细说之,以期彻了,必道理洞明,乃能观照用功,想为诸公所愿闻也。

先说"非色非心,非智非识,非有非无"三句。"非色","色"字,赅有表色、无表色言。有表色者,谓有形可指之法。无表色,谓无形可指之法。此种种法,无论有表无表,本无自体,体唯是心,故曰"非色"。然不过唯心所现而已,实非心也,故又曰"非心"。

非智之"智",即谓性智。性体平等空寂,岂有诸法?故曰"非智"。然则诸法是识乎?须知不过识心现起耳,不能谓诸法便是识也,故又曰"非识"。

"非有非无"者,因缘聚合,似有诸法发生,"非无"也。既为缘生,乃是幻相,"非有"也。

此三句,总谓一切诸法,不过彼此对待相形,虽似有而实无,当体即空,以说明其上文当知染法净法,皆悉相待,无有自相可说之意而已。

当知般若,亦是与彼诸法相形,名为般若耳,以一切法缘生幻有,本无自相,岂有自相可说?安可执著名字相?故曰"般若则非般若"。且佛证真如实智故,虽炽然而说,实无言说之相,故曰"如来无所说"。但为众生故,假以言说引导,令其离念证性。由是可知经中曰"般若非般若",令离名字相;又曰"无所说",令离言说相者,其宗旨非为欲令大众离念归于真如乎?然则所谓奉持者,谓当奉持金刚断除妄念,亦可知矣。

前云明了无有定法,是清我见之源;今云破除攀缘妄想,是截我见之流也。试观上引论文最后数句云:"以念一切法,令心生灭,不入实智故。"实智,即谓性体,可见性本无念,欲证性体,非断念不可矣。又可见,起念即是生灭心,因有生灭之心,遂招生死之果。若不断念,又何能了生死乎？然而一切众生，从本以来，念念相续，未曾离念，谓之无始无明。无明者，不觉也。因不觉，故起念。

云何不觉？所谓不达一法界故，谓不了达十法界理事，惟一真如，同体平等，此之谓不觉。既不觉知平等同体，遂尔动念。念动，而能见、所见随之以起，故有人、我差别之相。由此而分别不断，取著计校，造种种业，招种种苦，又复辗转熏习，果还为因，因更受果，愈迷愈深，沉沦不返矣。今欲返本还源，故必须从根本解决，以断其念。难哉难哉！因其难也，故我世尊为说种种方便法门，令其随顺得入。

如上所引能观无念者，则为入佛智，亦方便之一也。此是吾辈生死关头，至要至急之事，亦是本经所令奉持者。不敢惮烦，更为说其方便。

须知"观无念"三字，固是方便，而云何观法，仍须得有方便，乃能起观。其作观之方便云何？《起信论》曾言之矣，论云："当知一切法不可说，不可念故，名为真如。"

问曰：若如是义者，诸众生等，云何随顺而能得入？

答曰：若知一切法，虽说，无有能说可说；虽念，无有能念、可念，是名随顺。若离于念，名为得入。

一切法不可说、不可念故，名为真如，此是就一切法而明真如也。意谓一切法无体，体惟净性（净性，即真如之别名）。既是一切法体惟净性，所以诸法一如，所以称为一真法界。

盖心虽无法，而法从心生，故十法界之法，不离乎惟一真心。曰一如，曰一真，所以本性名为真如者，因此。就诸法以明真如，则一如一真之义，极易明了，此说法之善巧也。因其诸法一如，故不可说，因其真心无念，故不可念，故曰"一切法不可说，不可念，名为真如"也。

问中"如是义"，即指不可说不可念言。以诸众生莫不有说有念，故问云何随顺得入？随顺，即方便之意。问意以为：有说有念之众生，而欲其无说无念，若无方便，何得证入？答中，虽说、念并举，然能无念，自能无说，兹约念义明之，则说义自了。

当知"虽念，亦无能念、可念"一句，正指示修观之方便也。故下即接云："是名随顺。"何以此句是观无念之方便？当知此中具有二义：

一、初约性体言：当知念是业识，而性体中并无是事，所谓从本以来，离一切法差别之相，以无虚妄心念故。此明虽业识纷动，而性净自若，犹之虚空中万象森罗，而虚空仍自若也。此是要义，不可不知。知此，则知性之与念，本来相离，便不致认贼为子。

二、次约念之本身言：当知念之为物，当处起，当处灭，刹那不停。病在于前念灭，后念又起，念念相续，但未有静功者，不觉其是相续，误以为前后只是一念耳。若前、后只是一念者，修行人便无办法矣。正因其生灭不停，故曰不怕念起，只怕觉迟也。此明念乃随起随灭，并无实物，犹之空花，幻有实无也。此亦要义，不可不知者。知此，则知念之本身，当下即空，便不致执虚为实。

二义既明，便随时随处，顺此二义，密密观照。当一念起时，即提起精神自呵自责曰："性本无念，适从何来？"如此一照，其念自息。初心人未有定力，一刹那间，第二念又忽然起，便又如是呵责、觉照。久久，念头可日见减少，即起，力亦渐弱矣。

问曰：提起观照，此不又是起念乎？

答曰：是起念也。当知自无始念动以来，积习深固，逆而折之，甚难甚难！惟有随其习惯，不加强制，却转换一个念头，以打断原念，令不相续。此正因其生灭不停，故能得手。

更须知观照虽亦是念，乃顺体起用之念，便可顺此用以入体，与彼昧失本性所起之念，大异其趣。盖起念同，而起念之作用大不相同。因是知得性本无念，及念亦本空，为欲除其妄念，故起观照之用。此用乃顺性体而起，故与昧性而起者，大异其趣。此之谓"随顺"，此之谓"方便"。

然应知起此观照之念，亦复是幻，亦是缘生无性，今不过借以除他念耳。若执此念为真，便又成病。般若波罗蜜，原是用以对治取著之病，故般若亦不可取著。曰"般若则非般若"者，明其不应取著也。

般若原含三义，所谓文字般若、观照般若、实相般若。因文字，起观照，证实相也。而此三般若，皆不应著。约文字言，若但执文字，不修观行，固完全是名字相。约观照言，若心中存有能观照、所观照之念，亦未离名字相。乃至证得实相般若，实亦无所证，无所得；若有证有得，仍然未离名字相，即非实相，亦不名般若波罗蜜矣。故此中"般若则非般若"，是彻始彻终者。

归源无二路，方便有多门。念佛一法，尤为断念方便之方便也。不令他念而念佛，亦是转换一个念头，而念佛更视作观亲切。盖作观，可说是智念，念佛则是净念——换一个清净念，以治向来染浊之念。并令一心念之，又是以纯一之念，治向来杂乱之念。

且佛者觉也，念念是佛，即念念是觉。觉者，觉其性本无念也。故曰"更亲切"也。所以但能勤恳一心，便能做到念而无念。当知念佛目的，必须归于念而无念。归于无念，便是归于真如，则不说断而自断，不期证而自证矣。其方便为何如哉？故曰"方便之方便"也。

顷所言"不期证而自证"，最初只证得一分，因其时但无粗念耳，其细念尚多也。《起信论》云："若离于念，名为得入。""得入"即是"证入"，而此语一深无底，当知由"观行"而"相似"，然后方到"分证"。

分证者，分分证也。最初只入得一分，由是经历四十一个位次，而至妙觉以成佛，念头方为离尽。离尽，方为完全证入真如之性，然实无以名之，假名为"得入"耳。何以故？以虽得而实无所得，虽入而实无所入故。如此，方是真离念，方是真得入。

至于念佛功夫，虽未能做到念而无念，但能行愿真切，仗弥陀悲愿力，亦蒙接引往生，便同阿鞞跋致，此云"不退"，即是初住地位。如修他法，至此地位，须经久远劫数。今一生即令办到，其为方便之方便，更何待言？须知便同阿鞞跋致者，明其资格本来未到，但蒙佛力摄受而得不退耳。

吾辈幸闻此法，岂可蹉跎，交臂失之？然行愿真切，必须一心在念佛求生上，方能谓之真切；若一面念佛，一面又起尘浊之想，则行愿不真切矣。所以念佛人于断念一层，纵令未易办到，而"不应住色生心，不应住声、香、味、触、法生心"两句，务必要做到。不然，则愿不切，行不真，何能蒙佛接引乎？何以故？尘浊气重，与清净二字太不相应，则佛亦莫如之何也已矣！

总之，妄想纷飞，是众生无始来病根，万不可强制。如其强制，反伤元气。因妄想非他，即是本心之作用，不过错用了，所以成病耳。只要依照佛法，将其转换过来，归到智念或净念上，久久自归无念，便是平等性智，妙观察智矣。

今曰"断除"，当知是除其病，非除其法。"断"之一字，当知是断其妄，使归于真。若能归真，便恍然大觉，了达万法一如，本是一真法界，本无人我差别，则万念冰销。所以只能用转换念头之法者，因此。由是可知转换念头，名为方便者，犹是权巧之词，实在是根本挽救之法。除此之外，并无别法。此理更不可不知。

即以断妄归真言，亦须逐渐进步，凡初机者，犹未可骤语及此。因众生无始便迷真逐妄，流而忘返，譬如世间浪子，久已流荡忘归，今欲挽其回头，必须善为劝导以引诱之，乃有希望。不然，家庭间反增烦恼。

此亦如是，必须多多读诵大乘经典，唤醒痴迷，且多多亲近善知识，开其蒙蔽，指示修途，而用功时复当由浅而深，乃能渐入佳境。不然，心中反不安宁。此又不可不知者也。

即如本经，前面已说了千言万语，直至此处，前半部将了，方显然令其离念。其不可躐等，骤语及此，大可恍然矣。然又当知，自详谈以来，所说种种观门、行门，却皆是由浅入深，为离念作方便者。以修功必须修至无念，方能证性，方为究竟故也。今依此义，再将前文总结一次，逐层点醒，以便融会贯通，开其圆解。

所谓"开解"者，开智慧是也。依据各种经论，开解有三个步骤：

第一步，当令开知境虚智。一切众生，因不知一切尘境，原皆虚幻不实，遂致处处取著，我见横生，故先令了达六尘等境惟虚无实。若其知之，始能不为所迷。不迷，即是智，故名曰"知境虚智"。

第二步，当令开无尘智。尘，即谓六尘等境。"无"者，谓一切惟心，心外无法。必须通达乎此，又得遣荡尘境之方便，渐渐乃能胸无点尘。若能无尘，则慧光愈明矣，是谓无尘智。此智既明，纵有念头，亦极微薄，然后乃能断之。

断念亦须有方便之智，则名曰"金刚智"，此是第三步矣。

金刚者，能断之义也。试观上来一开口便令发广大心，普度众生，若忘却自己者，此最初之第一方便也。因一切众生，以不达一法界故，不觉念起，而有无明，遂致人我界限分得极清，著得极紧。今令舍己度他，发广大心，是令通达一真法界，本无人我之别，以化其胶固分别之积习，乃是从最初所以不觉念起之根上下手，故曰"最初第一方便"。

迨说出"不应住色、声、香、味、触、法布施"之后,即就身相说明之曰:"凡所有相,皆是虚妄。"此便是令观察根、身、器、界,莫非尘境,莫非虚相,以开其知境虚之智也。当知众生所以分别人我,牢不可破者,无非为境所缚,放不下耳。其所以放不下者,无非误认种种境相为真实耳。今唤醒之曰:"皆是虚妄。"真是冷水浇背,令人毛骨俱耸。此第二方便也。

其下接以持戒、修福,能生信心,以此为实,是令信此实义以起修,盖以持戒、修福为起修之最初方便也。果能一念生净信,则是已于上来所说,一一能解能行矣。何以故?若无解行,不能一念相应故。至此便得无量福德。何以故?既能一念相应,是已得了知境虚智,住相之心、人我之见便能减少故。

因进一步,告以若心取相,则为著我、人、众生、寿者,以及法与非法,皆不应取。取,即是起念,说心"不应取法,不应取非法",已含有不能起心动念之意在。

复告以法本无定,故不可取,不可说,乃至一切贤圣,皆以无为法云云。无为,即是无生灭心。生灭心,即是念头。是又奖诱之曰:汝既能实信,希贤希圣,并能一念相应,须更令息生灭心才好。以下更说福德之大,以欣动之。及至"四果罗汉"一段,方显然点出"念"字。得果时不能作念,则修因时不应动念可知矣。遂结之以"应生清净心"。

何谓生清净心?应于尘境一无所住而生其心是也。是则比前又进一步,由知境虚智,而开其无尘智矣。前但知之,今令无之,岂非更进乎?然开无尘智,实为最后开金刚智之前方便也。若论修功,由知境虚智,修到无尘智,须经数劫。前是观行位,今是相似位也。

此智为转凡入圣之枢纽。若不得无尘智,便不能更进而开金刚智,亦即不能登初住位。若不登初住,便不能由相似位入分证位而成圣也。故得无尘智之福德,比前胜过无量无边倍也。何以福德有如是大?当知是人成就最上第一希有之法故。成就者,即谓成就无尘智也。心中果能无有尘境,纵然起念,比前更少,力亦更薄。修功至此,方能够得上断念。

故此"请示名持"一科,遂告以断念之法,浅深次第,步骤严整。佛之教化,如是如是。须知自开口一句曰"应如是降伏其心",乃至说到

"不应住色等生心"，皆是伏惑。必须能伏，而后方能断也。此中明明曰："以是名字奉持。"而名字乃是"金刚般若"，故此中所明义趣，皆是开其金刚智也。

金刚者，能断之义。离名言者，离念之义。若金刚智不开，念何能断乎？当知位登初住，便须具有此智，若无此智，便不能断无明。无明者，不觉也。因不觉故念起，故断无明即是断念。必须断得一分无明，乃证一分法身而登初住。自初住以上，无非此智逐步增长，使无明分分断，法身分分证，位次亦分分增高。经历四十位次，而至第十地后心，此智更坚更利，名曰金刚道，而登等觉（第四十一位）。

登等觉后，复用此智以断最后一分极细无明，乃登妙觉而成佛。通常专以等觉之智，为金刚智；等觉以下，仍名无尘智。实则此智之名，显其能断耳。若不具此智，便不能断一分无明，证一分法身，而登初住。故初住以上，实皆具有此智，不过位位增胜。至于等觉，此智圆满，遂致等觉之智，独彰此名耳。此理不可不知。

由上来所说观之，必到相当程度，始能断念。而念若不断，便不能证法身，而转凡成圣。以及断念之前，必须先修种种前方便，其义昭昭明矣。

本经自详谈至此，已经将经义数次总结，而每结各明一义。所以如此者，无非欲闻者融会贯通，多得点受用。且以明经中义蕴无穷，发挥难尽，上来种种宣说，亦不过大海之一滴耳。

此离名字，离言说，两科经旨。

兹将上来所明者概括之，以便记忆，即：

一、先须了彻无有定法，以清妄念之源，此是智慧。

二、更须破除攀缘心想，以截妄念之流，此是能断，此以是金刚般若波罗蜜名字奉持之所以然也。至于作观、念佛，乃能断之方便，此之方便，仍为两科经旨中所具有，并非外来。能观无念者，则为向佛智。佛智者，"般若波罗蜜则非般若波罗蜜"也。

佛说般若，是令依文字起观照。奉持，即是令大众作观照功夫。而离名言，即是令离念。岂非明明令观无念乎？奉持，有拳拳服膺之意，即是应念念不忘佛说，念念不违如来。念念不忘佛说，即是一心念佛也。念念不违如来，则不但念应化身佛矣，且令念法身实相佛矣。又不觉，故念起。令了彻无有定法，便是令其觉，故曰"清源"，以不觉，是起念之源也。

次令破除妄想，是离念，故曰"截流"，以起念是从不觉而出也。而不觉念起之后，遂有能见、所见之分，而成人、我差别之相。今则全在对治不觉念起上用功，即是在我见的根本上下手。根本既拔，我见自无矣。此奉持以断我见之所以然也。

又此两科，是明空如来藏也。空有二义：一、性体本空，二、空其妄念。

此中曰"般若则非般若"，曰"如来无所说"，说性体本空也。而"离名字相"，"离言说相"者，空其妄念也。故此两科，正明空如来藏义。下两科，则是明不空如来藏。空，明体；不空，则明用。下两科不坏假名，所以明用也。盖根身器界，皆是性德所现之用，故是不空如来藏义。

"须菩提，于意云何？三千大千世界所有微尘，是为多不？"

须菩提言："甚多，世尊！"

名者，名字。凡一切法，皆有差别之相，就其差别，安立名字，故名字之言，是就相说。相是幻有，则名为假名。幻有者，明其非有而有，有即非有之意。不坏者，不断灭意。相是体起之用，何可断灭？虽不断灭，然而相实非体，故仍不应取著。因体是不变，相常变动，体是本，相是末，不应舍本逐末，迷相忘体，故不应著也。

离与不著，乍聆似同，细审不同：各不相涉，曰"离"；于显用时而不为其所缚，是曰不著。

上两科曰"离"者，是明修行人重在证体，而体之与相，本来渺不相涉也。此下两科曰"不著"者，又明修行人先应证体，体明必须达用，故不可坏相。然虽达用，终应会归于体，故又不可著相也。此中所说，莫但作解释标科会。般若妙旨，已尽在里许矣。适才是明离与不著，命意不同。又须知意虽不同，而宗旨则同。其同为何？断念是也。何以故？上两科言"离名字言说"者，是离攀缘心，其义前已广说。离心缘者，所以断念也。此两科明境身，亦即依、正二报，皆不可著者，著则又起念矣。虽不坏，却不著，亦所以断念也。其余要义甚多，入后逐层说之。

上科之般若波罗蜜，乃六度之一，固是佛法之名，然亦为性具理智之称。性体空寂，名字言说本来无从安立。上科既就此性具理智上立说，固应遣一切相，所以只说"则非"，说"无可说"，而不说"是名"，即复性本非相，本来与相无涉，故说"离"也。

此下两科，境之与身，本是依正二报，幻相俨然，就此立说，于显明不坏假名之义便。故微尘、世界、三十二相，皆说"是名"。然而究是幻相，虚妄不实，故皆说非而不应著也。

此问亦蹑上文来。盖著相者闻无所说，将曰："若无所说，何以教化三千大千？"且言说本来无相，纵可云说无所说，而世界之大，其相宛在，岂得曰世界无世界乎？为遮此疑，故发此问。问语甚妙，不问世界，而问所有微尘多否，意明世界是由众多微尘集合，而现三千大千之幻相耳。彼执大千世界之相为实有者，亦可以恍然悟矣。答亦妙，长老深领佛旨，故答甚多，意明世界所有，无非众多微尘耳。然则除多数微尘外，岂别有一世界哉？会得但是尘多，便知大千世界，有即非有矣。

"须菩提，诸微尘，如来说非微尘，是名微尘。

此意比前问意更进，谓不但世界，并且微尘非微尘，此意是明微尘亦是假名也。

《楞严》有云："汝观地性，粗为大地，细为微尘，至邻虚尘。"何谓微尘？何谓邻虚尘？若如《俱舍论》、《正理论》所说，则微尘之量，已为目力能见之最细者。盖七倍微尘为一金尘，七倍金尘为一水尘。金尘、水尘者，谓能在五金之空隙，或水之空隙中往来也，则微尘之细可想。又七倍水尘，为一兔毛尘，谓其细等于兔毛之尖。由此可悟微尘之细矣。殊不知此细极之微尘，仍可析之为七个极微尘，则非肉眼所见，惟天眼以上能察之耳。

至此已是色相之边际，无可再析，然而若以慧眼观察，更可析之为邻虚尘。邻虚者谓其邻近于虚空矣，此语犹今言之等于零也。由是可知微尘亦是七个极微尘集合而现,并非实物。故曰微尘,非微尘也。

如此说法,乃是小乘之析空观。析空观者,谓须一一分析而观之,方知其是空也。大乘则不然,惟就性体上观察,便知无论大相小相,皆是缘生幻有,当下即空,何待分析方知?如是观者名为体空观。

本经是为发大乘、发最上乘者说,故曰"如来说"。如来者性德之称。如来说者,明其是依性体本空而观,所谓体空观是也。盖约性而说,微尘本非实体,但不无幻相耳。本非实体,故曰"非"也,不无幻相,故曰"是名"也。

如来说世界,非世界,是名世界。

知得微尘非微尘,但是假名,则世界非世界,但是假名,不待烦言而可解。此说法之善巧也。合此两小科观之,是令修持般若者,无论何种境界,或细如微尘之事,或大如世界之事,皆应不坏、不著。细如微尘,尚不应坏,大于此者,可知矣;大如世界,尚不应著,细于此者,可知矣。

须菩提,于意云何?可以三十二相见如来不?"

"不也,世尊!何以故?如来说三十二相,即是非相,是名三十二相。"

此问亦是由上文生起。盖不得意者,闻世界非世界,而是假名者,将谓佛之随感斯应,现种种身,原为教化大千世界众生,若如上言,是世界有即非有,非有而有矣,然则佛现三十二相之应化身,何为乎?岂应身亦为有即非有,非有而有乎?为遮此疑,故发此问。

须知如来既已证性,而又现三十二相之身者,因众生各各以此如来藏为体,惜其迷相,竟不自知。故由性体显现应身之相,以教化大千世界,为众生开此宝藏,皆令回光返照,不著一切相,而自见本性耳。

众生此性,原与诸佛同体,所谓一真法界是也。故若能自见本性,便是得见如来。若著于相,则所见乃是应身之相,非法身之体,何能谓之见如来哉?明得如来应云何见,则知三十二相亦由缘会而生,当下是空。当下是空,有即非有也;缘会而生,非有而有也。有即非有,故曰"即是非相";非有而有,故曰"是名三十二相"也。

此处问语,与前第一大科中"可以身相见如来否"语气同,而语意不尽同。盖前举身相问,是佛与众生并摄在内,今举三十二相问,则专约佛言也。

答语"不也",是活句,与前答"可以身相见如来否"中之"不也",意同,言不可相见,亦得相见也。流通本"不也"下,有"不可以三十二相得见如来"句,古本无之,是也。当知前科下文,但曰"身相即非身相",故曰"不可",又曰"以身相得见如来",以明上之"不也",下之"身相即非身相",皆是活句,意思双关。而此处下文,既曰"即是非相",又曰"是名三十二相",已足表明"不也"是双关之意,何须更赘一句,曰"不可以三十二相得见如来乎"?应从古本。

举如来说,明约性而说也。约性而说,即是非相,此明性体本非相也。若知体之非相,则三十二相何可见如来耶?今云约性而说,即是非相,是名三十二相,此明"名者,实之宾"。

三十二相既但是名,可悟其体是性也。若知此理而能不著于相,则因相便可会体,何必灭相以见性哉?知此,则三十二相本由性起,故不应坏,而性本非相,故不应著之义,亦得洞明矣!

何谓大千世界,前已广谈。何谓三十二相,亦不可不知其义:

1. 足安平相:谓足里(里边也)无凹,悉皆平满。
2. 千辐轮相:足下之纹,圆如轮状。轮中具有千辐,状其众相圆备。
3. 手指纤长相:谓手指端直,纤细圆长。
4. 手足柔软相:手与足皆软如棉。
5. 手足缦网相:手足指与指如有网然,交互连络,有若鹅鸭指间之形。
6. 足跟满足相:跟,足踵也(俗名脚后跟),圆满无凹。
7. 足趺高好相:趺,足背也,高隆圆满。
8. 腨(音市兖切,如陕。又尺兖切,为喘)如鹿王相:腨,腿肚也,古又谓之曰腓(音飞)。鹿王,鹿中之王,谓大鹿也。谓股肉匀称圆满,不同凡夫腿肚,忽然而粗。
9. 手过膝相:两手垂下,其长过膝也。

10. 马阴藏相：谓男根密藏不露。

11. 身纵广相等相：自头至足，其高与张两手之长相齐。

12. 毛孔生青色相：一一毛孔，只生青色之一毛，而不杂乱。

13. 身毛上靡相：身上每一汗毛，皆右旋而头向上也。

14. 身金色相：身色如紫金光聚。

15. 常光一丈相：身放光明，四面各一丈。

16. 皮肤细滑相：谓皮肤细腻光润，不受尘水，不停蚊蚋。

17. 七处平满相：两足下，两掌，两肩（此谓肩窝）及项中，七处皆平满，毫无缺陷也。

18. 两腋满相：两腋之下充满（不凹）。

19. 身如狮子相：谓威仪严肃也。

20. 身端直相：身形端正无偃曲。

21. 肩圆满相：此谓两肩之全形，不耸不削，圆厚丰满，与上七处平满不同。

22. 四十齿相：具足四十齿（常人至多三十六齿）。

23. 齿白齐密相：四十齿皆白净、齐整、坚密。

24. 四牙白净相：四大牙，最白而鲜净。

25. 颊车如狮子相：两颊隆满，如狮子颊。

26. 得上味相：咽喉中有津液，无论食何物，皆成无上妙味。

27. 广长舌相：舌广而长，柔软红薄，展之广可覆面，长可至发际。

28. 梵音深远相：梵者，清净之意，音声清净，近不觉大，远处亦闻。

29. 眼色绀青相：目睛色如绀青，极清净而光明，有如金精。

30. 睫如牛王相：眼毛分疏胜妙，有如牛王。

31. 眉间白毫相：两眉之间有毫，白色清净，柔软宛转，右旋而放光明。

32. 肉髻相：顶上有肉，隆起如髻。

此三十二相，又名大丈夫相，又名大人相，亦名百福庄严相，谓以百种福德庄严一相。修成三十二，须经百大劫，故曰"百劫修相好"。福德即是普贤行愿，故《行愿品》云："此善男子善得人身，圆满普贤所有功德，不久当如普贤菩萨，速得成就微妙色身，具三十二大丈夫相。"当知相好皆大悲大愿之所成就者也。何故修此相好？以一切有情，无不著相，若见相好，乃生欢喜心，生恭敬心，方肯闻法，方能生信故。

又梵王、帝释、轮王亦有此相，菩萨亦往往有之，但以好不具足，遂不如佛。相好者，非谓其相甚好，盖大相名相，细相名"好"耳。而大与细，亦非谓大小。大相者，到眼便见。细相者，细心观之，乃知其好耳。细相，即所以庄严其大相者。故佛有三十二相，便有八十种好，又称为八十随形好。随形，即谓其随三十二形相也。

菩萨虽亦有"好"，但不及佛之具足。八十，即：1. 无见顶；2. 鼻不现孔；3. 眉如初月；4. 耳轮垂埵；5. 身坚实如那罗延；6. 骨如钩锁；7. 身一时回旋如象王；8. 行时足去地四寸而有印文；9. 爪如赤铜色，薄而润泽；10. 膝骨坚圆，乃至80. 手足皆现有德之相。恐繁不具，详见《大乘义章》。

若三十二相之名，是依《大智度论》而说，他书或有异同。以上三十二相，八十种好，是应化身所现。若佛之报身，则不止此数，盖身有八万四千乃至无量之相与好也。

此大千世界，三十二相两科，合而观之，妙义无穷。盖我世尊就此两事上，说"非"，说"是名"，最为亲切有味。闻法者，果能于此悉心体会，可于般若要旨，涣然洞然也。概括之，可分四节，以明其义：即一约众生以明，二约因果以明，三约空有同时并具以明，四约究竟了义以明，是也。

第一约众生以明者，换言之，即是世尊所以于大千世界、三十二相两事上说"非"、说"是名"之意，皆是就众生分上，亲切指点也。何以言之？世界为一切众生依托之境，若无世界，云何安身立命耶？又若如来倘不现三十二应身之相，一切众生从何闻法乎？从何起信乎？由是言之，此两事皆于众生分上，关系最为紧要，可知矣。故约性而言，虽本皆缘生幻有之假名，然谓之假名则可，谓之"非是"则大不可。故曰"是名"，明其虽假名而甚是也，故不可坏。然而当知世界终为尘境，倘一切众生取著此尘相，则心不清净。心不净则土不净，岂能了生死出轮回乎？更须知佛之应身，是法身如来所现之相，即是证了法身，方能现应身。

何故现应身？不现此相，众生无从闻法。而如来现应身以说法，原为欲令众生皆证本具之法身，倘众生取著此应身之相，便不能见性矣。何以故？以其既不能返照本性，虽觌面对此三十二相之佛，亦不能见如来故。岂不大违佛现三十二相之本旨乎？故皆曰"非"，明其约相虽是，约性却非，故不应著也。如此指点，何等亲切。

第二约因果以明者，换言之，是明世尊就此二事立说者，欲令众生明了因果之真实义故也。何以言之？此尘凡之大千世界何来乎？众生同业所感也。此胜妙之三十二相何来乎？世尊多劫熏修所成也。

然则此二皆不外因果法，可以了然矣。因果者，所谓缘会而生也。缘生故是幻有，幻有故是假名。然虽为假名，而有因必有果，永永不坏者也，故曰"是名"。言是"名者"，为令众生懔然于因果，虽性空而相有，丝毫不爽，不可逃也。若知因果性空相，有而不可逃，便应修无相无不相之殊胜净因，以证无相无不相之殊胜妙果。

何谓无相无不相？即是体会因缘所生法，即空即假，即假即空，而二边不著，以合中道第一义谛是也。须知无相无不相，中道第一义谛者，性之实相，本来如是。故如是修持，便是般若波罗蜜也。所以修此胜因，必克胜果。故于大千世界、三十二相，皆说曰"非"。皆说非者，为令众生既不坏因果之相，而复会归于性，便是空有不著，合乎中道也。

第三约空有同时并具以明者，是明世尊就此立说，为令藉闻此法，而得了然于空有同时并具之所以然也。何以言之？说一"非"字，是令不著有也。说一"是"字，是令不著空也。而曰"非"曰"是"，二者并说，是令二边皆不可著。何故皆不可著？因内而此身，外而世界，依正二报，无非因缘和合而生。

当缘会而生之时，俨然现依、正二报名相，岂可著空？当缘散则灭之时，此身何在？此世界何在？岂可著有？不但此也。依、正二报，当其缘生之际，既是因缘和合，谓之为生。可见除因缘外，别无实法，故现"是名"时，即为"非有"时，故曰"有即非有"。亦复当非有时，即现是名时，故曰"非有而有"。

合而观之，岂非空有同时并具乎？既为同时并具，故著空、著有皆非。故今"是"、"非"同说，即是令闻法者，体会空、有并具，皆不可著之意。而依、正二报为名相，显然众所共见之事。此既空有同时并具，则其余可以恍然矣。复为众生关系最密最要之事，此既空有皆不可著，则其余可以了然矣。

上两科，离名字言说，尚是专遣有边。此两科，空有二边俱遣，乃为断除妄念之极致。

第四约究竟义以明者，乃是说明世尊说此两科，是令众生彻底领悟"言语道断，心行处灭"之性体耳。何以言之？依、正二报，既皆缘生，可知惟是因缘聚合之相，故经中谓之"是名"。是名者，明其假名为生也。既是假名为生，可见实未尝生，故经中说之曰"非"。说非者，明其本来无生也。既无所谓生，则亦无所谓灭，然则诸法本不生不灭。而凡夫不知，迷为实有生灭，随之而妄念纷起，是故世尊说为可怜悯者。

更须知身心世界本无生灭，而见有生灭相，安立生灭名者，无他，实是痴迷可怜之凡夫，妄念变现之虚相，妄念强立之名言耳。

经云"是名"者，如是如是，此"是名"之究竟了义也。是故若离于念，身心世界之名字言说，尚且无存，哪有生灭之名字？又哪有生灭可说？如此则泯一切相，而入真实体矣。何以故？真如性体，从本以来，平等如如，非有非无，非亦有无，非非有无，乃至非一切法，非非一切法。总而言之，起念即非，并起念之非亦非。所谓"离四句，绝百非"者是也。

经云"则非"者，如是如是，此"则非"之究竟了义也。此究竟了义，前面凡言"则非"、是"名"处，皆具此义，而先皆不说，至此乃说者，有深意焉。下文云"深解义趣"，可知经文至此，当明深义，故上来暂缓，所谓由浅入深，引人入胜也。

又复此义，就身心世界上说最便。又复此"请示名持"中经义，正明断念以证性。欲断念证性，非奉持究竟了义，则不能也。故曰经文至此，当明深义。知此，便知此义惟宜于此处发之，移前嫌早，移后又嫌迟。

讲经说法，当令文义无谬。盖义有浅深，文有次第，若当说时不说，不当说时便说，是谓于文有谬，纵令其义无谬，亦为妄谈，亦有罪过。此义，凡有弘法之愿者所不可不知也。

又上来说则非、只是说则非，说是名、只是说是名，而第四层之义不然。说是名时，摄有则非意在，而说则非时，亦摄有是名意在，此亦究竟了义也。岂止遣相谈性之为究竟了义？须知但遮无照，但泯无存，则所说者便非究竟了义。遮中便有照，泯中寓有存，方为究竟了义。盖非遮非泯，则不能见性，而呆遮呆泯，又岂能见性？闻此究竟了义，当悉心体会，差之毫厘，谬以千里，至要至要！

再将此"不坏假名"两科，与前之"会归性体"两科，合而观之，更有要义，急当明之。须知前就般若之名字言说令离，复就大千世界、三十二相，令不著者，无他，以性体绝待，一落名字语言，便有能名、所名，能言、所言，既有能所，俨成对待，少有对待之相，便非绝对之体矣。

佛说般若，是令见性，以般若波罗蜜，原由真如之理体正智而出生者也。故约此而令离名言，以明证性必应遣相之意，即复因其体之绝待，故能融摄一切世间、出世间法。

如《起信论》所谓"如来藏具足无量性功德"故（此句是明相大），能生一切世出世因果故（此句是明用大）。可见相用不能离体，即是因其体大，所摄之相用亦大。

而此"不坏假名"两科，所言大千世界、三十二相，正明相大，以其皆由性体显现故，所谓无量性功德故。又大千世界为众生同业所感，是世法因果也；三十二相为佛多劫熏修所成，是出世法因果也，可见此二又即兼明用大。而且举大千世界为言，则摄尽世法一切因果；举佛之三十二相为言，又摄尽出世法一切因果。

又复言世界，则摄一切广大相；言微尘，则摄一切微细相。然则于此而明不著，则一切皆不应著可知矣；于此而明不坏，则一切皆不应坏，亦可想矣。何以皆不应著？以相用应融入性体故。何以皆不应坏？以体必具足相用故。

且由先说会归性体，后说不坏假名之次第观之，是明明开示学人，最初宜用遣荡功夫，以除其旧染之污，使此心渐得清净，乃有见性之望。并名字、言说之相，尚须遣荡，则心中不可有丝毫之相可知。何以故？性本非相故。

然而但用此功，防堕偏空，故更当圆融。圆融者，性相圆融，无碍自在也。故接说"不坏假名"，所以明圆融无碍之义也。盖欲言"是名"而先言"非"者，是明幻有不离真空，相非性而不融也。故虽不坏相，亦不可著相，而后乃能圆融而无碍。无碍者，相不障性也。又复既言"非"，又言"是名"者，是明真空不妨幻有，性非相而不彰也。故虽不著相，亦不应坏相，而后乃为无碍而圆融。圆融者，性不拒相也。

如是之义，乃此四科最精最要之义，《般若波罗蜜》宗旨，彻底宣露矣。正《金刚般若波罗蜜》"云何奉持"之所以然也。若未明乎此，则对于经义，纵令不无道着一二，终是不关痛痒，则所谓解者便非真解。既未真解，如何奉持乎？则所谓行者，实乃盲行而已。如此虽勤苦学佛，必不能得大受用，甚至走入歧途而不自知。反之，则一日千里，受用无尽也。

般若为佛法中根本之义，亦为究竟了义，若学佛者，于此根本义究竟义未明，终是在枝叶上寻求。既未见道，又何足云修道？故不能得受用也。

从来所谓三教同源之说，无非就佛法枝叶上牵引附会，若根本究竟之义，便无从比拟矣。当知佛法所以超胜一切者在此。若学佛而不明此义，终在门外。故上云："一切诸佛，及诸佛阿耨多罗三藐三菩提法，皆从此经出。"是明明开示佛法当从此门入也。

儒家往往剽窃佛法之义以谈儒，而又毁谤佛法，真是罪过。然所剽窃者，只是一知半解，不但非了义，且非全义。因此生谤，可乎？其所从剽窃之路，无非禅家语录耳。

禅家修持，虽宗《般若》，然以不立文字故，遂不根据教义发挥，而其所说又一味高浑，容易为人剽窃附会者，在此。而根本究竟了义，不致被人拼扯扰乱者，亦幸而有此。何以故？儒家克己修身，循规蹈矩，岂非君子？然眼孔短浅，心量狭隘，大都少有所得，便沾沾自喜，知其一便非其二。

故自汉以来，号称尊孔，除汉儒训诂之学，尚于儒书有所裨益外，其他或拉扯谶纬之言，或拼扯黄、老之说，或剽窃禅家绪余之与儒书近似者，附会而装皇之，实于儒家真义，并未梦见，而门户之争，却甚嚣尘上。

以如是我见甚深之人，虽闻佛法根本究竟了义，其不能领解也，亦可决矣。试观程朱皆亲近禅宗大德多年，而所得不过如此，反而操戈相向，亦足以证余言之非谬矣！然则彼辈若闻究竟了义教，纵令不致操戈，其必亦如谈儒理然，牵枝引叶，似是而非，反令正义因之不彰而已，此又不幸中之大幸也。

又此四科，更有一要义，亦不可不明者。其义云何？则以头一科为主，余三科释其所以然，是也。头科云何为主？"般若波罗蜜，则非般若波罗蜜"是也。当知般若，是人人本具之智，即是清净心。

此清净心，住处无方所，用时无痕迹，本是把不住，取不得的。所谓心月孤圆，光吞万象。何以故？以其绝待清净故。《圆觉经》不云乎："有照有觉，俱名障碍。"佛说般若，本令人依文字，起观照，证实相。但恐人存有照觉之智，其下者甚至向名言中觅般若，故特于说明奉持之所以时，不嫌自说自翻，而曰"般若则非般若"。如此一说，直使奉持者心中不留一个字脚，不能沾一丝迹相，真所谓快刀斩乱麻手段，即此便是金刚般若，迥异乎相似般若矣（般若之理，见不彻底，经论中名为相似般若，谓其似是而非也）。一切行人，当如是奉持也。

上云"以是名字"者，当以是金刚名字也。故此《金刚般若》，持以破惑，惑无不尽，持以照理，理无不显，故能即一切法，离一切相，即复离一切相，行一切法。

果能如是奉持，方于世出世法，究竟达其本末边际。谓之波罗蜜者，因此。此佛说般若则非般若之真实义也。复恐学人不能通达，故更说下三科以明其义，俾得洞然明白耳。

"有所说法否"一科，是明般若无言无说也。上云般若非般若，正显其非言说所可及，故以"有所说法否"，试其见地。答曰"无所说"，正与问意针锋相对。若知得虽终日说，炽然说，而实无言无说，是不于言说中求也。如是奉持者，是为般若波罗蜜也。

"三千大千世界"一科，是明般若境智一如也。般若非般若，正显般若非实有一法，而法法皆般若之意，以明诸法一如。恐未能解，故借微尘世界，发个问端。答言"甚多"者，就相而言相也。而如来说非，说是假名者，即相而无相也。

若悟得细而微尘，大而世界，缘生无性，当体即非，皆是假名，则尘尘刹刹，莫非般若。所谓"坐微尘里转大法轮，于一毫端建宝王刹"，所谓"尽十方世界，是自己光明"，又曰"山河及大地，全露法王身"，皆境、智一如之义也。境、智一如，则是无能无所，而绝待清净矣。如是持者，乃般若波罗蜜也。

"三十二相"一科，是明般若无智无得也。般若非般若，正显般若正智。觉性圆明，无能觉，无所觉，而凡夫则曰若无能证之智，所证之果，为何现三十二相？故以"得见如来否"发问。答曰"不也"，乃的示法身无为，原非色相。

但如来以无智无得故，所以大悲随缘，现起无边相好，或三十二相，乃至随形六道。可知种种相好，不过随缘现起耳。既是缘起法门，所以相即非相，而是假名，故曰"非"，曰"是名"也。若会得非相是名，则如来随处可见，即三十二相而见如来，可也。若或未然，著于三十二相，终不得见如来也。奉持般若，如是如是！

总而言之，般若法门，本如来说，今示以尚无所说，何况般若之法？其不应执著，不待言矣。遣其法执者，以清净心中，不可有境界相也。故复示以尘非尘，界非界。使知法法头头，莫非般若，岂别有境界？然而人之不忘乎般若境者，以佛即证此故也。故更示不以相见如来，若知三十二相为非相，而是假名者，则是能见诸相非相矣。若见诸相非相，则见如来矣。知此，则般若非般若之旨，可以洞明，即云何奉持，亦可洞明，盖总以开示当即相离相以奉持而已。

若照此义趣分科，则第二、第三、第四三科，应摄在第一科之下。今不如是而平列者，以平列分科，则空、有二边不著，以及遣荡圆融诸义，彰显明白，易于领会故也。然以般若非般若一科为主之义，经中明有，亦不可漏，故补说之。

此外尚有别义，亦甚紧要，不可不知者。此"请示名持"一科，已由伏惑说至断惑，然而当知惑有粗细，此中是断分别粗惑。故前半部总判曰"约境明无住"，至后半部所断，乃俱生细惑，故其总判曰"约心明无住也"。

问：此中已明离念，岂非已是约心明乎？

答：此有二义，前后不同：

一、此中虽已约心明，然尚属于诠理（即谓尚属于开解）。入后乃是诠修，更于修中显义，以补此中所未及，此前后不同处也。

二、此中先离粗念，即起心分别之念；入后是离细念，即不待分别，与心俱生之念。此又前后不同处也。

上来详明所以已竟。

> "须菩提，若有善男子、善女人，以恒河沙等身命布施。

宝施尚是外财，今则乃以身命施，佛经中名为内财，重于外财远矣。众生最爱者身，最重者命。身指四肢等言，犹未损及于命，已属难能，况为众生舍命乎？且不止一个身命，乃如恒河沙数。人之一生，只有一个身命，今云以恒河沙等身命布施，其为生生世世，常以身命布施，可知。其为难能也何如？其福德之多也何如？然若施相未忘，仍属有漏，如世之杀身成仁者，初未闻其有成佛事也。

> 若复有人，于此经中，乃至受持四句偈等，为他人说，其福甚多。"

受持一四句偈等，胜过恒河沙身命施，此何理也？且前两次，皆以宝施校胜，此更以身命施校胜，又何说也？当知第一次显胜，因甫生净信故，但以一个大千世界宝施福德比较，以显其殊胜。

第二次显胜，因解慧增长，不但知境虚，并知心中本无尘境，故以无量无边大千世界宝施福德比较，以显其殊胜。至此则解义更深，已开金刚智矣。此智既开，便知断其妄念，而舍生死根株，其功行视前更为入里，故不以外财校显，而以内财校显。

因其持说一四句偈等，若能开金刚智，奉金刚般若以修持，便能断念。断念便舍生死根株，而超凡入圣，视彼但能多生多劫舍其身命，而未能舍生死根株者，相去不可以道里计，故持说此经一四句偈等之福德，多于以恒河沙身命布施之福德。以此开金刚智，可望超凡入圣。彼不知持说此经，金刚智便无从开，而仍未能脱生死轮回苦恼之凡夫故也。

> 尔时，须菩提闻说是经，深解义趣，涕泪悲泣，

而白佛言：

从开经至此，所有伏、断分别我、法二执之理事，由浅而深，逐层阐发，至详至晰。故此一科接明"深解"，当机之如是自陈者，无非望大众皆得如是，故既赞且劝也。

何以故？佛与长老，不辞苦口，反复阐明无住之旨者，原欲闻者大开圆解。盖经旨是甚深微妙中道第一义，若不通达其深微，则见地未圆，何能二边不著，合乎中道？经云"深解义趣"，正明其见地已圆，不同向之偏空矣。此其所以自陈非慧眼得闻，至于涕泪悲泣也。此中虽说解义，其实已摄有行，盖解行从来不能分开，故曰解行并进。并进者，以其必行到，方能解到，必解圆而后行圆故也。

当知修行不外闻、思、修三慧。如此中之"闻说是经"，便是闻慧（何以此闻乃是闻慧，至下当说），而深解便是思慧、修慧。何以故？若不思惟修观，便不能深解故。故曰"说解便摄有行"。不但此也，所谓深解义趣者，是何义趣乎？即是深领会得上文所说，当云何生信，当云何奉持之所以然也。

然则说一"解"字，不止摄行，亦摄有信。且下文云："信心清净，则生实相。"生实相，便是证性。下文又云"得闻是经，信解受持，则为第一希有"，乃至"何以故？离一切诸相，则名诸佛"。名之为佛者，明其证性也。然则说一"深解"，不止摄信、摄修，并证亦摄在内矣。而且"信心清净，则生实相"之意，又是说实相之生，便是信心清净。

观此，则前次所说信、解、行、证，虽说为四事，其实乃是一而四，四而一，其理益可证明矣。

此成就解慧经文，乃是开经以来之归结处。何以故？上来师资种种问答，苦口婆心，以发明甚深义趣者，目的何在？无非望闻法者，能开深解而已，岂非上来千言万语，得此一科，始有个着落乎？故曰"归结处"也。

不但此也，从次科"如来印阐"以下（下文"佛告须菩提：'如是……皆得成就无量无边功德'"一段），凡世尊所说，又无非就上来所已说之紧要处，加以发挥，加以证明，令人对于上来所说要旨，更加一层信解，则受持更为得力而已。故此第四科"成就解慧（'尔时，须菩提闻说是经，深解义趣……皆得成就无量无边功德'一段）"，及下第五科"极显经功（下文'须菩提，若有善男子……果报亦不可思议'一段）"，乃是前半部总结之文也。此皆经中之脉络眼目，故预为提出，预为点醒，以便临文易于领会。

本经之例，结经者，凡标一"尔时"云云，皆是表示更端之意。此中"深解义趣"四字，约"义趣"言，则皆上文所有，而约"深解"言，则是上文所无，至此方始自陈，故曰"更端"也。"尔时"二字，与上"请示名持"中之"尔时"，正相呼应。盖"请示名持"以前，所明之义，是开知境虚智，开无尘智；至请示名持时，乃开金刚智。此智甚深，不易领悟。此智若开，便断惑证真，乃修功之所归趣。

今云"深解义趣"，便是自陈其得开金刚之智矣。若但开得知境虚智、无尘智，不过是观行位、相似位，不得曰"深解"也。

不但此也，此中之"尔时"，乃直与经初"尔时，长老须菩提在大众中，即从座起"时之"尔时"相应。何以故？若无彼时之请法，何来此时之深解乎？若深观之，此时之"深解"，已伏于彼时之请法。何以故？因长老能于大众瞪瞪之时，独能窥破佛不住相，因而请法，所以闻法即解耳。若在他人，决不能闻说是经，便得深解义趣，此下文所以云"不足为难"也。是经文中，已明明点出前后关系矣。

不但此也，彼一时开口即赞希有，此一时亦开口即赞希有，皆点明前后相应之眼目处。又观彼时长老即从座起，愿乐欲闻，何等欢欣踊跃，而此时之长老，却涕泪悲泣矣。前后映带，大有理致。盖彼时之欢欣，正此时悲泣之根也。

"尔时"二字，若约当下说，便是开示所以奉持之理已竟之时，亦即闻而深解，悲从中来之时也。

"闻说是经"之闻，与经初"愿乐欲闻"，此两"闻"字正相呼应。闻所欲闻，且复深解，真乃万千之幸，此所以喜极而悲也。

"深解"与最初之"谛听"相应，若不谛听，断难深解。故闻说是经之闻，非泛泛而闻，所谓闻慧是也。然此亦是就长老说，因其本是第一离欲阿罗汉，早能无念，既具慧眼，又复解空第一。故于未闻是经之先，便能洞了无住之旨而见如来，所以谛听之效甚伟，闻便深解耳。

若在凡夫，纵能谛听，决不能一悟彻底。能开知境虚智，已难能而可贵矣！若闻经便尔无尘，千古能有几人？至如金刚智，更无论矣。

即如禅宗六祖大师，闻"应无所住，而生其心"，而得顿悟，古今无第二人。然而传授衣钵以后，尚为猎人羁绊十余年。此正佛祖加被，磨炼其金刚慧剑耳。若在末世，尤难之难。故下文云："后五百岁，得闻是经，信解受持，是人希有也。"此理不可不知。然亦不可因难自阻。佛说后五百岁持戒修福，能生信心，便能一念相应。信为道元功德母，果能闻经实信，便入般若之门矣。果能入门，何尝不可顿悟顿断？何以故？诸佛加被故，夙慧甚深故。然则何谓入门？实信尘境皆虚，不为所缚，便是般若之初门也，此理尤不可不知。

"义"者义理，即上来所说观门、行门，若伏若断之真实义是也。"趣"者归趣，亦云趣向，即下文所谓"信心清净，则生实相"是也。

盖义理千端，归趣则一，佛说文字般若，无非令依之起观照，证实相耳。若不了解义之归趣，则如入海算沙，毫无归结，亦如行舟无舵，将何趣向？则亦无利益功效之可言矣。故但解义不解趣，非深解也。且以归趣言之，若但解归结所在，而不解如何趣向，仍是如数他家宝，自无半钱分，亦非深解。必须既了解义之归结所在，更复了解此之所在应如何而趣向，是真能深解者矣。

此"深解义趣"四字，是结经者所加，盖从下文自陈中，得知其能深领解也，故特为标出。其标出盖有二意：一、使读经者知下文自陈中所说，乃开经以来种种妙义之归趣，宜悉心体会之。二、若不标出，则涕泪悲泣，从何而来？且使知以解空第一之长老，乃因深解此经而悲泣，可见经中所说之空，非寻常空、有对待之空矣。

又使知以长老亲依座下之大弟子，乃因闻解此经，至于悲泣。可见此经真是难遭难遇，岂可轻视？更岂可不悉心体会？又使知以长老之悲泣，由于深解，可见久读此经，而漠然无动于中，甚至怕谈般若者，无他，由于经中义趣，未能领解故耳。由是言之，结经者特标此句，其为警策也，至矣切矣。

涕泪而泣，正明其悲。"涕泪"者，悲泣之容也。泣与哭异，有泪有声为哭，有泪无声为泣。人之所以哭者，忽遭意外大损，如刀割心，懊丧之极，不觉失声而恸，此之谓哭。人之所以泣者，深幸未得今得，喜愧交并，感荷之至，不觉垂涕而悲，此之谓泣。长老兴悲，不外此理，即由其抚今而喜，追往而愧，既愧且喜，因之愈感佛恩，合此三种心理，遂现悲泣之相矣。

何以见之？此中云"闻说"，合之下文"佛说如是甚深经典，昔日未曾得闻"，则今日之感谢佛为之说，深喜何幸得闻，可知矣。而昔日虽得慧眼，不闻此经，其深抱惭愧之意，显然若揭。须知当其慨叹往昔处，正其庆幸今日处。故曰：长老兴悲，是由且喜、且愧、且感三种心理所发现也。

至如下之"三劝信解"文中所言，是长老不但自庆，更为一切众生喜得无上法宝，此其所以广劝信解受持也。

然则既如此喜愧交并，能不感激涕零乎？凡人大梦初醒，回忆从前，莫非如蚕作茧，自缠自缚，如蛾赴火，自焚自烧。抚今思昔，往往涕不自禁。古德有云："大事未明，如丧考妣；大事已明，更如丧考妣。"皆此理也。

"而白佛言"者，因闻说是经而得深解义趣，因深解义趣至于涕泪悲泣，于是自陈见地，求佛印证，此必然之理也。

将"涕泪悲泣，而白佛言"八字连读之，便是垂涕泣而道。观经初，长老为大众请法，及下之广劝信解，可见长老向世尊垂涕泣而道，便是向遍法界尽未来一切众生垂涕泣而道也。即次科所说"昔来慧眼未曾得闻"，亦是普告一切众生者，我长老大慈大悲，意在警策一切众生当速发无上菩提心，奉持般若，方为绍隆佛种，方为不负己灵。

若学小法，虽开慧眼，得无诤三昧，成第一离欲阿罗汉如我者，尚不免今昔之感，慎勿如我之闻道恨晚也。而佛说此经，万劫难逢，且义趣甚深，若得闻之，便当如法奉持以求深解，始知佛恩难报，而庆快生平耳。

总之，长老之喜，为众生喜，长老之感，为众生感，其惭愧往昔，悲泣陈辞，皆为激发众生。须知我辈得闻此甚深经典，不但佛恩难报，长老之恩，亦复难报。何以故？佛说此经，是由长老为众生而请说故。

"希有！世尊！佛说如是甚深经典，我从昔来所得慧眼，未曾得闻如是之经。"

"希有"两见，然赞语同，赞意则不同。前因乍悟本地风光，如人忽睹难得之宝，故赞希有。今则深解真实义趣，如人已获望外之财（昔未得闻，而今得闻，故是望外），庆快万分，故赞希有。盖前是外睹宏规，今是内窥堂奥也。

此"希有"二字，不止赞佛，兼及赞法，并有自庆之意。下文云佛说如是之经，可知是赞佛说之希有也。此中又含有四意：

一、难说能说：甚深般若，惟佛与佛究竟证得故，亦惟佛与佛能究竟说，而一佛出世，必经多劫，故曰希有。

二、时至方说：此《金刚经》说在般若之第九会，若无当机之长老，将向谁说？以说必当机，机缘未熟，说亦无益故，故曰希有。

三、无说而说：如来无所说，佛之说此，原令众生见如来。且般若本非言说所可及，故今虽炽然而说，当知实为无说之说，说而无说也，故曰希有。

四、大悲故说：佛视众生本来是佛，因其昧却本来，遂成众生，是故说为可怜悯者。故此无为之法，虽不可说，而假设种种方便说之，皆令入无余涅槃而灭度之，岂非希有？

兼赞法者，下文云"佛说如是甚深经典"，"甚深"二字，便是赞辞。经典而曰甚深，明其超过其他经典也。无上甚深微妙法，百千万劫难遭遇。如本经上文所云"一切诸佛及诸佛阿耨多罗三藐三菩提法，皆从此经出"，以及"持说一四句偈等，胜过恒河沙身命布施"，乃至"经典所在之处，即为有佛，若尊重弟子"等句，其法之希有可知。至若向后所云"是经义不可思议"，以及"为发最上乘者说"等句，莫非明其为希有之法。以其均在后文，此中姑不引释。

云何含有自庆之意？如下文言昔之慧眼不闻此语，正是自庆其今得闻而深解也。然则昔何道眼不开，今何见地深入，岂非希有之事乎？

何云甚深经典？此经所说，是佛法根本义，是究竟了义，是大智、大悲、大愿、大行之中道第一义，是第一义空之义，是令信解受持者成佛之义。且一言一字，含义无穷，其深无底，故曰甚深。以第一离欲阿罗汉之慧眼而未曾闻，正明其甚深也。又般若波罗蜜深矣，而此经乃是金刚般若波罗蜜，故甚深也。其他如上来所引，佛及佛法皆从此经出等言句，其甚深可知矣。

"昔来"者，谓自证阿罗汉果，得慧眼以来也。何谓慧眼，眼者见地之意。佛经说有五眼：

一、肉眼，凡夫见地也。

二、天眼，天人之见地也。天人亦是凡夫，然其所见，超过人道以下，故名之曰天眼。

三、慧眼，见人空理，谓之慧眼，阿罗汉之见地也。

四、法眼，既见人空，更见法空，故名法眼，此菩萨见地也。

五、佛眼，谓佛之知见也，则超胜一切矣。今略说其概，待说至下文明五眼时再详。

昔来但空人我，而此经是空法我，故向于此理，未曾契入，故曰"昔来慧眼未曾得闻"。此中含义，甚多甚要，兹当分析说之：

一、上言眼，下言闻，眼与闻毫无交涉，便可证明所谓眼者，乃谓见地，不能作"眼耳"之眼会，亦不能作"眼见"之见会。

二、眼之与闻，既无交涉，则所谓闻者，亦不能呆作"耳闻"会，乃是返闻闻自性之闻，所谓"闻慧"是也。

三、既是闻慧，则说闻便是说解。然则昔未曾闻者，非谓一径不闻，乃谓虽闻而未得解，等于未曾闻耳。

四、愧其昔未得闻，正是幸其今已得闻。今何以闻？由其深解。故上云"佛说如是甚深经典"，何以故？若非深解，便不知此经有如是之甚深故，此结经者所以标之曰"深解义趣"也。

五、长老嗟昔未闻，大有闻道恨晚之慨，此适才所以悲泣也。然则今者何以闻而深解？以其观见如来，于法无住，其不取著向学之法可知。又复为众请此大法，其发大智、大行、大悲、大愿之心可知，是其见地迥异乎前，故于此甚深之经，遂能契入耳。

六、此经说在《大般若经》之第九会，何云昔未曾闻？又前八会中，长老且转教菩萨，亦不得云"昔未开解"。须知长老今如此说者，无非劝导众生，急起读诵此经，信解受持耳。

七、昔之八会，虽已得闻，其转教菩萨，虽已开解。而《金刚般若》，却是至此乃说，故曰"甚深"，故曰"昔未曾闻"。

八、由是言之，上文所言深解，乃是甚深之解。因般若已是深经，前会已教菩萨，是已早开深解矣。而此会之经，则为甚深之经，故今日之解，乃是甚深之解。故不禁抚今思昔，而知必能如是了解，方为彻底。此其所以闻道恨晚也，此其所以涕泪悲泣，此其所以广劝信解也。

九、长老如是自陈者，复有微意。其意云何？开示大众如是甚深经典，切不可执著文字，切不可向外驰求。当摄耳会心，返照自性，乃得开其见地，了解经中甚深之义趣耳。

十、不但此也，更有深意存焉。既是人空眼，不能见法空理，可见人之学道，浅深次第，丝毫勉强不得。而长老道眼，必至第九会始开，又可见时节因缘，亦丝毫勉强不得。不但此也，世尊出世，原为令众生证般若智，到涅槃岸，乃迟之久而说般若，又迟之久而说金刚般若。

可见发大悲心者，亦复性急不得，以机教必须相扣故。而有一慧眼之见，便不得闻，更可见看经闻法，必应将其往昔成见，一扫而空，始有契入之望。以一有成见，便障道眼故。

> 世尊！若复有人得闻是经，信心清净，则生实相，当知是人，成就第一希有功德。

长老大慈，自得法乐，普愿现前当来一切众生，同得法乐，故盛陈成就之希有，令大众闻之，发心信解。虽文中未明言劝，而劝意殷殷矣。此正大悲大愿之阿耨多罗三藐三菩提心也。

"若复有人"，盖深望有如是之人也。

"得闻是经"，含有不易得，何幸而得，不可错过此一得之意。

"清净"即是无相，如前以不住六尘生心为生清净心，正明住尘便是著相，少著相便非清净矣。

而既曰"不住"，又曰"生心"，又明所谓"无相"者，非对有说无，乃绝对之无，即是有、无等四句皆无，方是无相真诠。若彻底言之，并此绝对之无亦无，乃为究竟清净。所以位登初住，只证得一分清净心，由是而功行增进，愈进愈细，历四十阶级，至于等觉，尚有一分极微细无明。换言之，便是清净心尚有微欠，故曰等觉见性，犹如隔罗望月，更须以金刚智除之，乃成究竟觉，则清净心完全显现矣。

何云信心清净？谓由信此文字般若，起观照般若，而得一心清净也。故此"信心清净"一句，虽只说一"信"字，而解、行、证并摄在内。若非观慧，执情何遣？若非遣之又遣，至于绝对之无，信心何能清净？

所谓观慧者，即是奉持《金刚般若》，离名字言说，不著一切微细广大境界，并希望胜果，亦复不著。但蓦直如法行去，一念不起。果能断得一分虚妄相想（即是生灭心，亦即是念），清净心便现一分。现得一分，便是证得一分法身，而登初住，转凡成圣矣。从此加功至究竟觉，而后生灭灭已，寂灭现前，则自性清净心圆满显现，名曰妙觉，亦名成佛，亦名入无余涅槃。

又可见所谓"信为入道之门"一语，其"门"字是广义，非专指大门而言，堂门、室门，赅括无遗。又可见解、行、证三，皆信字之别名。换言之，便是所谓解、行、证非他，不过信心逐渐增长而光明，至于究竟坚固而圆满耳。何以故？曰解，曰行，曰证，必信心具足，而后乃能解足、行足、证足故。若其信心少欠，尚何能解、能行、能证之可说？故曰"信为道元功德母"也。故前云信、解、行、证，当圆融观之，不能呆板，看作四橛也。故本经中开解、进修、成证三科，皆兼说及信也，此理不可不知。

实相是性体之别名。下文"是实相者，即是非相，是故如来说名实相"三句，即是自释此义。何以性体名为实相？至下当说，今暂从略。性是本具，无生不生，今言生者，现前之义。此与前文生清净心意同，向因在缠而不显现，今奉持《金刚般若》，迷云渐散，光明渐露，有如皓月初生，盖无以名之，假名曰"生"。

《大智度论》所谓"无生生"是也。无生生者，无生而生也。《论》又云："诸法不生，而般若生。"盖谓若解得诸法不生，便是无生观智现前，是为无生而生。此义甚深，犹恐未能了解，兹更释之曰：无生观智，即是般若，般若实相，皆是法名。既是诸法不生而般若生，而般若亦诸法之一,何得曰生?不过明其无生观智现前耳。盖法本无生,假名曰"生",故曰是为"无生而生"也。

般若生之义明,则实相生之义,可了然矣。更当知般若实相,固是法名,而此法非他,即指本性是。故本经"实相生"一语,便是性光显现,而《大论》中"般若生"一语,便是无生观智现前也。性本无生,故"无生观智"一语,犹言性智。性智者,性光也。言观智者何义?明其智由观现耳,犹之本经之言信心清净。信心清净者,明其心清净,由于信成就耳。

经言"则生"者,"则"者便也。信心清净,便生实相,犹言信心清净,便是实相现前。因其信成就,便心清净,而清净心也,实相也,皆是本性,故信心清净,便是实相现前也,此正显其"生即无生"之义。

当知说为清净,正因诸法不生,然则少有所生,便非清净心,可知。而又名之曰"生"者,以其是无生而生,生即无生故耳。

既然信心清净,便是实相现前,可知实相现前,亦复便是信心清净而已。然则所谓"证得"者,可知亦是假名,实无所证,无所得也。不但此也,所谓信心清净者,亦他人云然。是人心中初不自以为信成就,初不自以为心清净。何以故?少有一丝影子在,便是法相,便是取著,便非诸法不生,尚得谓之信成就、心清净乎?然则经文何必定要说一"生"字?何不径曰"信心清净,则实相现前",岂不直捷?当知说一"生"字,又复含有要义:

一、说之为生者,是明信心清净,乃迥脱根尘,性光明耀,非同死水也,此与前言生清净心同一意味。盖表其所谓清净者,是寂照同时,非只有寂而无照也。而说一"信"字,又是表其功行,前所谓解、行、证三事,并摄在内是也。

二、说之为生者,是明其刚得现前之意也。因实相须分分现,非骤能圆满,若径曰"实相现前",太笼统矣。故说一"生"字,使人领会得"如月之初,从东方现起"耳。

三、说之为生者,又明其初得转凡入圣也。因为实相刚刚现前,便是现得一分,而现一分实相,便是证一分法身,而位登初住,即分证位之第一步,此是初成菩萨之位。故说一"生"字,表明其初入圣位,所以下文紧接曰："当知是人成就第一希有功德。"

前释"最上第一希有"，不云乎？最上即是无上，第一即是正等。菩萨自度度他，自他平等，又复悲智双运，福慧双修，定慧等持，此皆菩萨修功也，皆平等义也。正等者，言其既正觉，复平等也。佛座下菩萨位在第一，小乘位在第二，故第一是指正等之菩萨。

"希有"者，正觉也。凡夫迷而不觉，外道觉亦不正，故正觉是指小乘罗汉，明其能以正法自觉也。能以正法自觉，故曰"希有"。希有者，对凡夫外道言也。若菩萨不但自觉，兼能觉他，故曰"正等"，具足称之，则云"正等正觉"，亦即第一希有。

佛则自觉觉他，觉行圆满，故称无上正等正觉，亦即最上第一希有。今此中曰成就"第一希有功德"，不曰"最上"者，是明其已成菩萨，即初住位菩萨也。以其实相刚生，故由此中文义观之，益足证明前来"最上第一希有"，应作无上正等觉释，不能作他释也。

又此中"第一"，虽亦可作是"成初住第一位菩萨"释，然而不妥者，以与上来"最上第一希有"不一贯，不如仍作"正等"释之。

言功德者，功者修功，德者性德。盖明其既已成圣，则照觉增明，约破自他惑言，则功用平等，是为成就第一希有之功，约自觉觉他言，则性德初彰，是为成就第一希有之德。

福德与功德，同乎异乎？答：不能定说同，亦不能定说异也。何以故？福德专约福言，功德赅福慧言；福德约感来之果报言，功德约显出之体用言；福德多就有为言，功德每就无为言——此所以不能定说同也。然若修功德而著相，则功德成为福德，若修福德而不著相，则福德即是功德——此所以不能定说异也。

上来"校显"处皆说"福德"，此处则言"功德"，何也？答：凡校显处皆言福德，不言功德者，此有三义：

一、持说此经，本是功德而非福德，然因其是引著相布施之福德来比较，故顺文便，亦姑名之为福德。

二、兼以显明修无住行者，虽不应著相，亦不应坏相，故皆言福德，以示修慧，应兼修福之义。

三、持说此经，所以胜彼著相布施者，无他，即因其通达不著相之理故也。所以皆言福德，以明若不著相，则福德即是功德之义也。

又须知七宝施、身命施之人，本是发大心者，即本是修功德者，不然决不能如是布施，然但说为福德者，无他，正因其不持说此经，不能通达应不著相之理耳。是其中又含有若其著相，则功德成为福德之意在也。至于此处，原非引著相福德校显，乃是发明信心清净，便成就第一希有，须知因其能不著相，乃能清净而得如是成就也。故不能言福德，只能言功德。

上科是自陈其已能深解，若非深解，何知经典之甚深？此义前已详谈，然但明深解，尚是总冒。此科以下至"则名诸佛"，方陈明其所深解之义趣。若专就此科说，则"信心清净"句，是深解义，亦兼深解趣意。"则生实相，当知是人成就第一希有功德"，正明深解趣也。"当知"者，谓当知实相之生，便是成就；又当知信心清净，便生实相也。"当知"二字，虽说在中间，而意贯两头。言"当知"者，正因其自得深解，故劝人亦当如是深解也。

何谓信心清净为深解义耶？因前生信文中，世尊言持戒修福，能生信心，以此为实，接云"闻是章句，乃至一念生净信"，而开解文中，复云"应生清净心"，故长老今云"信心清净"，正与前文针对。

长老以为，世尊开口便令发心度众，度无边众生而实无众生得灭度者，乃至有我人相便非菩萨，此义便是令不取相。其下又令不住六尘布施，不住六尘生心，无非令不取相而已。何以不能取相？为生清净心也，所谓"一念生净信"者。信何以净？心清净也。可见生净信，便是生清净心。又可见心之清净，全由于信。

试观"一念生净信"一语，意在明其已得一念相应。何谓相应？谓其一念而与自性清净心相应也。相应之义便是证，而不修何证？不解又何修？而解、行、证一概不提，但云"一念生净信"，可见一个"信"字，已贯彻到底。即是令人体会果能实信为因，必得净信之果也。简言之，信心增长，至于圆满，便心清净矣。由是观之，长老"信心清净"一语，无异为上来世尊所说诸义之结晶，若非深解其义，便道不出。

前文又云"一念生净信者，如来悉知悉见，是诸众生得无量福德"，而于"应生清净心"之下，复云"当知是人成就最上第一希有之法"，故长老今云"则生实相,当知是人成就第一希有功德",亦正与前文针对。

长老以为,世尊所以云"应不取相","应生清净心"者,以必须远离根、尘、识之虚相,乃能生起清净心之实相也。所谓"得无量福德"者,以其成就最上第一希有之法故也。"最上第一希有",惟佛堪称,其下缀一"法"字。上又曰"当知",皆是防人误会而告之曰:当知是生清净心之人,虽未成佛,却已成就成佛之法矣。其法云何?即所谓离根、尘、识虚相,生清净心实相是也。当知是人由实信故,而能离虚显实,一念相应,其功德已成就第一希有之菩萨。至此地位,是已超凡入圣,始有成佛之可能。盖必先成菩萨,而后方可成佛(此处之"当知"正与前文之"当知"相应),故必成就第一希有功德,乃为成就最上第一希有之法也。此非长老深解义之归趣乎?且知信心清净,便生实相而得成就,又非长老深解义之趣向乎?

由上来长老所解之义趣观之,吾人亦可悟得,既然证性,便是信心清净,则吾人必须开解者,无他,在令信心增明而已。而必须进修者,亦无他,在令信心增长而已。盖以信为主干,解、行、证则为信之助力也。

复由此可悟信为主干,故曰"信为入道之门",故曰"信为道元功德母",故学佛必当首具信心。

而此经全部,是以生信、开解、进修、成证,明其义趣。故吾人闻得此经,对经中所明之如何为生信,如何为得解,如何为修无上菩提,如何为成忍,首当一一信入之,然后方为实信,乃能开解精修而得证也。经中处处兼说信字,即是点眼处,吾人当如是领会也。

更有一义,不可不知者:信为主干者,意在令初发心菩萨得以入门也。然而当知一即一切,一切即一,《华严》明此义。故约信、解、行、证言之,若以信为主,则一切皆趋于信;若以解为主,则一切又皆趋于解矣,其他类推。

故闻法当深会其用意之所在,若执著名言,死在句下,为学佛之大忌,亦非圆融无碍之佛法矣。即如信字固要紧,解字亦要紧。

简明言之,即是信、解、行、证四事,无一不关紧要,而四字中尤以信、解为最紧要,以此二事最密切故也。何谓最紧要?学人若能实信、深解,则自能精修而得,否则哪有修证之可言?故曰最紧要也。

何谓最密切？解因信有，信从解生故也。信字居首，此经亦先说生信，次说开解，且信字贯彻到底，如上所说，则解因信有，自不待言。

而曰"信从解生"者，即如前云"能生信心，以此为实"，此中便含有信从解出之意。云何生信？以此为实故也。若非了解得经中真实义，何能以此为实？又此中长老自陈其深解之义趣时，开口乃云"信心清净，则生实相"，亦是显明若非深解，便不知信心关系有如是之巨也。则信从解生，愈得了然矣。其他本经中语，可引而证明者尚多，兹不具述。

前云：成就第一希有功德，是初住位。云何知其是初住耶？

答：此有二点：一是从上文生字看出，二有《大智度论》为证也。当知实相现前便是证无生忍，《大论》卷五十曰："于无生灭诸法实相中，信受通达，无碍不退，名无生忍。"

按论中所言"通达无碍自在"一语，即是"证"义。然则证无生忍，是因其通达实相，则实相现前，便是证无生忍也可知；而实相现前之位次，便是证无生忍之位次，亦可知矣。

证无生忍位次，经论有种种说，前已谈过，今无妨重言之。如《大论》七十三云："得无生法忍菩萨，是名阿稗拔致。"阿稗拔致者，不退之义，即初住是，是说初住得无生忍也。而《华严经》则谓八地证无生忍。《仁王护国》等经，则在七、八、九地。以上诸说虽别，其义皆通。盖初住便得分证，至八地以上，得无功用道（即是无学），而后圆满耳。故言初住证者，是谓分证，言八地等证者，明其圆证也。

须知即约圆证言，若细分之，亦有次第。八地、九地、十地所证譬如十三夜月，虽圆而未尽圆，等觉所证圆矣，尚不无微欠，至于佛地，始如月望之月，究竟圆满。而初住之分证，不过证得一分，则如上弦之月，清光甫生而已。故本经曰"生实相"者，正明其清光甫生，位登初住也。

又须知龙树菩萨《大智度论》，说初住便得无生忍者，乃谓"圆初住"，非"别初住"。圆者，言其见地圆融。别者，言其见地无论于理于事，虽极精深而成隔别。隔别，即不圆融之意。

更须知见地圆融者，位虽甫登初住，其见地却等于别初地，故《大乘义章》卷十二曰：龙树说初地以上得无生忍也。龙树本说初住，乃曰龙树是说初地者，此语正显龙树所说之初住是"圆初住"，而等于"别初地"耳。

天台祖师《观经疏》亦曰："无生忍，是初地、初住。"地、住并说者，因其所谓初地，是指别教；所谓初住，是说圆教故也。即此一语，可见别初地、圆初住，见地相等，又可见见地不圆者，必至登地乃圆，又可见所谓证一分法身者，亦大有出入。

何以故？别初住之人，亦必证得一分法身，方能位登初住，然则虽与圆初住，同曰证得一分法身，而此一分之大小，则悬殊矣。何以故？以圆初住见地，等于别初地故。当知自初住至初地，有三十个阶级，岂非圆初住证得之一分，比别初住所证之一分，大三十倍乎？所以圆初住人修至初地，其中间三十个阶级，虽皆须一一经过，而经过甚速，不比别教人之难。然则别教人（即见地未圆者），当其由十信修至初住时，其必难于圆人，亦可想矣。

上来所说种种道理，皆不可不知者。知此，愈知大开圆解之要矣。按《大乘义章》、《观经疏》，同以别初地、圆初住，证无生忍。夫证无生者，证法身之谓也。

圆初住，只证一分，则别初地，亦为证一分也，可知。如是而言，岂非别初住并无所证乎？然不证一分，不得名为初住，其义云何通耶？当知别初地，圆初住之一分，极其光明。

别初住，虽亦证得一分，而犹恍惚，譬如上弦之月，虽现而被云遮。何以故？以其素来见理见事，皆隔别而不融，遂致性虽见而仍隔，证如未证，故至初地见圆，始彰证得一分之名耳。

当如是知，其义乃圆。以是义故，别初住虽曰分证，不过差胜于相似耳。当知名为相似者，因其所见非真月，乃月影。名为分证者，因其所见非月影，是真月，故胜。

然而真月犹隐于浓云之中，故差，以其所见虽真，而仍模糊，其不同于月影也几希。此所以"胜"而曰"差"也。然虽相去几希，一则所见纵极光辉，而为水月，是向对面间接窥之，故名相似，一则所见纵极模糊，而为真月，是从性天直接观之，故差而仍胜也。当如是知，其义始彻。

> 世尊！是实相者，则是非相，是故如来说名实相。

此科，是释明实相为何，及何以名为实相之义。"是实相者"，犹言此所谓实相，则是非相，言不可误会是说相。既名"实相"，又曰"非相"，正明其所说乃性耳。如来者，性德之称，如来说，谓约性而说。名者，假名。既是非相，何名实相？故又释明之曰：正以其是非相之故，乃约性而说，假名为实相耳。意谓性不同相之虚妄，所以名之曰"实相"也。

经文含义无穷，只好逐层而说。兹先如上说其一义，以便了其大旨，若但作如是说，则不彻底矣。何以言之，性本非相，何故假名为实相耶？此义须分四层说之：

一、"实"字有二义，一是质实义，二是真实义。质实者，质碍结实也，譬杯中盛满一物，甚为坚结，则有质有碍。何以故？再不能容受他物故，此之谓质实。然而性体虚灵，正与质实相反，虚则非实，灵则非碍故。故知实相之实，非质实义，乃真实义。真实者，明其非虚妄也。虚妄亦有二义：一者，虚是空义，妄是邪义。二者，虚是假义，妄是幻义。

初义则为没有，为不好。次义不但非不好，并非没有，乃是假有幻相之义。前云："凡所有相，皆是虚妄。"所谓虚妄者，乃次义，而非初义，此义正与真实义对待。然则相是虚妄，性是真实，明明是对待之物，而且性又明明非相，何以又名之曰"相"耶？须知佛经中一言一名，无不善巧。何谓善巧？能使人藉此名言，可以从此面而达彼面，不致取著一面也。须知正以性本非相之故，而又能现起一切相，空而不空，此性之所以为真实也。

经文"是故如来说名实相"句，正显此义。"是故"承上"非相"言，"如来"指性言。"非相"是性，名曰"实相"者，盖约性而说名为实，以明性非虚妄而是真实之义也。复约性而说名为相，以明性虽非相，而能现相之义也。且由此经文观之，即此"实相"之名，并能令人领会得性体绝待之义。盖性、相对待之说，从表面观之云然耳。若察其实际而深观之，离如来性体，并无相之可说，可知性体之为绝待矣。

经文"如来说名实相"，犹言由如来而说，名实相也。正显非性不能说实，非性不能现相之义也。此假名"性"为"实相"之所以然，一也。

二、此科之义，正与前云"若见诸相非相，则见如来"之义，互相发明：盖前文意明，若只见得"相"一面，则偏于有，若只见得"非相"一面，则又偏于空，皆不能见如来性。何以故？性是空、有同时并具故。

《起信论》明如来藏具足空、不空义，岂非空、有同时乎？故必应能见相即非相，方见如来也。须知应见相而非相，亦应见非相而相。相而非相，色即是空也；非相而相，空即是色也。前文既明"色即是空"义，此中复明"空即是色"义，令人统前后而合观之，则于空有同时并具之义，更可了然。

经文初云"是实相者，则是非相"，明其相即非相也。复云："是故如来说名实相。""是故"承上非相，而接云"说名实相"，明其非相而相也。相即非相，非相而相，正是如来藏真实义，故曰"如来说"，故先云"是实相者，则是非相"（重读实字），后云"说名实相"也（重读实字）。此假名"性"为"实相"之所以然，二也。

前文见相即非相，便含有非相而相义在，但未显说。故此中藉明何为实相之义，而显明道破，以补足之。先说相即非相，后说非相而相，正明承相即非相而为之补足之义。又须知相即非相，非相而相二义，本互摄而并具，故于说相即非相之下，用"是故"二字承接说之，既以明补足前文之义，兼明二义本相联贯之意也。

三、佛经中常云："性体空寂。"因防人误会性体之"空"为"空无"，性体之"寂"为"枯寂"，故复名性体为实相也。实者，真实有之，非空无也。相者，炽然显现，非枯寂也。此中正明此义。

"非相"二字言其空寂也。何以故？是相皆非，岂非空寂？殊不知正因是相皆非之故，乃约如来性体，说名曰"实相"。说名为实，显其妙湛总持，常恒不变，虽空而非无也。说名为相，显其胡来胡现，汉来汉现，虽寂而常照也。此又"性"名"实相"之所以然，三也。

四、古德说实相之义，为无相无不相，此说甚妙，极为简明。无相无不相，应以二义说之，始为圆满：

1. 性体本不是相，故曰"无相"；然虽不是相，而一切相皆缘性而起，故又曰"无不相"。

2. 虽能现起一切相，而与一切相仍然无涉，故曰"无相"，此明其即相离相也。性固不是相，然不自起一念曰"不是相也"，故曰"无不相"，此明其即不相而离不相也。次义深于前义，总以明性体离念而已。无念则无所谓相不相，故念离则相不相一切皆离矣。然则以性体无相故，虽名之曰相，与彼仍无涉也。以性体无不相故，则名之曰相，于彼又何妨哉？

况相有二义：一谓外相，即境相之意。一谓相状，乃摹拟之辞。名性为相，当然不能呆作境相会，故实相一语，犹言真实相状耳。无相无不相，正性体之真实相状也，故名之曰"实相"。如此释无相无不相，义固圆满，而如此释实相，亦颇善巧。

而此"无相无不相"一语，古德原从此科经文中领悟得来。故无相无不相，既具如上所说之二义，此科经文，亦复具此二义。

约初义言，以性体本不是相，故经文曰"是实相者，则是非相"；然虽不是相，而一切相皆缘性起，故经文曰"是故如来说名实相"也。

约次义言，以相、不相一切皆离，故经文曰："是实相者，则是非相。"非，有离意也。实相便是非相，岂非相、不相俱离乎？相、不相俱离，如来藏之真实相状，如是如是。故经文申明之曰：以是相、不相俱离故，约如来性体说，得名之为真实相状也。此"性"名"实相"之第四义也。

佛说本性，加以各种名称，乃至一切法亦无不用种种语式，安种种名词者，此义甚要，而亦从来无人说及，今为诸君略说之。

当知佛之说法，原为破众生之执。因偏私故执，因执而愈偏私。众生所以造业受苦，轮回不已，生死不休者，全由于此。而世间所以多烦恼，多斗争，乃至杀人盈城，杀人盈野，亦莫不由此。

世尊出而救世度苦，故首须破此。须知众生所以偏私成执者，无他，由其智慧短浅，凡事只见一面，遂以为法皆固定，彼之所见，必不可易，而不知其是偏也，而不知其是执也。故佛为之顶门一针曰"无有定法"，以破其偏执之病根。

而凡说一法，必用种种语式，安种种名词者，正表其法无有定也。此"法"字是广义，通摄世法、出世法而言，若但以为出世法如此，违佛旨矣。

更当知人之要学佛，学佛之要修观者，无他，以观照圆融之佛理，便能转其向来所有之观念，以化其偏执之病耳。故学佛而不修观，其益至小。何以故？必修观乃能明其理故。因观深，而后见理深，因观圆，而后见理圆；亦复见理深，则观愈深，见理圆，则观愈圆。

如是辗转修习，智慧即辗转增明，已于不知不觉间，执情渐化，而妄念潜消矣。故所谓遣执者，其妙用在此，非硬遣也。所谓断念者，其妙用亦在此，非强断也。

然则所谓在此者，果何所在？当知佛之说法，从不说煞一句，从不说煞一字。且每说一法，必用种种语式，必安种种名词者，无他，为令闻法者，必须作面面观，乃明其中之义趣也。此即妙用之所在，何以故？借此便已除其向来只看一面偏执之恶习故。

而此经所说，尤圆尤妙，真乃金刚慧剑。何以故？果能由面面观而达于深观、圆观，便无惑而不破故。且既须作面面观，方明义趣，自不能不多读大乘，以广其闻见，更不能不静意觉照，以领其精微，而定慧在其中矣。果能如是，不但修各种功行，皆得自在受用，对一切世法，皆得进退裕如，而转凡入圣，已建基于此矣。何以故？定慧日增，妄念日少故。此是闻法的紧要关键，入佛的最妙诀窍，急当着眼。

鄙人敬本此旨，每说一义，亦必作种种说，反复周密，不厌其详者，无非希望闻者，开豁心胸，多得作观方便而已。盖本来面目，固非言说所可及，且众生久已忘却，若不于无可言说中，多设方便以说之，云何修观耶？

上来是明面面观、深观、圆观之益大。如其反之，其病亦极大。即如信、解二字，每见有人一味主张，但办信心，老实念佛，足矣。

一切经典，不许读诵，大乘法宝，更置之高阁，苟有研求教义，喜赴法会者，辄呵之曰"不老实"。须知老实念佛须有程度。念佛的义趣，一毫未明，何能老实？如此主张太过，岂止钝置学人？且复违背佛旨。以《十六观经》明言，求生净土，应读诵大乘，明第一义，其次亦须闻第一义，心不惊动也。所以凡依其方法而学者，非不能振作，半途而废，便走入歧路而不自知。此不知信从解生之过也。

又见有人手不释卷，博学多闻，一部全藏，翻阅不止一遍，却从不曾烧一炷香，顶一次礼，对于三宝不知恭敬。修行一层，固谈不到，即其口中滚滚，笔下滔滔，亦复似是而非，误法误人。此又不知解因信出之过也。此前次所以不惮烦言耳。

上来所说世尊说法，从不说煞一字云云，须知佛非有意如此，乃是智慧圆满融通，其出辞吐语，自然如此。不但佛然，菩萨亦然，大德祖师皆莫不然。故吾人对于一切经论，古德一切言句，即极不要紧处，亦不可忽略看过。不可忽略者，谓当一一作面面观，深深领会也。

更须知佛菩萨见地，岂吾辈凡夫所能望见？纵能深解，亦不过见到千万分之一，纵令善说，亦不过说得千万分之一，虽穷劫说之，亦说不尽也。即如上科"当知"之义，前次已说了三四层，然其中尚含多义，今无妨再说数种，以示说不能尽：

一、当知是经不可不闻也。何以故？是人之生实信，成功德，由于得闻是经故。且是经不可不闻，换言之，即是般若不可不学。

二、当知信心最要也。何以故？实相之生，由于信心清净故。由是可知前来所说"持戒修福，于此章句，能生信心，以此为实"之语，应三致意。质言之，欲学般若，当生实信；欲生实信，先当持戒修福也。

三、当知转凡成圣，不退菩提，非离相见性不可也。"成就"句，是明其位登初住，超凡入圣。名为"住"者，是明其至此地位，菩提心方能不退，即是信成就也。而心清净，是明离相，生实相，是明见性。

此所以先说当知般若不可不学，何以故？不学般若，不能离相见性故。所以又次说当知先当持戒修福，何以故？不持戒修福，便非实信故；不实信，便不能信心清净故。此皆学人所急应遵行，不如是行，便不能成就，故曰"当知"。当知者，明其不可不知也。

又推而言之，若其大心不发，此经不闻，至高只能开慧眼，成四果罗汉。若其得闻此经，信心清净，至低便能生实相，成初住菩萨。此亦学人所当知者。

由是言之，可见经义实在无穷，实在说之不尽，可见闻法必应作面面观。即如我以种种义说明"实相"，若闻者，但作"此是说明'本性'何以名为'实相'"领会者，则非鄙人反复详说之意也。且若但解得"性"名"实相"之故者，亦与闻者无大益也。何以言之？实相是大家主人翁的本来面目，如此真面，本来惟证方知。

然则云何得证？无他，惟有在返照上用功而已。不但闻时便当返照，更当于清夜平旦时，对境随缘时，依此次所说诸义，深深观照。或单举一义，或融会诸义，皆可。清夜平旦者，是向自心中观照也。对境随缘者，是向一切法上观照也。果能如是，则受用无边矣。

当知佛于本性，安立各种名称者，便于人之因名会体也。而各种名称中，"实相"一名，于二边不著，空有同时，较易领会，此又长老独举此名为言之一意也。

鄙人复就此名开种种义而说之者，意在便于闻者返照用功时，多得领会之方便，非但为解释名义也。由是可知开种种义说之之关系矣。

校：此下旧版及原稿均有"前次已声明分四层说明，然前但说其二，今当继续说之"凡二十二字，其下接解实相三四两义。兹依江居士讲时次第，将三四两义提前，与一二两义相联属，仍附识备考。

此科复有要义。因长老说此，固是释明"实相"为何，以及何以名为"实相"等道理，实兼以指示用功方法也。何以知之？此中既明相、不相俱离，则与下文所说"离一切诸相，则名诸佛"正相呼应。"离"字大有功夫，无功夫何能离？何能名为佛耶？故知此中说有修功在内也。

当知说一"非"字，便是绝百非，亦即是四句皆离，所谓有亦离，无亦离，亦有亦无亦离，非有非无亦离是也。由是可知，古德释"实相"为"无相无不相"，此一"无"字，亦是"绝待之无"，非对"有"说"无"也。盖相与不相，本是对待之辞，有对待，便有变动，有变动，便是有生灭，有生灭，便非坚固。而性体确是万古常恒，究竟坚固。坚固则无生灭，无生灭则无变动，无变动则无对待，无对待便是绝待。绝待者，相、不相虽皆不离乎心性，而心性则超然于相不相之外是也。质言之，相，有也，不相，无也。超乎其外，岂非超乎有、无之外？则"无相无不相"一语，是说"绝对无"，而非对"有"说"无"之理，可以恍然矣。然则云何能绝对无之乎？有、无四句皆离是也。

故经文曰："是实相者，则是非相。"说一"非"字，便是指示修功也。是令学人欲见实相者，当静心于一切皆非上领会，若领会得实相便是非相，便领会得，倘使心中少有相、不相的影子，便非实相矣。故"是实相者，则是非相"一语，异常锋利，不得少触，触著便丧失慧命。质言之，是令学人须于一毫端上契入也。

今欲诸君有下手处，再依此理，说一方便。方便云何？即是须于未起心动念时，精密观照。苟一念起而偏于有，即呵之曰"非也"，或偏于无，亦呵之曰"非也"，乃至念亦有无，念非有无，皆以"非"字呵而遣之。此是最妙观门。

当知念头不起则已，起则于四句中，必有所著，今一切非之，便是离念之快刀利斧也。岂非最妙观门？至若出世法之六度、万行，一一如法精进修行，而曾无芥蒂于其胸中。一一精进，不坏也，无不相也。而心中若无其事，不著也，无相也。

而一切世间法，事来即应，事过便休，虽应而能休，虽休而能应，所谓提得起，放得下。无论世出世法，少有所偏，皆以"非"字遣之。如是久久体会四句皆离之义趣行去，便能做到应时便是休时，休时便能应时，自然二边不著，合乎中道，而相、不相、有无四句皆离矣。此又是最妙行门也。

经中明明曰"是故如来，说名实相"，便是开示学人既非之而又说者，但明其不必坏耳。须知，虽说而是假名，如来性体，仍宜离名字言说以自证也。而离名字言说，便是离念。离念方便，又莫过于向未起心动念时观照。一念苟起，便一切非而驱除之，岂非的示修功？当知自上科"信心清净，则生实相"以下，正长老之深解义趣也。故闻经者当如是深解也。

世尊于"本性"安种种名，长老又独举"实相"一名而言，皆为令学人便于体认本性，故实相义，宜多发挥。《大论》说实相有四句偈，最精最详，最宜知之，以便时常觉照。实相即是性的本来面目，正因昧却本性，故成众生。今欲转凡成圣，不真切体认得乎？

偈云："一切实一切非实，及一切实亦非实，一切非实非不实，是名诸法之实相。"即此可见菩萨说法善巧，不就"相"字说，而就"实"字说，一也。不就"性"说，而就"诸法"说，二也。

须知说为相者乃是假名，不过使人明了本性之状况耳。故不就"相"说，便是点醒不宜将"相"字看呆。若其看呆，便已著相矣。其就"实"字说者，又有深意，以人之著相，由于误认为实耳。若知一切法实亦非实，非实而实，便知一切法相即非相，非相而相矣。如此说法，岂非善巧？

其就诸法说者，须以三义明之：

一、使人得知心外无法也。佛说一切法，但是幻相而无实体，体唯净心，故曰"万法唯心。"又曰"心外无法。"故可就诸法以明实相。因诸法之实相即是性故，就法而说，无异就性而说也。

二、使人易于体会也。众生既久忘本来，而一切法则为众生共知共见，不如就诸法说，俾得因诸法而悟心性。

三、使人明了一真法界也。《起信论》云："因不知一法界故，不觉念起而有无明，遂成众生。"一法界者，一真法界也。十法界万象森罗，而真如则是一也，即一切同体之意。

若知得一切法之真实状况，莫不空、有同时，则上自十方诸佛，下至一切众生，以及山河大地，情与无情，莫不皆以净心为体，可了然矣。以净心之实相，本是空、有同时故，是之谓"一真法界"，亦曰"诸法一如"。须知一切法皆由心现，心性既空有同时，故一切法无不空有同时耳。此善巧之二也。

龙树以马鸣为师，故《起信论》已约诸法以明真如，真是衣钵相传。"一切实"者，一切法俨然在望也，此语是破执无；"一切非实"者，一切法当体即空也，此语乃破执有，又防人闻而执为亦有亦无、非有非无，故又说下二、三两句。

及者，连及之意，谓不可但看第一句，须连第二、三句而体会之。其意若曰：顷所言"一切法实"与"非实"者，非隔别而不融也。当知乃是实即非实，非实即非不实耳。实即非实，所谓有即非有也，色即是空也；非实即非不实，所谓非有而有也，空即是色也。如是则四句俱遣，诸法之真实状况如是，亦即性体之真实状况如是，而结之曰"是名诸法之实相"者。

又明法性本不可说，说为实相，亦是假名而不可著耳。常有人闻四句俱遣，及空、有同时，不免怀疑，以为亦有亦无，非有非无，与空、有同时，义味无别。何以故？谓之空、有同时者，岂非明其说有亦可，说无亦可乎？又岂非明其但说有便非，但说无便非乎？然则何以说亦有亦无，或说非有非无，皆谓其偏执而遣之耶？此人如是说来，误矣，大误矣！以其不但未明亦有无、非有无之语意，并未明空、有同时之语意故也。当知亦有无、非有无两句，是承其上文有句无句而来，故谓之四句。

说"亦有、亦无"者之用意，以为第一人单说有，第二人单说无，各偏一边，诚然有病。我则不如是，我说一切法，乃是亦是有亦是无。既二边之俱是，则偏于一边之病除矣。殊不知说有便不能说无，说无便不能说有，而曰亦有亦无，自语相违，况看成有亦是，无亦是，语既模棱两可，义复隔别不融，故应遣也。

说"非有、非无"者之用意，以为第三人所说，诚哉有病。我则异乎是，我说一切法，乃非是有、非是无，既二边之俱遣，则第三人执著二边之病除矣。殊不知"非有"便是"无"，何又云"非无"？"非无"便是"有"，何又曰"非有"？岂非戏论？且仍是看成有是有，无是无，其隔别不融，亦与第三人病同，故应遣也。

又复第三人见地，既说有、无双是，则仍是偏在有边，而第四人见地，是说有、无双非，则依然偏于空边，岂不应遣乎（双亦似是双照，双非似是双遮，然实际仍大不同。以双照、双遮之言，明其得中，而双亦、双非之说，只知二边故也）？若空有同时之义，是明空时即是有时，有时即是空时，空有圆融。

既然非二，便是无边，边尚且无，更何从著？与亦有亦无，非有非无，义味天渊，何云无别！

尤有进者，众生若知得空、有同时，可见空、有俱不可说；若知得空、有尚不可说，则何所用其分别哉？此佛说空、有同时之微意也。盖既以除众生分别情见，且令离名言而自证耳。故无论说有说无，说亦有无，说非有无，一切俱遣。

以上是约对治义说，若约究竟义彻底说之，言遣则一切遣，言不遣则一切不遣。须知凡言遣者，因执故遣，若无所执，则无所遣。故空、有同时，亦不可执，执亦应遣。

何以明其然耶？试观《心经》，先言"色即是空，空即是色"，以明空、有同时，使人悟此得入般若正智也。而其下又曰"无智亦无得"，此即开示空、有同时，亦不应执之意。

本经亦明明言之，如曰"般若非般若"是也。即如此科亦然，先言"则生实相"——成就功德矣，而此科又曰"实相则是非相，说名实相"，亦因防人执著实相，故说"非"，说是"假名"，以遣之耳。实相，即是空、有同时也。当知空、有同时，何以不可执？因少有所执，便偏著于有边，而非空、有同时矣，故应遣也。

若闻吾此言，而于空、有同时之义趣，绝不体会观照，则又偏著于空边，而非空、有同时矣，亦应遣也。当如是领会，至要至要！

总之，情见若空，说空、有同时也可，即说四句又何尝不可？若其未也，说四句固不可，即说空、有同时，亦未见其可也。着眼着眼！

如上所说"实相"之第二义中有曰：此科是与前文"若见诸相非相，则见如来"，互相发明。由是言之，长老之深解义趣，亦可见矣。

然而长老之所深解者，犹不止此。须知性之别名甚多，今不举他名，而独举"实相"一名以言之者，又是发明上来说"法与非法，皆不应取"，说"非法非非法"，说"则非……是名……"等等之义趣也。上来世尊如此说者，皆是令不著于空、有二边以圆融之，以著于二边，便非性而是相故。若取法相，即是著我，若取非法相，亦即是著我故。

今长老乃于空、有同时之实相，亦说"则非……是名……"，此正针对上来世尊所说，为之发明二义，以便令领会者。二义云何？

一、性本空、有圆融（同时者，圆融之义），若著于二边，便与本性不相应故。

二、空有圆融，尚不应著，以少有所著，便非空有圆融故，何况二边？其不应著，更何待言？此独举"实相"为言之深意，亦即长老之所以深解义趣也。

又如上所说，此科"非"字，有"离"字意，是说修功，是与下科"离一切诸相，则名诸佛"相应。当知此约现前、当来劝两科之文，实无处而不相应，以两科所说，本是互相发明者，此义至下当说。

世尊！我今得闻如是经典，信解受持，不足为难。

"我今得闻如是经典,信解受持",此一语,正是说明昔来所得慧眼,未曾得闻之所以然。何则?若知今之得闻而信解受持,便知昔之未曾得闻者,非他,以心中有一所得之慧眼,便于此深经自生障碍矣。纵令得闻,亦必不能信解受持,则闻如不闻矣,故曰"所得慧眼,未曾得闻"也。

此言正是说明其障碍,全在慧眼。慧眼何能生障?则全由于有一"所得"在耳!何以故?有一所得,便是法执,便是智慧浅短,则于此三空胜义,岂能相契?且有一所得,便是自觉已足,便是悲愿不宏,则于此舍己度他,且度无度相之妙行,更难相契。此其所以昔来未曾得闻也。

今则窥见世尊一切无住而道眼开,为众请求说此深经而大心发,故得闻而信解受持也。

"解"者"了解","受"者"领纳",亦即领会,故解之与受,其义相近。既言解,复言受者,受持二字乃是合说,盖受持合说,以明当解、行并进也。又"持"字,复有执持不失之义,故"信解受持"一语,是明其不但能信能解,且能解行并进而不退也。"不足为难",是说不十分难,非谓绝对不难。不十分难,此其所以自庆也。若绝对不难,不得云"昔来慧眼,未曾得闻",亦不致"涕泪悲泣,赞叹希有"矣。

何以不足为难耶?盖有三义:

一、身值佛时也。耳提面命,获益自易。况以如来光明摄受,见闻随喜,便得莫大之福,便生莫大之慧,初不必开示也。而生逢盛会,福慧夙根,一定深厚,如是因缘具足,所以佛每说法,现座证果者,不可数计。而生在佛前佛后者,为八难之一。长老躬为大弟子,故曰"不足为难"。此自庆之一也。

二、已证圣果也。如《大品》云:"般若甚深,谁为能信?"答曰:"正见成就人,漏尽阿罗汉,能信。"今长老既证阿罗汉果,所以不足为难。此自庆之二也。

三、能解空义也。《般若》一部,皆明第一义空,而长老于十大弟子中,解空第一,是其根性最利,易于契入,故前八会,皆是长老为当机。今说甚深经典,亦是长老发起,故曰"不足为难"。此自庆之三也。

综观下文,亦具上说诸义。何以故?长老自言"不足为难",正以显末世之十分为难,以其生不逢佛也。而自己庆幸处,亦即加意奖励后进处，意谓我今幸遇世尊，既证阿罗汉，又解空义，故得信解受持耳。以彼末世众生，既不遇佛，甚难得闻，甚难信解受持者，而竟得闻，竟能信解受持，彼真难能可贵，其根性必远胜我（菩萨种性，远胜罗汉），我今何足为奇？故曰"不足为难"也。数行之中，词意反复勤恳，其鼓舞后进之心，拳拳极矣！

> 若当来世，后五百岁，其有众生，得闻是经，信解受持，是人则为第一希有。

"来世"，泛言佛后。"后五百岁"，则指佛入寂后，第五个五百岁，即末法之初。今则将满三千年，已在第六个五百岁之末矣。经中凡言后五百岁，亦不限定在第五，总以明其是末法时代而已。

《楞严经》言，此时众生，斗争坚固，入道甚难。斗争者，己是人非，争强斗胜也。坚固者，一味斗争，牢不可破也。试观中国自宋以来（宋初至今将千年，彼时正入末法之初），讲求道德学问者，门户之争，远过汉唐。于是有宋学排斥汉学之风，有儒家谤毁佛教之习。

迨后所谓道学者流，又自起斗争，如程朱与陆王两派，是也。总不外乎独树己帜，打倒他人。有因必有果，卒之反被他人打倒，遂有新学将旧学一齐推翻之事，连孔子亦受其累。殊不知孔子之真实义，自汉以来，学者并未梦见。

即以佛门而论，入宋以后，亦染此风，各宗各派，斗争甚烈，莫不己宗独是，别宗尽非；愈趋愈下，至于近今，竟有欲推翻《起信论》者矣。实可痛心！佛门尚且如此，道德学问中人，尚且如此，其他更何待言？

所以"奋斗"二字，成为格言。殊不知古人曰努力、曰奋勉、曰自强，即佛教中亦曰勇猛、曰精进，此等言句，皆就己身说，有利无病。今曰"奋斗"，虽亦是自强，而含有排除其他意在。此盖斗争习气愈深所致，世道所以愈苦也。

斗争云何起？起于执著，执著由分别，分别由我见，而佛法专治此病。今世尊与长老，皆特特就末法时代鼓励，可知今日欲补救人心，挽回世运，惟有宏扬佛法，以其正是对症良方故也。然而正以对病之故，恰与人情相反，以斗争坚固之人，其障深业重，内因不具可知；加以去圣时遥，善知识少，则外缘亦复不足。

因缘两缺，于此深经，不但受持难，信解难，即得闻亦已甚难。非竟无闻法之机会也，其如不愿闻何？然则倘有无此三难者，非久植善根，定为佛遣可知。故曰"则为第一希有"，明其若非菩萨示现，即是具有菩萨种性之人也。

"则为"者，"便是"之意，意中含有成就在。或曰：菩萨示现无论已，其具菩萨种性者，何便成就？当知经中先言"得闻"，又言"信解受持"，是明其三慧具足也，岂不能成就耶（闻是闻慧，信解是思慧，受持是修慧）？盖居末世而得闻深经，实非易事，必其夙有般若种子，所谓"不于一佛，二佛，三、四、五佛而种善根"者。

具有如是胜因，方能得遇胜缘也。故得闻便能生信开解。间或亦有虽得闻而别遇障缘，信心遽难发足，解亦未能大开者，只要遵依佛敕，持戒修福，必能信解受持。

盖持戒是断绝染缘，此自利之基也，修福是发展性德（性中本具无量净功德故），亦利他之功也。如是背尘合觉（绝染缘为背尘，展性德为合觉），自他两利，必蒙诸佛摄受，自于此经能生信心，以此为实。

以此为实者，谓解真实义也。既信且解，自亦如法受持矣。如是三慧齐修，何患其不成就乎？又观"是人便是第一希有"之言，意中含有不可自暴自弃在，此长老谆谆劝勉之意也。此句与上文"当知是人成就第一希有功德"，及下文"则名诸佛"句，正相呼应。

何以故？此人无我相、人相、众生相、寿者相。

上言"是人便是第一希有"，何以便得如是？此下三科，正释明其所以然也。流通本每相皆加一"无"字，唐人写经，即以"无我相"一直贯下，故下三"无"字可省也。

"何以故"者，假设问曰：何故谓此人便是第一希有耶？答曰：以此人，我、人、众、寿四相皆无故。既已皆无，是不著有也。

观文相表面，似但说其空人我相，亦似但明其不著有。然观下文则此人不但空人我，且并空法我，不但不著有，且不著空。

当知此经专明实相。实相者，绝对无外，本非一切相，所谓我法俱遣，空有不著是也。我法俱遣者，谓人我、法我等四相，一切遣尽。空有不著者，我、法等相不著，是不著有也，亦名我空、法空；非法相亦不著，是不著空也，亦名空空；并我法二空言，谓之三空。

末世众生，必其具有般若根性，我法等执较薄，方能于浊恶世中，得闻此法，方能超出常流，信解受持也。既能信解受持，则我、法、空、有之执自遣，此其所以便是第一希有菩萨之故也。故上言"则为"二字中，含有成就意在者，因此。

> 所以者何？我相即是非相，人相、众生相、寿者相，即是非相。

"所以者何"，自问上文"无"字之所以然也。"我相"下，自答自释，意谓适所言"无"，非对"有"说"无"也，乃绝对之无，所谓四句皆无，亦即一空到底。何以言之？因此人非是见得我、人、众、寿实有而能无之也，尤非灭却我、人、众、寿而后无之也，乃能见到我本缘生幻有，当其现幻相时，即是非有，故曰"我相即是非相"。此句明其非于我相外，别取空也。其"人相、众生相、寿者相即是非相"，理亦如是。

《大论》云："众生所著，若有一毫末可有，则不可离；以所著处，无如毛发许有，故可离也。"此意是说，一切皆是幻相，本无毫末许是真实有者，正明其有，即是空也，所以可离。譬如翳眼见空花，花处即是空处，何必灭花而别取空？翳净则花自无，此亦如是。

约性而言，若解得一真法界，则本无差别，本来常恒，哪有我、人、众、寿诸相？约相而言，若解得五蕴本空，则知当其现我相时，便是空时，故我相即是非相也。而人相及一切众生之相，亦莫非五蕴假合，本来皆空，故人相、众生相，亦即是非相。

所谓"寿者相"者，因其相续未断，故成此相。其实既曰"相续"，可见是念念迁流，刹那生灭，非寿者相即是非相乎？此人信解受持而能如是，便具三空之慧矣，亦复四句俱离矣。何则？若未能洞彻我、人、众、寿本是幻相，非有现有者，虽能不著，乃是勉强抑制，亦即对有之无。见地既未真，不但用功费力，而根株犹在，断靠不住。且纵能抑制不懈，亦是法执，如《楞严》所云"纵令内守幽闲，亦是法尘分别影事"是也。其病在一"守"字，有所守，便有所执矣。何故如是？见未彻底故。

今此人既彻见我、人等相即是非相，是能洞明一切相有即非有也。有即非有，故见如不见，虽万象纷纭，而胸次泰然，则不待抑制而彼自无，何所用其守哉？

无所守，则无所执，是无法相也。且不但法空而已，我相即是非相，可见其非于相外而别取空，是亦无非法相也，岂非并空亦空乎？人空、法空、空空，是为慧彻三空，故此科标题曰"不著空"也。此人真是大根器，以其能一空到底，不是枝枝节节用功的。

前又谓之四句俱离者，何谓也？如上科不著有，此科不著空，是明离有离无也。而曰我、人四相即是非相，既曰"即是"，可见此人并非将有无看成亦有亦无、非有非无，隔别不融，乃是见到有即是无，则其智慧已彻。

空有同时，岂非四句俱离乎？自性清净心，本离四句，无相不相，绝待圆融。此人今既超乎四句，不空而空，空而不空，圆融无碍，便是契入实相性体矣。故曰"则为第一希有之菩萨"也。下科正结显此义。

何以故？离一切诸相，则名诸佛。"

"何以故"者，问我、人四相即是非相，何故称为第一希有耶？"离一切诸相"两句，释明其故也。诸相即是我、人、众、寿。相不止一，故曰"诸"也。而又曰"一切"者，因不但由身见而起我、人等四相已也。

前云："若取法相，若取非法相，即著我、人、众生、寿者"，可见凡有所取，便成四相，故曰"一切"也。若约四句说之，或执有，或执无，或执亦有无，或执非有无。执则便有能执所执，能所便是对待，对待便成彼我之相。执既不一，便成众生相，执情不断，便成寿者相。故曰"一切诸相"也。

实相之性，本是相、不相俱离，故若能离一切诸相，便证法身，故曰

"则名诸佛"。

诸佛有二义：

一、十方三世诸佛也。

二、初住以上，极果以前，名分证觉，亦名分证佛，以能分证法身故。

初住至究竟觉共四十二位，故名诸佛。约初义言，意谓十方三世诸佛，皆因离一切诸相而得佛名。此人已绝四句，彻三空，是离一切诸相矣。虽未遽至究竟佛位，而成菩萨无疑，故但曰"第一希有"，不曰"最上第一希有"。

约次义言，自分证位初住菩萨以上，以至究竟觉，皆须离一切诸相以证法身。此人能离一切诸相，是已证得法身矣。虽未知其所证深浅，至少亦是初住菩萨而为分证佛，亦即是"信心清净，则生实相"，"成就第一希有功德"，故曰"则为第一希有"也。

此中所说"我相即是非相"云云，便是空有不二，性相圆融，亦即是上来世尊所说诸义之总汇。何以故？以"离一切诸相，则名诸佛"，正与"生信"文中所云"若见诸相非相，则见如来"，遥遥相应。故足证此人能离一切诸相，已见得如来性体，岂非第一希有？长老所陈见地，确与世尊心心相印，此之谓深解义趣，故下文世尊即印定之。

前云此"约当来劝"三科，与上"约现前劝"两科，其义互相发明者。试观前文但说一"信"字，此中则云"信解受持"，正以发明前虽但说信，已摄有解与受持意在，因信是道元功德之母故。说一"信"字，便贯到底也。

此中言"无一切相"，又是发明前文"信心清净"之所以然也。而相即非相，二边不著，空有圆融，正是实相之真诠。此中言"则为第一希有"，"则名诸佛"，亦即前文"成就第一希有功德"之意也。此中言"离"，上则言"非"，正相呼应，以相不相俱非，故应离也。

前云"生实相"，又云"如来说名实相"，此中则云"则名诸佛"，意亦一贯。盖现一分如来实相，为分证佛，圆满显现，为究竟佛。

而前后皆曰"名"者，又明所谓实相也，诸佛也，皆是假名，即皆不可执。故应一切非，一切离耳。由是观之，前后只是一义。

故说前文时，应摄后义说之，说后文时，亦应摄前义说之。而一约现前言，一约当来言，互相彰显，此又说法之善巧处。如斯体例，经中常常遇之。

佛告须菩提："如是，如是。若复有人，得闻是经，不惊不怖不畏，当知是人，甚为希有。

凡标"佛告须菩提"句，郑重之意，因下文多补前义所未发，故结经者特标此句，令注意也。"如是如是"重言之者，印其言之极当。

长老前云：若复有人句，原未指明何时。但以对次科之"劝当来"而言，故判为"约现前劝"。今世尊亦但云"若复有人"，亦未克指何时，然于下文结成时，却归到当来。可知此语，乃是通指现前乃至未来而言也。

"惊"者，乍然愕怪；"怖"者，惶惑不安；"畏"者，法退自阻。天亲论曰："惊，谓惧此经典非正道行故；怖，谓不能断疑故；畏，谓由于惊怖，不肯修学故。"

智者疏曰："初闻经不惊，次思义不怖，后修行不畏。"合论、疏观之，则不惊即是信，以初闻经时，不惧其为非正道而惊，是能信也。不怖即是解，以次而思义，毫无疑惑而生怖，是能解也。不畏即是受持，以不畏而自阻，则肯修学，是能受持也。

而变其词者，盖有深意。诚以著有之凡夫闻说相皆虚妄，法执之二乘闻说法不应取，一类偏空之辈闻说非法亦不应取，必致惊怖，怕谈般若。信解尚无，遑论受持？则何能同登觉路，不阻化城乎？故一一道破其不能信解受持之故，令一切闻者当知法本无定，佛不欺人。何必惊怖疑畏？庶几得有信解受持之望耳。

故下文"第一波罗蜜"云云，正明法无定相，五语云云，正明佛不欺人。可见今说不惊、不怖、不畏者，正为说下文张本，而说下文之用意，又正为断众生之惊、怖、疑、畏，前后语意，紧相呼应也。

"希有"而曰"甚"，亦即"第一希有"之意。观"若复"以下语气，亦是印可长老所说者。上言"如是如是"，已经印定，而复说此数语者，无他,意在说出众生不能信、解、受、持者之病根,以劝勉之耳。

何以故?须菩提,如来说第一波罗蜜,非第一波罗蜜,是名第一波罗蜜。

"何以故"句,统贯下文忍辱一科。第一波罗蜜,"第一"二字,指般若言。"如来说"者,表其是约性而说也。约性而说,故曰第一非第一,因性体空寂,哪有此第一波罗蜜之相,故曰"非"也。曰非者,明其性本非相,故不应著相也。即复约性而说,故曰"是名第一波罗蜜",因性体虽无相,而亦无不相。

一切相皆缘性起,此第一波罗蜜亦是缘性而起者,不无第一之名相也,故曰"是名"。曰是名者,明其相不离性,仍应会归于性也。

如此说法,是此科经文之本义。谓之本义者,因本经中凡曰"非",曰"是名",皆是发明此义。此乃根本义,为学人所不可不明者也。

然而此科之义,深极要极,若但说此本义,便非佛旨,因此科以下皆是阐义。谓之阐义者,即是于本义之外,更有所推阐而发明之义在也。其义云何?试思开口即曰"何以故",此三字,是承上文不惊、不怖、不畏,当知是人甚为希有而来。

可知"第一波罗蜜"三句,正是说明不惊乃至希有之故者。若只说本义,而不将此中所以然之理发挥明白,则"何以故"三字,及上文"不惊"云云,皆无着落。

上曰"当知",此正学人所当知,万不可不深解其故者。不但此也,上文不说信、解、受、持,而变其词曰"不惊"、"不怖"、"不畏"者,以末世众生有怕谈般若,不能信解受持之病故也。

此中不说般若波罗蜜,而变其词曰"第一波罗蜜"者,乃藉以阐发般若之精理,俾一切众生得以明了,庶可恍然:般若是不必怕,不能怕的,然后方算得是学无上菩提法之人,方有转凡成圣之希望故也。

何以故?前不云乎:"一切诸佛及诸佛阿耨多罗三藐三菩提法,皆从此经出"。即是明白开示,般若万不可不信解受持,且当从此入门。

若不入此经之门,便是自与阿耨多罗三藐三菩提法隔绝,亦复自与一切诸佛隔绝矣。何以故？诸佛及无上法，既皆从此经出，则欲学无上法，欲转凡成圣者，若不从此经入，岂非自绝其路乎？岂是怕得的？所以若但说本义，但说前一层之义，而不将如是之深义，彻底发挥，则世尊变词而说之深旨，便尔埋没矣！

上文曰"当知"，此尤学人所当知，万不能不深解其故者也。如上种种道理，皆包含在此三句经文之内，其义之异常精深可想矣。而其义之关系重要，亦可知矣。

欲说明之，必须巧设方便，使之言少而义明。须知般若义趣，千古隐晦。今欲除其怕病，便不能不揭穿其致怕之由，有时不能不涉及古人，亦不能为贤者讳矣。盖不将隐晦之义趣彻底说明，则惊疑、怖、畏之病根仍在，便仍不能信解，不肯受持，岂不辜负佛恩乎？深望诸君静心谛听，若不将此中义趣彻底明了，亦未免辜负佛恩也。

道理既如是精深，虽今欲言少义明，然几句话亦万说不明，一口气亦万听不明。我今先就"第一"二字，发挥一个大概，让听众心中先有一个底子，然后再步步深入，此亦方便之意也。

般若波罗蜜称为第一波罗蜜者，因般若为诸度之母故也。般若为母，则诸度为子，子不能离母，故修诸度行者，若缺般若行，约因则不能破惑，约果则难证法身。当知诸度皆称波罗蜜者，正因其有般若在内，若无般若，不能称波罗蜜也。何以故？不能破惑，便不能证法身，而到彼岸故。所以般若有第一波罗蜜之名者，因此。

由是观之，既是诸度不能离般若，则般若亦非离诸度而别有存在，可知。故第二句曰"非第一波罗蜜"，此一"非"字，是明不可执般若为别有其相也。然而虽不别有，非无第一之名，故第三句又曰"是名第一波罗蜜"。

此"是名"二字，是明诸度离般若不为波罗蜜，则般若不无领袖之假名也。以上是说明般若名为第一之所以然，并说明约第一说非，说是名之所以然。此义须记牢，乃破人惊疑、怖、畏之根据也。此下便当说之。

上文长老以我、人四相即是非相，明是人之空、有圆融，以释成其所以为第一希有，世尊既已印许之矣。然世尊每说一法，非为一事，非为一人，遂因是人之希有，而鉴及一切众生所以有我相者，无他，取法故也。

故于印许之后，复约六度等法阐明其义，以开示一切有分别法执之众生。

先说般若者，正以众生怕般若故也。众生何以怕？以有分别法执，不达般若之真实义故也。所以为之阐明者，因此。

盖众生骤闻般若是第一义空，以为高而难行，故惊。又不明第一义空之所以然，故怖。觉得与其学般若，不如学他种圆经圆法之妥，故畏。总由佛理未能贯通，误生分别法执耳。此真自失善利，深可怜悯。故世尊说明是人"甚为希有"之故曰：我何以谓是人甚为希有耶？以此般若法门，众生惊疑、怖、畏，而是人独否故也。

夫此法诚高，何怪其惊畏？然而此法甚要，又何可自阻？我今将诸波罗蜜中称为第一之般若，更为大众阐明其真实义，俾得了然。我说般若者，为令众生到彼岸耳，不到彼岸，便沉苦海；而非般若，又不能到彼岸。可见此法极为重要，断不可疑畏自阻，必须信解受持矣。

何谓彼岸？诸法实相是也。当知实相者，无相也。故般若虽称第一而非第一。何以故？第一本无相故。因其本无定相，故说为非也。说为非者，是令众生明了佛所说法，无有一法能离般若，则般若非可于诸度外而独矜第一也。

又当知实相者，亦无不相也。故般若虽非第一，而是名第一。何以故？第一不无假名故。因其不无假有之名相，故曰"是名"也。说"是名"者，是令众生明了既法法不离般若，是法法可名第一，则般若之称第一，乃是假名也。

我今将般若精义，如是阐明，则一切众生，当可由此悟得。凡我说"非"，固是令人空相，而又说"是名"，以显其不无假有之名相。

然则所谓空相者，是令空其著相之病，并非坏其相也，大可恍然矣。不坏其相，是并偏执之空亦空之矣，此之谓第一义空。若能通达此义，则知因相是假名，故不可著，非谓无相；因法无有定，故不可执，非谓无法。

然则此法虽空，岂同豁达顽空？此法虽高，亦非无下手处，尚复何惊、何怖、何畏之有？今则是人既能信解受持，便是不惊、不怖、不畏，便是通达第一义空，正所谓于第一义，心不惊动者，非甚为希有乎？以上所说，不但说明上文不惊乃至希有之所以然，并将一切众生不必惊畏，不可惊畏之道理，亦一并彻底说明之矣。庶几此科义趣，圆满显出。

然而尚有要义，不能不说。其义云何？即前所云"千古隐晦者"是也。当知怕般若之病，深矣久矣，若不一一揭穿其故，何能除千古来先入为主之病？尤当详说般若义趣，极其圆融，与所谓中道第一义，无二无别，毫无可怕之处，庶几不致自失善利。此虽推广而言，然仍是本科经旨，意在破其分别法执，以除怕谈般若之病根耳。

经言二乘怖空，即谓怖般若之第一义空也，可见佛时已然，不但后世矣。然佛时只是二乘生怖，大乘尚无此病。迨后玄奘西渡，得遇彼土相宗诸师，乃将性宗之空与相宗之有对举（第一义空，是绝对空，何能与有对举）。此点既误，故谓相宗方是了义，所谓三时判教是也。是彼时印土大乘中人，已未能深解义趣，误认般若为偏空矣。

至于我国隋唐时之判教者，亦从不列般若于圆教，未尝不知是第一义空，然终以为专说空，不如中道第一义之圆融。古人如此而判者，意在推崇其所宗，不无故示抑扬。然而抑扬太过，未免取著文字相。后人因是古人所判，更加执著，更加望而生畏，故从来无人肯学般若，肯谈般若者，真可悲也，真可惜也。

禅宗虽宗般若，然只宗其遣荡意味以用功，而不谈教义。所以般若义趣，千古不彰。陈、隋时虽有三论宗，然是宗论而非宗经。

三论所明，固是般若，而三论家既专在论的文字上研求，遂于经中义趣，不免隔膜。何以故？未曾直接观照故。质言之，仍是不免取著三论之文字相耳。所以三论家发挥论义甚精，而经旨却弗会搔着痒处者，因此。

当知般若既为诸度之母，本经且明明云"诸佛及无上正等觉法皆从此经出"，然则若于般若义趣未明，虽读其他圆融经论，既未在根本义上用功，其见地何能彻底？见若未彻，又何能圆？

今世尊就第一波罗蜜之名而阐其义，使知般若义趣，是空而不空，不空而空，极其圆融，以免众生惊、怖、疑畏，坐失法宝，难到彼岸。无异预知后人怕怖之病根所在，而悬示之者，真大慈大悲也。

上来鄙人每说"则非……是名……"，多约二边不著说，亦即是约圆融中道说，此次则兼约第一义空说，亦即是约遣荡说。如此说之，实具苦心。苦心云何？使知中道之与遣荡，语虽不同，义实无别也。

何以言之？名为第一义空者，因其一空到底故也。一空到底者，有亦空，空亦空也。换言之，便是有亦遣，空亦遣。遣有，所谓不著有也。遣空，非所谓不著空乎？然则遣荡之第一义空，与二边不著之圆融中道，请问又有何别？由是言之，判教者之说，不可执为定论也，可以了然明白矣。而怕谈般若者，亦大可以翻然悔悟矣。

且由是言之，凡判某经为纯圆，某经为非纯圆诸说，亦未可执为定相。何以故？既法法皆般若，则法法皆圆，所谓圆人说法，无法不圆，何必苦苦分别？

前言遣荡之与圆融中道，无二无别。凡误认为有别者，无他，由其看呆中道故也。我今更约中道发挥其义，俾得彻底明了，则分别之执，庶几无自而生乎。

一切法既皆假名，则中道亦是假名，以假名故，则亦无有定相，则亦不可著，著则亦落四相，尚得谓之圆融中道乎哉？当知"中"之一言，是因二边相形而有者也。若离二边，中无觅处，所以中无定相。相既无定，岂可看呆？看呆便成法执矣。

更当知中之所以无定相者，因二边亦是假名，亦是相形而有，亦本无定相故也。二边既不可著，哪得有中可著耶？故真解中义者，无往非中，即空假而皆中也。

譬如就空言之，空则不著有矣。并空亦空，便是不著空，所以一空到底，便归中道。如上所明是也。以是之故，《般若》与《华严》、《法华》，其义趣所以无别。

不但此也，一假到底，亦复如是。譬如知一切法不无假名，是不著空矣。即复能知其名是假，岂非不著有乎？则亦宛然中道矣。

所以密宗、净土，皆从有门入道，而皆是圆顿大法者，因此。即以相宗言，亦本是大乘圆义。他不具论，观其发明遍计、依他、圆成三性之理，何等圆妙？

无奈学之者，不向此等处观照用功，专在琐琐名相上剖析。愈剖析，愈分别，遂愈执著，于是大者小，圆者偏矣，可谓不善学者矣。不知用以去凡情，反因而增长凡情，岂佛说法相之本旨哉？其修学密、净之人，若不明自他不二，心土不二之义趣，则令大者变小，圆者变偏也，亦然。

由此可知佛所说法，本来法法皆圆，其有见以为非圆者，实由众生偏见，非关于法。故学佛者，首须大开圆解，观照无往非中之理，以修一切法，则法法皆圆矣，皆中道第一义矣，皆第一波罗蜜矣，即皆得证实相到彼岸矣。此之谓圆中，学人所万不可不知者。

顷言"大开圆解"四字，极当注意。凡我所说"无往非中"云云，不过可为闻者之一助耳。必当时时以此圆义，于自心上，于一切法上，微密观照，精进用功，以去其偏执之凡情，然后自己之圆解，庶几可开。

若非然者，则所谓圆解，仍是他人的，而非自己的。虽知无往非中，而对于一切法，必仍然触途成滞，不能无往非中矣。此层极关紧要，千万勿忽。不但此一义然，所说诸义，莫不皆然。总之，闻思修缺一不可。

又当知本经之说"则非"，说"是名"，是明性之与相，非一非异，虽圆融而行布，虽行布而圆融也（行布者，如是如是之意，即是一而二。圆融，则二而一矣。上来说遣荡即中道，明其与《法华》义趣同，今则明其与《华严》义趣同也）。何以故？凡言"则非"是约性说，约性而说，则不应著相，故非之。应不著相而非之者，是明性相非一也。

凡言"是名"，是约相说，约相而说，则不应坏相，故是之。应不坏相而是之者，是明性相非异也。何以故？性是体，相是用，迥然各别，故非一，所谓"行布"是也。

然而用从体生，离体无用，由此可知相乃性之作用耳。明得此理而不著，则见相便是见性，故非异，所谓圆融是也。然则性相既然非一非异，则是一而二，二而一矣。一而二，故既应不坏，又应不著，因其虽非异而已非一，故须于圆融中见行布，又须于行布中得圆融也。二而一，故虽炽然现相，而依然会归于性，因其虽非一而实非异，当令圆融而不碍行布，行布而不碍圆融也。

我今如是发挥，则与《华严》义趣，亦宛然无别，宗《华严》者，可以不必怕矣。如前来所说遣荡与中道无二，若明其义，则宗《法华》者，亦可以不必怕矣。

本经中如云"若见诸相非相，则见如来"，"应生清净心"，"应无所住，而生其心"，以及"实相"二字，并此中"我相即是非相"等等，皆可以此义说之。即如开经时，说种种众生，说无余涅槃，亦圆融之行布也。而又说实无众生得灭度者，则行布而圆融矣。

兹不过姑约"则非……是名……"以发挥之，使宗《华严》者不必歧视耳。如执定只有"则非……是名……"可明此义，则又非也。总之，得其要而会其通，则无说而不可，即此可悟法无定相矣。

更有极要之义，必须一说者，既是遣荡法门与圆融法门，无二无别，何以前云必须从此经入耶？当知此二法门理虽无别，而用功则大有利钝，所以当从此经入者，以一切凡夫无不偏执病深，必得极力遣荡，而后乃能圆融也。否则偏执之凡情未去分毫，便观圆融经论，何能领会？哪得受用？至多不过学得一二教相，作为清谈之助而已。

试观自唐以来，禅宗以外诸大德，其道德见地，最令后人钦服者，考其得力所在，几无一非经过禅门锻炼者。正以禅门用功，是宗般若空之又空，极力遣荡学人之偏执故也。故吾常谓自唐以后，中国佛法端赖禅宗者，因此。

由是可知遣荡功夫之要矣，亦即般若三空之义趣不可不明矣。但遣荡时，应深观、圆观经中圆融义谛，不然，便不知何者为偏？何者为执？何者应遣？甚或自以为是遣，其实反增偏执。

此禅门所以虽不谈教义，而必须有严明师友，时时为之痛下钳锤也。所谓痛下钳锤者，即是遣之又遣，所谓百尺竿头还须更进一步是也。

今既未逢严明师友，只有自观自照，精密体会经中之明二边不取，性相圆融，或说一空到底，乃至愈说愈深，如后半部之诸法一如，一切皆是，无圣无凡，本来无生，等等。

学人当审量自己程度之所堪，由浅而深，或拈一句，或合数句，以之观照自心。倘自己习气，以及起心动念，于经中意旨，少有未合，便是偏著，便即自棒自喝，遣而去之。此用功最妙之方，实不慧经验之谈，敢为诸君告。

其他圆融经教，如喜研究，无妨并观，然宜以《般若》为主。何以故？《华严》、《法华》等是表诠。表诠者，用彰显圆融之语，以明性体是也。故其辞句义味，一一皆趋圆融，即说遣荡之法，亦寓在圆融之中。故必已有遣荡功夫之人，即是执见已薄之人，方能彻底领会。不然，便只知其是说圆融，而不知其是说遣荡。

所以从此入手者，往往学之多年，而偏执之病依然。虽或依据教相，说得圆融，而于本分上并无交涉。况执情未化，其所说者，不过表面文章，有时看似精深，而细按之，不清不醒，或以为但是某经如此，其他则否，仍未见其真能圆融也。

而般若则是遮诠。遮诠者，用遣荡偏执之语，以明性体是也。故其辞句义味，一一皆趋遣荡，虽说圆融之理，亦寓在遣荡之内。所以怕谈般若者，因此。

所以不将般若列入圆教者，亦因此，由其但看文字之一面故也。即此一点，便可证明，未在般若中用功，虽学其他圆经，其见地仍是隔别，而未能圆融矣。

以上所说，般若与他种圆经立言之不同，及学之者利钝所关之微细处，今为扶持正法计，为人人得受用计，故不辞反复详析，为诸君缕缕言之。由是可知般若之妙矣，必当先学矣。何以故？执情遣荡得一分，性相便圆融得一分。遣荡至极处，亦即圆融至极处矣。

慧彻三空，便是圆融中道，妙哉妙哉。足见般若不但是学佛的坦途，且是学佛的径路，若不从此门入，岂非不识途径？此所以学佛者多，得自在者少也。凡此所说，是一个字一滴血，皆从千辛万苦中得来者也，皆是抠出心肝以示人者也。而此阐义诸经文，是一个字一颗珠，透圆透圆，务当真切领会，不可忽略。

顷言中国自唐以后，佛法端赖禅宗，不可误会是劝人不念佛，去参禅也。盖我之赞叹禅宗处，乃赞叹《般若》处，是劝人学般若，非劝人参禅。

要知参禅当审时机。机是机，时是时，非一事也。所谓机者，根机也，故先当问自己能受棒喝否？根器利钝，关系尚小，非具有敢死队精神，毋庸谈此。又机者，机缘也，故又当问遇有良师否？参禅不能离师，师不但要明，且要辣，更要有杀、活手段。三者不备，便非良师。

若其根机、机缘两皆具足，参禅甚好。苟缺其一，而言参禅，未见其益，或反有害。此亦我之实验谈也。

所谓时者，如南北朝时，北魏、南梁，无不大宏佛法，讲席极盛，然不无取著文字相。故达摩东来，乃不立文字，直指本心，正对时病。今则大都未明佛理，正当广劝读经，药其空疏；不立文字，今犹非宜也。故不如发起大悲大愿，修福持戒，一心念佛，亲近释迦、弥陀两位大善知识。一面依我前说，以此经义理，观照自心，遣其凡情；一面恳切持名，求与众生同生净土，满菩提愿。现世修行，无逾此法。

此是不慧近二十年勉力奉行者，敬以供养诸善知识。又我自开讲以来，所说修行方法多矣。不可执著谁是最好，宜择其所善者行之，或一一试行，行之觉有效益者，便是对机之最好者，此亦用功之窍要也。并为诸君告。

上来所说怕谈般若之重大原因，是由其既未明了经义，又有先入为主之言，遂致愈加怖畏，愈不修学。然此外尚有一重大原因，亦不可不知者，则以妄谈般若者之多故也。

妄谈之病，古即有之，于今尤烈。此辈虽曾学佛，而夙业甚重，佛法又不明，忽若发狂，大破其戒，不敬三宝，纵意行恶，实行其贪、瞋、痴，自以为戒、定、慧，且曰此般若之不著相也。于是怕者引为口实，更相戒不敢道般若一字，几有谈虎色变之势矣。

嗟乎！因噎废食，何计之左耶？须知既有妄谈之怪状，更应发心修学，发心宣扬，然后般若之真义，方得大明。真实义明，妄谈之怪状，何自而生？不知出此，一味深闭固拒，其病状虽与妄谈者异，而病根则同，盖皆误认为偏空者也。

以因果论，妄谈之罪诚重，然除魔眷外，人皆能知而远之。而怕谈者，人且奉以为准绳，并不知其错谬，坐令超胜一切法而为佛法命脉所关之般若，无人过问。其误法误人之恶因，恐其所招之恶果，未必能轻几许也。

我世尊洞知一切众生之病，故前言持戒修福者，能生信心，以此为实，是对妄谈者痛下针砭也；而今此数科，则又为怕谈者痛下针砭。

观前面所言，是屏妄谈者于门外也。何以故？信为入道之门，既是持戒修福，方为入门，则妄谈者破戒造罪，其挥诸门外也决矣。观此数科所言，又是警告怕谈者决不能转凡成圣也。何以故？不惊、不怖、不畏，方许其为希有，则怕谈者之仍为凡愚也明矣。

而前云以此为实，此中又为阐义，则是明明开示，欲除免妄谈怕谈之病，惟有信解受持，务求明了经中之真实义耳。又怕者有恒言曰：我岂不知般若之应学哉？诚以末世众生，障深业重，未易几及，不如不谈，免增罪过。

此又误矣！世尊不明明曰"如来灭后，后五百岁，有持戒修福者，能生信心以此为实，乃至得无量福德"乎？故谓末世希有则可，竟以为绝无其人，且相戒塞路，不但轻视众生，且显违佛旨矣！世尊戒长老"莫作是说"，无异戒怕者莫作是说也。以及此数科中，佛与长老皆特特向后世鼓舞劝导，是皆悬知怕者之过虑而开示之者，真亲切有味也。

又此中举第一波罗蜜之名为言，及说"非"与"是名"，更有一义，不可不明。盖以般若一名，容易误会，是专就般若一度而言，而第一之名，本是显其贯彻余五度而立者。

就此明义，则不可执著，易得明了也。且曰第一非第一，则诸度总一般若，非离诸度而别有般若之义更明。其曰"是名"者，既诸度莫非般若，则第一之称，岂般若所得专有？既非专有，故虽是而为假名，此明其不可执有也；而因般若之第一，遂令度度皆成第一，故虽为假名而甚是，此明其不可执无也。

总以明般若与诸度不能相离而已。故此科既约般若阐义，下科复约他度阐义也。说法之善巧也，如是如是！明义之周密也，如是如是！

此科经文中要义，今再撮其最要者，归纳为数句，以便记忆。曰：此科最要之义，是治怕般若者之病也。其病有二：一是怕空，二是怕高。今阐明般若非离余五度而别有，而余度皆是行门，可见般若虽明空义，而空义不能离实行，则般若之绝非偏空明矣，复何必怕哉？

又阐明余度离般若，不为波罗蜜，质言之，即不能到彼岸。可见般若诚高，然而非学不可，则般若之关系重要明矣，又岂可怕哉？警策之至，谨记勿忘。

须菩提！忍辱波罗蜜，如来说非忍辱波罗蜜。

余度者，除般若外，其余之布施、持戒、忍辱、精进、禅定五度也。法法皆应离相，则法法不能离般若。今于余五度中，独举"忍辱"为言者，以忍辱最难离相，其不能离般若，更易领会。故特举此度阐明其义，以概其他。

上约般若明，是从正面阐明离相之真实义，盖人但知般若是谈空离相，著相者因而生怖。今阐明并般若之相亦当离，则是并空亦离也。且般若即在余五度之内，不能独存，而余五度皆是实行之法，则所谓离相者，乃是法相、非法相一齐离也。若明此义，则尽可放胆修学般若矣，何必怕哉？

此约忍辱明，是从反面阐明不可不离相之真实义。观下文所说，若行忍辱法，而不离忍辱相，便生瞋恨。瞋恨正与忍辱相反，是阐明行忍辱法者，若不学般若，便不知离忍辱法相。不离法相，则瞋恨生。瞋恨一生，则忍辱之功行破矣，便成非法相矣。

从此可悟所以必令离法相者，正是令离非法相耳。妙极妙极！若明此义，则定要用心修学般若矣，不能怕矣！如此阐发，般若之精义，彻底呈露，则般若断断不可不学，更可恍然矣。

此"阐义"数科经文，将般若之理，及应学般若之理，阐发得精极、圆极、透极，亦复细极。务宜静心领会，领会得一分，便得一分受用。且此数科，正上来所说诸义之结晶。此处之义，若能洞明，则上来诸义，便一一雪亮于胸中矣。

上科之后，接说此科，更有一意，意在以忍辱之不能离般若，证成上科，般若非离余度别有之义也。盖余度既皆须有般若，可见般若是与余度共行之法，非别行之法也。总之，般若为诸度母，是诸度乃般若子，若无子则无母可名，若无母亦无子可名，母子实互相助成。故般若与余度，必须互相助成，岂可离乎？般若，空也，余度，有也。今说般若与余五度不能离者，是令学人体会空、有本同时也，故不能离也。

空、有同时，所以当二边不著，会归中道也。尤有进者，以母子论，固应互相助成，然而子实从母而生，无母便无子，故互助之中，仍应以母为主。六度亦然，余五度无般若，不为波罗蜜，故余五波罗蜜，实从第一波罗蜜而生，故于互助之中，亦仍以般若为主也。以般若为主者，以空为主也。以空为主，所以虽不应坏有，仍不应著有也。

所以虽会归中道，而中亦不著也。此佛、菩萨所以以大空三昧为究竟，以无智无得为得阿耨多罗三藐三菩提也。盖必能如此，然后可以随形六道，现百千亿化身。

虽一切法，炽然而生，而一心湛然，本无所生，此之谓大自在，此之谓大受用。能度一切苦厄者，端赖乎此。此是般若究竟义，下半部正明此义，今乘便略露消息者，以示般若是佛法中之彻始彻终之义，非学此不能入门，且非学此不能究竟，奈何怕之耶？

且由此可知，若专谈二边不著，圆融中道，尚非佛法之究竟义也。何以故？非空之又空，必有所著，不著边，必著中，尚何圆融之有？况大空三昧中，并"圆融"二字亦不可得也。当知必不可得，乃得圆融也。何以故？不著圆融，乃得圆融，丝毫有相，便不圆而不融矣。

然则般若之义，究竟如此，岂止入道之初门，奈何判为大乘始教乎？而般若贯通诸度，诸度离之，非波罗蜜，可见有一法离乎此者，便不能圆满。则是般若之义，圆满之极，超过一切法门，亦可知矣。奈何不许其纯圆，而判为别、兼圆乎？

上言六度互助，尤有要义，不可不知。盖般若者，理也，智也，所谓观门也。诸度者，事也，境也，所谓行门也。于说第一波罗蜜后，更说余度者，所以明理、事从来不离，观、行要当并进，而境、智尤须双冥之义也。故据文似乎别起，考义实为一贯。本经文相，大都如是，所谓文不接而义接，若视为各不相涉，则大谬矣！

《流通本》有"是名忍辱波罗蜜"一句，此是明清间人所加，见乾嘉时孙氏刻本，其注语云："古无此句，然据理应有。"

殊不知此处但说"非"者，正为下文阐明忍辱若不离相，忍辱法门便破坏无存作张本，以显必不能离般若之义。若忽加一"是名"句，横梗其间，下文"何以故"句，如何接得上？故著此一句，上下文气，便一齐松懈，反将经中旨趣，一齐隐晦，自云"据理应有"，不解所据何理也，真无知妄作也。

当知佛所说法，岂可滥自增减？胆何其大？即令流传有误，亦必须确有考证，且所考证者，更要义意实是完美精当，方可据以校正。岂可明知为古本所无，而任意加之乎？凡欲刻印经书作功德者，不可不知此理。若此人所作，不但无功德，其罪过甚大，因自凭私臆，擅改佛说，误法误人故也。此事可为千古炯戒，故不惮剀切言之。

梵语"羼提"，其义则为安忍，亦曰忍辱。安忍是总名，忍辱是别名。忍者，忍可，谓一心正受也。安者，安住，谓其心不动也。辱者，毁辱，即虐待之意。今先说总名之义，则别义自见。

人必能忍，而后其心安住不动，若为所动，便不成忍，故一言及忍，便含有安住不动之意在。学道人在在处处，时时刻刻，皆应心安不动，故无论行何事，遇何境，修何法，皆应一心正受。

约出世法言，凡修一种法，而能正受安住，即名为忍。如修诸法本不生观，而得妄念不起，是其心已正受此法，而安住不动矣，故名之曰"无生法忍"，亦名证无生，或悟无生。"证"字是形容其忍可，"悟"字是形容其心安理得也。

约世间法言亦然，如曰"富贵不能淫，威武不能屈，贫贱不能移"，此即古人所谓"坚忍"。威武不屈，非谓顽强对抗，乃是身可杀，志不可夺之意。志不可夺，便是心安不动，此即所谓忍辱也。此与富贵不淫，贫贱不移，皆是表其心安于正，不为所动也，故曰坚忍。

由是观之，可知安忍是统括一切之名，所谓无论行何事，遇何境，修何法，皆当正受安住是也。而忍辱则安忍中之一事耳，故曰"安忍是总，忍辱是别"。要知凡举忍辱为言，是意在以偏概全，以别明总。何以故？世间最难忍者，莫过无端受辱，此尚须忍，其他可知故。经论中，或用总名，或用别名，殊不一律。大约玄奘、义净两法师所译，皆曰"安忍"；他人译者，多用"忍辱"。

每有人疑是两法，或议其优劣，实则总别虽若不同，而用以显明正受安住之义，则无不同，正不必于此等处分别优劣。兹乘便详释两名之义，以便贯通。

经文不曰"忍辱"，而曰"忍辱波罗蜜"，便是显示忍辱时能行般若。何以故？若无般若，不称波罗蜜故。而能行般若，便是能照性而离相，故曰"如来说非忍辱波罗蜜"也。何故应离相？下文正释其义。

> 何以故？须菩提，如我昔为歌利王割截身体，我于尔时，无我相、无人相、无众生相、无寿者相。

> 何以故？我于注昔节节支解时，若有我相、人相、众生相、寿者相，应生瞋恨。

"何以故"者，自己设问忍辱应离相之故也。引事实者，欲以证明忍辱必应离相也。歌利王事，即在本劫。本劫名为贤劫，以有千佛出世，一切贤圣甚多，故得此名。

"劫"字有两义：1. 谓极长时间，2. 谓劫难。今是初义。所谓本劫者，指大劫言。每一大劫，分为四中劫，名成、住、坏、空。世界之有成、住、坏、空，犹众生之有生、老、病、死也。每一中劫，又分为二十小劫。每一小劫中，众生寿命极短之时，大多数只有十岁。此时众生恶极，生活苦极，养生之物，几皆不生，所生者皆害命之物，是皆恶业所感也。故此众生之数，亦复少极。

经言彼时南赡部洲人数，共不过一万而已。苦极思善，渐渐回头，寿命亦渐渐增长。然增长甚不易，以其回头向善，并非猛晋，乃是渐渐趋向为善之途耳。大约经过百年，始增一岁，由是逐渐增长，至普通寿命有二十岁时，已经过千年之久矣。

众生见为善之能得善报也，于是为善者日多，养生之物，亦渐繁殖，人数亦渐渐加多，每百年增一岁。每百年增一岁，增至普通寿命有八万四千岁时，增至极处矣，亦快乐至极处矣。

乐极又复生悲，因善心渐减故，于是每百年减一岁。每百年减一岁，减至十岁，减至极处矣，又复回头向善而增，则入第二小劫矣，而其一增一减，仍复如是循环。劫劫皆如是。照每百年增一岁，从十岁增至八万四千岁，又每百年减一岁，减至十岁。依此推算，每一小劫之时间，为一千六百七十九万八千年。八十小劫为一大劫，则一大劫之时间，为十三万四千二百八十四万年。

然骤视之，虽曰十三万万余年，其实成劫时，世界尚未完成，坏劫时，世界已渐渐坏，其时世上纵有众生，其苦可知。至空劫时，尚无此世界，安有众生？

经言，世界逢坏劫时，佛以神力，移此世众生于他方世界中也。仅仅一个住劫，是完整之世界，然又除去减劫之一半，其寿命增长，众生安乐之时间，不过住劫中之增劫，一万六千七百九十八万余年耳。纵令高寿八万四千岁，终不免生、老、病、死之苦。细思此世，有何可恋？故今乘便将此世状态详细一说，大众速速觉悟为妙。

我世尊降生在住劫中之第九减劫，其时寿命，普通为百岁至七八十岁，屈指至今，将三千年矣。故今时寿命，七十为最高，四十五十最普通，此报纸上所常见者也。

照经上所说每百年减一岁计之，与事实实不相远，足征佛语非虚。间有过百岁者，稀少已极，此必有特别善因，方能致此，乃是例外。往后将更减矣，生活将更苦矣。故生当此际者，惟有劝导大众，同归佛法。果能有大多数人持戒修福，世界立见太平。能种善因，必得善果，虽在减劫，未尝不可获睹例外之盛。

佛言一切唯心造，又言一切法莫非幻相，故寿命之或多或少，世事之或治或乱，虽有定数，实则定而不定，事在人为而已。更当普劝发大悲心，一心念佛，求生净土，得一个究竟，则世出世间，皆有一个办法矣。报佛恩在此，救一切苦在此，满菩提愿亦在此，愿与诸君共勉之。

"昔"者往昔，明其为夙世之事也。其时，世尊正现菩萨身，行菩萨道。

"为"者，被也。

"歌利"，梵语，经中或曰"迦罗富"，或曰"迦陵伽"，或曰"羯利"，皆是此人，译义则为恶王，犹中国之称昏君也。歌利时为南天竺富单那城之王，为人暴虐，好行惨毒之事，故得此恶名。彼时菩萨为众生故，在山坐禅。一日，王率采女，野外游览，倦而少憩。诸女采花，因至坐禅之所，菩萨为欲断彼贪欲，而为说法。

王忽仗剑寻至，怒责曰："何将幻术，诱我诸女？"

菩萨曰："我持净戒，久无染心。"

王曰："汝得阿罗汉果耶？"

曰："不得。"

曰："汝得不还果耶？"

曰："不得。"

曰："汝今年少，既未得果，则具有贪欲，云何观我女人？"

答曰:"虽未断贪欲结,然心实无贪。"

曰:"仙人服气食果者,见色尚贪,况汝盛年?"

答曰:"见色不贪,不由服气食果,皆由系念无常不净。"

曰:"轻他诽谤,云何得名持戒?"

答曰:"有妒为谤,无妒非谤。"

王曰:"云何名戒?"

曰:"忍名为戒(由此可知,非一心安住于戒,不名持戒矣)。"

王即以剑断其手足耳鼻,曰:"忍否?"答曰:"假使大王分我残质,犹如微尘,我终能忍,不起瞋念。"

群臣争谏,王怒不息,时四天王雨金刚砂。王见恐怖,长跪忏谢。菩萨发愿:"若我实无瞋念,令我此身平复如故。"作是誓已,身即还复。更发愿言:"我于来世先度大王。""是故我今成佛,先度憍陈如,盖此王乃憍陈如之前身也。"

此事见《大涅槃经》、《毗婆沙论》,而详略不同,今会而引之。本经所云割截身体,正指剑断耳、鼻、手、足言也。

前言"若取法相,即著我、人、众生、寿者",则今言"无我相"云云,即是显其不著忍辱法相也。不曰"无忍辱相",而曰无我、人等相者,因无我、人等相,方能不著忍辱相,以明分别我、人,是取相之病根也。无我、人等分别,便是心安不动,乃能任其割截,忍此奇辱,故曰:"我于尔时无我相、无人相、无众生相、无寿者相。"

"尔时",犹言彼时,即昔被割截之时也。当知忍此奇辱,他人见之云然耳。菩萨尔时若无事然,无所谓辱不辱,忍不忍,此之谓"忍辱非忍辱"。见到忍辱非忍辱,正是般若正智,故能内不见能忍,而无我相,外不见所辱,而无人相。

菩萨坐禅,本期证道以度众生,今则任人割截,是并此事而忘怀,置生死于度外矣。故曰无众生相,无寿者相。此因菩萨具有般若正智,则通达一真法界。

一真法界中哪有人、我、生、佛、生、死等一切对待之相?故尔四相皆无。四相皆无,则万念俱寂,何所谓辱?何所谓忍乎?去而后方能忍此奇辱也。知此,则知一切行门,非仗般若不能成就矣。知此,则知一切修行人，非仗般若不能无挂碍，不能得自在，不能到彼岸矣。

故曰"一切诸佛及无上正等觉法，皆从此经出"也；故曰"随说之处，一切天人皆应供养，经所在处，即为有佛，若尊重弟子"也；故凡闻而信解受持，为他人说，乃至一四句偈等，皆得成就希有，得无量福德也。

世间之人，纵令未能人人如是成就，但能人我分别之见少少轻减，则斗争亦必减少，世界当下太平，安居乐业矣。所以般若是佛教的真精神，是无上法宝，一切众生皆应顶戴恭敬，读诵受持，不可须臾离者。

第二"何以故"，是问何故应离四相。"节节"，犹言段段；"支"者，支离；"解"者，解剖，皆分析之意。段段分析，即指手、足、耳、鼻，一一被其割截而言。"应生瞋恨"，反显其不能忍。试思：尔时无故受此奇辱，若非毫无人、我等分别，万念俱空，焉有不生瞋恨之理？

或曰：彼时发愿平复，便能平复如故，必有神通，故能忍受苦痛耳，岂凡夫所能为？此说大谬不然，乃是邪见，不可不辨。当知纵得神通，能受苦痛，假使瞋心一起，亦必不能忍受矣。何以故？神通与瞋心无涉故。虽具足贪、瞋、痴如邪魔者，亦能得通故。

所以佛法不重神通者，因此。佛、菩萨虽亦有时显现神通，乃用以表法，或藉以感化顽强障蔽之众生，不得已而偶一行之，修行时并不注重乎此。

且本经引此故事，意在明无上菩提，以大慈大悲为根本，则必须离人我等分别之相，使其心一念不生，安住不动，然后乃得恩怨平等，成就大慈悲定。此定成已，然后乃得虽遇极大之逆境恶缘，不生瞋恨。瞋恨毫无，然后乃得普度众生，满菩提愿也。何以故？众生刚强难度故。

故菩萨之修忍行，意在于此，岂但有神通力者所能梦见？不然，如下文所云"一日三时以恒沙身命布施"，此人具有绝大神通可知矣。此人不惧苦难，亦极难能矣。然而不如闻此经典信心不逆者，何耶？正明其若不信解受持般若法门，分别心必不能遣净。

分别心未净，便是未达一真法界，证空寂之性体，则决不能成就无缘大慈、同体大悲。纵能舍无量无边数身命，仍为有漏，仍防遇缘而退。何以故？未达一真而空寂，便是无明未断，则其信根，尚未成就故。然则有神通力者，纵能忍辱，其与菩萨之所以能忍辱者，根本上完全不同，岂可相提并论？

故此下更引多生之事，以证忍辱之非易，非久久修学般若，得大空三昧，正恐忽遇极大逆境恶缘，瞋心少动，尽弃前功。所以持说此经其福过彼舍恒沙身命者，其理在此。总以明不修般若法门，不能离一切相，契第一义空，终不能成就大慈大悲之菩萨耳。如是知者，乃为正知，如是见者，乃为正见。

至于发愿平复，便得平复如故，则有三义，一层深进一层：

一、佛加被故，所以有愿必满者，因此。

二、大慈悲故，所以蒙佛加被者，因此。试观割截之后，乃发愿来世成佛先度大王，可见所以无一丝瞋恨者，由其已得大慈悲定耳。定云何得？无分别心故也。

三、心清净故，所以无分别心，得慈悲定者，因此。

盖修学般若，观照一真法界，无相不相，功行深醇，一心清净。心清净故，法界清净。此时悲愿之力伟大无边，有愿即成，谓之诸佛加被也可，谓之唯心所现也可。何以故？已证心、佛、众生三无差别故。如曰"神通"，此正佛门大神通，所谓漏尽通是也。岂彼有漏之通，所可同日语哉？

前段（即第一句"何以故"下云云）是明离相乃能成就所修之法，即是离法相，正所以成法相。后段（第二句"何以故"下云云）是明不离相适足破坏所修之法，即是不离法相，反令其成非法相。前段是正明，后段是反显。

合反正之义观之，岂非离法相正是离非法相乎？简单言之，便是离相乃不堕空，不离相反而堕空。阐明此义，正是向怕者当头一棒，因怕者无非怀疑离相必堕空耳。今乃知适得其反。如此破斥，锋利无比。

而般若离相之义，阐发至此，亦毫无遗蕴矣。然非世尊如是善巧以发明之，谁能洞晓？此义若未洞晓，则于离相义，终未彻底，将终不免有发生疑问时。则彼闻经，便能不惊不怖不畏之人，其必深解此义矣。真甚为希有也！

由是观之，上文虽但说非忍辱波罗蜜，即含有是名忍辱波罗蜜之意在内。可见佛之说法，说在此面，意透彼面，面面俱圆也。又可悟得，凡"则非"、"是名"双举之处，语虽平列，意实侧重"则非"边，此义换言以明之，更可了然。

前不云乎："则非"是约性说，"是名"是约相说。然而性是本，相是末，有本方有末，因空乃现有。故知当侧重"则非"边也，故离法相正是离非法相也。此即前言佛法以般若为主者，以空为主之意。何以故？性体本空寂故。此佛、菩萨所以以大空三昧为究竟也。所以无智无得，而得阿耨多罗三藐三菩提；虽得阿耨多罗三藐三菩提，而仍无智亦无得也。何以故？少有所得，是仍未得故。

佛言"应生瞋恨"，不但为阐明上来所说之义已也，尚有要义不可不明。当知瞋恨为修行人之大忌，世尊为欲警戒发菩提心者，无论在何时，遇何境，修何法，皆断断不可生瞋，姑就忍辱以说明之耳。

其就忍辱说者，因忍辱极易生瞋，以及瞋心一生，忍行便破，此等事理，人所易晓之故。就易晓者说以为例，俾得会通一切，此佛之微意也。不可误会但是忍辱不可生瞋，其他便无妨也。

何谓瞋恨为修行之大忌耶？因瞋恨正与菩提冲突故也。菩提者，觉也，平等也，慈悲也。而瞋恨之生，由于事之不如己意，便是著我，尚何平等之有？世事莫非梦幻，如意不如意，何必认真？此而不知，尚何觉悟之有？其违反慈悲，更不待言。故瞋心一起，菩提种子，便完全销灭。修行人忘失菩提，轻则懈怠废弛，重则道心全退。纵令未退，然以瞋心行之，决不能成正果。

佛言："忘失菩提心而修诸善，魔所摄持。"普贤菩萨说："菩萨过失，莫甚于瞋心者，以前所积功德，虽多如森林，瞋火若生，一齐烧尽。"皆见《华严经》。可不惧哉！可不惧哉！当知贪、瞋、痴三毒，痴为毒根，痴即无明也。因无明故起贪、瞋，而贪、瞋二毒，瞋毒之为祸尤巨。何以故？其性暴烈，不发则已，发则虽尽反以前所为，亦不暇顾及，故修行人当痛戒之。

佛说此经，为开众生正智，治痴也；开经便说布施，治贪也；而瞋犹未言，故特于此补发之。前曰行布施应无住法，今曰生瞋恨由有四相，皆所以显明非开般若正智，药其著相之痴，贪瞋无由可除也。

"应生"者，势所必至之意。一著相，势必生瞋。一生瞋，势必所修尽破。然则修行人，非学般若，令其在在处处，时时刻刻，心如虚空不可矣。此佛说此科之本旨也，岂第忍辱应然哉？

当知世间万事莫非对待（如因果、人我、男女、阴阳、生死、治乱，乃至染净、盛衰、苦乐等，无一事出对待外者），因对待故，极易生起分别计较。俗眼既认一切对待者为实事，分别计较，遂致牢不可破，此所以有贪瞋也。

若能于对待中，看出消长盈虚的道理，为之消息而通变之，以治理一切世事，不能不服其为世间圣人。然虽能利用对待，终不能跳出对待的圈儿之外。

佛法则不然，既一切莫非对待，便于此中，看破其莫非彼此相形而有；既皆相形之事，则是一切虚幻不实，有即非有矣。然而不无虚幻显现，非有而有也。

故既超乎其表，而不为所拘，仍复随顺其中，而不废其事。超乎其表，是为不著，不如是，不能证绝对之性体，此大智也；随顺其中，是为不坏，不如是，不能救轮回之众生，此大悲也。一切大乘经典，皆说如是道理，而《般若》说之尤详，《金刚般若》，说之尤精。

学佛人能见及此者，曰"开道眼"。道眼若开，急当养其道心。云何养耶？当令心如虚空，超然尘表，如虚空者，不住相是也。

经言，施不住相，福如虚空，其意正令离相，俾心如虚空耳。必须生空、法空，而后心空。生空者，非谓无我、人、众生也，但不著其相。法空者，非谓无法，应行之法，仍一一如法而行，但行若无事。行施而忘其为施，行忍而忘其为忍，乃至行六波罗蜜，忘其为六波罗蜜。曰如无事，曰忘，谓不著能行所行之相也。是即我法双空，并空亦空。

初学固不易几及，然不可畏难，须时时体会此义，令其心空空洞洞，是为要着。超然尘表者，不与尘世上一切对待之事理厮混，心中常存一摆脱之意，勿令间断，是为要着。当知能不厮混，乃能渐渐心空也。

复于此际，提起一句万德洪名，一心而念，亦不分别谁是念，谁是佛，但令念即是佛，佛外无念。此心本已令如虚空，则此即佛之念，亦复弥满虚空，而上与十方如来，下与法界众生，息息相通矣。

如此，谓之有念可，谓之无念可，谓之佛即念、念即佛也可，谓佛与众生在此心也可，谓此心与佛以及众生，无异无相也可。更多多读诵《金刚般若波罗蜜》，以熏习而长养之，令其道眼日益开，道心日益固，是为般若、净土同修之法。

此法与一真法界相应，与实相相应，与空有不著、性相圆融相应，与第一义空相应，与心净土净之义亦复相应。诸君试之，当有受用处，盖此是随顺对待之因果法，而修绝待殊胜之因，可证绝待殊胜之果也。

经中上来说无我、人四相处甚多，然皆是约正面说，即是约得益说。其约反面受害说者，只有开经时所说"若有我相、人相、众生相、寿者相，即非菩萨"，然是言其当然。今曰"应生瞋恨"，则说其所以然矣。何以故？若生瞋恨，便非菩提心，亦即非觉，是依然迷途凡夫也，故曰"即非菩萨"。

由此可知，欲出迷途生净土者，亦安可不于我法双空，加之意哉？因无论著我相，或著法相，少有分别计较，便是住尘生心。心有尘染，哪得清净？净心未能，净土不生也。慎勿曰："净土法门，不必高谈般若也！"

佛之言说，固是圆妙，应作面面观；而佛所说之法，亦无不圆妙，亦应作面面观也。盖佛所说之法，无不一法含摄多法。所以多法复能归趣一法，此《华严》所以明一即一切，一切即一之义也。故本经曰："无有定法。"故不可执。

如前言布施统摄六度，须知忍辱亦统摄六度也。如曰：忍名为戒，是忍度即戒度矣。听其割截与结来世度之之缘，是以忍辱为布施也。瞋恨不生而忍可，便是禅定。何以故？忍可不动，岂非定乎？定故不起瞋也。

而下文曰五百世忍辱，则精进也。无我、人等相之为般若，更不待言？故举忍度，摄余度尽，推之诸度，度度皆然，故本经虽未明言精进、禅定，实已摄在布施、忍辱中矣。

当知戒、进、定三度，离舍、忍两度，便难成就。何以故？戒之能持，由于忍可于戒，舍去染缘。定之成就，亦由舍昏散，而正受不动。且若不能舍，不能忍，尚何精进之可言？故施、忍两度，实一切行门之主要，此本经所以但举布施、忍辱为言也。

又布施所谓舍也。若著相，则必不肯舍，犹之著相者必不能忍。其非学般若不可，甚为明显。故本经但约此两度以明离相也。此两度既为行门之主要，若此两度能离相，其余行门，自然能不著矣。

先言布施，后言忍辱，亦具深意。盖舍有遣执之功，破我之能，最与般若密切。

前云持戒修福者能生信心以此为实，亦是令学般若者，首当学舍。盖持戒便是舍一切染缘，舍向来恶习，修福便应施舍。先令学此舍行以遣执破我，乃能增长般若种子，此其所以"于此章句，能生信心，以此为实"也，此布施所以应先言也。而持戒，戒学也。能生信心以此为实，慧学也。以文相论，是已具戒、慧二学矣。而定犹未言，定功惟忍方成，故于正明成就希有时，就忍度以示意，使知欲成菩萨，戒、定、慧三学，必当完全具足。然而必能离相，方能成忍，此所以忍说在后也。

由此可知，所谓六度者，约事相分说，虽有六种，而义则互相助成，关系密切，用功时必须一贯。何以言之？戒为修行之基者，以其作用，能舍旧染之污也。舍即布施义也。

持戒之义，便是心能于戒忍可安住，故曰忍名为戒。而忍可、安住，便是心定不动，必其一心忍可于所观之法，而后慧生，故曰定生慧。然亦必具有遣执破我之慧，乃得成就安住不动之定也。

盖般若为诸度母，一切行门，皆由观慧而生，故定亦不能外是理也。定、慧盖互相生起者耳。若于般若、布施、持戒、忍辱、禅定，一一不懈不退，是为精进。何以能不懈不退？即是于法一心正受，安住不动也，亦即是于法随得随舍，绝不著相自满也。可见法法互生互摄，苟缺其一，六皆不成，行人不可不明此理。

一切行门中，舍、忍二度，固为主要，而舍尤为主要中之主要。何以知其然耶？试观本经说忍只一、二处（此处，及最后言"得成于忍"句），而说布施最多。其义云何？以舍能遣执破我，则最能消业除障，最能彰显般若正智故也。

由此可知，佛法如海中，舍是先锋（如最初须持戒修福以学舍是），亦为后劲（如最后并无上菩提亦不住是）。且修忍，亦非舍不成：任其割截，非舍而何？不但此也，法与非法不取，便是一切皆舍。舍之罄尽，则如如而不动矣，得成于忍矣。当如是知也。

> 须菩提，又念过去于五百世，作忍辱仙人。于尔所世，无我相，无人相，无众生相，无寿者相。

"过去"，通指歌利王以前之时。佛经中所云仙人，是通指一切修行人而言，并非专指外道，故佛亦译称金仙。前云凡举忍辱为言，意在以别明总，故除指明有毁辱事实者，皆当作安忍义会。

如此科所说忍辱，非必定谓五百世皆如歌利王之事也。且世尊行菩萨道时，布施身命，不可数计，岂止五百世？兹不过略言之耳。如为一句半偈之法，舍命亡躯，或烧身以供佛，或剜身以燃灯，以及割股救鸽，捐身饲虎等等，无非上为佛法，下为众生。今云五百世作忍辱仙人，意在显明多生多世布施生命，皆行所无事，其心安忍而不动也。

"尔所"者，"如许"之意，指五百世言。如许世能安忍者，由于如许世修般若离相法门，故曰"于尔所世，无我相"云云。

引多生事，意在证明上来遇歌利王事之能安忍，由于久修般若，使发菩提心行菩萨道者，得所遵依也。

总而言之，观门之般若，行门之舍忍，为学道要门。何以故？众生之为众生，因有贪、瞋、痴三毒，而般若治痴也，舍则治贪，忍则治瞋。惟三毒之病根甚深，非多多修舍，贪何能破？非久久修忍，瞋岂能除？然而若非精修般若，具足三空之智，以去其著相分别之愚痴，则舍、忍亦终不能成，而戒进定三度，亦有名而无实矣。

故《金刚般若》独举舍、忍以明离相，使知著相便是三毒，故当离相舍、忍以拔除之。若三毒拔，则戒、定、慧三学全，而法、报、应三身亦可显矣。然则般若、布施、忍辱三波罗蜜，其六度万行之主脑哉！行人当知所先务也。

上来"第一波罗蜜"一科，是说离法相，即并离非法相，此阐明虽空而实不空之义也。忍辱一科，是说离法相，正是离非法相，此阐明因空以成不空，亦即不空而空之义也。由此可悟，经中凡言"非"者，正以成其是，凡言是者，适以形其非，故曰"无有定法"，所以于法应无所住。

当知一切世间法，出世间法，莫不如是空而不空，不空而空也。所以一一宛然而有时，实一一当下即空，而一一当下即空时，正一一宛然而有，此之谓空有同时。故一一法皆不可执为实无，亦不可执为实有，故曰"凡所有相，皆是虚妄"。何以故？莫非虚妄，非实有也；不无虚妄，非实无也。

所以法与非法，皆不可说，皆不可取。其有所取著者，非他，由其心中有人、我等对待、分别之相耳，故曰"若心取相，即为著我、人、众生、寿者"。而心有分别，便是无明，便违平等一真法界，故发菩提心者，应无所住焉。

然则上两科阐明空而不空，不空而空之义，无异为以前所说诸义，作一汇总之说明，已将无住真诠，发挥透彻矣。故此下即乘势作一总结，而申明之曰：以前所有言说，所有法门，莫非真实，不诳不异。何以故？因真如实相本是空而不空，不空而空。故其显现之一切法，亦莫不如是。而如来所说之法，即是根据此理而说，故曰"真实"，故曰"不诳不异"也。

故修行者之于一切法，皆应如是体会观照，而一无所住，方能不违本性，而得心清净，生实相焉。倘不能如是体会观照，则无明不破，故曰："如人入暗。"倘能如是体会观照，必破无明，故曰"日光遍照"，以示一切众生于此金刚般若，不可不信解受持也。兹将次科之所以生起，及次科之要义，先说一概略，则临文较易领会矣。

是故须菩提，菩萨应离一切相，发阿耨多罗三藐三菩提心。

"是故"者，承上起下之辞。"离一切相"，即上文长老所说，"离一切诸相"——所有我、人、有、无，以及法与非法等等对待之相，无不皆离，故曰"一切"。"应"者，决定之辞，明其非离尽不可也。

前长老言"离一切相则名诸佛"，是明离相乃得大有成就，是，约证果说也，此长老所以深解义之所趣也。世尊印许之后，接说"第一波罗蜜"，及"忍辱"两科，是明应离一切相以修六度，是约修因说。

此科即承其义，而结归到应离一切相而发心，则更进一步矣。盖修六度，是成就之因，而发心，又是起修之因也，是说到本源上矣。无论果位、修功，因心而离相则始终一贯。

故长老既深解其归趣,世尊更阐明其由起,使知既离诸相方名诸佛,是故应离相以进修,应离相以发心。则般若为贯彻始终之法门,离相是转凡成圣之途径,当可洞明矣。

本科之结前义,不止如上所云;但结前来数科已也。当知"应离一切相,发菩提心"两句,直是为经初所言"发菩提心,应如是住,如是降伏其心"诸义点睛。

何以故?应离一切相发心,所以应降伏其住相之心也。不但此也,且将经初答语中,"所有一切众生之类"云云之义,一并结成。何以故?度无边众生,令入无余涅槃者,发阿耨多罗三藐三菩提心也。实无众生得灭度者,应离一切相也。意若曰:前答所云令度无度相者,因必应离一切相,然后所发者,方为菩提心耳。何以故?未能离相,决不能度尽众生,亦决不能令入无余涅槃,则所发者便成虚愿。

此前所以又云"若有我、人等相,即非菩萨"也。故此中不曰"发菩提心,应离一切相",而曰"应离一切相,发菩提心",意甚警策。前不云乎?菩提者,觉也,平等也,慈悲也。若其著相,则其心便非觉,非平等,非无缘慈,非同体悲。虽曰"发心",其所发者尚得谓之菩提心乎?故决定应离一切相,然后乃为发菩提心也。

下文"不应住色、声、香、味、触、法生心,应生无所住心"三句,是释成此中应离一切相之义。

不应住色生心,不应住声、香、味、触、法生心,应生无所住心。

此科是释成上文应离一切相,然不作别说,即引前"约因正显"中"发无住心"之文,略变其辞而说之者,此佛之说法,所以玲珑剔透,面面俱圆也。盖如此而说,不但可以释明上科之义,兼可阐明发无住心一科之义,以免闻前说者,谛理不融,即藉以回映前文,作一结束。善巧极矣!

"生"者,生起之意。"发菩提心"者,心固不应驰散,亦不应沉没。若其沉没,则六度万行,从何起修?故特特说一"生"字以示意。

此科之意若曰：顷言"应离一切相发菩提心"，应离何等相耶？相应云何离耶？无他，既是发起平等慈悲之觉心，则心生起时，便当摆脱色声等等对待之尘境，而不应住著，则一切相皆离矣。但应生起于所有对待的尘境一无所住之心，然后所发者，乃是阿耨多罗三藐三菩提心也。

前文云"应无所住，而生其心"，是分而说之，以显空有二边不著之义。今文云"应生无所住心"，则合而说之矣。略发其词，义则更精更透，迥不同前。盖虑闻前说者，若将无住、生心打成两橛，必致或执无住而堕空，或执生心而滞有矣。即不如是，但令于无住生心未能圆融，则空、有二边不能双冥。纵能二边不著，合乎中道，而中边之相，俨然存在。如此，则虽不著边，却仍执中。既有所执，便是分别，仍落四相矣。

故今为之融成一片曰：前云"应无住而生心"者，初非二事，乃是应生无所住心耳。此意是明生心时即是无住时，无住时即是生心时。如此，则有即是空，空即是有，空有同时并具矣。若能空有同时，则既无所谓空、有，便无所谓边，亦无所谓中，而实在在处处，无一非中，所谓圆中是也。至于圆中，则我法双空，四句俱遣，乃无相之极致，方为发离一切相之无上菩提心。初发心人岂能如此？正因其不能如此，故曰"应"，谓应如是知，应如是学也。

前"约因正显"中"发无住心"一科，本是开经以后，所说诸义之结穴。今此一科，既是结成前文无住发心之义，更加以下科结成前义无住布施之义，则其为开经以来诸义之总结穴可知矣。

前发无住心文中，诸菩萨摩诃萨，即指发菩提心者。清净，即谓离一切相。当知清净心，即是本性，所谓本来面目是也。乃是十法界所共具者，故又名一真法界。但六凡众生之清净心，久为分别人我等等对待之相所障，故不能显现。若相离得　分，则清净心便显现一分。

前所云"信心清净"，则"生实相"是也。实相，亦本性之别名也。分分离时，名为分证觉。最初离得一分时，便是分证觉之第一位，名为初住菩萨，是为转凡成圣之第一步，亦名"正定聚"。正定者，住义也。聚者，类义也。言其已入圣果之类，永不退转阿耨多罗三藐三菩提，故名正定聚也。

至此地位，方称信根成就。因其信根成就，故得不退。因其初成不退之圣果，故名初住。由是历尽四十一位，断最后一分无明，则一切相方能离尽，清净心乃圆满现前，是名究竟觉，亦名妙觉，亦称曰佛。可见由凡夫至究竟觉，其功行惟一离相而已。

云何能离？依文字般若，起观照般若而已。世尊惟恐学人于上来所说文字般若，未能深解，则从何观照？故说至此处，更为融通前义，以便观照用功耳。诸君当知，吾辈既受持此经，必应将佛所说义趣，彻底领会，令心中了了洞明，然后修一切法时，遇一切境时，乃能运用以历事而练心也。

尤应于行、住、坐、卧时，穿衣、吃饭时，迎宾、送客时，时时处处，常将所领会的义趣，存养心中，优游涵咏，勿令间断。务将经义与此心，融成一片。即此，便是熏习，便是观照，不必定要打坐观照也。

如此用功，便能使无明渐减渐薄，便有增长菩提之功，遣执破我之能。且必须如此存养有素，然后运用时，才凑泊得上，此即前所谓养道心也。如此培养，其道眼亦更得增明矣。此是最亲切有味的修行方法，毫不费力费事，而能得大受用，千万勿忽！

前文今文，若联接说之，其义更明。今再将前后文联成一贯，为诸君说说，以便彻底领会。

曰"发阿耨多罗三藐三菩提"者，应令本具之自性清净心现前。云何得现？即是此心不应现起六尘境界，应不住尘境显现其心，庶几渐得清净。由此可知，所云清净，非谓沉空滞寂，令心不起，但应离一切相耳。离何等相？即是不应于有分别对待的六尘境相上，住著生心。且不但应离境界相，并应离无住生心分为二事之相，而生无所住心。

何谓生无所住心？唐永嘉元觉禅师有一颂，正好移作注解，颂曰：

恰恰用心时，恰恰无心用；
无心恰恰用，常用恰恰无。

第一句，生心也，有也，照也。

第二句，无所住也，空也，遮也。合而观之，便是生无所住心，亦即是空有相即，遮照同时。

第三句，即无住而生心也，所谓即遮而照，即空而有。

第四句，即生心而无住也。所谓即照而遮，即有而空，合三、四两句观之，则是遮、照、空、有、无住、生心俱不可说，而又恰恰是"生无所住心"，此即存泯自在之意。当知生无住心，即是生清净心，生清净心，即是生实相也。

奉持《金刚般若》，应如是信解受持，应如是为他人说，俾自他如是如是离一切相，便如是如是显现共具之清净心。如此，方为发阿耨多罗三藐三菩提心也。

前发"无住心"一科，说在庄严佛土之后，今结成"无住发心"一科，则说在六度之后，此又点醒修六度正所以庄严佛土。故此中阐明应离一切相发心修六度，亦正所以结显前义，应离相以庄严佛土也。菩萨所以庄严佛土者，意在上求下化，故上求下化，皆应离一切相。佛经中有曰："上无佛道可成，下无众生可度。"此意，即是成佛而不见成相，度生而不见度相也。

总之，生无所住心，是离一切相之真诠，所谓圆离是也。圆离者，一空到底之谓，亦即是离四句，绝百非，亦即是理无碍，事无碍，理事无碍，事事无碍，亦即是双遮双照，双泯双存，遮照同时，存泯自在。当如是领会也。

又将无所住摄入生心中说，意极警策，盖指示学人，倘于无所住外生心，则心即有住，亦生则成非。微乎，危乎！下科"反显"，正明此义。

若心有住，则为非住。

若心有住，正明若于无所住外生心，则生心便有所住矣。住者，取著之意。若于无所住外生心，便是其心有取。取则著相，故曰"则为非住"，谓住则为非也。何以故？住便有相，与上言应离一切相违反，故非也。将此两句经文，一气读之，义甚明显。盖若心有住则为非住，犹言心若有所住，便是非所应住，故曰"住则为非"也。

此义，正与开经时所云，"菩萨但应如所教住"，一正一反，遥相呼应。若有住，便非如所教住，故曰"则为非住"也。前言"应如教住"，是紧蹑其上文所云"应无所住"来。可见如所教住之言，不过因问者有应云何住之问，姑且随顺说住耳。其意，实为无住之住。换言之，即是应住于无所住。由此足证应一无所住，若心有住，住则为非矣。

或曰：汝义不然。经义是说若心于一切法有所住，则为非住般若。盖明一切法皆不应住，但应住般若耳。《大般若经》不云乎："不住一切法，即是住般若。"若将两处经文印证，可见此处是明应住般若。若住般若，非不住一切法不可，故曰"若心有住，则为非住"，故知汝义不然也。

或人之语，大错大错！由其未明经义故也。今恐或者有见《大般若经》所说而生误会者，不得不引而彻底说明其义。当知本经上来特说"第一波罗蜜"及"忍辱"两科，正明般若不离一切法，一切法不离般若，即此便可证明"则为非住"一语，断不能作"非住般若"会。

何以故？既是般若与一切法不能相离，则《大般若经》中所云"不住一切法"，即摄有不住般若在内，而又曰"即是住般若"者，应向"不住即是"四字上领会。盖谓一切不住，即是住耳，总以明般若应以不住为住之义，此与本经所说"但应如所教住"，语意正同。

况《大般若经》此两句外，尚有两句曰："不信一切法，是名信般若。"当知一切法皆是佛说，岂可不信？若合四句而读之，便可悟知，亦是显明一切法不能离般若，一切行人不能离般若之义者。若看成不需一切法，但执一般若，则佛法扫地尽矣。有是理乎？至于本经上来，明明说般若非般若，又曰第一非第一，岂得曰"应住般若"乎哉？

总之，凡读佛经，欲明佛理，必应深解圆解，否则便恐误法误人。而般若法门，尤应加意，因其理既甚深微，其语又甚圆活，断断不可以浅见窥，不可以偏见测也。

又有疑"非住"之言，是说"则为非住菩提"者，亦大谬误。佛与长老，为明菩提心亦不应住，特特说后半部经，讲至后半部，便明其旨，兹不赘。总而言之，住即是取，亦即是著。既一切不应取著，故一切皆不应住，而有住便非耳。

或又曰：经云"不应住色、声、香、味、触、法生心"，则离相似但约有边说。不知说一"法"字，便摄非法。前不云乎："法尚应舍，何况非法。"故说及法，即摄非法也。且明言应离一切相，若不将有、无四句摄尽，不得曰"一切"也。凡此等处，若不深观圆观，便是浅说般若。无论妄说浅说，其罪甚大。故今乘便，为剖析而详说之。

此结成"无住发心"、"无住布施"两科，既是总结前文，故其中含义，多而且要。若不逐层发挥透彻，义趣便不融贯，云何作观？况住尘生心，正是凡夫积习，极不易除。而不应住尘生心，又正是对病发药，极关紧要。则应云何乃能不住？万不能不多说方便，使有下手处。若非然者，虽般若道理，说得极是，亦为空谈，听得极明，亦是白听。故此等处，说者听者，皆应极端注重，不应怕烦，不容少忽者也。

长老所问发阿耨多罗三藐三菩提心，应云何住，云何降伏其心，是分开各问。盖发心也，住也，降伏也，明明三事。然语虽分三，意亦一贯。何以故？长老问住，意在心得安住之方，恐不能安住，故又问云何降；而问云何住降，又正是问应云何发心也。故世尊答意，亦为融答。试观初答降中语意，便可悟知所谓降者无别，即是降其住相，故曰：若有四相即非菩萨。于收结处，特作此语，正是点醒此意也。

次答云何住时，则曰"但应如所教住"，而所教却是"应无所住"。

深观其意，又可悟知，因众生处处住著，故令无住。令无住者，正所以降伏之也。是已将住与降伏，融成一片矣。其下所说，无非发明应无所住之义。

说至此处，复引前之已说者，略变其词而深透说之曰"应生无所住心"，且曰"若心有住，则为非住"。由此更可悟知，"无住"二字，乃《金刚般若》之主旨。一部经千言万语，可一言以蔽之曰："无住"而已。世尊何故要如是融答？读经者何故要如是得其答中之主旨？以不如是，则用功不能扼要。不扼其要，云何着手耶？

复次，此中所说"离一切相"，便是"无住"之意，所说"应离"，便是"降伏"之意，而曰"应离一切相发菩提心"，是又将住、降与发心融成一片矣。意若曰：上来所说诸义，不可但以为发菩提心后，应降伏其住相，当知发心时，便应离一切相而无所住，方为发菩提心耳。得此一结，则上来诸说，更加警策。

闻法者明得此义，则知发心时，便不容含糊。因心既真，自不致招迂曲之果，所谓初发心时便成正觉者，如是如是。当如是信解受持也。

"不应住色生心，不应住声、香、味、触、法生心"两句，世尊重叠言之者，实具深意。因尘世众生之环境，不离此六。住尘生心，乃无始来之积习，而欲了生脱死，又必须背尘合觉。故特重叠一再言之，令尘境中众生，须将不应住三字，深深体会，时时观照，勤勤远离，庶几渐能做到不住耳。

色、声、香、味、触暂置，先言法字，将云何离乎？无论世间法，各有应尽之责，苟不尽责，又落因果，云何可离？况佛法亦法也，正要依法修行，更何能离？固知所谓离，所谓不住，乃不著之谓，非谓不行其法。然而既须尽心以行，将如何行去始为不著耶？所以非有方便不可也。今约行、解两面，再说方便。

行之方便云何？以世间法言，凡所当为者，自应尽心竭力，不错因果。然首当加意者，无论如何艰难困苦，决不可起劳怨之心；无论如何成绩优长，决不可存居功之想；不幸失败，亦决不可因之烦恼忧愁，慨叹忿恨。必须此层做到，方能达到前次所云"事来便应，事过即忘"，得与不著相应耳。以出世法言，要在无论修得如何久，如何好，如何完备，而决不自是，决不自满，如此乃能达到行所无事也。

然而众生所以处处著者，由有我相，我相则生于我见。是故欲根本解决，非破我见不可；而欲破我见，非明佛理不可。何以故？我见起于愚痴，而无我之理，破我之法，惟有佛典说之最精最详。故非佛法，不能开其正智，消其障蔽，化愚痴而除我见也。

故欲行为上真能不著，必应了解佛理矣。然而了解殊不易也，试以我见言之：云何有我见耶？我见之害云何？云何能除我见？云何方为无我？已觉头绪纷繁，况与此相关之事理，甚多甚多。若知一而漏余，必执偏以概全，偏执即是著也。故欲了解佛经中一事一理，必当先去此等偏执。要知必能融会众义，乃能通达一义。此所以应作面面观也。必面面观，乃能渐入深观圆观，而得深解圆解也。

然则解之方便云何？首当多读多诵，最好遍读一切经论。然泛泛看过，毫无益处，亦非尽人所能。兹姑举必不可少中之极少数言之：如《圆觉》、《楞严》、《楞伽》、《地藏》等经，皆应多读。《华严》、《法华》，若不能尽读，或读一种；若不能全读，或读数品，皆可。《华严经》中之《普贤行愿品》，尤当奉为日课。至如本经之不可一日离，更不待言。论则《大乘起信论》、《大乘止观》两种，亦当列入日课，轮流读熟。而净土三经一论，亦不可不读者也。

凡曰读者，当至诚恭敬读，悠游涵咏读。其中紧要之句，须时时存养于心中，令与自心冥合为一。此最妙之观门也。断断不可视同俗书，徒向文字中剖辨，愈剖辨则执愈重，障愈深矣。何以故？因其无非本其多生以来之我见凡情，推测卜度耳。如此，不但增长偏执，更恐生出大邪见来。况佛菩萨所说之理，本超凡情之表，今以凡情揣度，如何能明？因不明故，甚至生大毁谤，堕无间狱，不止退失信心已也。所以向文字中探讨，是学佛之大忌。故《圆觉经》云："以轮回见，测圆觉海，无有是处。"

至若古德注疏，若欲研究，则应广览，因其各各有长有短，必须会通其义，切忌偏执。亦与读经同，不可专向文字中剖辨寻求，惟有如上所说，至诚恭敬读，悠游涵咏读，存养观照，斯为最要。

尤须以行持助之，首当持戒修福，加以精勤忏悔，礼敬三宝，请求加被，消我夙障，开我正见，且发大悲大愿，广度众生，则感应自速。更当恳切念佛持咒，仰仗加持之力，除其障蔽。

如是解行并进，久久不懈，则障渐渐轻，心渐渐空，慧渐渐开；观照之功，随之而渐深渐圆；我法二执，亦随之而渐化渐除；法与非法，亦得渐渐不著。所谓水到渠成，有不期其然而然者矣，固不止佛理洞明已也。此以法言也。

至若色之与声，有目则有见，莫非色也；有耳则有闻，莫非声也；香味触例此可知。虽避至无人之境，而山间之明月，目遇之而成色；江上之清风，耳遇之而成声，云何远离乎？须知心不清净，即令闭聪塞明，其意境中，正不知有多少色、声、香、味、触幻象显现。

必须如上所云，解行并进，久久熏习，令其道眼明，道心净，而能反见反闻，则色声等境，方不于心中现起。然后对境遇缘，乃得见如不见，闻如不闻耳。

更当知佛之说此二句（指"若心有住，则为非住"），原是为发菩提心，修菩萨行者说。因其既发大悲大愿，绍隆佛种，欲度一一众生，尽成佛道，则生生世世，不能舍众生。若不离一切相，便畏生死流转，而大道心退矣。且既不舍众生，便不能舍尘境，而一言及境，便有顺有逆，若未能生无住心，离一切相，一遇逆境，能不退乎？

如舍利弗于六十劫发大心修大行，因人乞眼，已剜一眼，复索一眼，遂致退大修小,是其明证。倘遇顺境,或为人王、为天人、为帝释,亦须离相,乃能道心坚固,不致为乐境所转。况菩萨一面下化,一面仍当上求。如我世尊多劫以来,一句投火、半偈亡躯之事,不知经过几许?皆是由能离相之功也。

以是之故,必应不住六尘生心,而后乃离一切相。相离而后性显,性显而后乃能不动道场,现身尘刹,满其上求下化之菩提本愿。此世尊所以言之又言也。

由是而谈,发大心修大行者,不亦难乎?虽然,有胜方便在,难而不难也。方便云何?念佛求生西方是也。当知念佛求生法门,正为发大道心者说,兼为余众耳。世人不知,乃小看之,大误大误!

《起信论》曰:"众生初学是法(指大心大行言),欲求正信,其心怯弱,以住于此娑婆世界,自畏不能常值诸佛,亲承供养,惧谓'信心难可成就',意欲退者。当知如来有胜方便,摄护信心,谓以专意念佛因缘,随愿得生他方佛土,常见于佛,永离恶道。如修多罗说,若人专念西方极乐世界阿弥陀佛,所修善根,回向愿求生彼世界,即得往生。常见佛故,终无有退(以上是不知离相者之方便,即是为余众而说者)。若观彼佛真如法身(观法身,正谓离相观性),常勤修习(此修习二字,兼指离相及念佛二事言),毕竟得生,住正定故(住正定,即是信根成就)。"

观此论文,足证念佛求生法门,正为发大心者说矣。盖欲免其怯退,故开此殊胜方便之法门耳。亲近弥陀而住正定,则不但信根成就,且已分证法身,便能分身百界(此约初住言,初住以上千界万界,十倍十倍增加也),广度众生。无论境缘顺逆,遇之如无其事矣。有此胜方便,何必胆怯,而不发大心乎?其已发大心者,又何可不修此法乎?

论中所言往生之相有二:

一、既念彼佛,复以所修各种善根,回向求生者,即得往生,终无有退。此即未能离相见性,但以蒙佛摄护之力,故得不退。

二、既念彼佛,且能观佛真如法身者,毕竟得生,而住正定。此是能离相观性,故得生便住正定。住正定者,言其已登初住也。所谓上品往生,到即花开见佛,悟无生忍者是也。

是故吾辈若离相与念佛同修,仰蒙本师及接引导师十方诸佛护念之力,则一推一挽,顺风扬帆,有不速登彼岸者哉?然则前次所说般若、净土同修之法,幸勿忽也。

《起信论》所说,"观佛真如法身",不可局看。经言"心佛众生,三无差别"。既是离相而观性(观法身者,观性之意也,亦离相之意也),则观佛法身,即是自观本性,当如是知。细观此"结成无住发心"一科,不但回映经初答降伏中之义,并亦回映答住中之义(即"应如是降伏其心",及"应无所住行于布施"两大科),语意甚明,毋庸繁述。

前答降伏中之义,是令发离相大愿,答住中之义,是令修离相大行,合之,正是教令应如是发心。可见前文,表面似但答降答住,实连发心之问,并答在内矣。此义,得此中"应离一切相,发菩提心"一语,为之点醒,乃更明显。

又此"结成无住发心"一科,虽将开经以来所说者,一并结成,却只是结成观门。故下科又将行门中统摄六度之布施,特别说之,不但结成前文无住布施之义,且以示观行二门并重,不能相离也。而先说观,次说行者,又以示一切行持,应以观慧为前导也。理既精严,说复善巧,当静意领会之。

前云:前之"发无住心"一科,为开经后所说诸义之结穴,今此"结成无住发心"一科又为总结穴。何谓结穴、总结穴?其义虽已说明,然犹有未说到者,兹再补说之。因是要义,不可不知,不然,亦可不说矣。

前"发无住心"一科中,"应生清净心"一语,为开经后种种离相义之结穴也。何以故?离相原为证性,令清净心现前故。不现前,便不能转凡成圣故,故曰"应生清净心"也。

"应无所住而生其心"一语,为开经后所说空、有不著义之结穴也。何以故?空有二边不著,必须止观并运故。盖无所住,则心空而寂,此之谓止;生其心,则心朗而照,此之谓观,即宗下所谓"惺惺寂寂,寂寂惺惺"。如此,则定慧平等,方与如实空如实不空之本性相应(换言之,定慧平等,乃能空有不著),乃能证得寂照同时之妙果。佛菩萨证此妙果,所以遍界分身,而未尝来往,不作心意,而妙应无方也。

此种大用,实由修因时,止观并运,空有不著来。故发菩提心者,应无所住而生其心也。两"应"字要紧,谓必须如此,乃得与本性相应,与妙果相应。两"不应"字亦要紧,住尘生心,则合尘而背觉矣;性德果德,皆不相应矣(此科中两应字,两不应字,亦当作如是观)。迤逦说来,说至此处,又为前义之总结穴者,以其说到本源故也。

此义前曾说过,然但说得修六度是证果之因,发心是起修之因,此不过本源之一义耳。当知所谓本源,非止一义,故须补说。

上"请示名持"一科,已说到断念。此科则是教以最亲切、最初步之断念方法,故曰"说到本源"。

上"第一波罗蜜"一科,明法法皆般若,即是明法法皆应离相。"忍辱波罗蜜"一科,是明离相乃能成忍,然但说理。此科则又教以最亲切、最初步之离相方法,故曰"说到本源"。盖断念是见性之源,而离相又是断念之源也。

总之,此科及下科,皆的示以用功要门,岂止道理精微圆妙而已?若但作道理会,岂不辜负经旨?明得此科之修行方法,下科便能应用。故今就此科言之。

曰发心,曰生心,发、生二字要紧,谓起心动念时也。心字更要紧,菩提心,无所住心,真心也。住尘生心,妄心也。一应一不应,是的示学人当于心源上领会,于起心动念时观照,勿令错乱修习也。故曰最亲切,最初步。盖如此开示,是令运用般若正智,以除妄念,俾昏扰扰相之心,渐得安住之入手功夫,故曰"最初步"。

且如此用功,甚为切实,易得进步。何以故?知得成凡之由,成圣之路,从紧要关键上下手故。故曰"最亲切"也。

何谓成凡之由耶?当知一切众生,由于无始未达一法界故,名曰不觉,亦名根本无明。以无明不觉故,遂尔动念。念起,便于心中显现能所对待之相,于是人、我等等分别计较,从此繁兴。愈著愈迷,愈迷愈著,此起惑造业受报之由,亦即成凡之由也。

知此,则知成圣别无他路,惟有离相息念,以除其人我等分别计执而已。何以故?就地跌倒,须就地爬起故。

发菩提心,便是发觉初心。菩提者,觉义故。无始不觉,由于迷真著相,今若不知离相,何云发觉?知此,则应"离一切相,发菩提心"之义洞明矣。可见此义,亦高深,亦切近。约高深言,须至妙觉,相始离尽。

然而因赅果海，果彻因源，故初发心时，便应如是而知，如是而学。约切近言，著相则背觉合尘，是成凡之由；离相则背尘合觉，乃成圣之路。故一切学人，于起心动念时，便应在离相上切实用功，断不容忽。

然而离一切相，包罗广大，从何入手？"不应住色生心"两句，即指示入手方法也。方法云何？要在不令心中有色、声、香、味、触、法幻相显现，现即遣之，不令住著。须将"不应"二字，微密提撕。一念起时，当提起正念曰：从无始来，由住尘生心故，贪瞋竞起，有我无人，堕落恶道，不知次数，即生善道，旋复堕落，轮回之苦，无量无边，向苦不自知耳。今幸闻法，亦既知之，何仍于心现起，不畏苦耶？自尚如此，何能利他耶？是大不应。一也。

又作念曰：迷相则成众生，离相则名诸佛。一升一降，一圣一凡，只在一转移间，其间间不容发。今学佛矣，于此间不容发之际，全在当机立断，断断不容此等幻相，于心停住。稍纵即逝矣，何名学佛耶？是大不应。二也。

复作念曰：自性清净心中本无一切相。今从何来，令心不净，是大不应。三也。

当知有所便有能，心中所现之幻相，非他，即生于能现之妄念耳。是故上来责所现之不应，加以遣除，无异责其起念之不应，加以遣除也。然则提起正念，便是斩断妄念，如快刀之斩乱麻。何以故？同时不能有二念，正念提起时，妄念自除故。可知说此两句为离相之方便者，正为离念之方便，亲切极矣！知得如是提起正念，便是发觉初心，故曰"初步"也。

上作之三念，一层深一层：一是以沉沦之苦作警告。二是以力求上进为鞭策。三是反照心源，令趋本寂。随提一念，或兼提，可相机行之。起心动念时，如是绵密用功，庶几对境遇缘时，较有把握耳。

然欲起心动念时，正念提得起，必须平时（即未动念之时），亦不放松，故复说"应生无所住心"，此句是令平时心于尘境一无所著也。

此须用前次所说般若、净土同修之法，以为方便，常令其心，等虚空遍法界，超然于一切有对待的尘境之外。即复提起一句佛号，令佛与念，水乳交融，与虚空法界，成一大光明海。但如是蓦直念去，心少昏散，便振作而融摄之。

"常令其心等虚空遍法界,超出尘外"者,性体本如是故,虚空无相不相故。常作此观,令此心空空洞洞,则念佛时便易得力。"水乳交融"者,即前所谓不分别谁是念,谁是佛,但令念即是佛,佛外无念是也。

"与虚空法界成一大光明海"者,我与弥陀,本与十方诸佛,法界众生,同一性海,无彼此,无差别。故今如此一念念佛,便念念上与诸佛菩萨光光相照,同生欢喜,下与一切众生,息息相通,同蒙摄受,则是念念上求,念念下化,故同成一大光明海也。

又复我心佛心,既同一性海,则亦不分别极乐世界在虚空法界外、在虚空法界内,亦不分别极乐世界在心内、在心外,故同成一大光明海也。但蓦直念去者,不分别有好相、无好相,得速效、不得速效,但如是所向无前,至诚念之而已。

更须勤提"应"字,以振作之,不令懈怠。常作念曰:所发何心耶?众生待救方殷,诸佛相期甚切,若少懈怠,则所发心,便成妄语,努力努力。以为策励,此是应门。若起他念,则依前不应门中所说三种正念,自呵自责,并将若心有住则为非住二语,恳切提撕,绵绵密密,不令间断。

须知起念即妄,念佛之念,亦妄非真。何以故?真如之性,本无念故。但因凡夫染念不停,不得已故,借念佛之净念,治其住尘之染念。

盖念佛之念,虽非真如之本体,却是趋向真如之妙用。何以故?真如是清净心,佛念是清净念,同是清净,得相应故。所以念佛之念,念念不已,能至无念,故曰"胜方便"。此义前虽略说,以是要义,故复彻底说之。

极乐世界,亦是幻相,然而不可不求愿往生者,净幻非同染幻也。何以故?清净土,本由清净心显现故(所谓心净则土净也。当知净土净心,本来不二,但约摄受众生言,无以名之,强名曰"土"耳)。求生净土,尚有多义,不可不明,今略说其最要者:

一、在凡夫位,应舍染趋净故。凡夫分别心未除,若无趋舍,不能振作,此正前所谓随顺世间因果对待之理,令种绝待胜因,以克绝待胜果,乃佛法之妙用也。至生净土后,则供养他方诸佛,普度遍界众生,何尝住著净土之相?可知修因时,令舍染以趋净者,不过借为出生死海,满菩提愿之过程耳。

二、亲近弥陀，成就信根故。由凡夫修至正定聚，须经无数劫，若不亲近于佛，诚恐退心，此求生净土之重要原因也。

三、行菩萨道，应现起庄严妙相之清净土，以救痴迷著相之苦众生故。尚应现起，何碍求生？且今之求生，正为速证无生，乃得现起无边净土也。

四、二边皆不可著故。一切染幻，尚应空有不著，何况净幻，盖知心净则土净，不著有也，求弥陀之接引，不著空也。何以故？非仗他佛之力，自佛不易现前故。

五、得体应起用故。二乘以有体无用被呵，故大乘修行，应体用具足。当知求生净土之义，质言之，即是求证净心之体，现起净土之用耳。盖一切众生见其往生瑞相，自然发起信心，所以求生净土，自利中，便有利他之用，不但亲近弥陀之后，能有现起无边净土之妙用已也。

六、性体空寂，无相无不相故。念佛须念至一心不乱，至此，则念而无念，尚何心土染净之可说？无相也。而正当此际，阿弥陀佛与诸圣众，便现在其前，无不相也。由此可悟念佛义趣，与般若毫无异致。

七、知一心作而无碍故。性相本来圆融，染幻尚无碍，净幻岂复有碍？凡曰有碍者，以其不知一切心造，取著外相故。若其知之，则不著不坏，性相圆融，一切无碍矣。

以上皆求生净土极要之义。知此，则知净土与般若，求生与离相，语别而义实无别。盖般若从空门入道者，乃是即有之空，净土从有门入道者，乃是即空之有，合而观之，正是空而不空，不空而空。故两门合修，正与如实空、如实不空之本性相应，亦正是无相、无不相之实相。舍此不图，岂非自误？

观上来所明离相离念之义，可知欲求不住六尘，其道无他，要在冥相忘怀而已。至于前云，将经中要句要义，存养咏味，此是用以观照遣执，所谓以幻除幻之法，与冥相忘怀，初无有碍。

当知"不应住"，"无所住"，是但除其病，不除其法也。即色声香味触，供佛度众，乃至养此色身，皆不能废而不用。若能不著，何碍之有？当如是领会也。

上来所说提起正念，极有关系，恐或忽略，今再说明其理。当知提起正念，正是生心，而提正念，即所以息住相之妄念，正是生无所住心也。名为正念者，以其是根据各大乘经所说之理而来，故提此正念，便是观慧。具此正观之慧光，不但能息妄念，并令心不沉没，不似用他法而无观慧，纵令妄念暂息，而心中漆黑者，所可比拟也。

或曰：念即是观，故念佛、念咒，皆能了生死见本性。若如适才所说，岂念佛念咒，皆不如提正念乎？曰：君言似是而非，由于知一漏万，以偏概全，于佛理未能融会贯通故也。当知密宗重在三密相应，意密便是作观。若但念咒，不知作观，只能得小小益处，求了生死见本性，则未能也。

念佛亦然，上品生者，必须于第一义心不惊动，以其有观慧也。否则只能仗弥陀摄受之力，令得不退，免入轮回。此惟净土法门有此特异方便，为一切法门所无。若欲见本性，必须花开见佛而后可。而欲花开，必须明第一义，智慧发生而后可。此所以中下品生者，生净土后，仍须勤修，动经尘劫。由此可悟观慧之要矣。

念即是观，固然不错，然必念中有观，方可曰"念即是观"也。即以观言，复有理观、境观之不同。理观者，依佛说道理而作观也，如上所提正念是也。既是依据佛理，则观之便能开其正智，故曰观慧也。

境观者，依境作观也。此又有二：1. 圣境，2. 尘境。观圣境者，净土，如观极乐，观佛身相好，及《十六观经》中所说。密宗，如道场观，法界观，及观本尊，皆是。此等圣境，本由净心现起，便与净心不二，故观之能令妄想息，真心现也。至密宗之观"阿乩"字，此是观本不生义，乃观理，非观境矣。

若观一切尘境，必须依佛所说，观其无常不净，遣而去之，乃是正观，亦为观慧，否则名为邪观。质言之，即不应观也。此等道理，不可不知也。以观理观境之义相通，故修密宗、净土，若不能依其本宗作观，便应常提正念以补助之。更当多读大乘，开其观慧如前次所说是也。此理尤不可不知也。

至于平时修行，若但修般若，诚恐见理少有未圆，落于偏空而不知，尤虑其心怯弱，或致退失于不觉。若但修念佛，不但生品不高，且恐未能一心。何以故？不知离相，必住六尘，心有尘扰，岂能一心？故莫若离相与求生，合而修之。念佛，生心也。离相，无所住也。此心虽空空洞洞，却提起一句佛号，正是生无所住心也。妙莫妙于此矣！稳莫稳于此矣！

前言离相与求生，语别，义无别。无别之义，可片言而明之。曰：离相是并离非法相，求生原为证无生，岂有别乎？但般若是开空门，以除著有之病，故但曰"离相"。净土是开有门，以除偏空之病，故但曰"求生"。此语言上所以不无差别耳，离相求生同修矣。

而前说之行解方便，仍当同时并进：若解之一面，得其方便，则可以增智慧，养道心；若行之一面，得其方便，则喜怒哀乐，或不致牵动主人翁，亦不致矜张急躁，自是自满。不然，正念必提不起，千万勿忽。

以上所说一一做到，修行之能事尽矣乎？远哉远哉！以静中虽有把握，动中或不免慌张。故平时修，起心动念时修之外，更须于对遇境缘时用功，以历事而练心焉。且上来所说，只是修慧，而未修福。当知慧是前导，福为后盾，大白牛车，须具福慧二轮，乃能运到彼岸也。

若不修福，既未与众生结缘，虽成菩萨，众生不能摄受也。况福不具足，便是慈悲不具足。菩提心以大慈大悲、自觉觉他、平等不二为本，若不广修六度万行，菩提心既已欠缺，般若正智，亦未必能开。何以故？但修慧不修福，仍是我相未除，既不平等，又不慈悲，诸佛未必护念，势必障碍丛生，欲修不得故。此所以又说下科，"应不住以行布施"也。

是故，佛说菩萨心不应住色布施。

"是故"二字，承上文来，其语气，紧蹑"若心有住，则为非住"。既是有住则非，所以心不应住，亦即结成经初，不应住色声等布施之义也。但引"不应住色"一句者：色者，色相。举一"色"字，便赅摄一切境界事相，不必列举矣。意若曰：由是有住便非之故，所以我前有菩萨于法应无所住行于布施，不应住色等布施之说也。盖指示闻法者，须将若心有住则为非住之义，以证经初所说，则其义自明。

但举不应住色布施一句，复有深意。盖色即是相，举此为言，正与上文应"离一切相，发菩提心"相呼应，使知所谓"离相"者，是应离其心中执著色、声、香、味、触、法之相,并非应离布施六度之法也。

经初说"不应住色布施",其上原无"心"字,今特加一"心"字者,又是与上文数"心"字相呼应,使得了然,所谓发菩提心者,即是发六度心耳。且使了然,所以不应住六尘生心者,正为行布施六度耳。然则心不住尘,并非沉空滞寂可知。所以前来既说不住,又说生心,且曰"应无所住,而生其心也"。

更可了然,既是心不住尘,正为广行六度,则当其行六度时,亦应心不住尘可知,所以今文又曰"应生无所住心"也。得此一句,前说诸义,弥复参伍错综,七穿八透。世尊如是而说,无非欲使闻法者,得以融会贯通,深解义趣,以便观照得益耳。

总之,"菩萨心不应住色布施",是紧承有住则非来,而有住则非一语,原是反显应离相而发心,故说此科,亦是为阐明离相发心之义者,盖除布施六度外,既无菩提心之可发。若心于色尘等相,一有所住,其心便已为境所转,则布施等功行,必不能圆满,尚得谓之发菩提心乎?故应不住六尘,离一切相,乃得广行六度,利益一切众生,圆满其所发之菩提心耳。

下科"菩萨为利益"云云,正对此点畅发其义也。"佛说"二字,亦有深意。佛者,果德之称,菩萨行满,名为成佛。欲知山下路,须问过来人,今曰"佛说",使知"心不应住色布施",乃经验之谈,非同理想。发大心者,应如是信解受持也。菩萨即指发菩提心者,经初菩萨摩诃萨,是其前例。

说至此处,更有要义,不可不明。其义云何?长老问"应云何住",世尊乃答以"应无所住",其命意果何在耶?至于无住为本经主要之旨,所谓无住则离相,离相则证性,此等道理,上来已详哉言之。今曰命意何在?盖就针对问意处说耳。

长老之问,意在得一安住其心之方也,而世尊启口便曰"应无所住",直是所答非所问,岂竟无其方耶?抑亦不应问耶?非也,非所答非所问也,乃不答之妙答耳。何以故?一切无住,正是安心之妙方故。何以明其然耶?法与非法,一切不住,即是离一切相;一切相离,即是不为境转;不为境转,则其心安住而不动矣。非不答而答之妙答乎?

然虽不显言以答，而前则曰"但应如所教住"，今则曰"若心有住，则为非住"，一正一反，已将命意所在，逗漏不少。我前释"如所教住"之义，曾曰"是为不住而住，亦即住于无所住"，此两语，正明其于相不住之时，即是其心安住之时，故曰不住而住，住于无所住，非茫无边际语也。

前释"则为非住"之义，又曰"即是非如所教住，盖因其不能如所教之无住，而住于六尘，则其心便非安住不动，故曰则为非住也"，既为非住，是其无住之观已破矣，则所修之布施等行，亦必不能广大无边。

故此科紧承其义，而正言以明之曰"是故，佛说菩萨心不应住色布施"也。异常警策，异常醒透。总以明上来于发心、于作观、于修行，皆教以应无所住离一切相者。以不如是，则心合于尘而不安住，其所发之心，所作之观，所修之行，皆成虚语矣。此佛答"应无所住"之真实义也。今乘此处文便，彻底说之。

上来未说者，遵佛密意故。当知必一切无住，而后得所安住，必始终无住，而后法身常住。且并法身亦不应住，故曰"不住涅槃"。小乘因住涅槃，名曰"有余涅槃"，故必并涅槃而不住，乃是入无余涅槃也。

由是可知，若闻得所安住而生住想，则终不得安住矣。此佛之所以不显答也。不然，前文何不曰"但应如所教而得安住"，岂不明甚？然而只将"住"字微微一点，不肯说煞者，无他，以众生处处著故，闻"住"必生住想故。

所以说经者，于此等处，亦应遵佛密意，不可轻道。然此义，又不可终秘，故世尊于答住时，虽不显言，却于他处为之点出。前后共有三处，其中两处，语意最明：如上来云"离相乃能忍辱"，及经末云"不取于相，如如不动"。忍也，不动也，皆安住义，必离相而后可，岂非于相不住，心得安住之义乎？故今亦彻底一说，使知问答实是针锋相对。当静心领会佛说之深旨，一切无住，始终无住也。

禅宗二祖，问安心法。初祖曰："将心来与汝安。"曰："觅心了不可得。"初祖曰："吾与汝安心竟。"此与本经问答之意正同：当知应无所住者，因其了不可得也，会得了不可得，则安心竟矣。

无著菩萨《金刚经论》中，曾点醒此意：如说"降伏其心"一科之义，为利益深心住，亦曰发心住，说"应无所住行于布施"一科之义，为波罗蜜相应行住是也。此正菩萨深解义趣，故敢作如是说。

论中不曰"住发深心"，"住相应行"，而将"住"字置于其下，其意甚精。正明因修无住，而后所发之深心，所修之相应行，得所安住耳。兹亦乘便引而说之。如读此论者，误会为住著发深心，相应行，则大违经旨矣，亦绝非论意也。

由是可知，《大般若经》所说，不住一切法，即是住般若，亦是显明一切法不住，即是般若正智安住不动之义。不然，不得曰一切不住即是住也。下文不信一切法是名信般若之义，更深。信者，不游移之谓。不游移者，安住之谓。此明并安住亦不住，是名安住也。此等处差之毫厘，谬以千里，不可仅泥眼前文字，当统观全旨，静心领会乃得。前云必须融贯众义，方能通达一义是也。

须菩提，菩萨为利益一切众生，应如是布施。

上科说"不应住色布施"，恐不得意者，误会但不应住有。故复说此下数科，使知是空、有两不住也。

流通本，"一切众生"下，多一"故"字，古本皆无之。

"如是"二字，指下文。"为"字读去声，此字要紧。盖名为菩萨者，因其发菩提心。发菩提心，所为何事乎？为利益一切众生耳。既为利益一切而发心，便应如下文所说者以行布施。何以故？若不布施，与众何益？若不如下文所说，又岂是布施波罗蜜？则少少众生，且不能利益，况一切众生？尚得曰为利益一切众生发菩提心乎？此经初所以说，若有我人四相，即非菩萨也。

由此足证一切众生之下，实无"故"字。盖名为菩萨，正以其能为利益一切众生而发心，若加一"故"字，则菩萨是一事，为利益一切众生又是一事，语意一齐松懈矣。

为利益一切众生，应如是布施，含有二义：

一是应如下文所说之离相，行其布施，因离相布施，方能摄受无量无边众生，利益一切也。此与经初所云，灭度无量无数无边众生意同。然经初是令发利益一切众生之大愿，以离我人等相，此中是令离能施、所施等相，以成就所发利益一切众生之本愿。前后两义，互相助成，缺一不可。

二是应以如下所说之法，布施一切众生，令皆得福慧双修，辗转利益；皆知离一切诸相，成菩萨成佛。如是布施，是为真实利益。此发心者之本怀，亦佛说之本意也。何以故？一切布施中，法施为最故。此与经初所云，所有一切众生之类，皆令入无余涅槃，意同。然经初但令发度众成佛之愿，此中是令实行度众成佛之法施，兼以补发经初"应无所住，行于布施"中未及之义。总之，此总结前文中两大科，皆是就前说之义，加以阐明，令更圆满。

布施者，舍己利他之行也。佛法中不但布施是利他，一切行门，其惟一宗旨，皆为利他，故举一布施，摄一切行门尽。当知本经主要之旨，在于无住，无住主要之旨，在于遣执破我，而舍己利他，又遣执破我之快刀利斧也。故于观慧则发挥无住，于行持则独举布施，以示观行二门，要在相应相成。必应如是奉持，方是发菩提心，方能证菩提果。

菩萨发心，原为自度度他，自他两利，而经初但令度所有一切众生，而不言自度，此处亦但说"菩萨为利益一切众生"，而不言自利者，大有深意。此意前曾说过，然无妨重言以申明之。当知众生之所以成众生，由于执我著相，故发心修行，只应存度他之心，利众之愿，以破其无始来执我著相之病，此正转凡成圣之要门也。故不言自度自利，而自度自利，已在其中。换言之，度他正所以自度，利众正所以自利，佛法妙用，正在于此。

一切佛理，皆应如是领会。如但教以一切不住，而其心安忍，如如不动，便因是而成就；但令看破五蕴色身，除贪、瞋、痴，而色身却因是而康健安乐；但令修出世法，而世间法亦因是而日臻治理。

盖多数人能知发菩提心，行菩萨道，上者可以转凡成圣，中者亦成大仁大智，下者亦是善人君子矣。则书籍所称五帝三皇之盛，不是过也。乃不信者皆以为厌世，信者亦认为与世法无涉，辜负佛恩，莫此为甚，是皆未明佛理之过也。

故发大心欲宏扬佛法者，首宜将此义尽力宣说，彻底阐明，俾大众渐得明了，多入佛门，则化全世界为大同国，化尽法界为极乐邦，亦不难也。愿与诸君共勉之。

总而言之,佛法皆是说这面就有那面,做那面就是成就这面,不但双管齐下,直是面面俱圆,所以说世间好语佛说尽也。所以《华严》会上,诸大菩萨赞叹曰:

天上天下无如佛,十方世界亦无比。
世间所有我尽见,一切无有如佛者。

如来说:一切诸相,即是非相;又说:一切众生,则非众生。

诸相非诸相,众生非众生,此与前说"我相即是非相"等等,语义正同。今之说此,是令行菩萨道者,应知一切诸相,一切众生,当其有时,便是空时,所谓有即是空,空即是有。应如是空有二边俱离,乃能利益一切众生也。

"如来"说者,约性而说也。性本空、有同时,而一切诸相,一切众生,皆不离此同体之性,皆是同体之性所现,故莫不有即是空,空即是有也。有即是空、空即是有之义,前已屡说。然此是般若主要之义,若非彻底明了,一切佛法,便不得明了,所有观门行门,种种修持,便不能得力,故今更详析说之。

当知一切法,莫非因缘聚会时假现有相,所以缘聚则生,缘散便灭,且不必待其灭而后知也。正当聚会现有之时,亦复时起变化,无常无定,可悟其并非坚固结实,实是幻现之假相,此之谓有即是空。而凡夫不明此理者,误认为实,遂致取著有相,随之流转,此轮回之因也。

佛眼则见透此点,而知一切法有即是空,故令不可著有也。即复知得一切法所以有种种不同之相者,是随业力而异,因其造业随时变动,故境相亦随而变化无常。然而造如何因,定现如何果?所有境相之好丑苦乐,莫不随其业力之善恶大小而异。业力复杂,现相亦复杂,业力纯净,现相亦纯净,丝毫不爽,此之谓空即是有。

而凡夫不明此理者,拨无因果,遂致取著空相,无所不为,此堕落之因也。即不如是,而如小乘之偏空,则又有体无用。佛眼则见透此点,而知一切法空即是有，故令不可偏空也。

不但此也，即复知得业从何起，起于心之有念也；念必有根，根于同具之性也。念与业时时变异，惟此同具之灵性，则自无始来，尽未来际，不变不异，实为一切法之主体。

然而有体必有用，有用必有相，此相之所以虽为幻有，而又从来不断也。因其幻而不断，所以既不应著有，又不应著空也。且既知相由业转，业作于心，则知一念之因虽微，其关系却是极大，所以令学人应于起心动念时，观照用功也。又知心念之起，由于未达一真法界，故取相分别，然而性体本无有念，若非返照心源，岂得断念以证体？所以令学人当背尘以合觉，反妄以归真也。

以上甚深微妙道理，非佛开示，谁人能知？若不信佛，如法受持，又谁能明了？因此一切众生，自古至今，多在迷中，造业受苦。故为利益一切众生发菩提心者，应知相即非相，生即非生，既不著有，亦不著空。

如是空有双离，以行六度万行，乃能利益一切众生也。何以故？住相布施，易退道心故。著有是住相，著空亦是住相故，故应空有双离也。更应以此相即非相，生即非生道理，普告一切众生，令皆知修二边双离之因，证寂照同时之果，是为究竟之利益，菩萨应如是布施也。

本科开口曰"如来说"者，正是指示发大心者，如是空有双离，以行布施——布施此空有双离之妙法，则自他皆得离相见性，断念证体，同归性海。其利益之大，不可思议。何以故？是如来说故，其法与如来性德相应故。

一切诸相，一切众生，有种种义，向来各书，多因文便，拈一二义以说之。若不知其种种义，则只明其当然，而不明其所以然，便恐因所见之书不同，致生抵触。

今当荟萃众义，分析而详说之，则闻此一席之话，无异十年读书，想为诸君所愿闻也。此种种义，有常见者，有不常见者，有推而广之者，概括为四条如下：

一、相者，相状，谓有生之类之相状也。相字，不但指外形之状况言，兼指内心之状况言。有生之类，如经初所言，"若卵生、若胎生、若湿生、若化生、若有色、若无色、若有想、若无想、若非有想非无想"

是也。

无色一类，但无业果色耳，仍有定果所现之微妙色身，为有色界以下，目力所不能见，故曰"无色"。而佛眼、菩萨法眼、罗汉慧眼，皆能见之。世尊示入涅槃时，无色界天人，泪下如雨，若无色身，云何泪下？如是种种有生之类，其色心相状，差别亦至不一矣，故曰"诸相"。

再细别之，每一类中，相状又有种种差别：如外形之肥、瘦、好、丑，内心之善、恶、智、愚。推之，如《行愿品》所言：种种寿量，种种欲乐，种种意行，种种威仪，则千差万别，何可算计？故曰"一切"也。

然而如是一切诸相，在俗眼观之，宛然现有之时，而道眼观之，则知其莫非色受想行识五蕴假合，变现出种种有生之相耳。除五蕴变现外，实无种种差别之相可得，经中所以言"当下即空"，又曰"生即无生"也。故曰一切诸相，即是非相（重读下句，下同，第二条亦同），此明生空之义也。此是约有生之相状，生即无生言，故曰"生空"。

众生者：众，谓五蕴，三数成众，蕴既有五，故名曰"众"。由五蕴众法假合，而后有生，故名众生。而四生（胎、卵、湿、化）、六道（天、人、修罗、地狱、鬼、畜）之众生，莫非由此五蕴法假合而生，故曰"一切众生"。普通所说众生之义，皆是指千差万别众多生类而言，此乃一切众生之义，非众生二字命名之本义也。

何谓五蕴假合？当知不但有生之类，是由五蕴法和合，假现生相，本来无实已也。即五蕴众法之本身，亦由其他众法和合，假现成此幻相，亦本非实，故曰"五蕴假合"。何以言之？如色蕴，乃地、水、火、风四大之所变现者也，则色蕴之为假合可知。

若细勘之，四大又何一非假？至于受、想、行、识四蕴，受者、领纳，想者、忆念，行者、迁流，识者、分别、含藏，皆妄心也。何名妄心？因其是由无始来，种种计较，种种取著，积无数之业力，执持不断，因而现起受、想、行、识之种种动作耳。自性清净心中，哪有此物？则此四蕴之为假合，亦可知矣。

然则不但五蕴之众，本来非众，即假合成五蕴之其他众法，亦复众而非众，则生本无生，岂不洞然？经中所以言当体即空也。故曰"一切众生，则非众生"，此明法空之义也。此约五蕴众法，当体即空言，故曰法空。

由此可见,"五蕴"二字含义之精妙矣。蕴者,聚集义,荫覆义,正明色、受、想、行、识五者,为其他众法之所聚集,而有生之类,又为此五之所聚集,正所谓缘聚而生也。而一切众生,迷于一切诸相者,因从无始来久久为其荫覆障蔽,遂致执著,认以为实,造业受苦,无量无边。

今既知之,便当破此障蔽,跳出牢笼。云何破?依此《金刚般若》,离相遣执是已。盖明生空,所以破我执,离我相;明法空,所以破法执,离法相也。而一言及法,便摄非法。何以故?若执非法,亦是法执故,以执者之意中,是以非法为法故。故一言离法相,须将离非法相之意,并摄在内。如是说者,乃为佛说,如是知者,乃为正知,如是则并空亦空矣。生空、法空、空空,是为三空,具此三空之正智,名为金刚般若也。

所以发大心者,不但要明生空、法空之义,以离我、法二相,方能破此障蔽,跳出牢笼,并须兼明空空之义,以离非法相,方能利益一切众生。所以,菩萨心若通达诸相非诸相,则相虽有,而心却空。既不受诸相之牢笼,正无妨显现一切诸相,度迷相之一切众生,而不生退怯。更通达众生非众生,则知众生性本空寂同佛,故誓愿普度一切入无余涅槃,而无众生难度之想,且度尽众生,亦无众生得度之想。何以故?众本无众,生本无生故。如此,方是为利益一切众生发心之菩萨。

二、以第一条所说众生非众生之义,证明诸相非诸相之义。盖若知得五蕴法之本身,是由其他众法之变现,可见五蕴乃是假法,然则由五蕴变现之一切诸相,岂非假法中之假法?其为有即非有也明矣,故曰"一切诸相即是非相",则此两句,亦是明法空义也。若知得一切众生之五蕴色身,皆是四大之所聚合,业力之所执持,清净心中皆无此物,由此可悟约五蕴变现言,固相相不同;而约自性清净心言,则无异无相。

然则岂可昧同体之真性,执幻生之众相,分别我人众生耶?故曰"一切众生,则非众生",则此两句,乃是明生空之义也。合之第一条所说,则"相即非相",是正明生空,兼明法空之义,"生即非生",是正明法空,兼明生空之义也。

三、相者,我相、人相、众生相、寿者相也。四相不一,故曰"诸相"。无论取著身相、法相、非法相,皆为著我、人、众、寿,故曰"一切"也。而身相是五蕴假合,五蕴即已无实,若法与非法,更是假名,然而不无假名无实之诸相也。故曰"一切诸相,即是非相"(重读上句,下同)。此明生空、法空、空空,所谓三空之义也。

此义,当约行布施者说。故经初曰"菩萨于法应无所住,行于布施",又曰"应如是布施,不住于相",反复说之,以示二边俱不住也。一切众生,仍如一、二两释。然虽众本无众,生本无生,生空法空,但既为五蕴法假合现起,不无众生之幻相也。故曰:一切众生则非众生,此亦明三空之义。此义,当约受布施者说。因一切幻相众生,方为五蕴假法之所障蔽,不知是假非实,故此中令为利益一切众生发心之菩萨,应如是以有即是空、空即是有之般若法门,广行布施也。

四、"诸相",谓布施之人,所施之物。"一切"者,人是五蕴和合,物则品类繁多也。"一切众生",如前释,谓受施者也。无论施者、施物、受者,莫非因缘聚合,现此幻有,故皆曰"非",是之谓"三轮体空"。轮为运转不息之物,以喻施者、施物、受者,辗转利益,不休息也。体空有二义:1. 谓此三皆是幻有,当体即空。2. 谓此三相体幻有,而性体空寂。若明当体即空之义,则能不著于相;若明性体空寂之义,则当会归于性。发大心者,能如是以布施,其利益广矣大矣!

总上四释,皆以明有即是空,空即是有之义也。上文云"应如是布施"者,盖了得非相非生,则不滞有;了得相即非相,生即非生,则不堕空。不滞有故,虽布施而不住;不堕空故,虽不住而恒施。既二边之不著,复二轮之并运,是为布施波罗蜜。是故菩萨应如是修即相离相之三檀,利益一切无生幻生之众生也。

此科不但释成上来"不应住色等布施"之义,是空有两不住,兼以回映前文所说诸义,加以阐发而总结之。

盖前文有云"凡所有相皆是虚妄"者——以一切诸相即是非相故,前云"若见诸相非相,则见如来",又云"离一切诸相,则名诸佛",故今云应如是即相离相以行布施。以如是而行,则自度度他,同见如来,而名诸佛故,故曰"利益一切众生"。当知此语是并施者亦说在内。何以故?施者自己,亦众生之一故。

且前文所云,不住相布施,及实无众生得灭度者云云,亦因是而其义愈明。何以故？前言不住相布施，其下即接明福德，前言无生得度，其语是明其当然，至此，乃一一阐发其所以然矣。盖相即非相，可见本无可住，故不应住。生即非生，可见众生入无余涅槃，只是复其本性，故无得度者耳。总之，得此结成两科之文，前说诸义，一齐圆成矣。故此总结之两科经文，应当铭诸肺腑，朝斯夕斯，勤勤咏味，有大受用在。

行布施等功行时，应如前"结成无住发心科"所说应门中道理，常作正念，以为警策。若于六尘少有偏著，应如前所说不应门中道理，常提正念，以自呵责。若少偏空，应依此中所说，提起正念曰：利益众生，是我本愿，奈何懈怠，只图自了？即此正是著我，我见是起惑之根，此根不除，又何能自了耶？更应常作凡所有相，空有同时想，众生是眷属，眷属是众生想，常作众生同体想，众生本来是佛想。

观、行虽开二门，实则相应相成。试观前观门中，说应、说不应（应离一切相发心，不应住色生心等），此行门中，亦说应、说不应（观文可见，不具引）；前说有住则非，此亦说空有不著（相即非相，生即非生之说，是令体会此义以行布施，而得二边不著也）。其语意，处处紧相呼应。何故如是？若有观慧而不实行，则等于空谈；若但实行而无观慧，则等于盲修。二门既相助而后成，所以观、行必须相应也。

由是可知，观、行不但不可缺一，亦复不可偏重。且由是可知，观、行两门中所说道理，必应一一打通，贯串而融会之。如是而观时，便如是而行；如是而行时，便如是而观。少有偏住，则为非住。何以故？不相应故。是为要着，当如是知。

须菩提，如来是真语者，实语者，如语者，不诳语者，不异语者。

此科是明上来初总结前文一科中，所说无住发心，无住布施诸义，皆由亲证而知，真实不妄以劝信也。

"真"者，所说一如，即不异之意。"实"者，所说非虚，即不诳之意。若配法言之，真谓真如，实谓实相，是明上来所有言说，一一皆从真如实相中流出，故曰"真语者，实语者"。既语语与真如、实相相应，故为不诳语者，不异语者也。既曰真语，又曰实语，并非重复，具有精义。

当知真如之名，表性体之空寂也，乃专约性体而立之名。盖真者，非虚妄之意，明其非相也；如者，无差别之意，明其无我也。

故上来说有我、人等相即非菩萨；说凡所有相，皆是虚妄；说无我相、无法相、亦无非法相；说若心取相，无论取法取非法，皆为著我、人、众、寿；说应离一切相；说离相名佛，如是等等一空彻底之语，是之谓真语者。意在令人依如是语以修观行，则离相忘我，乃得契证无相无我空寂平等之真如也。

实相之名，表性德之如实空、如实不空也，乃兼约体相用而立之名。盖实者，非实非不实之意，明相虽非体，然是体之用，用不离体也。

相者，无相无不相之意，明体虽非相，然体必起用，用不无相也。故上来说无众生得度，而又度一切众生；说于法应无所住行于布施；说不应取法不应取非法；说则非，又说是名；说应无所住而生其心；说应生无所住心，如是等等，空有二边，双遮双照，双冥双存之语，是之谓实语者。意在令人依如是语以修观行，则合乎圆中，而得契证有体、有用、寂照同时之实相也。

既曰不诳语，又曰不异语，亦各具深义。盖众生迷真逐妄久矣，闻此真语实语，一定惊怖其言，以为河汉，望而生畏，故谆切以告之曰"不诳语者"，所谓佛不诳众生也。

又恐闻者未能深解，以为何以忽言非、忽言是，其他自相违反之语，甚多甚多，或有先闻不了义者，必又怀疑何以此经所说又复不同，故更叮咛而告之曰"不异语者"，所谓虽说种种乘，皆为一佛乘也。

何谓"如语"？是明所有言语，皆是如其所亲证者而说之也。故五语中，如语为主，使知真语、实语，皆是亲证如此，绝非影响之谈，何诳之有？言有千差，理归一致，何异之有？殷殷劝信，苦口婆心，至矣尽矣！

若不配法说之，犹言凡我所说，既真且实，因其皆是如我自证者说之，故语语决不相诳，语语皆与自证者不异也。

首举如来为言者，正明语语是从性海而出，语语皆与性德相应之意。次第安五"者"字，正是指示语语确凿，一切众生，不必惊，不必怖，不必畏，但如是信解受持，为他人说，决定皆能如我之所亲证者而证得之。

故下科复约证得之法言之，以示其真实，而劝信焉。

须菩提，如来所得法，此法无实无虚。

此科着语不多，而义蕴渊涵，当知此是如来所证，不但凡夫莫测高深，即菩萨亦未能洞晓，直是无可开口处。然则云何说耶？惟有如长老所云：解佛所说之义耳。

然而义蕴渊涵，渊则其深无底，涵则包罗万象，欲说明之，亦极不易，必须一一分疏而细剖之，逐层逐层说来，或可彻底。

听者亦应逐层逐层，一一分疏而细剖之，务令析入毫芒，不得少有含糊；然后修观、行时，方不致含糊而能亲切，方有功效之可期。不然，便是笼统真如，颟顸佛性也。且不但应析入毫芒，尤应融会贯通。然必先能析入毫芒，乃能融会贯通。当知析入毫芒时，虽是在析义理，其实已在观心性矣。如上所说，是闻思修的窍要，诸君勿忽。

"如来所得法"，此一语便须善于领会，不然，一定怀疑。今假设问答以明之。问曰：如来者，性德之称。既是约性而说，则湛湛寂寂，无所谓法，更无所谓得。且前明世尊在然灯佛所，彼时方为八地菩萨，尚且于法实无所得，今曰"如来所得法"，何耶？答曰：君言诚有理，然以此理疑此语，则大误矣。误在但看一句，而不深味下文也。

当知下文"此法"二字，正指所得之法，其法却是无实无虚。无实无虚者，形容性德之词也。然则所得之法，正指性言，岂谓别有一法哉？

由是可知，"如来所得法"一语，犹言称为如来者，以其证得无实无虚之性耳，岂谓别有所得哉？况所谓"无实"者，正明其虽得而实无所得，所谓"无虚"者，正明其以无所得故而得证性。则虽说"得"说"法"，亦复何碍？何以故？法是指性而言，得乃证性之谓，非谓成如来后，尚复有得有法，故无碍也。若误会为如来有所得法，便非无实矣。且少有所得，便是法执，岂能成如来？则亦非无虚矣。

可见佛语本自圆融，要在统观全旨，静心领会，当如是知也（此中已将无实无虚之义，说了两种：一是形容性德之词，性何以无实无虚？下当说之；一是形容得性德之词，所谓有得则不得云云是也。当细细领会之）。

不但如来所证，为无实无虚，试观前明四果中所说，皆是有所得便不得，若无所得而后乃得，则皆是无实无虚也明矣。故前云"一切贤圣皆以无为法而有差别"，正明其同为无实无虚（无实无虚，即不生不灭，下当说之），但有半满之不同耳（半者，不圆满也。小乘半，菩萨满菩萨半，佛满也）。

总之，如来是性德之称，无实无虚乃性德之容。此科语意，盖谓如来所证之性，无可名言，姑为汝等形容之曰"无实无虚"而已。性德何以无实无虚耶？当知无实者，所谓生灭灭已故（凡情空），所谓无智亦无得故（圣解亦空）；无虚者，所谓寂灭现前故（体现），所谓能除一切苦故（用现）。

质而言之，无实无虚，犹言寂照同时：寂则无实矣，照则非虚矣。不但如来如是，即约凡夫妄心言，亦复无实无虚也。觅心了不可得，岂非无实乎？介尔一念，具十法界，岂非无虚乎？由是可知凡圣同体矣。但因凡夫执实，而不知无实，故不能成圣。小乘又执虚，而不悟无虚，故不能成菩萨。一类菩萨能无实无虚矣，复不能虚实俱无，故不能成如来。然而毕竟以同体故，故能回头是岸。

佛云："狂心不歇，歇即菩提。"吾辈其猛晋哉，一切众生其速醒哉！

无实无虚，与不生不灭义同——本自无生，故曰"无实"，今亦无灭，故曰"无虚"；亦与有即是空、空即是有义同——何谓无实？有即是空故；何谓无虚？空即是有故。亦与空有同时义同，以其有即是空，空即是有，故曰"空有同时"，故曰"义同"也。

若彻底言之，空有同时者，空有俱不可说也。无实无虚者，虚实俱遣也。虚实俱遣，正《心经》所谓"以无所得故"，菩萨依之而得究竟涅槃，诸佛依之而得阿耨多罗三藐三菩提之意。故曰："如来所得法，此法无实无虚也。"此语是明如来证得之性，此性虚、实俱不可说。何以故？虚实犹言空有，空有不可说者，寂照同时也。寂照同时，正是无上正等正觉，此之谓如来。

以上先将无实无虚平列说之者，以明有体有用也。今又彻底说之者，以明体为用本，得体乃能起用也。两层道理，皆应彻底明了。以有体必有用故，此本经所以既令不著，又令不坏，学人必应如是两边俱不著也。以得体乃起用故,此本经所以令空而又空,学人必应如是离一切相,一空到底也。

当知开经以来所说诸义,皆无实无虚义也。何以故?凡所言说皆是如语故。兹略引数语以明之,他可类推:如曰诸相非相,相皆虚妄,不可取不可说,法与非法俱非等等,凡属"则非"一类之义,皆依无实义而说者也。如曰"是名诸佛,则见如来","诸佛及法从此经出"等等,凡属"是名"一类之义,皆依无虚义而说者也。

总之,知得无实,则知性本空寂,故须遣荡情执;知得无虚,则知因果如如,故应如所教住。何以故?如来既如是而证,菩萨必当如是而修故。故得此一科,上说诸义,更添精彩。

不但此也,上科五语,亦因此科而愈足证明。上云"如语",谓如其所证者而语也。所证果若何耶?今曰无实无虚,无实无虚者,无相无不相之义也,故说实语;亦相不相俱无之义也,故说真语。真语皆如其所证,其为不诳语、不异语也明甚。

无实无虚,语虽平列,然世尊言此,意实着重两"无"字,教人应彻底作观,虚实俱遣也。盖如来所得,固为无实无虚,而无实无虚,实由虚、实俱遣得来。若存有无实无虚,便是法执,岂能无实无虚哉?故必应遣之又遣,方能证得空寂之性体也。

然则学人云何着手?当知世尊言此,是教人当以无实成就无虚,是为虚实俱遣之着手方便也。何以言之?无实者,不执之意,执则固结不解矣。固结者,实义也。无论境之为实为虚,苟有所执,虚亦成实。若一切不执,则虚实俱遣矣。此意,观之上下文,可以洞然。

上文云"信心清净则生实相",此是无实无虚之好注脚。心清净,无实也,生实相,无虚也。而实相之生,由于心之清净,则无虚当由无实以成就之也明矣。故前云"离一切诸相,则名诸佛",又云"应离一切相发心,应空有不住行布施"也。

故下文云"住法布施,如人入暗。不住布施,日光明照",乃至最后一偈,令作梦幻等观也。故本经全部主旨,在于应无所住也。然则世尊言此之意,是令以无实之观,成就无虚之果,岂不昭然若揭也哉?

无实观者,即最后所云,观一切法如梦如幻是也。常作此观,执情自遣矣。此是破一切凡情之总观要观，万不可须臾离者。当知如梦等观，说在最后者，是用以总结全经，则全经处处皆应作此观也明矣。则又何能拘泥次第之说，而不于此处说明之乎？

何故在此处说明？因此处文便，不能错过故也。且此处必应将此总要之观说出，更有三要义，今再次第说之：

一、此正明真实之文，正承上无住发心，无住布施之义而来，而紧接其下者，又极言住法之过，不住之功。可见此处，正是上下文之过脉。若不将此不执之义点明，便不成其为过脉矣。何以故？与上下文所明无住之义，不连贯故。

二、况此处所说，既是明其自证，则更不能不将修法点明。何以故？世尊所以明自证如是之果者，意在令学人修如是之因故。然则若但说平列之义，而不将此义说出，学人云何着手耶？

三、所以说自证之意，不但如上所云，盖意在令闻法者，得以明了全经所说皆是自证如此，证得确凿，绝非理想，故不必惊疑怖畏，故不可不信解受持，故持说一四句偈等，便有无量功德，胜过以恒沙身命布施者。

此世尊说自证之最大宗旨也。然则若但有平列之义，而无彻底之义者（换言之，即是以无实成就无虚，的示学人用功方法之义），则闻者，亦但知得自证之境界，而仍不知自证之方法，则又何足以彻底除人疑情乎？

综上说种种义观之，则世尊说此，意在令人既知其自证之境界，并知其自证之方法也明矣。然则闻法者，乌可不如是领解？说法者，乌可不如是阐发乎？

然而此义，非深心体会，必致忽略。前云义味渊涵，不易说，不易解者，正指此而言也。或曰：如是作观，不虑偏空乎？答之曰：此似是而非之言也。当知修观必应彻底，若不彻底，执何能遣？相何能离？且上下文皆以布施对举，则是观行并进，尚何偏空之有？况世尊于上下过脉中忽发此义者，正以阐明上下文应离相，应空有不住之所以然，使知必应离相无住以行布施者为此；云何能离，云何能无住，其方法如此，乃是上下文之紧要关键所在。则说此正是成就其广行布施利益一切之本愿，并非仅仅令作此观，何虑偏空耶？

观上来所说，除融贯本经及其他各经种种义外，可知佛说此无实无虚一语，最要之义有三：一、是形容性德，二、是形容云何得性德，三、是形容云何修性德。理、事、性、修、因、果，赅无不尽，故此一语也，不但将本经所说道理，赅括无遗，并将所有小乘大乘佛法，一齐赅括无遗。何以故？一切贤圣，皆以无为法而有差别故，无实无虚，正所谓无为法也。

不但此也，一切凡夫心相，一切世间法相，一切因果法相，亦莫不赅括无遗，因此种种相，皆是有即空，空即有，则皆是无实无虚也。此正《法华经》所谓，如是相、如是性、如是体、如是力、如是作、如是因、如是缘、如是果、如是报、如是本末究竟等也。此之谓诸法实相。故此一语，真乃大乘法印。法印者，一一法皆可以此义印证之，而不能出其范围之外，故曰"其深无底，包罗万象"也。

须菩提，若菩萨心住于法而行布施，如人入暗，则无所见。

此科是明执实则布施之功德全虚也，正是无实无虚反面。由此下二科语意观之，更足证明无实无虚一语，不止说以明证得之境界，实兼说以明证得之修功矣。

"法"字即经初"于法应无住"之"法"，谓一切法也。一切法，不外境、行、果。境者，境界，即五蕴、六根、六尘等；行者，修行，即六度等；果者，果位，即住、行、向、地，乃至无上菩提，亦兼果报，如福德、相好、神通、妙用等。然就六度等行言之，便摄境、果。盖行六度而自以为能行，此住于行也；若行六度而有名誉等想，便是住境；若行六度而心存一有所得，便是住果。无论心住何种，皆为住法。

此处法字，不必摄非法言，因经文既是就行布施立说，是已不取非法矣。当知六度万行等法，因缘聚合，乃能生起；既是缘生之法，可见当体即空，非实也。然行此六度等法，而得自他两利，非虚也。是故菩萨既不应舍六度之事不为，而落虚；亦不应有六度之相当情，而执实，执实则心住于法矣！

前云"若心有住，则为非住"，故有入暗之过。暗则一无所见，言其仍在无明壳中也,岂但性光不能显现而已?永嘉云:"住相布施生天福,招得来生不如意。"盖不知观空,必随境转,生天之后,决定堕落,故曰"此科正明执实,则功德全虚也"。

"入暗",喻背觉。既有法执,故背觉也。觉者,明义。背觉,则无明矣,故曰"入暗"。

"无所见",喻不见性。前云"若见诸相非相,则见如来",今不知缘生即空之理,执以为实,而取法相,岂能见性?故曰"无所见"。不言有目无目者,暗喻此人道眼未开,无明未破,有目亦等于无目,故不言也。盖此人以见地不明故,虽学大乘行布施,既是盲修(入暗),必生重障(无所见),故以入暗无所见譬之。

当知学佛者,若道眼不开,势必处处杂以世情俗见,岂但六度行不好?且必增长我慢,竟起贪瞋,反将佛法扰乱,行得不伦不类,启人疑谤。直是于佛法道理一无所见,岂止不能见性而已?执法为实之过如此,吾辈当痛戒之。

若菩萨心不住法而行布施,如人有目,日光明照,见种种色。

此科,是明知法无实,故不住著,则布施功德,便能无虚。正是说来阐发,当以无实成就无虚之义者,使知如欲得我所得,当如此人也。如此阐义,明透极矣!如此开示,亲切极矣!如此劝信,恳到极矣!

有目,喻道眼。日光,喻佛智,并指此经,以经中所说,皆是佛之大智光明义故。见,喻见性。种种色,喻性具之恒沙净德。盖谓住法布施,则因执生障,何能悟见本性?若能心不住法(无实),而又勤行布施(无虚),是其人道眼明澈(有目),空有双离(虚实俱遣),真为能依文字般若,起观照般若者。则游于佛日光辉之中(日光明照),当得彻见如实空(无实),如实不空(无虚),具足体、相、用三大之性(见种种色),如佛所得也。

其功德何可思议?即以生起下文,"成就无量无边功德"一科来。此是约无实无虚平列之义说之。若约虚实俱遣彻底义说者,心不住法,则心空矣，无实也。心空无实，则我人有无等等对待之相胥离矣，所谓虚实俱遣也。若能如是，便如日光明照见种种色，无虚也。其为以无实成就无虚，岂不开示分明也哉？

目目，亦可喻行人之正智。有目者，正智开也。正智既开，能破无明，故曰"日光明照"。无明分分破，便分分现起过恒河沙数性净功德，故曰"见种种色"。

住法布施，尚且如人入暗，然则住著根、尘等境，而不行布施者，当入何等境界乎？不堪设想矣！兹将不行布施六度者，开为三类言之：上说者为一类；若心住于得好果报，而又不肯布施，痴人哉，此又一类也；其有于根、尘一无所住，而亦不行布施，所谓独善其身者——以世法论，逍遥物外，亦殊不恶，然以佛法衡之，则是住于非法矣，依然法执，亦是入暗而无所见者耳，此又一类也。

若心住布施，而不行布施，世无其人，盖未有不行布施而反取著布施之理也。若不住行果，而不行布施，则其心住根尘可知，便与第一类同科。如是等辈，见地若何，前途若何，得此两科文所明之义，皆可推知，故世尊不说之也。

上来总结前文中两科，既将开经来要义加以阐发，融成一片，因接说"明真实"两科，证其所有言说，所有法门，莫非真实，以其皆是如其证得之法而说者也。乃又接说此"喻明"两科，更将证得之无实无虚，阐明其境界，指示其修功。前后章句，极其融贯，发挥义理，反复详尽。

不但总结中，应离相发心，乃至有住则非，应不住色布施等等要义，倍加鲜明；并为经初"菩萨于法应无所住，行于布施"等文，作一回映之返光，令更圆满。盖经初但明不住行施之福，此中兼明住法行施之过，故更圆满也。且总结后，复得此两科作一余波，即以文字论，如龙掉尾，全身俱活，真文字般若也。所有经义，既已收束严密，故向下即结归"持经功德"以示劝焉。

> 须菩提，当来之世，若有善男子、善女人，能于此经受持读诵，则为如来以佛智慧，悉知是人，悉见是人，皆得成就无量无边功德。

此"如来印阐"中之第三科也。初"印可"一科，是印可长老信解受持，第一希有之说。次"阐义"一科，是为惊怖般若望而生畏，不能信解受持者，阐明般若之空，乃是空有皆空。因而融会前来已说之要义，发挥应无所住之所以然，并明如是之说，如是之法，皆是如来亲证如此，莫非真实，不诳不异。故不明无住之旨，虽修六度，而无明难破，如人入暗。若明无住之旨，以行六度，则必破无明，如日明照。反复详尽，无义不彰矣。故此第三科，即归结到受持此经之功德，兼以回映离相名佛之义（无量无边功德，与则名诸佛义同）。

"当来"，通指佛后。不言现在而举后世为言者，意在辗转宏扬此经，不令断绝，利益无尽，且以回映前来"后五百岁"之言。以斗争坚固之时，而能受持读诵此经，其夙根深厚可知，所以蒙佛护念，皆得成就。"能"字正显其出类拔萃，甚为希有，以人鲜能之之时而竟能，故如佛之所得者，而皆得焉。

受者，领纳义趣，即是解也。持者，修持，谓如法而行；又执持，谓服膺不失。既能如法而行，则必利益一切众生以行布施，故此中虽未明言广为人说，而其意已摄在内。

受，属思慧；持，属修慧；读诵，则属闻慧，对文为读，忆念为诵。先言受持者，其意有三：

一、受持是程度深者，故首列之；读诵，是程度浅者，故列于次，盖约两种人言。然欲受持，必先之以读诵，果能读诵，便有受持之可能，故皆得成就。

二、既能受持，仍复读诵，此约一人言也。闻、思、修三慧具足，精进不懈如此，岂有不成就者？

三、说此"推阐无住"一大科，意在闻者得以开解，故此"成就解慧"科文，结归到解上。受者，解也。而下"极显经功"为一大科之总结者，亦复先言受持，皆是明其已开圆解，则信为圆信，持亦圆持。所以为佛智知见，而得成就者，主要在此。

"则为如来以佛智慧，悉知是人，悉见是人"。"为"者，被也，读去声。此句约事相言，有二义：

一、智慧，是光明义；知见，是护念义。谓是人深契佛旨，蒙佛加被也。

二、谓是人功德，惟佛证知，除佛智慧，余无能悉知悉见者。总而言之，人能受持读诵此经，若约理而言，其无明，则受真如之熏（为如来），其知见，则受佛智之熏（以佛智慧悉知悉见），故约事而言，皆得蒙佛如来加被，皆得成就无量无边功德。而曰"知之悉，见之悉"者，显其决定成就也。

皆得成就无量无边功德，正是回映前文"当知是人甚为希有"，"当知是人成就最上第一希有之法"等义。曰"皆得"者，无论僧、俗、男、女，凡能受持读诵此经，无不如是成就，即不明义，但能读诵者，亦必得之，故曰"皆得"。

何以故？果具有真实信心，至诚读诵，先虽不解，后必开解故。所以者何？般若种子已种，蒙佛摄受，决定开我智慧故。利益众生，为功；长养菩提，为德。"功德"二字，指自度度他，绍隆佛种言也，故曰"无量无边"。

何以故？"无量"者，约竖言，历万劫而常恒故；"无边"者，约横言，周法界而无际故。此是诸佛、诸大菩萨法身常住，妙应无方境界，今曰"皆得成就如是功德"，明其皆得成菩萨，乃至成佛也。总以劝人必须受持读诵此经，便得悟自心性，无实无虚，远离二边，既全性以起修，自全修而证性耳。

> 须菩提，若有善男子、善女人，初日分，以恒河沙等身布施；中日分，复以恒河沙等身布施；后日分，亦以恒河沙等身布施。如是无量百千万亿劫，以身布施。

此"极显经功"一大科，不但为"推阐开解"之总结，亦前半部之总结，而语脉则紧承上文生起。因上文言受持读诵此经，皆得成就无量无边功德，何故能如是成就耶？故极显经功以证明之。虽然，此一大科既是总结前半部，而前已三次较显矣，乃复说此以极力显之者，实因此经之义，不可思议。上虽较显三次，犹为言不尽意，故今乘上文文便，复彻底以发挥之。不过由上文引起，非专为上文也。

当知显经功，即是显般若正智。此智乃是佛智，所谓无上正等正觉，为我世尊历劫以来，为众生故，勤苦修证所得，即上文所说，无实无虚之法是也。今将此法和盘托出，而成此经者，为未见性者，示以真确之图案故；为指引众生到彼岸之方针故；为以亲身经验告人，俾有遵循故。

盖怜悯一切众生，自无始来，冥然不觉，长撄苦恼，或因障重而不闻佛法，或虽闻而未得法要，则前障未除，后障又起，所谓因病求药，因药又成病，则坐在黑山鬼窟里，如人入暗，而无所见，有何了期？故精约前八会所说《般若》之义，而更说此经，真乃句句传心，言言扼要，能令众生开其始觉，以合本觉，而成大觉。果能信解受持，便如人有目，日光明照，见种种色。

且明告之曰："诸佛及无上正等觉法，皆从此经出。"则此经是佛佛传家法宝可知。我世尊因亟欲传授家宝，亟欲一切众生皆知此经利益之大，不可思议。正所谓开自性三宝，成常住三宝，能住持三宝者。就极低限度言之，亦足以启发善心，挽回世运。所以又复极力显扬此经功德，俾闻者生难遭想，生欢喜心，努力读诵，信解受持，皆得成就最上第一希有。此"极显经功"之最大宗旨也。

"显经功"中，先显能生殊胜之福。若不设一比喻，云何殊胜，便显不出，故假立一极大布施之福，以为后文显胜之前提，故曰立喻。

初日分、中日分、后日分，是将一日分为三分，犹今人言上午、中午、下午之类。恒河之沙，极细极多，不可数计。劫者，梵语"劫波"，谓极长时间。今不止一劫，乃是百千万亿劫，复不止百千万亿，乃是无量之百千万亿劫。

《华严经》云：阿僧祇阿僧祇，为一"阿僧祇转"；阿僧祇转阿僧祇转，为一"无量"。"阿僧祇"已是极长极多不可计算之数，又将此不可计算之数，倍倍增加而为无量，岂有数可说哉？则无量百千万亿劫，犹言无数劫而已。

每日以一身命布施，已非凡夫所能为，况一日三时？每时亦不止一身命，乃是如恒河沙不可数计之身命。况不止一日、一年、一劫，乃是无数劫中，一日三时，以不可数计之身命布施，历时长极矣，布施重极矣，行愿亦坚极矣。此菩萨之行门也，其福德之大，亦岂可以数计？而不及闻此经而生信者，何故？此理下详。

若复有人，闻此经典，信心不逆，其福胜彼。

"不逆"者，不违也。闻得此经，深信非依此行不可，便发起一一如法行之之大心，是为信心不逆，即是发决定起行之信心。此中虽但言信，含有深解在。若非深解，决不能发此不逆之信心也。初发此心，固不如下之已经起行，然起行实本于发决定心。故发心时，其福便得超胜长劫布施无数身命之菩萨。此中"福"字，正指下文荷担如来，当得菩提，果报不可思议言，故非他福所可比拟。

何况书写，受持读诵，为人解说？

发心即胜者，正因其决定起行也。则已经起行后，其福更胜，自不待言。"何况"者，显其更胜也。"书写"者，为广布也。古无刻本，专赖书写，始得流传。故但就书写言之，如今日发心宏扬此经，无论木刻、石印、铅版，其功德与书写者同，非定要书写也。

先之以"书写"者，明其如法发心，先欲度众，而先以此经度众，又明其发心即为绍隆佛种。

受持读诵，虽若自度，实亦度他。因受持即是解行并进，而所行不外离相三檀，离相三檀，正为利益一切众生故也。"读诵"，亦所以熏习胜解，增长胜行，非为别事。"为人解说"，是行法施以利众。

此经甚深，发心为众解剖无谬，乐说无碍，令闻者得明义趣，启发其信解受持之心也。此句说在后者，不能受持读诵，无从为人解说故。合而言之，是说此人既能传布此经以利众，复能依法实行以利众，更能广行法施以利众，足证其真是信心不逆，故初发此心时，便胜彼多劫布施无数身命之菩萨。

其所以胜之理，下文世尊自言之，即教义、缘起、荷担，三者俱胜故也。其义在下，今亦无妨说其概要，以便贯通。此经是极圆极顿法门，故曰"教义胜"。是为圆顿根机说，令佛种不断，故曰"缘起胜"。

"荷担胜"者，试观此人信心不逆，便是机教相扣，非般若种子深厚者莫办，是其慧胜；书写、受持，乃至解说，正是不断佛种，是其悲、其愿、其行，皆胜；悲、智、行、愿，一一具足，故能荷担如来，是为"荷担胜"也。而彼长劫布施身命菩萨，虽难行能行，行愿坚固，然若不具般若正智，便只能成五通菩萨，终不能理智双冥，得漏尽通，而证究竟觉果，一不及也。既不具般若正智，自他皆不能达无余涅槃之彼岸，则无论如何苦行，皆非绍隆佛种之行，则利益众生终有尽时，二不及也。

总之，般若是佛智，便是佛种，故为三宝命脉所关。况此《金刚般若》，文少义多，阐发义趣，一一彻底。若于此经不能信心不逆，则见地既不彻底，其悲、其愿、其行，又何能究竟圆满？且既不能信心不逆，自不能受持解说，广为宏扬，则佛法究竟义不明，佛种便有断绝之虞。此中关系，极其重大。则信心不逆之人，岂彼但知长劫苦行者所能及哉？

世尊说此，非谓不应苦行也，是明但知苦行，不具正智，则不能成究竟觉，不能绍隆佛种。而信心不逆，宏扬此经者，既能不断佛种，而又空有不著，则如彼苦行亦能行之裕如。此能者，彼不能，彼能者，此亦能，则孰为优胜，不待烦言矣。

由此观之，可悟观、行二门，虽然并重，而以观慧为主，此般若所以为诸度母也。更可悟虽观慧为主，而观慧要在实行中见（经中处处以布施与无住并说即明此义），此般若所以不能离诸度而别有也。

故一切佛，一切大菩萨，虽以大空三昧为究竟，然是于炽然现有时，便是大空三昧，非一切不行，而坐在大空中也。果尔，亦不得名为大空三昧矣。何以故？大空者，并空亦空故，是绝待空，非对待空故。此义紧要，正是《般若》精髓，务须彻底领会，彻底明了。

上来四次较显经功，次次增胜，当知非谓经义，前后有如此悬远之差别，实显信解有浅深之不同耳。此义前曾说过，然关系甚要，恐有来闻者，况又加入今次之较显。兹当并前三次，彻底明之。

如初次于"生信"文中，以一大千世界宝施显胜者，是就"能生信心，以此为实，乃至一念生净信者"说，以明其既知趋向佛智，便是承佛家业。种殊胜因，必克殊胜果，将来便不止作一梵天王也。

第二次于"开解"文初，以无量大千世界宝施显胜者，是说在"应生清净心"后，是为"成就最上第一希有之法者"而说，以明人能信解及此，自他两利，是已成就无上菩提之法，则大有希望矣，故其功德过前无量倍。此处成就，非谓成就无上菩提，乃是成就其法，谓已了解之，修行之矣。不可误会。

第三次，于"开解"文中，以恒沙身命施显胜者，是说在阐明如何奉持之后，以明若能如是信解持说，则其功行更为鞭辟入里，何以故？不但知伏惑，且知断惑，可望证得法身故。故不以外财之七宝布施显，而以内财之身命布施显。

今第四次以无数劫长时无数命施显胜者，是说在深解义趣及自证之法后，以明其既能信心不逆，便不必经长时之苦行，便能如我所证得者，而证得之。何以故？上来犹未能一一如法，今则信心不逆，是一一如法矣。何以能一一如法？由其已开解慧，知非如此不可，故能坚决其心，实行不违，是已背尘合觉矣。正所谓"初发心时，便成正觉"之人也（见《华严经》）。便具有成就无上正等正觉资格，下文所以曰"荷担如来，当得菩提"。故虽尚是凡夫，其功德已超过长劫苦行之菩萨也。

当知世尊所以如是由浅而深，四次较显者，意在使人明了，有若何信解受持程度，便有若何功德——所谓功不唐捐，而宗旨则注重在"信心不逆"。何以故？若不发决定心，一一依教奉行，则不能荷担如来，不满世尊说经之本怀故。

故一切学人，不但前半部约境明无住，应信心不逆，即后半部约心明无住，亦应信心不逆，方合世尊说此极显经功，及说此信心不逆之宗旨。故前云不过因上文生起，乘文便以发挥之耳，岂专为前半部而说哉？当如是知也。

试观此一大科，是于上来诸义已作结束之后，特别宣说。其末曰："是经义不可思议，果报亦不可思议。"此二语既以收前半部，亦以起后半部，可见前后义趣，原是一贯。而中间所显教义、缘起、荷担、三胜，以及生福灭罪等功德，岂得曰仅前半部有之，与后半部无涉乎？断无是理。则凡此一大科中所说，其为统贯全经也明矣（后半部之末云"于一切法应如是知，如是见，如是信解，不生法相"，正与"信心不逆"相呼应）。

或问曰：信心不逆，与《起信论》中信成就发心，是一是二？答曰：

论位则不一，发心则不二。当知论中是说十信位中修习信心成就，发决定心，即入初住。初住，乃圣位也。今不过初发决定依经起行之信心耳，信根岂便成就？既未成就，尚是凡夫。一圣一凡，相去悬远，故曰"论位则不一"。然而信成就者所发决定心，摄有三心：一者直心，正念真如法故；二者深心，乐集一切诸善行故；三者大悲心，欲拔一切众生苦故。

今信心不逆之人，是信得信心清净则生实相，信得应生清净心，岂非正念真如之直心乎？又复信得利益一切众生，应空有双离，行布施六度，岂非乐集一切诸善行之深心，拔众生苦之大悲心乎（六度万行，是乐集诸善行；利益一切，是拔苦也）？故曰"发心则不二"。

何故凡夫发心便同圣位？无他，蒙我本师授以传家法宝故耳。可见此经，真是大白牛车，若乘此车，直趋宝所无疑。以上因恐有见《起信论》而发误会者，故特引而明之。

更有不可不知者，此经观行，极圆极顿。果能深解义趣，信心不逆，其为圆顿根器无疑。而圆顿人乃是一位摄一切位，谓不能局定位次以论之也。因其已开佛知佛见，岂但初发信心，能与初住菩萨所发心同？且可一超直入，立地成佛。惟在当人始终不逆，荷担起来，决定当得无上菩提也。

信心不逆中，既具直心、深心、大悲心，当知此三心，即是三聚净戒。盖离相发心，以正念真如，自无诸过，故直心便是摄律仪戒；离相修布施六度，以乐集一切善行，则深心便是摄善法戒；为利益一切众生行布施，以拔一切苦，则大悲心便是摄众生戒。

由此可悟，经初言持戒、修福者，于此章句能生信心以此为实之所以然矣。盖持摄律仪戒，可以发起直心；持摄善法戒，可以发起深心；持摄众生戒，可以发起大悲心。而修福又所以助发深心、悲心者也。然则欲于此经信心不逆，决定当从持戒、修福做起，弥复了然矣。

复次，三心既具，便能成就三德、三身。盖正念真如之直心，能断惑而证真，故是断德，成法身也；乐集诸善行之深心，因具正智故能乐集，既集善行，必获胜报，故是智德，成报身也；拔一切苦之大悲心，广结众缘，不舍众生，故是恩德，成化身也。

信心不逆，成就如是种种功德，其福之殊胜为何如耶？故下文曰"荷担如来，当得菩提"，"是经义不可思议，果报亦不可思议"也。

> 须菩提，以要言之，是经有不可思议、不可称量无边功德。

信心不逆，依教奉行者，其福胜彼长劫苦行菩萨，理由安在？其要点可概括为三端，依次说明，故曰"以要言之"。此句统贯下文缘起、荷担两科。

"不可思议"，指法身言，法身即是体也。性体空寂，离名字相，离言说相，离心缘相，故必须离相自证，所谓"言语道断（不可议），心行处灭"（不可思），故曰"不可思议"。是经之中，凡明离相离念，一切俱遣之义者，为此。

"不可称量"，指报身、化身言，报、化即是相用也。证得法身则报化显现，而报身高如须弥山王，有无量相好，一一相好有无量光明，非言语所可形容（不可称），化身则随形六道，变现莫测，非凡情所能揣度（不可量），故曰"不可称量"。

是经之中，凡明布施六度，利益众生之义者，为此。体、相、用三大，性本备具。故既不应著相，亦不应坏相，乃能有体有用。是经之中，凡明二边不著，空有圆融，福慧双修，悲智合一之义者，为此。此是将不可思议不可称量两句，合而观之，以明义也。

此两句既明理性，故接说"无边"以明事修。"无边"者，离四句之意，不但有、无二边离，并亦有亦无、非有非无之二边亦离，是之谓无边。边见尽无，中道自圆。此全经所以以"无住"二字为惟一之主旨也。

"功"谓一超直入，"德"谓体用圆彰。盖是经教义，乃是理事双融，性修不二，能以一超直入之修功，成就体用圆彰之性德者。故曰"是经有不可思议、不可称量无边功德"。

以上是将"无边功德"约自修说，然此四字，亦兼利他说，自他两利，为菩萨道故。盖法身周含法界，法界无边，况法身乎？报身则相好光明，无量无边，化身则随缘示现，妙应无方，无方亦无边意也。三身无边，故能遍满无边法界以度众生。

谓是经教义，有令人成就体用无边之三身，以利益无边众生（功也），同证无上菩提（德也）。又复辗转利益，辗转证得，其功德亦复无边。而信心不逆者，既依教以奉行，当得如是功德，此其福胜彼之理由一也。"教义胜"，是约经说，若约人说，当云"熏习胜"。

如来为发大乘者说，为发最上乘者说。

本科谓教义之生起，起于机缘，明法必对机也。

发，谓发心。大乘者，菩萨乘。最上乘者，佛乘也。大乘教义，有圆有别，有顿有渐。佛乘教义，惟一圆顿。发大乘，谓发行菩萨道之心；发最上乘，谓发绍隆佛种之心。明此经是为此等人说也。若约教义言，是经前半之义，非尽圆顿，后半之义，专明圆顿。

又复前半非尽圆顿者，非谓有圆顿有不圆顿也，乃是一语之中，往往备此二义。故我前云，"浅者见浅，深者见深，随人领解"，此世尊说法善巧，循循善诱之苦心也。故"为发大乘者说，为发最上乘者说"两语中，含有二义：一明所说者有此两种教义，一明为发此两种心者说也。曰"如来"者，明其从大圆觉海中自在流出也，明其句句传心也。

如来既为如是发心者说，则信心不逆，依教奉行之人，其发如是心可知，其开佛知见可知，其为绍隆佛种也亦可知。此其福胜彼之理由二也。缘起胜，是约说者边说，若约不逆边说者，则为发心胜，根器胜也。

若有人能受持读诵，广为人说，如来悉知是人，悉见是人，皆成就不可量、不可称、无有边、不可思议功德。如是人等，则为荷担如来阿耨多罗三藐三菩提。

流通本，"成就"上有一"得"字，唐人写经无之，唐、宋人注疏中，亦无"得"字之义，足证为明以后人所加。加者之意，必以为初发心人，岂便成就？不过当来可得成就耳。疑其脱落，遂加入之，殊不知此中所说成就功德，是指"荷担如来"言，非谓便成如来也。经意正以荷担如来，为其福胜彼之最大理由。若其荷担尚未成就,则是胜彼无理由矣。何以故?初发心修行之凡夫,其福胜彼长劫苦行之菩萨者,因其发绍隆佛种之心,修绍隆佛种之行故也。

荷担如来,正明其能绍隆佛种也。此而未成,何谓胜彼耶?且上明教义胜、缘起胜者,为荷担胜作前提也。盖因其教义、缘起俱胜,所以信心不逆,依教奉行,便为荷担如来耳。

倘若荷担功德,尚待将来,是其未受殊胜教义之熏习,不合殊胜缘起之资格,可知。则上言"闻此经典,信心不逆"云云,便成虚语。若其实是信心不逆,而又未成荷担功德,教义、缘起,尚何殊胜之有?则上言"是经有不可思议"等功德,"如来为发大乘、最上乘者"说,又成虚语。一字出入,关系之大如此。

前云凡读佛书,切忌向文字上研究,因研究文字,无非以浅见窥,以凡情测,势必误法误人故也。今观此处妄加一字,出入有如是之大,则不但有误法、误人之过,竟犯谤佛、谤法之嫌矣。可惧哉!察其所由,无他,教义不明,专向文字推敲故耳。

何以言之?在妄加者意中,必系误会"不可量"等功德,即为上文"不可思议"等功德,故以为初发心修行人,岂能成就?遂加一"得"字以辨别之。殊不知此处文字,虽与上文相似,然既颠倒说之,道理便大大不同,功德亦随之而大大不同,岂可混而为一乎?今竟笼统颟顸,至于如此者,无他,教义不明故耳。

教义云何得明?多读大乘以广其心,勤修观行以消其障,常求加被以开其慧,以如是增上缘熏习之力,久久自明。若执文字相求之,则如人入暗,永无所见矣。此是明佛理之要门,故不惮言之又重言之。

"不可量"云云,义蕴精奥,兹当详细剖解之。然欲说明此中之义,仍不得不将上文之义,摘要重述一遍,两两对勘,较易明了。其重述处,道理互有详略,听者须将前后详略互见之义,融会而贯通之。

上文是经有不可思议、不可称量无边功德句,含有两义:

一、不可思议,是说法身,亦即是体。不可称量,是说报化身,亦即相用。合此两句言之,为备具体、相、用三大之性德,亦名理体。若将性德细分之,则惟法身之体,名为性之体;报、化身之相用,则名为性之用，因其是性具之用，故可浑而名之曰性德，曰理体也。

此等名义，每有未能彻了者，兹乘便一言之。无边，是说修功，谓离四句也。合之上两句，为性修对举。功德二字，功谓一超直入之修功，德谓体用圆彰之性德，总以明是经教义有理事双融，性修不二，一超直入，体用圆彰之功德也。

二、不可思议、不可称量义同上，但前约备具三大之性言，以与无边之修对，今则分而明之。不可思议，可约性体言。不可称量，可约性用言。无边，泛指一切，利益众生为功，长养菩提为德，则"无边功德"四字，是专约利他言。若对上性用说，此即所谓用之用也。总以明是经教义，有证体起用，遍满无边法界，利益众生，同证菩提，无量无边之功德也。

此处则先说"不可称量"，继说"无边"，后说"不可思议"，与上文完全倒换，一不同也。且不曰"不可称量"，乃分开而倒说之，曰"不可量"、"不可称"，二不同也。又不但曰"无边"，复添一"有"字，而曰"无有边"，三不同也。"不可思议"则仍旧，如是等处，其义精绝。

当知体、相、用三大，从来不离，其惟一湛寂，绝名离相，而为相用之本者，则名之为体，与相、用迥然不同处，甚易明了。若相、用二者，却是分而不分。盖报、化二身，皆由性具之用大所现。正因其能现报、化身，故名"用大"也。而性具之无量净功德所谓"相大"者，即附于报、化身而形诸外，故曰分而不分，此上文所以合而说之曰"不可称量"。此理细读《起信论》，便可了然。

然而相、用虽分而不分，亦复不分而分。故报、化二种身，不但所现之相，所起之用，各各不同，而修因时所发之心，亦各各不同（因行是同，但因心不同，下当言之，须细辨明）。

正因其发心不同，故所现之相，所起之用，各各不同也。盖报、化之相、用，虽皆由于修离相之六度万行，福慧具足，而后成就（此明其因行同），然而报身是由发广大无尽之愿，知得六度万行，缘生即空，而能增长福慧，达到彼岸，誓必一一修圆所获之果也。化身亦由发广大无尽之愿，知得一切有情，生本无生，而犹执迷不悟，未出苦轮，誓必一一度尽所获之果也（此明因心不同也）。

以不同故，所以此处又分而说之。正因其分而说之，便可悟知此处是约修因说，与上来合而说之以明修因克果者，其事理便大大不同矣。

由上说之义观之，可知欲成遍界分身，普度含识，不可量之化身，必当发利益一切众生，以拔一切苦之大悲心矣。故本经启口便说，"所有一切众生之类，我皆令入无余涅槃而灭度之"，又曰"菩萨为利益一切众生，应如是布施"也。今曰成就不可量，明信心不逆，即是已发非凡情所可测度之大悲心也。发如是心，将来必证如是果矣。菩提心以慈悲为本，故先说"不可量"也。

又由上说之义观之，可知欲成福慧庄严、相好无边、不可称之报身，必当发广修六度万行，乐集一切善法行之深心矣。故本经启口便说"菩萨于法应无所住，行于布施"，乃至处处以布施与离相对举说之也。

今曰成就不可称，明信心不逆，即是已发非言语所可形容之深心也。试观五百岁忍辱及歌利王事，此等难行苦行，岂言语所可形容？忍度如此，余度可知。故非先发大悲心以为之基，深心决难发起，而不发深心，又何以成就大悲心乎？所以经中先言"不可量"，即接言"不可称"也。

首举"不可量、不可称"为言，尤含要义。盖般若是明空之法门，此《金刚般若》惟一主旨，亦在"应无所住"。无住即是离相，离相即是观空。然而开经却先令广度众生，勤行布施者，正明空观不离实行，般若不离诸度别有之义，此之谓第一义空。今此人发心，亦复如是，大悲心、深心与直心同发，正是实行经中所说，故曰信心不逆。

当知初发心时，尚未断念，正在生灭门中。故虽直心、深心、大悲心，三心并发，然只有向生灭门中，精进勤修不著相、不坏相、普利一切之六度，则既与备具体、相、用三大之性德相应，复为成就报、化二身之正因，不致偏空，有体无用。且无始来妄想，非历事练心，亦决不能除。此皆学佛之紧要关键，千经万论，皆是发挥此理，而《般若》言之尤精。务当领会，务当照行者！

然而一面向生灭门中，实行六度（六度等皆是缘生法，故是生灭门摄），一面急当微密观空，以趋向真如门。不如是，则执不能遣，相不能离，不但不能断念以证法身之体，报化二种身之相用，便无从现起（必证体方能起用）。且住相以行布施六度，如人入暗，一遇障缘，必致退心，如上"忍辱"一科所明。故紧接曰"无有边"。

于"无边"中，加一"有"字，精要之至。上文云"无边"者，明其四句皆离也。当知妄想未歇时，起念便著，著便有边，所谓有边、无边、亦有亦无边、非有非无边，一念起时，于四句中必著一句。故欲得不著，必须无念。

今曰"无有边"者，是明其尚未能绝对无，但能以"无"字对治其"有"边耳。盖言是人正在无住离相上用功，以求证得言语道断、心行处灭、不可思议之法身性体，故接曰"不可思议"。

性体无变无异，故此语亦复仍旧以表示其不变不异。将无有边、不可思议合读，正是发离一切相，以正念真如之直心也。三心齐发，是为信心不逆。既于此经信心不逆依教奉行，便有利益众生之功，长养菩提之德。何以故？因其能行一超直入之修功，求证体用圆彰之性德故。

无论僧、俗、男、女，但能信心不逆，莫不如是成就，故曰"皆成就不可量、不可称，无有边，不可思议功德"。成此三心齐发之功德，方足以绍隆佛种，故接曰"则为荷担如来阿耨多罗三藐三菩提"。"则为"者，"便是"之意。若是当来得成，今尚未成者，何云便是耶？合上说种种义观之，足证妄加一"得"字，显违经旨矣。

"荷担"者，直下承当，全力负责之意。既曰如来，又曰无上正等觉者，如来为性德圆明之人，无上菩提，为觉王独证之法。许其荷担此二，盖许其为承继佛位之人，堪任觉王之法也。受持读诵，广为人说，其义同前。其上曰"人能"，即谓信心不逆之人也。"如是人等"，"等"字与上"皆"字相应。如来悉知悉见，此中无"为"字，亦无"以佛智慧"字，则如来悉知悉见之意，犹言常寂光中，印许之矣。上来教义、缘起、荷担三要，生福、灭罪、功胜供佛，无不由之，虽说在"生福"文中，意实统贯下文，当如是领会之。

何以故？须菩提，若乐小法者，著我见、人见、众生见、寿者见，则于此经不能听受读诵，为人解说。

此科文字，乍观之，似无甚紧要，实则字字紧要。其中含义精深，头绪繁重，盖得此一科，上说诸义乃更圆满，可见其关系紧要矣。《华严经》云："剖一微尘，出大千经卷。"兹当一一剖而出之。

"何以故"句，不但承上科，直与"立喻"一科以下一气相承，此其所以头绪繁重也。"小法"，谓小乘法，兼指不了义法，正是无上深经反面。"乐小法"，又是闻此经典信心不逆之反面。故曰"反显"，谓藉反面之义，显正面之义也。

"乐"者，好乐，契合之意，即不逆之所以然——因其好乐契合，所以不逆也。著我之见，即是我执。既有我执，种种分别随之而起，故曰"著我见、人见、众生见、寿者见"，此极斥小乘语也。从来皆谓小乘我执已空，但余法执未除耳。

今直斥之曰著我见，殊令小乘人颓然自丧，悟乐小之全非矣。此真实语，并非苛论。盖小乘已空我见之粗者，即执五蕴假合之色身为我之见，此其所以不受后有也。然因其执有我空之法（即指五蕴法），故谓之法执。当知我空既未忘怀，谓之法执可，谓之我见未净亦无不可；此前所以云"若取法相，即著我、人、众、寿"也。

又复执有我空，即堕偏空。偏空即是取非法，是执非法以为法也，仍为法执，此前所以又云"若取非法相，即著我、人、众、寿"也。故今直以"著我见"斥之，痛快言之，心若有取，谁使之取耶？非他人，我也。

故无论取法、取非法，皆为著我，此前所以云"若心取相，则为著我、人、众生、寿者"也。不过较之凡夫我执，有粗细之别，何尝净绝根株哉？世尊言此，乃是婆心苦口，警策乐小法者，急当回小向大之意。

此外别含深意，有二：

一、前来皆云"我相"，至此忽云"我见"。"见"之与"相"，同耶？异耶？答：同中有异。无论著见著相，著则成病，是之为同；然因有能取之妄见，乃有所取之幻相，故著见，是著相病根，是之谓异。由是观之，但知遣相，功行犹浅，必须遣见，功行乃深。何以故？妄见未除，病根仍在，幻相即不能净除故。

此经前半部多言离相，相即是境，故总科标名曰"约境明无住"；后半部专明离念（念，即见也），念起于心，故总科标名曰"约心明无住"。

此是本经前后浅深次第，今于前半将毕时，乘便点出"见"字，以显前后次第，紧相衔接，并以指示学人，修功当循序而进，由浅入深。此为世尊说"著我见"云云之深意，一也。

二、克实论之，凡事物对待者，皆有连带关系，所以前半部虽但曰"离相"，骨里已在离念。何以故？著相由于著见，若不离念，无从离相故。不过但知离相，不及直向离念上下手者，其功夫更为直捷了当耳。

前来已屡屡将此意暗示，但未明说，如曰"应生清净心"，"信心清净，则生实相"，"若心有住，则为非住"，以及叠问四果，能作念否，并"请示名持"中所说，皆是指示离念的道理。其他类此之说不具引。

然则何故不明说耶？因一切众生闻《般若》之明空，已经惊怖生畏，若此经一启口便说断念遣见，其惊畏更当何如？不如但云"离相"，步步引人入胜，至后半部，乃始露骨专明此义。使钝根人，不致胆怯无入手处。所以前半部语句，义味浑涵，可深可浅，随人领解。

浅者虽只见其浅，但在离相上用功，不能彻底，然藉此亦可打落妄想不少，未始无益。而深者仍可见其深，不碍一超直入。

今则前半部将完矣，不能不将真意揭出，使见浅者向后不致畏难，见深者亦知所见非谬，并以指示学人此经前后所明，只是一意，不过前半亦浅亦深，后半有深无浅。此又说"著我见"云云之深意，二也。由此可见说法之善巧，摄受之慈悲矣。

既乐小法，于此深经，机教不相应，如世尊将说《法华》，五千比丘群起退席，不能"听"也。执见既深，听亦何能"领受"？听且不能，遑论读诵？受既不能，从何"解说"？故曰："则于此经不能听、受、读诵，为人解说。"

以上就本科明义已竟。

本科"反显"者，显何义耶？显经功耳。前云"是经有不可思议、不可称量无边功德"，又说缘起胜、荷担胜两科，皆所以显经功也。可谓无义不彰矣，何须更显？虽然，恐闻上来所有言说，或有未能融贯，以致卑劣自安，怀疑自阻，则经功虽胜，彼将向隅矣。

佛视众生，如同一子，亟欲一切众生皆能读诵，皆能信心不逆，依教奉行，皆能荷担如来无上菩提。故又自作问答，用反面之言词，显正面之义趣。虽是彰显上说之种种义，其实皆为显是经之功德。盖上之正显，是直接显之，今之反显，则间接显之也。

"何以故"句，自问之词。"若乐小法者"云云，自释之词也。问意有三：

一问：何故但言能持能说之功德，而不及信心不逆者耶？

此盖闻最初显胜中所说，未能彻了，故发此问。以为能持能说，其为信心不逆可知。但前云"信心不逆，其福胜彼，何况受持广说"，观此语意，是不待持、说，已有胜福矣。今明成就功德，独不及之，不知其福究竟若何？故以乐小法云云释之。若知得好乐小法，则于此经不能听受解说，可知既是好乐此经，其必能持能说也明矣。

当知前云信心不逆，其福胜彼，是因其发决定持说之心，故发心便能胜彼。若不能持说，岂得曰信心不逆？前曰"何况"者，明其发持说心，便有胜福。何况已持已说，岂不有胜福耶？非谓发心与持说，其福不同也。然则上科虽只言能持、能说之福，已将发心之福，并摄在内矣。

此释着重"乐小法"句，如此显义，是教人应当发心依经实行。则发此心时，便是荷担如来无上菩提，以经中所说，乃成佛之心要故。视彼乐小法者，其成就之大小，岂可以同日语哉？

二问：此经甚深，难解难行，何故闻此经典，便能信心不逆，受持解说耶？

此盖闻上来为发大乘者说，为发最上乘者说，不免退怯，故发此问。以为如此根器，希有难逢。世尊虽欲传授心要，其如难得其选何？故以"听受读诵"云云释之。若知得不能听受读诵，由于契入小法，则知欲求契入大法，惟有听受读诵。盖大开圆解，诚为不易，莫若常听深解者之解说，可以事半功倍。虽或一时未能深入，然听受得一句半偈，般若种子已种矣。得此听受熏习之力，加以读诵熏习之力，一旦般若种子发生，将于不知不觉间，三心齐发，虽极钝根，可变为上根利智。

经云："佛种从缘起。"仗此胜缘，何虑之有？此释着重"听受读诵"四字。如此显义，是为欲入此门者开示方便。得此方便，则荷担如来之资格，虽难而亦不甚难也。此释，兼有鼓舞能说者之意在。强聒人听，固为轻法，有愿听者，便应尽力为人解说也。

三问：真如无相，以一切法，不可说不可念故，名为真如。今虽三心齐发，正念真如，然犹未能无念无相，何故遽许为荷担如来耶？

此盖闻长劫命施之菩萨，福犹不及，不无怀疑，故发此问。以为长劫命施，虽以无般若正智故，其福不及，然而已是菩萨；信心不逆，虽以受持此经故，其福胜彼，然而犹是凡夫。信根既未成就，保无退心时乎？故以著我见云云释之。

若知得人我见、分别心未能除净，是因其好乐小法，则知能于无上大法好乐不逆者，其人我见、分别心，终能净尽，决定无疑。所以者何？熏习胜故。既已趋向真如，现虽未能断念，得无上菩提，当来必得故，何疑之有（故下文云当得阿耨菩提）？此释着重"著我见"句。

如此显义，是的示学人欲除我见等虚妄相想，非于此一切无住之《金刚般若》信解受持，必不可能，以一切诸佛，及诸佛阿耨多罗三藐三菩提法，皆从此经出故。古佛既皆如是，今佛亦决定如是也。

总而言之，世尊因防未深解义趣者，于上来所说，不能贯通，必生障碍，故说此科。从反面显出种种道理，使上说诸义，更加圆满，本经之殊胜，更加鲜明，俾得共入此门，同肩此任，皆得阿耨多罗三藐三菩提。此特说此科之宗旨也。不然，上说三要，已将胜彼之所以然彻底说了，何必再说乎？

试观"乐小法"、"著我见"、"听受"诸语，来得突兀之至，便可悟知如是诸语，其必与上说者深有关系。若视此科仍为显明其福胜彼而说，则此诸语，便不能字字精警，皆有着落，世尊又何必如是说之哉？

> 须菩提，在在处处，若有此经，一切世间天人阿修罗，所应供养。当知此处，则为是塔，皆应恭敬，作礼围绕，以诸华香而散其处。

"在在处处"，犹言"无论何处"，然不曰"无论何处"，而曰"在在处处"者，有应宏扬遍一切处，无处不在之意。

"一切世间"，"世"约竖言，三十年为一世；"间"约横言，界限之意。故世间，犹言世界。世界而曰一切，遍法界尽未来之意也。天、人、修罗,为三善道。言三善道,意摄三恶道。言天、修罗,意摄八部。谓遍法界,尽未来,一切天龙八部,四生六道,所应拥护。供养,所以表其拥护也。

"所应供养",视前言皆应供养意深:"皆应"者,是明一一众生,应当供养;"所应"者,是明供养为一切众生之责,一不如此,是所不应。

"则为是塔",亦视前如佛塔庙意深:前说犹为经是经,塔是塔,但应视同一律;今则明其经即是塔,此与前言经典所在之处,即为有佛,若尊重弟子,义同。盖塔中必安舍利,或佛、菩萨、贤圣僧像,故经所在处,则为是塔者,意明此经为三宝命脉所关也。

复次,舍利者,佛骨也,即是报身;佛,菩萨,贤圣尊像,为令众生瞻礼启信,功同化身;而经是法身。故经所在处则为是塔者,又以明此经能成三德,现三身也。

如是种种皆是经之殊胜功德,因有如此殊胜功德,故一切众生,皆应极力宏扬,令在在处处,皆有此经。故经所在处,为一切世间天人阿修罗所应供养。

又,塔必在高显之处。安塔之意,在于表彰,使众闻众见,以起信心。今云当知此处则为是塔,是教以当知表彰此经,宏扬此经也。"所应供养"句是总,"则为是塔"是释明应供养之故。"恭敬作礼"云云,是别明所供养之法。其法云何?皆应三业清净是也。

"恭敬"二字是主,亦是总。恭敬者,虔诚也,即一心皈命之意。盖三业以意业为主,若但澡身净口,而妄想纷纭,不能一心,尚何清净之有?故首当摄心归一,不向外驰,是谓恭敬。必恭敬乃能清净也。恭敬是主者,恭敬即表意业虔诚,故是三业之主也。

"作礼",如合掌顶礼等,此表身业虔诚。

"围绕经行",亦作礼之一式。围绕时,或称念圣号经名,或唱梵呗,赞扬功德,此表口业虔诚,亦可作礼围绕,皆以表身业。

花、香、云散者,古时天竺,每以花朵或香末,双手捧掷空中,以表敬意。我国则多插花于瓶,焚香于炉,亦是一样表敬。散花香时,必申赞颂,如今时上香必唱香赞,礼忏时手捧花香,口唱"愿此香花云"云云,此表口业虔诚也。身、口、意三业皆应虔诚,以表恭敬。故"恭敬"

是总。

凡是供养必用花香者，此有深意。花所以表庄严，故佛经亦取以为名，如《华严经》。香所以表清洁，如曰戒、定真香，又以表熏习，表通达，如曰法界蒙熏。总之，花为果之因，故散之以表种福、慧双修之因，证福、慧庄严之果也。香为佛之使，故散之以表三业清净，感应道交也。

经所住处，如是殊胜，则信心不逆依教奉行之人，其福德之殊胜可知。经应供养，则受持读诵广为人说者，其为龙天拥护可知。

《行愿品》云："诵此愿者，行于世间，无有障碍。如空中月，出于云翳。诸佛菩萨之所称赞，一切人天皆应礼敬，一切众生悉应供养。"

诵《普贤品》如此，诵《金刚般若经》亦然。当知此二经，一表智，一表悲，日以此二种为恒课，正是福慧双修，悲智合一，功德无量无边。前曾以此相劝者，为此。

反之，若于此经或毁谤，或轻视，或浅说妄说，其罪业之大亦可知。观"在在处处，若有此经"云云，则学佛人应在在处处书写受持读诵，为人解说也亦可知。不然，不能在在处处有此经矣。而如今之世，尤应广为宏扬，令在在处处皆有此经，则在在处处，皆有三宝加被，天龙拥护，即在在处处，皆获安宁矣。

今虽未易做到，然有一妙法。其法云何？发起大心，日日为在在处处读诵，求消灾障，岂但在在处处，可获安宁？且在在处处众生，亦必不知不觉发起信心。此等感应，真实不虚。何以故？一真法界故；一切众生同体故；冥熏之力极大故；此经功德殊胜，为十方三宝所护持，一切天龙所恭敬故。且人能如是行之，便是舍己利他；便是已开道眼；便是观照一真法界；便是行利益一切众生之离相布施；便是信心不逆，依教奉行；便成就不可量、不可称、无有边、不可思议功德；便为荷担如来。我佛世尊便为授记，当得阿耨多罗三藐三菩提也。其效力之大小迟速，全视当人观行之力如何。今日坐而言者，明日便可起而行。诸善知识，勿忽此言！

复次，须菩提，善男子、善女人，受持读诵此经，若为人轻贱，是人先世罪业，应堕恶道。

"复次"之言，是明复举之义，虽与前义有别，然是由前义次第生起，或虽非前义生起，而与前义互相发明，必须次第说之者，则用"复次"二字以表示之。若但为别义，与前并无上说之关系，不用此二字也。

此中复举之义，与前义关系之处有三：一、约三要言，二、约生福言，三、约供养恭敬言也。

一、约三要言者，前云以要言之，其下列举教义、缘起、荷担三项，以说明其福胜彼之所以然。然三要中，实以"教义"为惟一之主要。何以故？因教义殊胜，而后缘起，荷担乃成殊胜故。然则教义既殊胜如此，其功德岂止如上所说之生福已哉？并能灭先世重罪，得无上菩提，故复说此科显之。

二、约生福言者，上明所生之福，为成就不可量、不可称、无有边、不可思议功德，即是荷担无上菩提。然而荷担菩提，犹是造端，证得菩提，方为究竟。当知成就荷担功德，便能胜彼菩萨者，以其将由荷担而证得故也。是经有不可思议、不可称量、无边功德，正以其能令信解受持者，证得无上菩提故也。且欲证得菩提，必先消其风障，而是经教义为最能消除三障者，所以能令证得无上菩提者，在此。总之，消除三障，福德方为圆满，证得菩提，福德方为究竟。惟此经有此功德，故须复说此科以显之。

三、约供养恭敬言者，上来"约因详显"之末云："随说是经之处，一切天人阿修罗皆应供养。"经也，人也，并说在内。上科但云"有经之处，一切天人阿修罗所应供养"，虽意中摄有人在，而未明显，故复说此科以反显之。知得为人轻贱，出于偶然，则知应当恭敬，事属常然矣。

何以知轻贱出于偶然耶？经曰"若为"，若者，倘若也，或者有之之意，非出于偶然乎？或问：既为人轻贱，天龙八部必亦轻贱之矣。答：此义不然。当知是人能于此经信心不逆，依教奉行，前云如来悉知悉见，其蒙诸佛护念可知，则护法之天龙八部，亦必如常拥护是人。

可知经中但曰"为人轻贱"，不及其他，其旨深哉。为者，被也；轻者，不重之意；贱者，不尊之意。不被人尊重，正是皆应恭敬反面。云何轻贱？浅言之，如讪谤屈辱等；广言之，凡遇困难拂逆之事皆是。是人先世罪业应堕恶道，明其被人轻贱之故也。先世既造重罪之业，其结怨于人可知，或虽未与人结怨，其为人所不齿可知。如是因，如是果，此其所以被人轻贱也。

"先世"有两义：一指前生，前生者，通指今生以前而言，非但谓前一生也；一指未持说此经以前，三十年为一世。谚亦云"前后行为，如同隔世"，是也。下科之"今世"亦然：一即今生，一谓持说此经之后。恶道者，地狱、饿鬼、畜生三恶道也。所作之罪应堕恶道，其重可知，盖指五逆、十恶、毁谤大乘等言。

"应堕"者，明其后世必堕，盖罪报已定，所谓定业是也。此中要义有三：

一、凡人造业，无论善恶，皆是熟者先牵，谓何果先熟，即先被其牵引受报。故此科所说前生造恶，今生未堕，待诸后生者。因其前生造有善业，其果先熟，或多生善果之余福未尽，而恶果受报之时犹未到，所以今生尚未堕落者，因此。

然而有因必有果，若非别造殊胜之因，速证殊胜之果者，定业之报，其何能免？所谓"善恶到头终有报，只争来早与来迟"是也。

"应堕恶道"句，正明此义。古德云："万般将不去，惟有业随身。"此言万事皆空，惟有因果在。由是观之，人生在世，有何趣味？真如木偶人做戏，被业力在黑幕中牵引播弄。若非摆脱羁绊，则上场下场，头出头没，做尽悲欢离合，供旁观者指点，自己曾无受用，曾无了期，不知所为何来也！

又观本科所说，可知凡论因果，必通三世观之，乃不致误。盖人之造业，纯善纯恶者少，大都善恶复杂。因既不一，果遂不能遽熟，所以必应通观三世，方能知其究竟耳。

二、造业，业障也。堕恶道，报障也。而是人先世不知罪业之不可造，惑障也。惑、业、报，亦谓之烦恼、业苦。名惑为烦恼者，惑于我见，故生烦恼。名报为苦者，约凡夫说也。明凡夫之报，虽大富大贵，乃至生天，到头免不了一个苦字也。此惑、业、苦，皆名为障者。

凡夫不知此三，皆是虚妄相想，自无始来至于今日，执迷不悟，遂被此三，障其见道，障其修道，障其证道，故谓之障也。所以学佛惟一宗旨，在于除障。所有小乘、大乘、最上乘、一切佛法，一言以蔽之曰：除三障而已。此科先明三障，以为下科除障张本。

三、此科是明业力不可思议也。受持读诵此经，为一切世间天人阿修罗所应供养者，今以夙业故，反而被人轻贱，业障之力大矣哉。当知业起于心。心何以造业？惑也。惑也者，所谓无明也。无明者，无智慧也。

一切小乘、大乘法，虽皆能除障，而惟最上乘之《金刚般若波罗蜜经》尤为除障之宝剑。何以故？金刚者，能断之意，即谓断惑。般若者，佛智之称，以佛智照无明，则无有不明，故喻以金刚。

波罗蜜者，到彼岸之谓。盖起惑为造业招苦之根，惑灭则业苦随之而灭。三障既消，便三德圆成，三身圆显，是之谓得阿耨多罗三藐三菩提，则达于彼岸矣。故观此经经名，便可知其是断惑除障，达于究竟之经，所以经功不可思议。下科正明此义。

> 以今世人轻贱故，先世罪业则为消灭，当得阿耨多罗三藐三菩提。

此科正明经功不可思议也。"以今世人轻贱故，先世罪业则为消灭"两句，昔人有释为转重业令轻受者（见《圭峰纂要》及《长水刊定记》），此释不宜局看，若局看之，便与佛旨多所抵触。何谓与佛说抵触耶？试观上科，于"为人轻贱"之下，即接曰"是人先世罪业，应堕恶道"，正明其被人轻贱，是由夙业所致，亦即应堕恶道之见端也。

其非别用一法，转而令之如是也，彰彰明甚。此中消灭之言，不可误会为善恶二业两相抵消。佛经常说因果一如之理，所谓如是因，如是果，又曰"假使百千劫，所作业不亡"，足见善恶二业，各各并存，不能抵消矣。

即如本经，前云能信此经，已于无量千万佛所种诸善根，若可抵消者，先世罪业早已抵消矣，何致今世依然应堕恶道？将前后经文合而观之，其为各有因果，各各并存，不能抵消，显然易明，而转令轻受之言，含有抵消之意，故曰多所抵触。

然则奈何？惟有极力消灭恶种之一法耳。何谓抵消？譬如帐目，以收付两数，相抵相消，只算其余存之数，善恶因果不能如是抵消，只算余存之或善或恶以论报也。

何以故？帐目中虽各式银钱，无所不有，然有公定之标准，可以依之将不一者折合为一，故可抵消。若善恶之业，轻重大小至不一律，既无标准，以为衡量折合之根据，从何抵消乎？故经百千劫，其业不亡也。

何为消灭？譬如田中夙种，有稻有稗，今惟培植稻种，令得成谷，稗子发芽，则连根拔去，是之谓消灭。人亦如是，八识田中，无始来善恶种子皆有。惟当熏其善种，令成善果，则恶种子，无从发生。纵令夙世恶种，已经发展，但能于恶果尚未成熟期间，勇猛精进，使善果先熟，则恶果便不能遽成。若久久增长善根，则枝叶扶疏，使恶果久无成熟之机会，将烂坏而无存矣。此约世间善行，及出世间法不了义教而言，若依最上乘了义之教，修殊胜因，克殊胜果，便可将夙世所有恶种，连根带叶及其将成未成之果，斩断铲除。岂止善果先熟，不令恶果得成已哉？此中所说消灭，正是此义。

经文三句，一气衔接，辗转释成，不能将"灭罪"、"当得"，看作两事。"则为"之"为"，读"如"字。"则为消灭"者，就此消灭之意。

经意盖谓：是人先世所作应堕恶道之罪业，虽犹未堕，然已行将果熟，故已有被人轻贱之见端。若非受持读诵此经，必堕无疑，危乎殆哉！幸是人夙有深厚之般若种子，能依是经，修殊胜因，离相见性，一超直入，故其殊胜之果，亦将成熟，则本应堕落者，但以今世被人轻贱之故，先世罪业就此消灭。因其正念真如，有当得无上菩提之资格，洞见罪性本空故也。

可见经中"当得"句，正是释成罪业消灭之所以然者。须知不灭罪业，固不能证果，然经中是说"当得"，不是现已证得。说当得者，明其因有决定证得无上菩提之可能，则虽甚重之罪业，已有应堕之见端者，便可就此消灭耳。

"当得"之"当"，当来之意，亦定当之意。现虽未得，当来定得，决定之词也。

"应堕"亦当来定堕之谓，然因是无上极果，故不待先熟，但有决定成熟之望，恶果便连根除却矣。以其所修，是无我相、无法相、亦无非法相功夫。能造之心既空，所造之业自灭，所谓"罪从心起将心忏，心若空时罪亦亡"是也,此正极显经功处。由于未能领会得经旨所在,遂致误会是"以人轻贱"之故,罪业被其消灭,故有转重业令轻受之误解也。

总之,"以今世(重读)人轻贱故,先世(重读)罪业则为(重读)消灭"两句,是明后世决不堕落之意,其中"故"字正是点醒此意者。岂可误会成,若非受人轻贱,罪业便不消灭耶?上科说"为人轻贱",是明定业不能幸免。说罪业、说应堕,是明业报二障,而业、报由惑来,故说业报,即摄有惑障在内。

此科所说,是明除三障。盖受持此经,能观三空之理,且有当得极果之可能,是其观行甚深可知,则惑障可从此而消。根本枯则枝叶便萎,故虽不能幸免之定业,已有应堕之见端者,其业力亦就此消灭。

业障消则报障亦随之以消,应堕者遂不堕矣。迨至三障除净,则三德圆明,故曰"当得菩提",皆所以显经功不可思议也。"当得"者,隔若干世不定,全视其三德何时修圆,便何时得。

然虽时不能定,以三障能除故,终有得之之时,必得无疑,是之谓"当得"。此二字既蒙世尊亲许,即是授记,如后文曰"然灯佛与我授记:'汝于来世,当得作佛'"是也。彼曰"作佛",此曰"无上正等觉",名不同而意同。无上正等觉,是约果法言;佛者,是约果位言,证此果法而登果位,称之曰佛;如来者,是约果德言,证此果法而性德圆彰,名曰如来也。

可知曰佛、曰如来,便摄有无上正等觉之义,而曰阿耨多罗三藐三菩提,亦即摄有佛及如来义,以非佛如来不能称无上正等觉故。故三名皆是究竟觉果之称,但或以显究竟法,或以显究竟位,或以显究竟德,故立三名耳。

世尊说法,善巧圆妙,一语之中包罗万象,其出辞吐句,譬如风水相遭,毫不经意,而勾连映带,乃成极错综极灿烂之妙文焉。即如此科,如但曰"受持读诵此经,先世罪业应堕恶道者则为消灭,当得阿耨多罗三藐三菩提",以显经功,于意已足。乃带出"为人轻贱","以今世人轻贱故"云云。其中所含之义,遂说之不尽,兹再略举其五:

一、令知因果可畏,恶业之不可造,幸仗《金刚般若》之力,得免堕落,而犹难全免也。

二、令闻上来恭敬之说者，不可著相，著相则遇不如意事，必致退心。

三、令遇拂逆之事者，亦不应著相，应作灭罪观也。

四、一切众生夙业何限？令知虽极重夙业，果报将熟，已有见端者，此经之力亦能消灭之也。

五、令知因果转变，极其繁复，应观其究竟，不可仅看目前，浅见怀疑也。

上"生福科"中明示三要，以鼓励学人。此"灭罪科"中，亦暗示三要，以诰诫学人：一要者，今世受人轻贱，是先世重罪所致，凡遇此事者，应生畏惧心，应生顺受心。二要者，受轻贱者，若受持读诵此经，夙业可消，应于《金刚般若》生皈命心，应对轻贱我者，生善知识心。三要者，人轻贱即应堕之见端，一切学人，应生勤求忏悔之心。而云当得菩提，犹未得也，应生勇猛精进之心。

五略三要，皆此科要旨。《佛名经》曰："行善之者，触事辄轲。"况当兹乱世乎？以此要旨，时用提撕，庶不致为境缘所扰耳。

顷言勤求忏悔，当知受持读诵此经，正是忏悔妙门。何以言之？《法华》云："若欲忏悔者，端坐念实相（念即是观），重罪若霜露，慧日能消除。"此经之体，即实相也。

经云："信心清净，则生实相。"心清净即是离相离念，离相离念，正是观实相，亦正是除惑、消业、转报之无上妙法。此即忏仪中之理忏门也。经中又令行离相之布施六度，以利益众生。

《行愿品》云："菩萨若能随顺众生，则为随顺供养诸佛；若于众生尊重承事，则为尊重承事如来；若令众生生欢喜者，则令一切如来欢喜。"故行六度，即忏仪中之事忏门。盖古德之造忏仪，于理忏外，复令供养、礼敬，别修事忏者，正为熏起广行六度之心。岂第叩几个头，便算了事哉？

观本科所说，因受持此经，而得消灭夙业，其为忏悔妙门也，明甚！盖受持者，解行并进之谓。解，即是观，即摄理忏；行，即摄事忏也。且由此可知，受持亦即观行之别名。寻常视受持为读诵，大误。果尔，既曰受持，何又曰读诵乎？当知读诵原为熏起受持。若但读诵，而不受持，只能种远因，不能收大效，只能增福，不能开慧，只能消轻业，不能灭重罪，更不能得无上菩提矣。当如是知。

总而言之，是经有不可思议、不可称量无边功德，说至此科，方为显尽。而信心不逆其福胜彼之所以然，亦至此科，方为说彻。

此"极显经功"一大科，千言万语，其惟一宗旨，可以数言统括而说明之曰：学佛者若不从此经入，纵令苦行无数劫，只能成菩萨，不能成佛，是也。此正发挥前"生信科"中结语所云"一切诸佛及诸佛阿耨多罗三藐三菩提法，皆从此经出"之义趣，以劝一切众生生信焉耳。

由此可见，本经章句极其严整，义理极其融贯。前于说"生信科"时，曾云："生信一科，已将全经义趣括尽，向后不过将生信中所说道理，逐层逐层，加以广大之推阐，深密之发挥耳。"观于此一大科所明之义，当可了然。

须菩提。我念过去无量阿僧祇劫。于然灯佛前，得值八百四千万亿那由他诸佛，悉皆供养承事，无空过者。

阿僧祇，此云无央数，即无数之意。劫字，已是指极长之时间而言。今曰阿僧祇劫，则是经过无数的极长之时也。不但此也，又曰无量。

无量者，《华严》云："阿僧祇阿僧祇，为一阿僧祇转。阿僧祇转阿僧祇转，为一无量。"是将僧祇之数，积至僧祇倍，名为僧祇转，又将此僧祇转之数，积至僧祇转倍，始为无量，复以无量之数，计算阿僧祇劫，简言之，可云无量之无数的长劫，所谓微尘点劫是也。言其所经劫数之多，如点点微尘，非算数所能计，非譬喻所能言，惟佛能知耳。此等劫数俱在然灯佛前也。

准之教义常谈，由信位修至初住，须经一万劫，或谓须经三阿僧祇劫，而由初住修至佛位，亦须三阿僧祇劫。又有一说，由信位修至佛位，统为三阿僧祇劫者。

其说种种不一，今以此科所说劫数，参互考之。我世尊是在第二僧祇劫之末，遇然灯佛，证无生忍，遂由七地而登八地，即入第三僧祇劫。据此，则于遇然灯佛时，逆推至初住时，按之教义，只有一个第一阿僧祇劫也。即连第二僧祇并计（遇然灯时是在第二僧祇之末，故可并计），亦只两个僧祇劫。于无量僧祇中，除去两个僧祇，其所余者，仍无量也。

然则由信位修至初住，乃是无量阿僧祇劫，岂止三阿僧祇劫，更岂止一万劫哉？若依由信位至佛位统为三阿僧祇劫之说计之，则于此经所说劫数，不符尤甚。每见有人，因之发生无数疑问，今故不得不引而说其不同之理。

当知经中有如是种种不同之说者，实有深义。其义云何？所谓对机方便，如《法华》云"我说然灯佛，皆以方便"云云是也。世俗每将"方便"二字，看成是随便，如言论、行为、不合于定轨者，则曰"方便"，此非佛经所说方便义也。佛经中凡是于理无碍，于事恰合，本来不可拘执者，则用方便二字表示之。

故凡方便之言，方便之事，皆是对机而然。劫数多少，不一其说，亦是此意。盖由信位而初住，而成佛，经历时间，或延或促，全视其人根器之利钝，功行之勤惰，而致不同，岂可拘执？因是之故，遂有种种不同之说也。若明此理，则凡佛经中类此之言，皆可以此理通之，不可泥，不必疑也。

然灯亦名锭光，过去古佛也。"值"者遇也。那由他，此云一万万。将一万万，加八百四千万亿倍，亦是极言其所遇之佛，非算数所能计，非譬喻所能言，惟佛能知耳。劫数既有如彼之长，当然遇佛有如是之多。

供养者，简言之，即饮食、衣服、卧具、汤药，四事供养。广言之，如《华严》所说之事供养、法供养（事供养，就上言之四事，更加推广。法供养，谓依法修行）。承事者，左右事奉，悉皆正指无空过言。无空过者，谓无有一佛不如是供养承事也。以上备言历时之久，供佛之勤者，为显不及受持此经之张本也。

若复有人，于后末世，能受持读诵此经，所得功德，于我所供养诸佛功德，百分不及一，千万亿分，乃至算数譬喻所不能及。

后者，后五百岁，正当末法，又通指后五百岁之后以及其末而言，故曰后末世。"于我"之"于"，比较之意，谓彼之持经功德比我供佛功德，我则不堪与之相比。盖供佛功德百分不及彼之一分，千分、万分、亿分、乃至算数不能算之分，譬喻不能譬之分，皆不及其一分也。言百分，又历言千、万、亿分，算、数、譬喻分者，以持经者根器之利钝，功行之深浅，有种种不同，故比较不及之程度，遂有如是之高下不同也。

此第五次较显经功，是说在罪业消灭，当得菩提之后。意若曰：受持读诵此经，便得除障，便得授记，岂我昔日未授记前经历无数之劫，值遇无数之佛，但知供养承事之所能及哉？盖供养承事，只是恭敬服劳，而荷担如来，则为绍隆佛种，悲智行愿之大小，相差悬远，故曰乃至算、数、譬喻所不能及也。

此中说比较处，不能以历时长短，授记迟速为言。因持经者，已于无量千万佛所种诸善根，其历时之长，遇佛之多，正复相似也。亦不能泛以闻法为言，以彼此值遇多佛，承事供养，种诸善根，岂有不闻法之理？故供养承事所以不及者，的指受持此经，以经中义趣，是开佛知见，示佛知见，果能受持，便是悟佛知见，入佛知见。

所以无数七宝施，身命施，多劫供佛，不能及者，理在于此。何以故？一切诸佛及诸佛阿耨多罗三藐三菩提法，皆从此经出故。

故"供养"二字，应兼以法供养为释，方显此经为一切法所不能比，不能专以四事供养说之。以自身之事较显，并点明然灯佛前者，正明此经为佛佛相授之传心法要，而为自身多劫勤苦修证所得，语语皆亲尝甘苦之言，以劝大众信入此门，同得授记，共证菩提耳。

前四次皆言"其福胜彼"，是以劣显胜，故言福德，不言功德，以显胜者既具般若正智，则所修福德，皆成无边功德，所以胜彼。此次言供佛功德，不及持经，是以胜明劣，故言功德，不言福德，以明劣者因缺般若正智，虽不无功德，亦只成有漏福德，所以不及。

经中虽但说受持读诵，赅有广为人说在。独以"后末世"为言者，其意有四：

一、后末世众生，斗争坚固，业重福轻，障深慧浅，然而尚有受持读诵之者，则非后末世时，大有其人可知。故说一后末世，便摄尽余时，此说法之善巧也。

二、以如是之时，而有如是之人，故特举后末世言之，以示不可轻视众生，此摄受之平等也。

三、此经最能消除业障，故独言后末世，以示此时众生不可不奉持此经，此救度之慈悲也。

四、此经为三宝命脉所关，故举后末世为言者，为劝现前当来一切众生，应力为宏传，尽未来际，不令断绝，此付嘱之深长也。

须菩提，若善男子、善女人，于后末世，有受持读诵此经，所得功德，我若具说者，或有人闻，心则狂乱，狐疑不信。

此科为前半部之总结，且不但结成前半部，并以生起后半部。其中初"难具说"一小科，是结成前五次较显功德。次"不思议"一小科，是结成前半部之真实义趣，即以生起后半部。两小科中，皆含有垂诫学人、显示经旨两种深意。章句极整严，谛理极圆足，兹逐层说之：

何以知其为垂诫学人耶？试观上云，是人成就最上第一希有之法，乃至生福、灭罪、荷担如来、当得菩提，是所得功德，亦已说尽。何故此中乃言未具说乎？又上来言，是经有不可思议等功德，又是人之成就荷担如来，当得菩提，即是果报不可思议也。是两种不可思议，早已明说令众知之矣，何故此中复云"当知"？其意不同前可知。盖此结成经功之文，并非说以劝信，乃是垂诫之意。"狂乱"、"狐疑"、"当知"，皆垂诫学人语也。

何谓"狂乱"？狂者，狂妄，指妄谈般若者言也。谈何故妄？未解真实义耳。真义不明，自必法说非法，非法说法，惑乱众心，不但自心惑乱已也。故曰"心则狂乱"。

何谓"狐疑"？将信将不信之意也。此指怕谈般若者言，亦由未解真实义，以致惊怖疑畏，不能生起决定信心，故曰"狐疑不信"。世尊悬鉴后末世众生有此二病，故下科叮咛告诫之曰"当知"云云也。

"我若具说"者，意谓难以具说，此含两义：

一是说明分五次校显，而不一次具说之故。意谓我若不由浅而深，分次显之，而于一次具说经功者，既不易说明，必致闻者或狂或疑，反增过咎。因利根人往往见事太易，闻具说之功德，便狂妄自负，未证谓证，未得谓得，惑乱众心。

其钝根者，又往往著相畏难，既闻一切无住，又闻具说功德，不敢以为是，又不敢以为非，狐疑莫决，不生信心。世尊之为此言，是诚闻显经功者，应于由浅而深之所以然处彻底领会，则不致颠顶真如而心生狂妄，亦不致莫明经旨而心起狐疑。

二是说明既已五次说明，更不具说之故。意谓我前来广说受持此经者，所得功德，意在示劝而已，以后不再多说，恐闻者不明其意，或者著相而求，是狂乱其心也。或者求不遽得，反狐疑不信也。世尊之为此言，是诚行人当知此事本非言说所及，惟证方知。必须一切不著，真修实行，久久方能相应，不可狂也。功到便能自知，不必疑也。

以是之故，后半部较显经功，只略略表意，不似前之注重矣。因前半部正令生信开解，若不极力显之，云何能信？云何能解？后半部正令向离名绝相上修证，即菩提心、菩提法、菩提果，尚不应著，何况功德？若再广说，便与修证有碍。然亦不绝对不说者，又以示但不应著耳，并非断灭也。"或有"者，深望其不多有也。

> 须菩提，当知是经义不可思议，果报亦不可思议。"

"当知"两句，正是规诫狂疑者之词也。何故狂？何故疑？由其不知是经义趣，及持说此经所得之果报，皆不可思议故耳。故诫之曰"当知"。果报，即暗指所得功德，所得功德非他，即上文所谓荷担如来，及当得菩提是也。

何谓经义不可思议？当知是经义趣，专明离一切诸相。离相方能证性，所谓"离名绝相，惟证方知"，故曰"经义不可思议"。何谓果报不可思议？当知受持此经，原为证性。欲证无相无不相、相不相俱无之性，必须离一切诸相。分分离，便分分证。果报非他，即是自证究竟，性德圆彰，故曰果报亦不可思议。总以明经义果报，皆不可以心思，不可以拟议，皆应离名字、言说、心缘诸相，微密契入。

若能知此，则妄执未遣，何可贡高？狂乱之心可歇矣。虚相遣尽，净德自显，狐疑之心可释矣。

前于"灭罪科"中，曾云："极显经功，正是发挥前生信科中所说'一切诸佛及诸佛阿耨多罗三藐三菩提法皆从此经出'之义趣，以劝信。"此结成科为极显经功之总结者，又正是发挥"皆从此经出"之下文，所谓"佛法者，即非佛法"之义趣，以开解也。

世尊之意若曰：前所谓法即非法者何耶？当知是经义不可思议故也。前所谓佛即非佛者何耶？当知果报亦不可思议故也。盖"即非"者，简言之，即离相之谓。详言之，性体空寂，一丝一忽之相不能著，著则即非空寂之性体矣。故曰"即非"也。我前来分五次以显经功，不欲具说者，为令闻者深心领解，功德以离相之浅深而异，不致口谈空，心著有而狂妄自乱；亦不致一闻离相，便怕偏空，而狐疑不信。

总之，是经义趣，是专遣情执，以证空寂之性。所谓果报，即是证得不可缘念之性，直须言语道断，心行处灭，方许少分相应。心行处灭，不可思也；言语道断，不可议也。此之谓"是经义不可思议，果报亦不可思议"，此之谓"佛法即非佛法"。若不知向这言语道断，心行处灭，不可思议中观照契入，便与经义乖违，哪得果报可证？有狂与疑而已矣。受持读诵此经者当如是知也。

知即是解，以此为"开解"一大科之总结束，正是显示所谓开解者，当如是深解也。亦正是显示此"开解"一大科中义趣，皆是逐渐启导学人，令得如是深解者。真画龙点睛语也！总以明修行以开解为本，依解起行，乃克胜果。不然，非狂则疑。其开示也切矣，其垂诫也深矣。

而末世众生读诵此经，犯此二病者，正复不少，由其于五次较显经功之所以然，多忽略视之，故并此结成科中所说之道理，亦未能深切明了耳。颟顸笼统，岂不深负佛恩也乎？

"极显经功"一科，既是发挥一切诸佛乃至即非佛法云云之义趣，则此处结成一科，不但将开解科中义趣结足，并将生信科中义趣亦一并结足矣。盖非如此以后义显前义，前半部义趣不能发挥透彻（一切诸佛云云，是生信一大科之总结。极显经功一科，是开解一大科之总结。今以后之总结，显前之总结，则前半部之义趣倍加彰显，而纲领在握矣），亦无以生起后半部来。

后半之文，正是专明言语断、心行灭、不可思议之修证功夫者也。故前后经文，得此当知两句为之勾锁，章法，义理，便联成一贯。岂可局谓前浅后深？此两句是统指全经而言，且与后半紧相衔接，岂可局判前后为两周说，若各不相涉者耶？至视后半所说语多重复，则于经旨太无领会，不足论矣！

"不可思议"一语，具有三意：

一、即上来所云"言语断，心行灭"。经义所明者，明此。果报所得者，得此。此本义也。

二、回映是经有不可思议等功德句，并加释明，藉以收束极显经功一科也。前但云经有如是功德，今明之曰：言经有者，因其教义如是也（前判为教义胜者，根据此处之言也），何以知教义有如是功德？以依教奉行者，能得如是果报故也。不可思议，是法身，是体（见前释）。得体乃能起用。证得法身，报、化自显，故但言"不可思议"已足，不必说"不可称量"云云矣。况兼以明言语断、心行灭之本义，更不能杂以他语。

三、以显是经功德及持经者功德，无上无等，非凡情所能窥，非言语所能道也。故虽但说不可思议，便暗摄有不可称量无边之义在内，善巧极矣。

卷　　四

　　详谈本分两总科：初约境明无住，以彰般若正智，即上来已讲之前半部经；次约心明无住，以显般若理体，即向下将讲之后半部经也。后半与前半不同处，兹于未讲经文时，先当说明其所以然，入文方易领会，且从多方面说明之，以期彻底了然。

　　一、前是为将发大心修行者说，教以如何发心，如何度众，如何伏惑，如何断惑。后是为已发大心修行者说，盖发心而曰"我能发、能度、能伏惑断惑"，即此仍是分别，仍为著我，仍须遣除。后半专明此义，须知有所取著，便被其拘系，不得解脱。

　　凡夫因有人我（即执色身为我）之执，故为生死所系，不得出离轮回；二乘因有法我（虽不执有色身，而执有五蕴法，仍是我见未忘，故名法我）之执，遂为涅槃所拘，以致沉空滞寂；菩萨大悲大智，不为一切拘系，故无挂无碍，而得自在——此之谓不住道。所以少有执情，便应洗涤净尽，而一无所住也。

　　二、人我执，法我执，简言之，则曰"我执法执"，寻常说，本经前破我执，后破法执，未免疏略。

　　前半启口便云"菩萨于法应无所住"，以及"无我相，无法相，亦无非法相"，"不应取法，不应取非法"，"法尚应舍，何况非法"等等，说之再再，何得云但破人我执乎？当知我、法二执，皆有粗有细：粗者名曰"分别我、法二执"，盖对境遇缘，因分别而起者也；细者名曰"俱生我、法二执"，此则不待分别，起念即有，与念俱生者也。

　　此经前半是遣粗执，如曰"不应住六尘布施"，"不应住六尘生心"，"应无住心"，"应生无住心"，"应离一切相"云云，皆是遣其于境缘上，生分别心，遂致住著之病，所谓我法二执之由分别而起者是也，故粗也。

云何遣耶？离相是已。后半是遣细执，即是于起心动念时，便不应住著。若存有所念，便是我执法执之情想未化，便为取相著境之病根，是为遣其我、法二执之与心念同时俱生者，故细也。云何遣耶？离念是已。

三、前令离相，是遣其所执也；后令离念，是遣其能执也。前不云乎？所执之幻相，起于能执之妄见。故乍观之，本经义趣，前浅后深。然而不能如是局视者，因遣所执时，暗中亦已兼遣能执矣。

何以故？若不离念，无从离相故。故前半虽未显言离念，实已点醒不少，如"能作是念否"，"我不作是念"，"应生清净心"，"应生无住心"，"若心有住，则为非住"，皆令离念也。即如"应离一切相，发菩提心"之言，利根人便可领会得，所发之心，亦不应住。何以故？明言有住则非故。

前云信心不逆者荷担如来，当得菩提，是人必已领会得离念，不然，未足云荷担当得也。所以昔人有判后半是为钝根人说者，意在于此，谓利根人即无须乎重说。因世间利根人少，故不得不说后半部，令钝根者得以深入，此昔人之意也，不可因此言，误会为后浅于前。

虽然，离念功夫，甚深甚细，若不层层剖入，不但一般人未易进步，即利根已知离念者，若不细细磋磨，功行何能彻底？如剥芭蕉然，非剥而又剥，岂能洞彻本空，归无所得乎？当知后半部自"明五眼"以后，愈说愈细。至于证分，正是令于一毫端上契入之最直捷了当功夫，所谓直指向上者——不明乎此，圆则圆矣，顿犹未也。若局谓后半专为钝根人说，于经旨亦未尽合也。此理不可不知。

四、前半说，离一切相，方为发菩提心，方为利益一切众生之菩萨，是空其住著我法之病；后则云：无有法发菩提，无有法名菩萨，以及一切法皆是佛法等语，是空其住著我法二空之病也。故前是二边不著，后是二边不著亦不著；前是发心应离相，后则并发心之相亦离。

当知但使存有能离之念，仍是我法宛然，便已分别取相，故又云"非不以具足相得菩提"，"我见即非我见"，"法相即非法相"——皆所以遣荡微细执情。遣之又遣，至于能所皆离，并离亦离，方证本来。

所谓证者，非他，但尽凡情，本体自现，非别有能证所证也。岂但凡情不可有，即圣解亦应无。存一能修所修，能证所证，便是圣解，即是所知障，正障觉体，故弥勒菩萨《金刚经》颂曰"于内心修行，存我为菩萨，此则障于心，违于不住道"也。

《圆觉经》云："一切菩萨及末世众生，应当远离一切幻化虚妄境界。"本经前半不外此义。

《圆觉经》又云："由坚执持远离心故，心如幻者，亦复远离；远离为幻，亦复远离；离远离幻，亦复远离；得无所离，即除诸幻。"本经后半部，不外此义。

五、前半部是明一切皆非（如曰：非法非非法，有住则为非住），以显般若正智之独真。盖此智本一尘不染，而一切相莫非虚幻，故应一切不住，而后正智圆彰也。后半部是明一切皆是（如曰诸法如义，一切法皆是佛法，是法平等无有高下），以明般若理体之一如。盖此体为万法之宗，故一切法莫非实相，故应菩提亦不住，而后理体圆融也。

由是观之，一部《金刚经》所诠者，"真如"二字而已。最后结之曰"不取于相，如如不动"——全经义趣，尽在里许矣。又复前明一切皆非，令观不变之体也；所谓正智者，乃如如之智，即体之智也。后明一切皆是，令观随缘之用也；所谓理体者，理者条理，属性用言，用不离体，故曰理体。

此与宋人之言理气，截然不同。彼以浑然一本者为理，以流行万殊者为气，后儒辨其言理之非是者，详矣。又复前既一切皆非，故虽"则非"与"是名"并举，而意注"则非"，所谓虽随缘而不变也。后既一切皆是，故虽细遣法执，而曰"于法不说断灭相"，所谓虽不变而随缘也。

综上五说，以观全经，全经旨趣，了了于心目中矣，不止入文时，易于领会已也。

> 尔时，须菩提白佛言："世尊！善男子、善女人，发阿耨多罗三藐三菩提心，云何应住？云何降伏其心？"

此科看似另起，实则紧蹑前文而来。"尔时"，正指佛说经义果报，皆不可思议甫竟之时也。

　　长老意谓：既应离名绝相，而善男子、善女人，明明各有发心之相，且明明有阿耨多罗三藐三菩提之名——盖各各自知我应发心，各各自知阿耨菩提是无上法，岂非我、法之名相宛在乎？前云应离一切相发菩提心，今思发心时便住相了，云何此心独应住耶？若不应住而应降伏者，岂非不发心乎？然则云何降伏其心耶？此意是说，我、法二执已与发菩提心时，同时俱生矣。降则非发心，住则执我、法，此正向一毫端上锥扎入去，指示行人应向起心动念时用功。长老大慈，故代一切众生，重请开示根本方便耳。

　　前曰"应云何住"，是问菩提心应云何安住，俾无驰散。

　　今曰"云何应住"，是问菩提心云何独应住著，盖若不住于此法，何谓发此心？住既不可，降又不得，将奈之何？此因闻说"于法应无所住"，乃至"有住则非"，因思菩提亦法也，云何应住耶？且前云"应离一切相，发菩提心"，"一切相"赅摄甚广，发菩提心之相，当亦在内，何既云"应离一切相"，又云"发菩提心"耶？若亦应离者，又何以谓之发菩提心耶？钝根人闻法，往往执著名言，粘滞不化。长老此问，又是曲为现前当来，一切粘滞不化者，请求开示耳。

　　佛告须菩提："善男子、善女人，发阿耨多罗三藐三菩提者，当生如是心，我应灭度一切众生，灭度一切众生已，而无有一众生实灭度者。

　　此正开示教导起心动念时离相之方便也。观上科问辞，若无办法，观此科答语，极其轻松圆妙。"菩提"下唐人写经无"心"字，应从之。试思：开口说一句"发阿耨多罗三藐三菩提者"，即接云"当生如是心"，正是扫除此是发菩提心之相，故原本不用"心"字，以示泯相之意。即以文字论，不要心字，亦说得通：盖发阿耨多罗三藐三菩提，即是发无上正等觉，不赘心字，有何不可？

　　"如是"二字，指下三句。我应"应"字，正与"生"字相呼应，盖现其本有曰"生"，显其本无曰"发"。一切众生，本来同体，灭度一切众生，不过完其性分之所固有，乃应尽之天职，有何奇特？若以为我当发此心，便有矜张之意，便著相矣。故不曰"当发"，而曰"当生"者，以此。盖说一"应"字，是遣其著于菩提，破法执也；说一"当"生，是遣其著于发心，破我执也。

"应"字统贯下三句。三句之意，次第深进。初句言度生本应尽之责，言下含有何可自矜此是菩提耶？次句言应度众生至于罄尽，已者，罄尽之意。言下含有众生无尽，此责又何尝能尽，则何可自谓我能度耶？三句更进一步，谓应知虽度得罄尽，而并无（无字略断）实有一众生灭度者。何以故？众生之性，本即涅槃故，且虽涅槃而亦不住故，彼若有住，便非灭度故。然则岂有一众生实灭度者？则又何可自谓有所度耶？

"发无上正等觉"者，须先觉了度众生是应尽之责，且此责终未能尽，即尽，亦等于未尽。当生如是之心：无能度，无所度，无分别，无所谓菩提，无所谓度，并无所谓发心，庶与清净觉心相应耳。

前答曰"实无众生得灭度者"，重在一"得"字，谓虽得灭度，而实无所得也。此中重在"灭度"字，尚无所谓灭度，哪有得不得之可说？其意更深于前可知。又前答虽亦是能度、所度并遣，其遣能度、所度，虽亦是遣其著于菩提心，但语气浑涵。

今则深切著明而说曰：当生如是如是心。则此是菩提，此是发菩提心，此是众生灭度的影子，也不许一丝存在。故语虽与前答相仿，意则如万丈深潭，一清到底。

更有当知者：闻得此中所说，便应依此起修。前云："生信一科，已将全经旨趣摄尽，向后是加以广大之阐明，深密之发挥。"吾辈学人，应从深密处着手，方能达于究竟，所以闻前半部经者，更不可不闻后半部经也。

本经天然分为信、解、修、证四部分者，非谓信解中无修功，乃指示前来所有修功，皆应依此中所说者而修之耳。此我前于说"信心清净"时，所以极力发挥信、解、行、证，虽有次第，而不可局其次第，虽分四项，而不可局为四也。诸善知识，应体会此意也。

何以故？若菩萨有我相、人相、众生相、寿者

相，则非菩萨。

"何以故"下，流通本有"须菩提"三字，古本无之，可省也。何以故？是自征问何故当生如是心，其下云云，是反言以释其义。意谓：若不生如是心者，便有对待分别，既未脱我、人等分别执著之相，依然凡夫，岂是菩萨？下文"所以者何"，又转释"则非菩萨"之所以然。前云"若取法相，即著我、人、众生、寿者"，若自以为发菩提心，便取著菩提法，则四相宛然矣，故曰"则非菩萨"。故当生如是心也。

我、人、众、寿四相，虽同于前，而意甚细，盖已一切不著，但著于上求下化极微细的分别耳，不可滥同普通一般之四相。世尊言此，是开示行人若微细分别未净，我相病根仍在，虽曰菩萨，名不副实矣。警策之意深哉！

所以者何？须菩提，实无有法发阿耨多罗三藐三菩提者。

古本"菩提"下亦无"心"字。此句正引起下文无法得菩提，"心"字尤不应有。所以者何？承上起下，结成上两科义。

"实无有法发阿耨多罗三藐三菩提者"，有两义，可作两种读法：

一、"法"字断句，意谓：发正觉者，实无有法。盖无上正等觉，即是究竟清净义。清净觉中，不染一尘，若存毫末许，此是菩提，便是法尘，便非净觉，则所发者名为菩提，实则分别心耳。故必实无有法，乃名发无上正等觉者。

二、无字断句，意谓：有法发无上正等觉，实无如此事理。盖众生以无始不觉故，因爱生取，遂致流转，故无论何法皆不应取，取之便是不觉，何名发觉乎？故实无，可以有法为发无上正等觉者。

两义既明，则上文当"生如是心"，及若有四相则非菩萨之所以然，可以了然矣。

上来所明，不外发菩提者，当发而不自以为发，如是无发而发，乃为真发，而住降在其中矣。盖云何住降，全观发心如何，不必他求，故不别答。须知当生如是心，便是无住而住之意。"应灭度一切众生"三句，是降伏其心之意也。

初问只答降住，重问只答发心，固以示浅深次第（若不发心何必问降住，故发心是本，降住为末，故曰"浅深次第"）；然而前答降住，而发心摄在其中，今答发心，而降住摄在其中。且知得云何降，便知得云何住，又以示三事只一事。而前从降伏上说，原为不降之降；今就发心上说，又是无发而发。此皆破我遣执之微妙方法，应于此等处悉心领会，方为善用功者。

> 须菩提，于意云何？如来于燃灯佛所，有法得阿耨多罗三藐三菩提不？"

此引往事为证也。其时证无生法忍，位登八地，事迹因缘，前已详说之矣。上望极果，八地仍为因人，而下望发心者，则为果位。此事介乎因果之间，因因果果一如之理，易于明了，故举以为证。

世尊防闻上说者，疑谓发心若无法，云何得果？故举果以证明之。若知得果者乃是无得而得，则发心者必应无发而发也，明矣。本科盖举佛地之果法，明八地之因心，即藉八地果人之心，明发觉初心者之行也。

此事前后两引之，而命意不同，不同之意有三：

一、前问"于法有所得否"，答曰"于法实无所得"，其意重在"得"字，明其虽得而不住得相，与上文四果得无得相之意一贯，以引起下文，发心者应生清净心，不应住色声六尘等相来也。此中则重在"法"字，盖以无法得菩提，证明上文无法发菩提之义也。

二、前问中"法"字，是指无生法忍；此中法字，即指阿耨多罗三藐三菩提。其时方登八地，未得究竟果法。当知无生法忍，名为菩提分法，所谓分证菩提，非究竟证得无上正等觉也。故此处问意，实趋重在下文之反正释成，意明彼时因证无生法忍，一法不生，故蒙授记，则彼时心不住法可知。因彼时心不住法，故今日圆满证得究竟果法而成如来。使人了然于如是因，如是果，丝毫不爽，则发心不应住菩提法，毫无疑蕴矣。

若误会此句之意，为彼时已得无上正等觉，而不住法相，则差之远

"无"字略断。"有法得阿耨多罗三藐三菩提",原是问辞,今加一"无"字,明其约修因言,非毕竟有法也。总以显明心无法以求得,而后可得,若住法求得,便不能得,则不应住法发心,其义昭然。

> 佛言:"如是,如是。须菩提,实无有法如来得阿耨多罗三藐三菩提。

两言"如是"者,许其非无法非有法之说,不谬也。"实无"略断。有法得阿耨菩提,连读之。"有法得阿耨多罗三藐三菩提",原是问辞,今于其中加"如来"二字者:如来是性德之称,觉性圆明,名为得阿耨多罗三藐三菩提。

若有法尘,便非圆明,何名得无上菩提?故"如来得阿耨多罗三藐三菩提",犹言得成如来;"有法如来得"云云,犹言有法得成如来。

"实无"者,谓彼时在然灯佛所,实无丝毫有法得成如来之心也。经文不曰"得成如来",而必曰"如来得阿耨菩提"者,因正在破法执,故带无上菩提法为言,以明实因心中无此果法,而后得成如来耳。

此正印定长老所解不谬。长老以果明因,故举佛言,世尊则约性德以明觉性圆明,哪容有法?故举如来为言。意在使知:虽得而实无所得,方为性德圆彰之如来。以为下文说如来者,诸法如义,作前提也。

> 须菩提,若有法如来得阿耨多罗三藐三菩提,然灯佛则不与我授记:'汝于来世,当得作佛,号释迦牟尼。'

上来皆是就今日佛地之果位,明昔时八地之因心,此中则就昔得授记之果行,明今初发觉之因心也。故上来所说,皆是为此处作引案者。盖以成佛成如来,由于昔日之授记,而昔日授记,实由于证法无生。

一切发觉初心之菩萨,若知得有法则不授记,无法乃与授记,则受持读诵此经,必应如教,于一切法无住而住,方为信心不逆,荷担如来,方能生福灭罪,当得菩提。其义岂不昭然若揭哉?

"三菩提"下，古本无"者"字。观"不与授记"之说，可知此"若有法如来得"云云，是指尚未授记之时而言。意谓彼时未蒙授记之先，若心住于无上菩提之法，希望成如来，得无上菩提，便不能证无生法忍，则并授记亦不可得矣。岂能成如来耶？"汝于来世"三句，是然灯佛授记之言，今恐不明何谓授记，故引以明之。而不用作是言句，显其非然灯佛如是云云也。

> 以实无有法得阿耨多罗三藐三菩提，是故然灯佛与我授记，作是言：'汝于来世，当得作佛，号释迦牟尼。'

"以实无"断句，谓以其实无住著菩提法以求得之之心也。"是故"者，明其正因心无有法，乃证无生，以是之故，得蒙授记耳。"作是言"句，显此中"汝于来世"三句，乃是然灯佛金口亲宣，与上科之引以释授记之义者不同也。

或以释迦（姓）牟尼（名）之义，为能仁寂默。因曰：能仁则不住涅槃，寂默则不住生死。因其于法不住，故以此名号授记之。此释未尝不可，但不必拘。因授记重在印许当来作佛耳，无关名号。且佛佛皆不住法，皆蒙先佛授记，皆有名号，而名号未必皆取不住之义，何可拘拘以名号释之？

以下明"法法皆如"一科要旨。上"无得而得"一科，是举证果之事，以明不应住菩提；此"法法皆如"一科，是说果证之理，以明无菩提可住，正是说明不应住之所以然者，乃离相之极致也，亦法性之本然也。盖以果证者，相与不相之齐泯，令知因行时，应相与不相以俱离耳。

"法法皆如"义蕴精微，今先将其要旨穷源竟委，次第说明，然后于分科中所明之旨趣，庶几得有头绪，较易明了。当知世尊说此法法皆如之义，意在令闻法者于究竟了义彻底了解耳。盖必解深而后信深，解圆而后修圆，其于证入也不难矣。何以故？解渐渐开，执情我见便渐渐消故。所以学佛重在解慧者，因此。解慧者，所谓观慧也。此所以闻、思、修三，不离乎一慧也。然则此法法皆如之要旨，乌得不明辨之乎？

所谓无上正等觉者非他，即是真如本性，亦名自性清净心是也。因其为万法之宗，故称无上；因其为一切众生所同具，故名正等。但众生为分别执著等妄念所障，不自觉知其性为无上正等耳。

若知之而能遣妄除障，则名正觉。初能觉时，名曰发觉初心。觉至究竟，而令无上正等之性德全彰，无以名之，名之曰得无上正等觉耳。实则性是本具，安有所谓得耶？所以虽得而必归无所得者，此也。

而得无上正等觉者，以众生同体故，慈悲本愿故，将亲证之理体，用种种言辞，开种种方便，巧譬曲喻，普令一切众生皆得觉此，悟此，修此，证此。无以名之，名之曰无上正等觉之法耳。实则为众生本具之性，安有所谓法耶？明得此理，便知不应存有法想，存有得想矣。

自性既名清净，可知其本来纤尘不染。譬如杲日晴空，有一点云，便遮障无光矣。故欲性光圆照，须令净无点尘也。一切众生本不知自性是如此清净的。佛既亲证，教令应如是反照，应如是自觉，若不一一依教奉行，何名发觉乎？何以故？有一法在，有一得在，依然是分别执著的老习惯，则其本性依然在障故。故不但一切法不应住，即菩提法亦不应住者，以此。

众生何故有分别执著之病耶？无他，由其不达一真法界，只认识一切法之相故耳。既然是相，则相相不一。以迷于相故，遂不知不觉，随而分别，随而执著耳。殊不知既名曰相，便是时时起变化的，故曰："凡所有相，皆是虚妄。"

虚妄者，言其是假非真，非谓绝对没有也。而众生不知是假，念念在虚妄之相上，分别执著，故名曰"妄念"，言其逐于妄相而起念也。或虽知是假，仍复念念不停，使虚妄相，于心纷扰，故名曰"妄念"，言其虚妄之相随念而起也。故妄念一名，含此二义。对治方便，亦有二种：

一、离相，如本经前半所言是也。必须彻底觉悟，根、身、器、界一切境相，皆是空花水月，迷著计较，徒增烦恼，并须持戒修福，断其染缘，除其贪瞋。如是观行久久，情执渐薄，妄想亦随而渐少。何以故？所谓妄想者，莫非情执使然耳。是以离相为离念之方便也，此一法也。

二、离念，如本经后半所言是也。盖以无始来习气之深，虽知相皆虚妄，而攀缘不息。必须于动念处著力，向心源上返观。所有持戒、修福、六度、万行，弥复精进，以历事而炼心。若打得念头死，则一切分别执著自无。而相之有无，更无关系。何以故？能不起念，一切相不离自离故，是以离念为离相之究竟也。此又一法也。

此两种法，可并行而不悖。离相即是离念，离念方能离相，故曰不悖。然离相但离前一重妄念，所谓逐虚妄相而起者也；离念是离后一重妄念，所谓妄相随念而起者也，故须并行。并行者，非拘拘于先离相后离念也。谓离相时兼修离念，则离相方能究竟；离念时兼修离相，则离念更得方便，当同时并行。

总之，众生既为一切法相所迷，从不知返照自性，安知自性是与众生同体？又安知内而五蕴六根，外而山河大地等一切法，皆是唯心所造？此既不知，便不知佛令一切法不应住者，是遣其分别执著取相之病，与一切法并不相干。

取相之病若除，则内而五蕴，外而山河等一切法，便如《楞严经》所说："咸是妙净明心，性净明体。"何以故？一切法皆只有相而无性。非无性也，一切法之性，即是自性也。何以故？一真法界故。然则又何可遣耶？又何必遣耶？此法法皆如之真实义也。

所以《起信论》云："此真如体无有可遣，以一切法悉皆真故，亦无可立，以一切法皆同如故。"

须知"阿耨多罗三藐三菩提"，即"真如"之异名，若住于此，仍是取相。有所取，便有所立。虽汝将一切法相遣尽，而独立一菩提之相，便非一切法皆如了。何以故？有立便有废故。本性为万法之宗，无所不包，无所不具，立一而废余，便非全性，岂是无上正等，又岂是正觉耶？

此经前半，尽遣一切法相以显菩提者，除其取著一切法之病耳。因恐或犹取著乎菩提，故后半部开章即复遣此。此病既遣，则性德全彰，法法皆如矣，无可遣者矣，亦无可立者矣。行人最后之目的在此，开经以来所说诸义，其归趣亦在此。

是故"法法皆如"一科，为全经中重要之义，亦即一切大乘佛法中重要之义。向后所说，无非阐发此义，证成此义。前半部所说，亦无不趋重此义，摄入此义也。此是世尊将自己亲证者和盘托出，详为开示，俾众生由此而悟，由此而入者也。

故法法皆如，必须一切情执遣尽，惟证方知，非可空言。若或取著之病，分毫不遣，而语人曰"一切皆如"，则有法法成障焉耳，岂能法法皆如哉？是亦妄人也已矣。妄谈般若，罪至堕落无间者，因其贻误众生，令人因而谤佛谤法，轻视三宝故也。当知法法皆如，若其证到，必能行出，如促无量劫为一刹那，延一刹那为无量劫，以芥子纳须弥，变娑婆为净土，至此事事无碍地位，方许说得此话。

一切学人，惟当向法法皆如上观照，以尽遣其我见遍计之执情，以期证入，斯为可耳。岂可生大我慢，轻以一如之言，作口头禅哉？试观本经最后结束处，亦即流通分之初，于说"如如不动"之后，即接曰："何以故？一切有为法，如梦幻泡影，如露亦如电，应作如是观。"正是指示如如不动，应从观一切法如梦如幻中证入。作如梦等观者，遣情执也。此皆经中紧要关键所在，不容忽也。

何谓前半部之义，摄入此中耶？今略说之，以启悟门。如曰："若见诸相非相，则见如来。"试思若见得相即非相，岂非法法皆如乎？故曰"则见如来"也。凡言某某非某某，皆是指点此义者。又如："信心清净，则生实相。"须知因无分别执著，而后心净，心净便生实相。实相者，无相不相之谓也，则法法皆如矣。

故曰"应生清净心"，"应无住生心"，"应生无住心"，"应离一切相发菩提行六度"，"若心有住，则为非住"也。又如"不应取法，不应取非法"——不取法者，以一切法皆如，无可立也；不取非法者，以一切法皆真，无可遣也。正所谓法法皆如也。

因法法皆如，所以无有定法名阿耨多罗三藐三菩提，亦无有定法如来可说。所以法与非法皆非，皆不可取不可说也。"一切贤圣皆以无为法而有差别"者，因法法皆如，则法法皆真（《法华》所以言"是法住法位，世间相常住"），故一切法清净本然，绝非造作，故曰"无为"。一切贤圣莫不修此证此，但因功行之浅深，故有成贤成圣之差别，实则一如之法，初何尝有差别哉？其他准以思之。

总之，若领会得法法皆如，而契入之，则亦无所谓空，无所谓有，无所谓中；则亦无妨空，无妨有；且亦无空无假而非中矣。何以故？我见情执之病，既都遣尽，则见相即见性，头头是道，无所不可。

故《最胜王》、《维摩诘》等经云"五蕴即是法身","生死即是涅槃","烦恼即是菩提",皆显法法皆如义也。若其少有分别执著未破,则触途成滞,头头不是道,无一而可,纵令一切不著,而犹著一菩提,亦是取相分别,自障觉体。则所谓中者非中,更无论著有偏空矣。

凡发心自度度他,以期明性见佛者,扼要之方,全在于此。其方云何?依此经教,离相离念是已。当知此经既为一切诸佛及诸佛阿耨多罗三藐三菩提法所从出,故经中所说,莫非根本义、究竟义。

其他千经万论,皆是彰显此义,敷佐此义者耳。今故将此重要之义,委曲详尽,透底宣呈。诸善知识,善思惟之!

何以故?如来者,即诸法如义。

"何以故"句,自设问辞,问上文所言,无菩提法,方与授记作佛;无菩提法,方成如来得菩提——其故何也?"如来"下,自设答辞,若曰:佛称如来,汝亦知如来之义乎?其义非他,正因其离一切法差别之虚相,证一切法一如之真性耳。

当知佛不见有诸法差别之相,是之谓如。佛亦不见有一法独异之相,是之谓诸法如。如者,无差别之义,亦不异之义,谓法性无有差异也。法性无有差异者,以其空寂故也。故"诸法如义",即法性空寂之义。名为如来者,以其证空寂之性耳。若存有一空寂,便成差异,便非空寂矣,岂名如来乎?故曰:"如来者,即诸法如义(重读如字)。"然则发无上正等觉者,岂可存一发觉之相于心,令不空寂乎?

又复说个"诸法",是不一也;更说个"如",则是不异。不一不异,法性如然。佛称大觉,即是究竟觉此不一、不异之法性,故曰:"如来者,即诸法如义(重读诸法及如)。"

须知因不一故,所以非菩提法不应取;因不异故,所以菩提法亦不应取(前一说,专约体;次一说,兼约体相用)。由是观之,定说诸法是诸法,非也,何以故?虽诸法而一如故(重读一如);定说诸法非诸法,亦非也,何以故?是诸法之一如故(重读诸法)。

其中关键,全视著不著。不著有,诸法不碍一如矣;不著空,一如不碍诸法矣。著于诸法，非如也；著于如，非诸法如也。故如来所说法，皆不可取，不可说。不可取者，诸法之性，惟一真如，无分别故，是平等之差别故。不可说者，真如之性，不离诸法，惟证方知故，于差别见平等故。故发觉者，应离一切诸相，修六度万行。

离诸相者，实际理地，不染一尘故；修万行者，佛事门中，不舍一法故。因其诸法一如，故应不舍一法也；因是一如之法，故应不染一尘也。如是觉、如是离、如是修，则法相应、性相应，而得证相应矣。

总之，昧平等，取差别，便心随法转，即非法亦成障碍。于差别，见平等，便法随心转，即法法莫非真如。古德所谓"迎宾送客，运水搬柴，行住坐卧，二六时中，于诸法上拈来便是者，是好一幅无事道人行乐图"也。当知天下本无事，庸人自扰之。于无空有中，取空有相，于无善恶中，思善思恶，妄相纷飞，岂非自扰？拈来便是，自在何如！

古德又云："不悟时，山是山，水是水；悟了时，山不是山，水不是水。""山是山，水是水"者，只见诸法也。"山不是山，水不是水"者，惟见一如也。又有悟后歌云："青山还是旧青山。"盖谓诸法仍旧也，而见诸法之一如，则青山虽是旧，光景焕然新矣。

"如来者，诸法如义"，似只释一"如"字，实则"来"字亦释在内矣。何以言之？有来有去，是差别事相，即诸法之一也。既诸法如，则来亦如矣。一切众生，来而不如。二乘圣人，如而不来。权位菩萨，虽如而未尽如，虽来亦未能遍来。惟佛如来，证性一如，则尽真如际是来。

真如无际，故来亦无际，真如不动，故来亦不动，虽名曰来，实则来而无来，无来而来者也。当知名曰如来者，为明其来无来相，故曰如，为明其如无如相，故曰来耳。

此节之意，是明约来去之相言，诸法二字摄之矣。约来无来相言，"如"字摄之矣。兼明诸法如义，是以诸法遣如，以如遣诸法，以显遮照同时之性德。上来所说，皆此义也。引古德云云：非闲言语也，参！

若有人言，如来得阿耨多罗三藐三菩提。须菩提，实无有法，佛得阿耨多罗三藐三菩提。

"若有"者，或有之意。因上文有"如来得阿耨多罗三藐三菩提"之言，恐不得意者，闻如来即诸法如义，因之怀疑曰：既是如来之义，为诸法一如，则无菩提可得也明矣，何故上言"如来得阿耨菩提"耶？为遮此疑，故设一"或有"之言。复呼长老而告之曰：或人所言，盖疑其仍为有法，殊不知实无有法也。但为明其觉已究竟，无以名之，名为佛得阿耨多罗三藐三菩提耳。言下含有，若约性德言，实是诸法一如。

故此中不曰"如来"，而曰"佛"，正明称为得菩提者，意在显其已证无上正等觉，亦即诸法一如之果耳。岂谓有菩提法可得哉？何疑之有？下文更以无实无虚之义，明其说得而实无所得，虽无所得，而亦不妨名之曰"得"，益可了然矣。

须菩提，如来所得阿耨多罗三藐三菩提，于是中无实无虚。

"于是中"，谓所得中也。意谓，纵许如人所言，如来得菩提，殊不知如来所得者，惟一无实无虚耳。无实无虚，即是诸法如义也。此义当广演说，以便领会：

一、此与上来所云"如来所得法，此法无实无虚"，语虽相仿，意大不同。上是明法真实，谓如来所得之法，乃是实相。实相者，无相无不相——无相，无实也；无不相，无虚也。若究竟言之，实相者，相不相皆无，故曰"无实无虚"，言虚实皆无也，是为真实之法，以证成上文真实之说也。

此中是明实无有法。既已无法，更何论得？姑如人言，说之曰"如来得"，而观于是中，并无所得。何以故？以实无有法故，是特假名之得，无实也。然亦无妨说"如来得"，何以故？以所得惟如故。得此乃称如来，无虚也（此针对前说明义）。

二、阿耨多罗三藐三菩提，即真如觉性之异名。然则如来即诸法如义，犹言称为如来者，因其已证真如觉性耳。足证如来所得，惟是一如矣。故虽名曰"所得"，而于是所得之中，无实也，何以故？觉性空寂故。亦无虚也，何以故？觉性圆彰故。故曰"于是中无实无虚"。

总之，无有有得之得，是为无实；非无无得之得，是为无虚。此正《中边论》所云"无能取所取，有；有能取所取，无"，亦即《佛性论》所言"由客尘空故，与法界相离；无上法不空，与法界相随"是也。客尘空，故无实；无上法不空，故无虚。须知佛之言此，是明不可闻言得，便疑为有法，不可闻言无法，便疑毕竟无证耳（此约阿耨多罗三藐三菩提明义）。

三、说一"无实"，是明其照而常寂也；说一无虚，是明其寂而常照也。无实无虚，便是双遮双照，寂照同时。是中一法不生，寂故；复无法不现，照故。一法不生，实无有法也，故无实；无法不现，诸法一如也，故无虚。此之谓阿耨多罗三藐三菩提。如来得者，得此耳（此约寂照同时明义）。

四、"无实无虚"，即《起信论》如实空义，如实不空义。如实即是真如，因真如为真实之性体，故曰"如实"，明其诸法一如，是为真实也。

《论》明如实空义曰："所言空者从本以来，一切染法不相应故。谓离一切法差别之相，以无虚妄心念故。"此言一切众生心中虽有虚妄之念，及一切能所对待污染不净差别之相，而此如实性体，仍复常恒不变。以从本以来一净一染不相应故。不相应者，相离之谓也。

云何相离？以从本以来，如实之体，本非虚妄心念故。又曰："当知真如自性，非有相非无相，乃至非一异俱相，总说以有妄心，念念分别，皆不相应，故说为空。若离妄心，实无可空故。"此言，所谓空者，是空其虚妄念、差别相，故曰"非有相非无相，乃至非一异俱相"，此意是说离相也。若离尽有、无、一、异等一切对待之四句相，则离虚妄心念矣。

此等既离，则真如自性现前矣，故曰："若离妄心，实无可空。"明其所谓空者，非谓无真如自性也。然则虚妄心念，云何能离而空之？以所有念念分别之妄心，与真如自性，本不相应故，明其自性本空，故可空也。然妄念染相既空，则真如显现，又明其空而不空也。

其明如实不空义曰："所言不空者，已显法体空无妄故，即是真心常恒不变，净法满足，则名不空。"此言法体既空诸妄念而无之，便是常恒不变，满足无量净功德法之真心矣，故不空也。法体，即谓一如之真性，所谓真如是也。真如为一切法之体，故曰法体也。论又曰："亦无有相可取。以离念境界，惟证相应故。"此言诸法一如之真性为一切法体者，实无有法，亦不应住。以其是离念境界，惟证方知，故曰亦无有相可取，意明其不空而空也。

综上论义观之，如实空者，无实也；如实不空者，无虚也。空而不空，无实即复无虚也；不空而空，无虚即复无实也。此是一切法如如不动之真体，故此中佛说"如来所得阿耨多罗三藐三菩提，于是中无实无虚"，正是说来诠释上文"如来即诸法如义"者。

且细读论文，明言不空是由空来，可知无虚是由无实来，诸法一如，是由实无有法来矣。以论证经，义趣昭然，又可见所引之两段论文，无异融会本经大旨而说之者，故欲明本经，不得不读《起信论》也（此约《起信论》以明义）。

五、无实，可指诸法言——诸法缘生，故无实也。无虚，可指如言——真如不空，故无虚也。诸法之相，虽是缘生而无实，诸法之性，则同一真如而无虚，故曰"于是中无实无虚"者，是明如来所得阿耨多罗三藐三菩提，实无有法，亦无所得，但证诸法如义耳（此约诸法如义以明义）。

六、无实无虚，是空有一如，性德本然。如来证此，故说此科，而令众生觉此、修此。须知此四字平等平等，不可看成两橛，不可局分前后。若观一切法唯实，凡夫也；若观一切法唯虚，二乘也；即观一切法实中有虚，虚中有实，亦是权位菩萨；惟佛不然，观一切法无实无虚，是整个的；无实即复无虚，无虚即复无实——是之谓诸法一如也，亦即是空有同时也。应如是觉，应如是修。

云何修？生无所住心是，离一切相行布施六度，以利益一切众生是。务令离相时，即是利益时；利益时，即是离相时。此即是生无住心，此即是发无上菩提，则虽曰"发"，而实无菩提之法。如此，庶几与无实无虚、诸法一如之觉性相应。盖并无实无虚、诸法一如等名相，亦复离却，方为无法，方能相应也。苟非然者，虽曰"发菩提"，实已忘失菩提。忘失菩提，便成魔事。此吾辈所应时时提撕者也。当知世尊说其自证者，无他，为令读经闻法者，依教奉行耳（此约策修明义）。

综合上说诸义观之，可知佛说此科之意，凡以明菩提无相而已。以无相故，所以无法发菩提，无法得菩提，故曰"无实"。以无相故，所以非一法是菩提，乃法法是菩提，是为无虚。故复说下科，以结成此义焉（此约起下明义）。

是故如来说一切法皆是佛法。

上言诸法如义，何以见其诸法一如耶？至此，乃结成之曰：以一切法皆是佛法故耳。"是故"二字，论其近脉，是承"无实无虚"，而溯其来源，则承"诸法如义"。意谓：由是诸法缘生而无实，同一如实而无虚之故，所以如来说"一切法皆是佛法"。

盖由诸法如义，开出无实无虚，即以无实无虚，显明一切皆是，还以一切皆是，证成诸法一如。辗转相生，辗转相释，辗转相成，其实皆明一义。云何一义？应无所住是也。此佛法之所以无一不圆，佛说法之所以无往不妙也。

"如来说"三字最要，明其是约性而说也。若约相说，一切法只是一切法，岂是佛法？总以明离相观性，则头头是道。《楞严》所以云"五蕴、六入，乃至十八界，皆如来藏妙真如性"，古德所以言"窗外黄花，莫非般若；庭前翠竹，尽是真如"也。是之谓"一切法皆是佛法"。

总之，世出世法，皆是缘生。知是缘生，而观其不异之性，不变之体，则一切皆是矣，诸法一如矣。否则住法发心，住法修行，则佛法亦非佛法，何况一切法？此中所言之佛法，不可局为佛所说法。

佛者，觉义。一切法皆是觉法者，谓法法皆菩提，以明菩提非别有法也。盖离相观性，则是即一切法上，而觉照一真之性，故法法皆是菩提——此约"如"义言也。若推广言之，凡行世间法时，慈悲为本，皆为利他，不存利己，一一不与佛法有违，亦可云世法即是佛法。若其名为行佛法，而有名利恭敬之心，则佛法亦成世法矣。

此科是即一切法以明"如"，即是明诸法与佛法一如也，正所以遣菩提法相，以一切法皆是故。然一法相遣，一切法相皆应遣，故下科又遣一切法。

须菩提，所言一切法者，即非一切法，是故名

一切法。

此科是遣一切法，即以证成其皆是佛法也。何故言一切法皆是佛法耶？以其即非一切法故。"即非"者，约性言也。约性而言，明其不应著相，故曰"即非"。知其即非，而不著相，则是佛法而非一切法矣，故曰"皆是佛法"。既皆佛法，何故又标而名之曰"一切法"耶？以其不无一切法之假名故。是名者，约相言也。约相而言，意在会归于性，故曰"是名"。知是假名，而归于性，虽名"一切法"而皆是佛法矣，故曰"一切法皆是佛法"。

盖领会得一切法即非，便知其只是假名；领会得一切法是名，便知其即非真实，是已不作一切法会，而作佛法会矣。此"一切法皆是佛法"之所以然也。当知即非、是名，合而言之，凡以明无实无虚，空有同时之义耳。世尊说此，是教行人于行、住、坐、卧，二六时中，对境随缘，皆应作如是观，则处处皆是道场，事事增长菩提，此之谓无量印法门。又复此科是离一切相以明"如"，即是明诸法与诸法一如也。因一切法皆如，故一切法是佛法耳。

上来所云：诸法如义，无实无虚，一切皆是，一切即非，一切是名，总以阐明觉性清净而已。清净觉性，了无色相，故得菩提，实无有法；而色相空时，即觉性显时，故得菩提，亦属非虚。既非虚而又无实法，正好借一切法以历事练心，尽空诸相，又何必于一切法外别觅菩提？何以故？

《心经》云："是诸法空相，不生不灭，不垢不净，不增不减。"岂非无上菩提，宛然在望乎？总之，自性如摩尼珠，随方现色（喻诸法本自性显现），而珠中却色相毫无（喻即非一切法）。佛法如家常饭，自应饱餐，而餐者当注重消化（喻菩提亦不应住）。是在当人惺惺常觉，不即不离，则随地随时，皆可得真实受用矣。

佛所说法，说理便摄有事，说性便摄有修。此"法法皆如"一大科，皆说自觉圣智，令学人依之起观照者也。必须离相离念，方能契入。云何可讲？讲之便落名相矣。然又不能不讲，故说修功处，只好用旁敲侧击方法，以演说之，听者须于无字句处领会。向后所说，莫不如此，着眼着眼！

须菩提，譬如人身长大。"

须菩提言："世尊！如来说，人身长大，则为非大身，是名大身。"

"譬如人身长大"，即前解分中所言，"譬如有人，身如须弥山王"也。身如须弥，故曰长大，盖指佛之报身言也。因前已说过，长老深知其义，故不待辞毕，即申明其义曰"则为非大身，是名大身"也。

"是名"者，明其不无长大身相。

"则非"者，明其既曰"长大"，尚落数量，应离相观之，则法身无边，乃为绝对之大耳。长老所以不待辞之毕者，令人晓然，此即前曾说过之"身如须弥山王"也。

曰"如来说"者，正以明报身与法身一如也。

此科乍观之，似与上三科无涉，实则上三科之义，得此科而后彻底显了。盖上来约名号、约果德、约诸法，以明如，皆是法说，此约报身明"如"，则是喻说，故曰"譬如"。恐闻法说不了然者，因喻说而得了然也。当知上之法说，但明其理，此之喻说，乃是实据。得事实以证明之，其理益信而有征，此所以殿以此科也。欲知究竟，须先明法身报身之义。

法身有二义：

一、所谓法身者，即是清净自性，名为自性法身，此即佛与众生所同具。所谓同体之性，亦即一切法所莫外之真如？但众生在障，未能圆显，故约众生言，又名在障真如，亦名在缠法身。

二、一切诸佛，经无量劫勤修万行，福慧庄严，令此自性智慧光明，圆满显现，此名出障法身，亦名出障真如，又名报得法身。谓法身出障，为勤修万行所得之果报，即果报身也。盖约相言，则名报身。故此中云"是名大身"，谓"长大"，是约名相言也。若约性言，即是出障法身。法身非相，不落长短大小数量，故此中曰"则为非大身"。足见报身与法身，不一不异矣（一约相言，一约性言，故不一；然实是一身，故不异）。

由是之故，报身亦有二义：

一、就其离一切障，净德满足言，曰"自报身"，即出障法身，报得法身也。谓修因证果，自度已竟，故曰"自报身"。

二、若就其遍一切境，光明普照言，曰"他报身"。盖法身现报得之相，原为利他，故曰"他报身"。可见自报、他报，亦是不一不异（一约自得受用言，一约令他受用言，故不一；然仍是一身，故不异）。由此足见名皆假立，亦足见性相从来不离矣。

举此为言，不外二意：释疑、证义是也。谓释不得意者之疑，即以证成上说诸义。盖防闻上三科所说未能融会者，将起疑曰：既明明是一切法，何以皆是佛法？既是一如，何以又有诸法？无实无虚，究竟云何？且屡言实无有法，而佛之报身，光明相好，原为无量功德法所成，非明明有法相乎？既无实法可得，而得此报身，非实法乎？

殊不知一切法，本是真如自性随缘所现，若不著诸法之相，则见诸法时，便见诸法之性。譬如报身，亦即出障法身显现之相也。显相者，所以利他也。而不著报身之相，便见法身之性，两不相碍。故虽有诸法，而实是一如也。虽为一如，而不妨有诸法也。

须知如来所得无实无虚者，以其唯证寂照同时之清净觉性故也。譬如报身，虽相好光明，而不碍自性清净；且因自性清净，所以相好光明。此非觉性之寂照同时，无实无虚乎！

推之一切法，原非真实，皆是假名，然知是假名，则知其是真如之相矣。知其即非，则知其皆真如之性矣。譬如报身，亦是假名"长大"，不过真如法身之光影耳。所以"即非长大"，当观清净真如之自性也。盖不观相而观性，则报身即是法身，故一切法皆是佛法。

总之，言"无法"，言"离相"者，为遣住法住相之病，非谓绝对无法无相。言"无法可得"者，谓得而不存得想，非毕竟无得。须知不应住著者，因诸法是一如故，无虚而无实故，非毕竟无法、无相、无得者，因即诸法而一如故，无实而无虚故。明得此义，则一切法皆是佛法矣；此义不明，则佛法亦非佛法矣。故报身、法身不一不异之理，不可不明。

明乎不一不异，则知非有法、非无法，非有相、非无相，非有得、非无得，而诸法如义，以及"无实无虚"，"一切皆是"等义，便可彻底了然。何以故？因其不一，故成诸法而无实，所以曰"即非"也；因其不异，故为一如而无虚，所以曰"皆是"也。知于不异中见不一，则虽一如而不碍其为诸法；知于不一中见不异，则虽诸法而不碍其为一如。且不一时便不异，不异时便不一，故曰"无实无虚"。明其虚实皆不可说，故皆曰"无"也。又复不一，故虽是而"名"；不异，故虽名而曰"是"。虽不一而实不异，故既曰"是名"，又曰"皆是"；虽不异而实不一，故既曰"皆是"，又曰"是名"。

总而言之，相虽不一，性则不异，故一切法皆是佛法也。性固不异，相仍不一，故即非一切法，是名一切法也。世尊因报身与法身不一不异，最为明显，而不一不异之理，可以会通上三科所说诸义，此所以最后又举报身明之。俾法法皆如之义，彻底圆彰也。

前解分中举报身言者，是证明应无所住而生其心。盖得此报身之果，犹曰"非身"、"是名"，是佛不住此身也。故菩萨修因时应无所住，然而非无此胜妙大身也。此身正由六度万行福慧之所庄严也，故修因时应无住而生六度之心。此中则是以报、法二身不一不异，显成法法皆如之义。故所说虽同，而命意不同。

此"法法皆如"一大科，极显果德。显果德，为明因行也，故下科接以明因焉。

"须菩提，菩萨亦如是。若作是言，我当灭度无量众生，则不名菩萨。

"如是"，指上"法法皆如"一大科，谓佛为菩萨准绳，勿谓"法法皆如"，是佛所证，非我所及。当知佛能如是证者，由其因地如是修，故一切发觉初心之菩萨，亦应如是体会"法法皆如"之义，而于法无住也。

"如是"二字，既通指上科，则"如"字便可作"诸法一如"会，"是"字便可作"一切皆是"会。合而观之，便是无实无虚。一切诸法，无实也；皆是一如，无虚也。盖谓菩萨修因，为克胜果。果报身如，亦应因地心如。必须与一切诸法之无实相应，而一法不执，复与"皆是一如"之无虚相应，而一法不废。且不执时，即不废；不废时，即不执。如是如是，虚实俱无，则因如是者，亦必果如是矣。

"菩萨亦如是"句，是"度生"、"严土"两科之总标，皆应如是也。

云何度生？离相行六度是。云何严土？亦离相行六度是，所谓福慧庄严也。故应广行六度，而一法不废，更应不著六度之相，而一法不执。不废不执，方有菩萨资格，故皆应如是。"若作是言"下，反言以明：若不如是，便失菩萨资格矣。

"我当灭度无量众生"，此与前文所说"我应灭度一切众生"，正复相同。前曰"当生如是心"，明明为世尊教令如是者，今乃曰"则不名菩萨"，何耶？此中义蕴深细，略分三层以说明之：

一、须知前令生如是应分尽责心者，遣其自以为是菩提之心也。然不著菩提矣，而又自以为尽责？虽换一面貌，而取法仍同也，住相仍同也，分别执著，依然故我，如何其可？故仍斥之曰"则不名菩萨"。"则"字紧切。少有此念在心，菩萨资格便失却矣。必须微密观照，微密勘验，层层入细，遣之又遣，直令此心一念不生，净无点尘，灭度无量，若无其事，庶几与"一如"之义相应耳。少有念在，便已著相，便已取法，便是分别，仍为我见也。

二、前之开示，不但令知度生为应尽之责，以遣其著于菩提已也，且令应知此责终未能尽。所谓"度一切众生已"——众生既无已时，责又何尝能尽？是并遣其能度之见也。更令应知度亦等于未度，所谓"无一众生实灭度"者，是又遣其所度之见也。

开示之语，是彻底的，是圆满的。今此公将开示的话，忘了两句，只牢牢抱住头一句，岂非俨然自以为能尽此责，且大有所度乎？"我当灭度无量"——其一种自矜自负，目空一切之态，宛然在目，岂是菩萨？此病必应痛遣，故直斥之曰"则不名菩萨"。世尊如此说之，复有深旨：盖令读经闻法者，必须彻底贯通，不可挂一漏万，不可执偏概全，不可断章取义也。

三、此人复有大病，病在作是言也。无论大言不惭，是所不应，即令言能副实，而动自标榜，其著于名闻，心不清净可知。且言为心声，作如是言者，因其作如是念也。念犹未息，了生死且未能，而谓菩萨如此乎？世尊言此，是令发大悲心者，应于离念上加功。妄念不息，真心永障，有悲无智，岂能度他？且念云何起？起于人、我分别之见之犹存也，故不名菩萨也。

何以故？须菩提，无有法名为菩萨。

流通本，作"实无有法名为菩萨"，唐人写经及肇公、慧公注本，皆无"实"字，应从之。未见古本时，于此句义，亦囫囵看过。及见古本，犹以为"实无有法名为菩萨"，与前之"实无有法名阿罗汉"，句法相同，有一实字，未尝不可。乃静会前后经义，始知绝不相类，始知原本之妙。盖前明四果无念，皆是透过一层以见意。因问辞皆曰"能作是念，我得果否"，故答辞曰"须陀洹名为入流，而无所入"。

盖谓虽名为"入流"，然心中尚无所谓入，岂有所谓流？则绝无"我得入流"之念可知。斯陀含、阿那含，说法一律，故下皆接曰是名某某，以显所谓入流也，一往来也，不来也，皆是假名，初无此念也。阿罗汉之义为无生，言其证无生法忍也。既是一法不生，故曰"实无有法"。盖谓其心并法亦无，岂有所谓无生？然则名为无生者，但假名耳，岂有此念乎？故曰"名阿罗汉"。

此中是明不名菩萨之故，由其心有能度、所度之见，便是取法。取法便著我人等相，乃是凡夫。故有法名为菩萨，断断无之，无须透过一层，方能显意，故句法与前别也。"无有法名为菩萨"句，有两种读法：

一、"无"字略断，下六字一气读之。经意盖谓，何故不名菩萨耶？因反言以释之曰：有法名为菩萨，佛无此说也。故下紧接曰：是故佛说一切法无我、人、众、寿，以明有法便著我人分别，便违佛说，便是凡夫。所以无有，"有法名为菩萨"者。盖以本科之"无有法名菩萨"，释成上科"不名菩萨"之故；又以下科之"法无我"，释成本科"无有法名菩萨"之故。所谓辗转释成也。

二、七字作一句读。如唐圭峰法师疏云：无法名菩萨，岂有我度众生？盖谓尚无名为菩萨之法，岂有我度众生之相？意显上文我当度众生之言，是取著度众生为成菩萨之法也。晋时肇公注云："菩萨自无，何有众生？""自无"者，尚无也。意谓菩萨、众生皆是假名，尚无能度之菩萨，何有所度之众生乎？则不应取著度众生也明矣。观此注意，"法"字更看得活，犹言没有法子名为菩萨耳。

总之，古注多明大义，不斤斤于前后上下之词气语脉。故读古注，亦当遗貌取神，善于领会也。

是故佛说一切法无我、无人、无众生、无寿者。

"是故"者，承上起下。盖欲释成"无法名菩萨"之故，乃申明佛说一切法无我之理也。佛说一切法无我、人、众、寿。当知众生之见，无非分别，分别便有能所对待。约能见言，便是我；约所见言，便是人；能所之见差别丛生，是为众生——此约横言也。能所之见，继续不断，是为寿者——此约竖言也。

分别妄心，多不胜数，以能所横竖收之，罄无不尽。本经所以于种种见、种种相中，独举此四为言也，然分别起于著我，故开之为四，合之则惟一我见而已。殊不知一切法本来无我，无差别也。

此"佛说"句，含义甚多，当做两种读法以明之：

一、"说"字断句，谓一切法无我之理，为佛所说也。凡一切法，皆是缘会则生，生即无生。盖所谓生者，不过缘会之幻相耳。安有实法？故曰"生即无生"。此佛常宣说者也。生即无生，哪有我人差别乎？当知凡有我人差别者，病在凡夫之取著。一切法中，安有此事？故前云"若心取相，则为著我、人、众、寿"也。若其不取，则无能无所，一相不生矣。

然则菩萨曰"我当灭度众生"，便是取著六度之法，便我人对待，四相宛然。此凡夫耳，岂名菩萨？故有法名为菩萨，决无此理。

二、"法"字断句，谓佛说之一切法，本无我人差别也。此中又当开两义说之：

1. 凡佛所说，皆是说其所证，而佛所证者，惟是诸法一如，故佛说之一切法，莫非令人泯对待分别之法相，悟平等一如之法性者。觉此觉性，可名菩萨。若存有法相，便是我执，便成对待，便是分别，何名为觉？故有法名为菩萨，揆之佛说，初无此义也。

2. 佛说一切法，皆是令闻者无人我，无法我，除分别心，因一真法界，本无我人等分别，有此分别，乃成众生。佛为度众生而说法。所以一切法，无非说一真法界之义，令除我执者。故一法不应取，取即著我、人、众、寿。菩萨者，学佛者也。若取著六度等法，何名学佛乎？何以故?"有法名菩萨",佛无此说故(此中不曰"如来说",而曰"佛说",正为显因果一如之理。佛,果人也。菩萨,因人也。果人既如是说,因人当如是学也)。

总之,一切众生,性本同体,本无尔我对待之分。故说众生,则菩萨亦众生;说菩萨,则众生亦菩萨——众生本来是佛,况菩萨乎?

且生本无生,何所谓度?度亦自度,何名度生?譬如头燃,手必救之,虽至愚者,亦无不救之理。然而决无能救所救之分别者,知能救即是所救,所救即是能救故。菩萨与一切众生,亦复如是。故佛说"一切法无我、人、众、寿",令闻者当观同体之性也。

若作是言"我当灭度无量众生",岂非我见、人见、众生见乎?此见一日不除,非寿者见乎?分别如此,执著如此,是于性本同体,诸法一如之义,完全隔膜,显违佛说,尚自居为菩萨乎?乃曰"当度无量",恐三五众生亦不能度也。何以故?既已我为我,众生为众生,则遇受其度者,势必自矜自喜;不受度者,势必轻视憎嫌;遇他之行六度者,又必争竞猜忌。辗转情执,自缚自缠,汝自己方且向烦恼恶见稠林中走入,尚曰度众生乎?尚得名菩萨乎?所以"有法名菩萨",断断无此事理。

凡发正觉者,必应将佛说一切法无我、人、众、寿即是诸法一如的道理,切实体会,虽广修六度,而一法不执,庶几心空妄念而无实,功不唐捐而无虚耳。

此"无我"一科,既以结上文,亦以起下文。盖下科"即非庄严,是名庄严",亦是说法性无差别义者,与此科所说之义,相贯通也。

须菩提,若菩萨作是言:我当庄严佛土。是不名菩萨。

菩萨修行六度,无非上求下化。上来已约度生明下化,故此科复约严土明上求。上求者,所谓上求觉道也。然上求觉道,亦为下化众生。盖菩萨发心,惟一在利益众生而已。此中所说之病,亦与度生中相同——病在作言"我当是"也。凡上科所说种种过咎,皆通于此,毋庸更赘。总之,作言,便动念矣。我当,便执见矣。起念、著见如是,全是凡情,何名菩萨？故曰"是不名菩萨"。

何以故？如来说：庄严佛土者，即非庄严，是名庄严。

"何以故"者，问"不名菩萨"之故也。即非，是名，仍如前说，所谓不著相会归性是也。即此两言，其不名菩萨之故，已甚了然：盖由其著相昧性，所以不名菩萨耳。

"庄严佛土"，前曾说过，然此中所明之义，与前不同，不同在"如来说"三字。"如来说"者，明其约性而说，则诸法一如，不应少存分别执著之情见也。

前之举此为言，是为显"应无住而生心"之义，使知于不执时却不废。今之举此为言，是为明"应生心而无住"之义（前云：当生如是心。今此度生、严土两科，则教以虽当生如是心，而亦不应住也），使知于不废时即不执。盖前是令发菩萨心者，离相以修福慧，今是令行菩萨道者，于修福慧时，不存此是福慧之见也。前后浅深，大有区别。须知佛即是心（所谓"是心是佛"），土即是地，佛土犹言心地。

所谓庄严者，因众生自无始来，此清净心，被一切染法横生障碍，本来空寂者，全然纷扰；本来光明者，全然昏暗。故令发广大愿，以扩其量；修六度行，以除其私。离相离念，将所有分别执著等等凡情俗见，痛加扫除，细为洗刷。譬如地上障碍之物，秽染之污，一扫而空之，以复其空寂光明之旧观。无以名之，名之曰"庄严"耳，实则无所谓庄严也。

今作言曰"我当庄严"，横此一见于心地中，便不空寂，便障光明，尚得谓之"庄严"乎？于性体上全无领会，违如来说，故曰"是不名菩萨"也。必须深解"即非……是名……"之旨，离相会性，一如不动，虽炽然庄严，而忘其为庄严，庶几与空寂之性相应。既空且寂，光明自显。庄严佛土，如是如是，菩萨其知之！

广度众生（上言灭度无量，是广度义），大悲也。清净心地（庄严佛土，彻底言之，便是清净心地），大智也。大悲大智，所谓无上菩提也。合此度生、严土两科所说之义，是明发菩提者，不可存一此是大悲大智之念也。若少存此念，便是法执，便非菩提矣。两曰"不名菩萨"，正是结成开章时所云"实无有法发阿耨多罗三藐三菩提者"之义也。章法极其严密，义意极其圆满。

须菩提，若菩萨通达无我法者，如来说名真是菩萨。

此科之文，从来多作结上会。然细寻语脉，前云"佛说一切法无我"，是显法性无差别义，所以结度生不应取法也；上云"即非庄严，是名庄严"，亦是显法性无差别义，所以结严土不应取法也；法性既无差别，故一法皆不应住，则并"实无有法发菩提"之义，亦一并结成矣，无须重结。

又复细味后文，则知先举"佛说一切法无我"者，是为此科令"通达无我法"作一引案。迨说至后第四大科证分中，则云"知一切法无我，得成于忍"，是为此科作结。

今将开示佛之知见，令其通达，故先安此科曰：若菩萨通达无我法云云，以为标示。章法井井，一气贯通。故判此科为标示之辞，则前后融洽。若但视为结上，则气脉不连，精神不聚矣。

"无我法"，即是法无我，但不无区别者。证得诸法之一如，则谓之法无我；通达一如之诸法，则谓之无我法。即如上文"佛说一切法无我"者，因佛已证无我理，具无我智，能于一切法中无我，故曰法无我。后归结处曰"知一切法无我，得成于忍"，是明其不但于一切法能知无我，且安忍于无我矣，故亦曰法无我。此处是令通达本来无我之一切法，故曰无我法也。

当知法执之病，病在为我见所障耳。一切法中，何尝有我？今令通达，是令除障。我见之障除，则证本来无我之法性。故通达无我法之言，犹言去分别之妄心，见本无分别之真性耳。总之，一切法皆无我，则一切皆无我法。故自"着衣持钵，入城乞食，乃至还至本处，敷座而坐"，皆所以表示无我之法也。

何以故？世尊本无需乎衣食，为众生故，一年三百六十日，乃至四十九年，在尘劳中打混，非廓然无我，忘其为佛，而能如此乎？此正"诸法一如"，"一切法皆是佛法"的气象，亦正是如来所得阿耨多罗三藐三菩提，而于是中无实无虚的真凭实据也。

此长老须菩提，所以在大众中从座而起，顶礼赞叹曰"希有世尊！如来善护念、善付嘱诸菩萨"也。以如来而日日在尘劳打混，不离众生故曰"善护念"；且即以随缘度日，忘其为我之法，日日如是行不言之教，故曰"善付嘱"。

惜乎只长老一人善能通达，其余大众皆瞢然罔觉耳。于是长老不得已，详请开示。而自诸菩萨应降伏其心说起，逐层逐层，说至上科，皆是令破我执，则所说者，即无一不是无我之法，即皆应通达也。

然则今云通达无我法，即指上来所说者乎？抑别有无我法乎？须知非别有法，非别无法。何以故？一切法皆无我故，不得独云上来者是，此外皆非也。若其善能通达，即不必待世尊开口，于随缘度日穿衣吃饭时，早已彻底通达矣。惟其不能，故有上说诸法。而我世尊大慈大悲，悯念一切众生，恐其虽闻诸法，犹复未能通达，今将更说根本方便，令得通达。

故于此处，承上"佛说一切法无我"之义，特为标示之曰："若菩萨通达无我法者，如来说名真是菩萨。"令大众振作精神，谛听下文，不致视同常谈，忽略放过耳。

云何根本方便？即下文"开佛知见"是也。凡学佛人，虽知我见之害，然以病根太深，除之不得，明明学无我法，而仍故步自封，处处著我。然则奈何？惟有将佛之知见极力灌输，以化其旧日之凡情俗见，庶几前后所说之无我法，皆得通达耳。

由是言之，谓"开佛知见"，尤为无我之妙法可也（可见开佛知见中所明之义，在全经中，尤占重要位置，其义必须先为彻底通达矣）。虽然，法即非法，若闻开佛知见，而有一知见存，便又成法执，又是我见，岂佛知佛见哉？此理当深长思也。通达者，四通八达，无有障碍之意（通达，即所谓开也）。众生于一切法，动生障碍，不能通达者，因偏执故。

偏执即我见也。今令开佛圆见，圆则不执矣；开佛正知，正则不偏矣。故欲开通无我之智慧，达到无我之理体，必先通达其知见，俾得见无不圆，知无不正，非根本方便乎？总以明进修之方，首当开解，去其偏执而已。

"如来说名真是菩萨"者，谓若通达无我法，则通达诸法一如矣，故曰"如来说"，故曰"真是"。然性体空寂，哪有菩萨名相？故曰"说名"。使知所谓"真是菩萨"，亦言说之假名耳，亦不可执。执则又不空寂，而非一如矣。

无我法，亦可分为无我、无法，然无论人我、法我，总一我执。而法我细于人我，法我无，人我自无，故不必局分二事说之。

> 须菩提，于意云何？如来有肉眼不？"
>
> "如是。世尊！如来有肉眼。"
>
> "须菩提，于意云何？如来有天眼不？"
>
> "如是。世尊！如来有天眼。"
>
> "须菩提，于意云何？如来有慧眼不？"
>
> "如是，世尊！如来有慧眼。"
>
> "须菩提，于意云何？如来有法眼不？"
>
> "如是，世尊！如来有法眼。"
>
> "须菩提，于意云何？如来有佛眼不？"
>
> "如是，世尊！如来有佛眼。"

此见不局指眼见，犹言见地耳。知见皆从理智出，原非异体（理谓理体，即本性也。理智者，性具之智，明其非外来也）。但约有所表现言，曰"见"，约了了于内言，曰"知"，故不可强分为二，亦不可定说为一。又知见互相资，知之者深，其见地自不浅。然若不破其旧见，亦不能启其新知。故文中先说见，次说知。

兹先说五眼之名相，再明佛说五眼之旨趣：

一、肉眼者，即此血肉之躯所具之眼。盖胜义净根，依肉体而有所照见，名曰肉眼。此眼所见有限，惟能见障内（对障外言）之色。胜义净根者，清净见性之别名也。所见有限者，为烦恼所障故也。

二、天眼，有由业力得者，如欲天以福业得之。有由定力得者，色天、无色天皆是定力。定力者，谓作观想，想障外境（障外，对肉眼所见之障内言）。观想成故，见障外事（即肉眼不能见之事），名为天眼。不必定生天也，即在人间，得此定力，便能有之。此指专修此定而言。

若生欲天者之天眼，则是由修福业而得，生色天以上之天眼，或由修他种定而得，则皆为报得也。凡夫齐此二眼。若慧眼以上，非修出世法不能有。

三、慧眼者，以根本智，照见真空之理（亦名真谛），智即是慧，故名慧眼。根本智，异名甚多，如实智、真智、正体智、如理智等等，以其能生起后得智，故名根本智。二乘圣贤，所见齐此。得此则天眼亦得，而过于天眼，能见天眼所不能见。然亦有所限，不及佛之慧眼也。

四、法眼者，以后得智，照见差别之事（即是俗谛）。亦有种种异名，如权智、俗智、遍智、如量智等等，以得根本智后，方能得之，故名后得智。得此智者，不但证真空理，通一切佛法，并通世俗一切法，及通一切众生因因果果，起心动念等差别事相，故名法眼。然犹不及佛之法眼也。菩萨所见齐此，前三种眼，菩萨皆有，自不待言，惟无佛眼耳。

五、佛眼者，智无不极，照无不圆，惟佛有之，故名佛眼。古德有颂云："天眼通非碍，肉眼碍非通。法眼能观俗，慧眼了真空。佛眼如千日，照异体还同。""照异体还同"者，谓但约照见之殊胜，名为佛眼，实则其体非于前四之外别有也。

故前四约佛边言，虽名肉眼，而见无数世界，不同凡夫之有所限，只见障内也。以天眼言，凡夫天眼，只见肉眼所不能见；二乘天眼，惟见一三千大千世界；菩萨天眼，虽胜二乘而不及佛；惟佛之天眼，能见恒河沙数佛土。以慧眼言，二乘慧眼，惟能照见我空；地上菩萨慧眼，亦是分证法空；佛之慧眼，则圆照三空，洞彻真性。

以法眼言，菩萨法眼，所知障未尽，地地之中，各有分限；惟佛法眼，所知障尽，无法不知，故无生不度也。由是可知约佛边言，不过名为四眼，表其随感斯应耳，其实惟一佛眼而已。故古德曰"前四在佛，总名佛眼"也。

佛眼智无不极，照无不圆者，以俗谛言，遍河沙世界雨滴点数，悉知悉见，其他可想矣。故自无始来穷未来际，遍虚空，尽法界，一切众生，乃至一极微细众生，死此生彼，根性族类，以及起心动念，前因后果，千差万别极微细之事相，无不悉知，无不悉见。

以真谛言，声闻定多慧少，故但照我空，不见佛性；菩萨慧多定少，虽见佛性，而犹未尽明。盖证佛性，以慧为因，以定为缘，因亲缘疏，故定多不及慧多。然定慧既未均等，故菩萨但分证法空，分见佛性。惟佛与佛，定慧均等，了了见性，如观掌中庵摩勒果也。

以上释名相竟。

佛说五眼，其旨云何？盖借五眼，以明佛见圆融也。此科文相最奇，突然而起，陡然而止，平叙五眼，此外不著一字，意义甚难领会。必合上科并读之，乃知是令通达佛见，下文"知"字，是令开佛知，所以须判上科为总标也。

举一佛眼，便摄四眼，今乃一一遍举四眼而问，皆答云有者，正明不执一见也。若四眼皆答"无"，惟佛眼答"有"，是独执一佛眼，岂佛之圆见乎？岂法无我乎？长老深解义趣，通达无我法，故不如是答也。约佛边言，肉眼、天眼、慧眼、法眼，一一殊胜，合此四眼，即是佛眼。

乃复举佛眼而问，亦答云有者，正明非四眼外，别有佛眼，非佛眼外，别有四眼。非一一眼外，别有一一眼，然随感斯应，亦何妨有一一眼？盖遍举五眼者，意显不一而一，一而不一，见见皆圆，无所谓一见非一见也。

然则谓之见而不见，可；谓之不见而见，亦无不可。亦即谓之不有而有，有而不有也，皆无不可，此不执一之极致也。故答辞皆先曰"如是"，后曰"有"，盖明既见一如，则有见皆是矣。何以故？见见如故。

问答皆言"如来有者"，总以明见性圆明，有如圆镜，胡来胡现，汉来汉现，初无容心，正所谓"不有而有，有而不有"也。譬如分一池为五池，池各现月，月随池而成五，月无容心也，一而不一也。若通五池为一池，则现一月，月随池而成一，月亦无容心也，不一而一也。佛眼五眼，如是如是。此正显一切法无我之义。

菩萨应开如是见，通达如是无我法也。云何通达？惟在不执己见，更不执一见而已。云何能不执？首当大开圆解，令其见地彻底，则执情自薄。即复力除习气，离相离念，证得诸法一如，方为究竟耳。

"于意云何"是探其见地如何。——答"如是"、"如来有",足证长老已于一如之理,通达无碍。经中凡言"于意云何",皆是探询见地之辞也。凡言"若作是念"、"能作是念否"、"莫作是念"、"汝勿谓作是念"等等,皆是破其执见,令开圆见也。

"须菩提,于意云何?恒河中所有沙,佛说是沙不?"

"如是,世尊!如来说是沙。"

"恒河"上,流通本有"如"字,为古本所无,应从古本。因有一"如"字,多认为是说譬喻,不过藉以引起下文耳,而不知其是说实话。殊不知佛说此科,合诸上科,乃以明大乘佛法紧要之义,正是佛之圆见,所谓开佛见者,开此。以误认故,遂致一齐抹煞。一字之差,出入悬远,真可叹也。

"如是,世尊"两句,是长老答辞。河沙微细,有如微尘。前云"诸微尘,如来说非微尘,是名微尘",则恒河沙,如来亦必说非沙,是名为沙矣。何以故?此经遣相,尚云般若非般若,何况乎沙?今乃不然,如来说是沙者,若不著相,则见相即见性矣,又何必说不是沙乎?此一义也。又复下半部正明一切皆是,以遣微细之执(即俱生我法二执),故虽沙之琐琐,亦不说非而但说是,此又一义也。然而佛说此科,所谓合诸上"五眼"一科,以明大乘要义者,尚不在此。

须知此科之义,乃显佛眼因洞见一切法差别事相,不坏俗谛。故世俗既说是沙,如来亦随俗而说沙,以明如来之不执异见也。长老与佛心心相印,故答曰"如是"。既证诸法一如,则何说而不是乎?故曰"如来说是沙"也。

"如来说是沙"者,盖明"是沙"之言,乃如来说,即是依如义而说,岂同凡夫说耶?何以故?凡夫说是沙,则执以为实;如来说是沙,乃是即非是,非是而是。此其所以不执异见,而说是沙耳(经中凡说如是,皆含有此义,可静心会之)。

此不执一、不执异两科,含义渊微,须逐层披剥之。以此见不开,执情难遣，急当参究，令其通达，万不容忽者也。

当知不一不异之义，便是法法皆如，此正佛之所证所得。前于说"法法皆如"时，亦已广谈。既为佛之亲证，即是佛之圆见。然而佛如是证得，由其在因地时已能开此圆见故也。开此圆见，乃能虽见而不立见，乃能于一切法不执而无我，乃能如是如是究竟证得之耳。所以一切菩萨修因时，亦应如是开之。何以故？一异不执，是破除我见之慧剑故。

当知我见难除，不外两种理由：1.见理不明，2.自以为是。初因见理不明而自是，继因自是而见愈不明，二者盖互相资助，互相增长。然其病根，则惟一见理不明而已，自是则由不明而生者也。其互相助长，盖后起之状。故欲破我，首当明理。开佛圆见者，彻明其理之谓也。先说五眼以明不执一见者，为见理不明者说法也。继说河沙以明不执异见者，为自以为是者说法也。

见理不明者，非谓其一无见也。但主一见为高，遂为此一所蔽，则高者不高矣。有如五眼，自以佛眼最高，而不知正以四眼一一殊胜，故称佛眼。此如来所以不执一见，而圆具五眼也，执一者其知之。

自以为是者，非谓其绝不是也。但欲独伸己是，而不与众见苟同，则是者非是矣。有如河沙，言性固非，言相何尝不是？相者即性之相，奚必废相以明性？此如来所以不执异见，而说是沙也，执异者其知之。总之，于见有所执者，则有所立。于是或一或异，不偏于此，即偏于彼，盖著我之所致也。

今教以一异俱不可执，见将从何安立？则我亦与俱化矣。非除我之慧剑乎？

不一不异之义，为《般若》之纲宗，佛法之要领，可以贯通一切法。故此经令通达无我法者，先通达乎此也。此句，开之则为八不、十不、十二不、十四不。

如《大智度论》云："不生不灭，不断不常，不一不异，不去不来，因缘生法，灭诸戏论。"因缘生法，犹言诸法缘生，亦犹言因果。盖因缘生法者，因缘所生之法也，法即因生之果也。故因缘生法，简言之，即是因果。此言一切法皆是因果，故一切法皆是不生不灭，不断不常，不一不异，不去不来——此所谓"八不"也。

若不明八不之义，便不明因果，则所言皆成戏论，正显八不因果之义，为正论正见也。缘生之法，正是生灭，何云不生不灭？不知缘聚则生，缘散则灭，约法相言耳。见法相之生灭，足证法性本不生灭矣。不去不来，亦约法性言也。因因果果，永永不息，故不断。因而成果，果又为因，故不常。一切法各有因果，故不一。一切法不外因果，故不异也。"八不"义若专约因果发挥，可成专书。兹不过略说之耳。

《智论》又云："观一切法不生不灭，不增不减，不垢不净，不来不去，不一不异，不常不断，非有非无。"此言"十四不"也。若将非有、非无句，作为解释"不生不灭"等六句之义者，则为"十二不"。

《中论》亦说"八不"曰："不生亦不灭，不常亦不断，不一亦不异，不来亦不出，能说是因缘，善灭诸戏论。"不出即不去之意。

此二论皆龙树菩萨作以明《般若》者。嘉祥大师《大乘玄论》云："八不者，是诸佛之中心，诸圣之行处，竖贯众经，横通诸论。"其中论疏则云："是正观之旨归，方等之心骨，定佛法之偏正，示得失之根原。迷之，则八万法藏，冥若夜游。悟之，则十二部经，如对白日。"诚以如是句义，正是开入佛知佛见，以除其从来执著之妄想妄计者。

凡佛所说，皆明此义，所谓第一义也，胜义也，中道也。此义若未通达，则佛法之宗旨不明，何以圆修圆证？故曰"诸佛中心，诸圣行处，迷之则若夜游，悟之则见白日"也。

然龙树实本诸《本业》、《璎珞》等经，但次第少不同耳。经曰："二谛义者，不一亦不二，不常亦不断，不来亦不去，不生亦不灭。"不二者，不异也。二谛者，真谛谓法性，俗谛谓法相也。经以"八不"明二谛，论以"八不"明缘生，因此义贯一切法故也。

《大涅槃经》则说十不曰："十二因缘，不出不灭，不常不断，非一非二，不来不去，非因非果。"不出不灭，即不生不灭；非一非二，即不一不异。非因非果，非谓无因果也。首句云十二因缘，谓十二因缘生法，不外此十不之义。因缘生法，正明因果也。

盖谓约因果说，说名为因，乃是前因之果；说名为果，亦是后果之因。此明因果无穷，不可执谓因定是因，果定是果，故曰"非因非果"。又约性相合言之，约因果法性说，则冥同一味，不能说谁因谁果。而约因果法相说，则事相分明，因是因，果是果，因必有果，果必有因。

然正分明时，即冥同一味。何以故？相不离性故。正冥同一味时，却了了分明。何以故？性不离相故。是之谓"非因非果"。盖合首句以明义也，此本经所以说"即非"，复说"是名"也。所以"不应取法，不应取非法"，"空有皆不应著"，此《中论》所以云"因缘所生法，我说即是空，亦名为假名，亦名为中道"。

盖谓欲知一切法不出因果者，当明即空即假之义。若不明空即是假，则堕断见，万事皆归断灭，便成拨无因果；若不明假即是空，又堕常见，万事皆若固定，亦成拨无因果。须知虽说空说假，其实空假不一不异。

明得此义，便为中道，非空假外，别有中道。空即法性，真谛也；假即法相，俗谛也。此中"五眼"一科，即是明真谛法性，法性本来如如而皆是，何必执一？"河沙"一科，便是明俗谛法相，法相本来随缘而无定，何必执异乎？八不、十不、十二不等，但是开合不同耳。若详开之，可至无量句，若约之又约，则不一不异，便摄一切。故此中开佛圆见，但约不一不异明义也。

今再略言八不之义，所以贯通一切经论之理。当知佛所说法，不外真俗二谛。俗谛法相，虽变化无常，而为世俗所共见，故谓之俗。真谛法性，则常恒不变，而为诸法之本体，故谓之真。佛说二谛，皆用八不之义以说明之。名为"谛"者，明其事理确实不虚也。一切众生，所以轮回生死苦趣无边者，无他，由迷俗谛八不之义故也。一切声闻乃至权位菩萨，所以有变易生死、无明未尽者，无他，由迷真谛八不之义故也。

总之，但因于此八不义谛，迷有浅深，悟有高下，故有六道之纷纭，三乘之差别。佛为一大事因缘，出现于世，即为令众生了二种生死，故说种种法以开示之，令得悟入耳。而种种法，不出真俗二谛八不之义，故此义贯通一切经论也。

"不"字有二义：1. 破义，破其著一切相也；2. 泯义，泯相显性也。然破有二义，不但破著有，并破著空。泯亦有二义，不但泯相显性，亦复泯性显相而令圆融也。

今试举不生不灭句，说其纲要，且以不一不异句贯通之。先约俗谛言，世俗中人，莫不执谓实生实灭。佛告之曰，皆非实也。但由因缘聚合，假现生相，因缘散时，假现灭相而已。汝性何尝生灭？乃但执相而昧性，汝所以有轮回生死之苦也。此约俗谛显中道。中道显，则非俗谛而真谛矣。所以治著有之病也。

再约真谛言，二乘圣贤，权位菩萨，又执不生不灭。佛告之曰：不生不灭者，对治凡夫著生灭相耳。安可去一执，又生一执？须知性相不二，空有同时：有即是空，故俗谛之生灭，为假生假灭；空即是有，故真谛之不生不灭，亦是假不生假不灭也。汝既见性，正好现相，随缘度生。且性本不离相，乃但执性而厌相，汝所以有变易生死之苦也。此约真谛显中道。中道显，则为最上乘，一佛乘矣。所以治著空之病也。

以不一不异贯通之者，俗谛执生灭，则生与灭不一也。不执而不生不灭，则生与灭不异也。真谛执不生不灭，则不生不灭与生灭不一也。不执而性相不二，空有同时，则生灭与不生不灭不异也。盖既空有同时矣，则不生不灭时，无妨现生灭，虽现生灭，却是不生不灭。

此之谓不住生死，不住涅槃，则一异俱不可说，并不一不异之名而俱泯矣。

由是观之，可知一切皆不可执，亦毋庸执也。故八不诸句，为化除执见之妙义，而不一不异之义，则可以贯通诸句也。

此诸句义，皆是显法法皆如者。法法皆如，是中道圆融第一义，故八不诸句，亦是中道圆融第一义，但法味不同耳。何以言之？法法皆如，是圆显，所谓表诠，天台、华严两宗，依此义而建立者也。

八不诸句义，为《般若》之纲宗，则是以遣为显，所谓遮诠，三论宗依此义而建立者也。禅宗亦是宗《般若》之遣荡者，但不讲教义耳。须知必先遣荡，方显圆融。即如本经，必于离相离念之后，方说法法皆如。佛旨可见矣！何以故？执见未遣，岂能圆融？且著于圆融，亦非圆融也。

《起信论》所以明不空须自空出也。建立圆宗而说圆义者，并非不说遣荡之义，但说遣荡，亦带圆味。宗遣荡者，如三论宗等，亦非不说圆融之义，但说圆融，亦带遣荡味。故其说如快刀利斧，无坚不摧，读之如冷水浇背，发人深省也。

慨自《般若》教义，不明于世，即《智度论》，三论宗诸书，从来鲜过问者。故隋唐以来，惟禅门出人最多，其故可深长思矣。须知学人若不克从遣荡用功，徒记诵得无数圆义，何能破其情执？情执不去，又何能达乎圆融？

本经云"一切诸佛及诸佛阿耨多罗三藐三菩提法，皆从此经出"，正的的指示《般若》为入佛之要门，成圣之阶梯也。此事关系法门之盛衰，关系学人之成败，极其重大，故不觉一再痛切言之。

三论宗既宗般若，故学般若者，三论诸书，不可不一究心。即不能遍读，必须读其一二种，以尝法味，庶几般若大旨，易于领会。如《大智度论》、《大乘玄论》、《中论疏》等，最足破人固执，开人悟门者也。但义既幽深，文复渊奥，惟在熟读静领，以参究之。

虽然，若谓参究上举诸书，便于《般若》义趣，无不洞了，则又非也。当知八不诸义，不过《般若》之纲宗耳。般若中曲折深微之致，非克从离相离念处，真参实究，何能洞明？此理又不可不知也。盖大纲不异，而细微则不一也。不但此也，即以前八会、后七会所说《般若》，持与本经校，亦复如是。

纲宗大旨，彼此不异，微妙义味，彼此不一。所以一部经有一部经的宗旨，有一部经的说法，岂能一通全通？当知佛说是佛境界，所谓诸法实相，惟佛与佛方能究竟，诸大菩萨尚未究竟，何况凡夫？所以华严会上善财所参五十三位善知识，皆曰"我惟知此法门，余则不知"，乃是实话，并非谦词。所以古德如智者、嘉祥、贤首诸位，平生只宏扬数种经论，盖学力只能如此。此正古德高处、真处，后学所当学步者也。

不但三论、八不诸句义，只能明《般若》之纲要，细微旨趣，仍在学人自领。即令今有一人，将本经义趣，著书立说，一一宣陈，然得此一书，不过多一助力而已，亦仍在学人自领也。

何以故？此人即令已成菩萨，而佛之境界，终不能究竟。即令顿悟同佛，竟能彻底宣扬，而读其书者障若未去，仍复未能彻底领会。仍须向离相离念处，真参实究，而后乃能契入耳。即如此不执一、不执异两科所明之义，闻得之后，必须以此法印，向一切法上，微密印证，更须以此法印向自心上印证，向未起心动念处印证。如此，庶有通达之可期。

若但闻说此两科之义而得明了，只能谓之明了，不能谓之通达。此理尤不可不知。通达者，四通八达，毫无障碍之谓。故若于自心上，于一切法上行之少有障碍，便非通达矣。下科正是说一榜样，令学人遵照，以不一不异之见地，向心行处及诸法上了知其所以然，以求通达而无我者也。

"心行"者，心之行动，谓起心动念也。诸法，谓外境也。约内心、外境以明正知，意在使知无境唯识，心外无法之义也。心外无法，故法法不外一真如。但众生外为境相所迷，内为心念所扰，不能证得，此《般若》所以令离相离念也。"叵得"者，不可得也。性体空寂，本无有念，故曰不可得。诸法莫非缘会假现生相，本来无生，是之谓当体即空。是故约心行及诸法言，不一也；而约叵得及缘生言，不异也。不一不异，诸法如义也，当如是知也。如是而知名曰正知者，以其是依无上正等正觉之所证知者而知故也。知此，则知应离念离相之所以然矣。离相离念，正所以无我也。

"须菩提，于意云何？如一恒河中所有沙，有如是等恒河，是诸恒河所有沙数佛世界如是，宁为多不？"

"甚多，世尊！"

"有如是等"，流通本"等"上有"沙"字，古本无之，可省也。将明正知，而承上圆见中河沙之说以为引端者，意显向下所明之义，非执一异之凡情俗见者所能了知。必先开其圆见。不执一异，乃能开此正知也。且以显向下所说，当以不一、不异之义通之也。

将说众生妄心以及诸法，而必假设譬喻，以沙喻河，复以喻河中之沙为言者，意显妄心及一切法，层出不穷，牵引愈多，不可胜数也。且以显妄心法相，如幻如化，莫非假有也。皆是亲切指点之语，若视为无关紧要有如赘辞，则辜负经文矣。

启口说一"于意云何"者，将欲开其正知，故先探试其见地。其意直贯至"不可得"，非仅探问"多否"。

"如"者，显其是譬喻之辞也。一恒河中所有之沙，已无数可计矣。如是等，指无数沙。谓设有恒河，其数与一恒河中所有之沙相等，犹言无数恒河也。

"是诸恒河",指上句无数恒河。言无数恒河所有之沙,其数岂有量哉?

"佛世界",即谓大千世界。每一大千世界,为一佛教化之区域,故曰佛世界。"如是",指上句无量言,谓无量世界也。

"宁为多不",问可算得是多不?"甚多,世尊"句,长老答辞。此科但设喻,为下文作引。盖以无量数之沙比喻世界之多者,皆为借以显下文众生心多,如来悉知耳。

> 佛告须菩提:"尔所国土中,所有众生,若干种心,如来悉知。

经中凡标"佛告"句,皆郑重之词,令读经者,郑重向下所言也。"尔所"者,如许也,指上文"无量"言。"无量国土"犹言无量世界。但世界是通名,国土是别名。今将言众生,故换言国土,不言世界。何以故?举国土之别名为言者,显众生有种种差别也。所谓十方刹土,所有众生,种种差别是也。盖谓无论是何族类、色身等差别众生,大而天人,小而蝼蚁,其心无不悉知。

上科不但言世界,而曰"佛世界"者,亦含深旨。当知世界之执持不坏,固由众生业力,然非仗佛慈悲威神之力,为之摄持,以众生业力之恶浊,早不知成何不堪之状况矣!一切众生皆蒙佛恩而不自知,犹之动、植、飞、潜之得生成,全受日光之赐而不知者同也。

语云:"雷霆雨露总天恩。"天之有恩,实由佛之施恩也。试观诸大乘经所说,梵王、帝释,乃至日月天子,一切诸神,皆在佛前发愿,护持众生。故知世界之执持,实赖佛恩慈悲威神之力。

总之,此经一字、一句、一名词、一称谓,皆含妙义,不可忽略。世界国土,已多至无量,则其中之众生,其数之多,哪复可说?何况众生心乎?真所谓不可说不可说矣。何以故?既是众生心,则念念不停。即以一众生言,其心之多,哪复有数?况不可说之众生心耶?故以"若干种"概括之。若干种者,言其差别之多,无数可说也。

上科由一恒河,而说其中无数之沙;由无数沙,而说为无数恒河;由无数恒河，而说其中无量之沙；复由无量沙，而说为无量世界。此科又由无量世界，而说其中不可说之众生；然后由不可说众生，而说其不可说不可说之心。

所以如是层递以说之者，既以显不一之义，以跌起下文之不异，且以引起"如来悉知"耳。以至不一之事而悉知之者，岂差别之知见所能悉知哉？世尊盖以如义知之耳，故曰"如来悉知"。此义与下如来说相应，总以示菩萨应如是知也。

如来悉知其为何？下科"何以故"下，正明其义。众生之心究如何？再下科"所以者何"下，正明其义。

何以故？如来说诸心皆为非心，是名为心。

诸心，指上科若干种心言。"非心"句，约性言，暗指非真心，真心即性也。"是名"句，约相言，谓如是之心，特假名为心耳，暗指其是妄心——妄心即下文"迁流心"。迁流便有相，故曰"是名"。"名"者，名相也。此处不宜将真妄点破，只可浑含说，因是妄非真，下科方说出所以然。此处说破，下科便成赘文。

"何以故"，自问也，问：众生若干种心，如来何故悉知耶？"如来说"下，自答也，答谓：虽曰若干种，而如来知其实可概括为一种，曰"皆是非心"，但为假名之心耳。

看经文表面，似但说明如来能悉知，并未说出何故悉知者然。实则悉知之故，已影在其中。其故何在？在"如来"二字。盖如来者，诸法如义。如者，真如也。真如者，同体之性也。已证同体之性，便成大圆镜智，所以一切众生起心动念，佛心镜中，了了分明。且佛心无念，故知动念者，皆为非心。此悉知之故也。

上科曰"如来悉知"，此科曰"如来说"，正明其依如义而知，依如义而说也。

昔唐代宗时，西方来一比丘，众称之曰"大耳三藏"，自言有他心通。代宗请南阳忠国师（禅宗大德）试之。坐少顷，师问："老僧今在何处？"

答曰："在西川看竞渡。"

少顷，师又问。

答曰："在天津桥上看弄猢狲。"

师寂然少顷，再问，即不知矣。

师呵曰："他心通在什么处！"

他心通者，知他人心中之事也。忠国师先故起念，忽在西川，忽在桥上，以试之。迨后寂然，是不起念。念既不起，遂无从知。以此事为证，如来悉知，更何待言？

须知凡夫心念，虽鬼神亦知之，所谓机心才动，早被神知；若微细念，则惟菩萨罗汉能知；佛则无不悉知也。

忠国师呵斥之语，不解意者，以为不信他心通。非也！呵斥之意，不出二种。当知神通不可执，执之，轻则卖弄生害，重则着魔发狂。此以理言也。忠国师弟子甚众，代宗亦其弟子。矜奇好异，人之恒情。倘大众看重此等事，既足为修行之障，且恐为法门之害。此以事言也。此大耳三藏，通必不高。若其高也，起微细念亦能知，即不起念，亦能知其未起念也。何致忠国师寂然，便惶然不知所云？通既不高，而在众中，自言得通，迹近卖弄，显违佛敕（佛令弟子，非遇不得已，不许显神通）。国师斥之者，意在于此。当知三明、六通，是学佛人本分事。但修行时，不宜注重此事，恐走入魔道。无明尽时，神通自得，得之之后，亦不宜辄与人知，恐为捏怪者所藉口，后患甚多也。

上来由沙而河、而沙、而世界、而国土、而众生，事相种种不一，而归结之于众生心，非但示心外无法已也：盖说河，所以喻心念之流动；说沙，所以喻心念之繁密；说沙为河，喻心念从微而著；说河之沙，喻心念由总而别；由河沙而说到世界国土众生，喻众生心念既流转不停（如河），复胶固不化（如土），既细琐无比（如沙），复驰骛无极（如世界），有任运而起者（如河沙等），有施设而成者（如国等），有源流有本末，有通（如世界）有别（如国），有别中之别（如众生）。所以言若干种心也。

如上所说，凡有两重不一不异。外而山河大地，内而五蕴色身，其事相至不一矣；而为众生心所现物，则不异也。又复众生心念多至若干种，不一也；而皆为非心，则又不异。此皆发觉者所应了知。然此两重不一不异，尚不过为下文作引案耳。

总而言之，不一不异诸句义，既显法法皆如，即是显无有定法，令行人当于一切法上，活看活用，不生拘执。故佛时而说一，以显其不异；时而说异，以显其不一；时而一异俱说，显其虽不一而不异，虽不异而不一；时而一异皆非，显其并不一不异亦不可说也。无非为遣情执。遣之又遣，功行至于俱不可说，则证诸法一如矣。其说有无诸句，皆是此义。总以明处处不可著，以治众生处处著之病而已。无论世出世法，皆应依此义观，依此义行。

所以者何？须菩提，过去心不可得，现在心不可得，未来心不可得。

"过去心"三句，唐慧净法师注中初句"过去"，次句"未来"，三句"现在"，无著菩萨论亦然。次序虽异，大旨无关。

此科说明"非心"之所以然也。过去、现在、未来，名为三际。"际"者，边际，界限之意。过去非现在、非未来，现在非过去、未来，未来非现在、过去，各有边际，故曰三际。

心念既有三际，故谓之迁流。迁流者，言其心如水之前浪后浪，相推而前，迁移流动而不息也。此即"色、受、想、行、识"之"行"。行者，行动，迁流之意也。盖因其心念，刹那不停，故曰"迁流"。因其迁流，故有过去、现在、未来。然而过去则已去，现在又不住，未来尚未来，故皆不可得。

克实言之，只有过去、未来，并无现在，盖刹那刹那而过去矣，哪有可得？不可得者，明其当下即空也。若夫真心，则常住不动，绝非迁流。但因众生无始来今，未曾离念。念是生灭之物，故成迁流，故为非心——言非常住之真心也。生灭心是妄非真者，以真心本不生灭故也。既生灭之不停，哪有实物？故曰"是名为心"也。

上科"明圆见"，是令不明理而自是者，明了无是非是，尚是说不可执之当然。此明"正知中"，则明不可执之所以然矣，故曰"所以者何"。即如此科之意，盖谓：汝于一切法取执者，在汝意中，必自以为我能取，不知即此能取之一念，三际迁流，当下即空——念尚不可得，尚何能取之有乎？三言"不可得"，真乃锥心之语，直令我见无安立处。

《楞严经》曰："一切众生，从无始来生死相续，皆由不知常住真心性净明体，用诸妄想。此想不真，故有轮转。"当知众生从无始来，认妄为真，遂致生死轮转者，因一切唯心造。生死轮转之苦，实由其心生灭轮转故耳。盖一言及相，必有生灭，重在心不随相而动（动，即行也，所谓迁流也），便除一切苦矣。所谓了生死出轮回者，心了耳，心出耳。

故修行人第一步，便当明了此理，辨清孰为真，孰为妄。其实极易辨别。浅言之，分别执著者，妄也；不分别执著者，真也。深言之，真心无念，起念即妄（由行缘识，故起念为分别执著之根）。所谓修证者无他，除妄是已。妄云何除？离念是已。离念则分别执著自无，真心自见，生死自了。离一分，见一分，离得究竟，见亦究竟矣。

一切众生，所以认妄为真者，由于不知其是不可得。何故不知？由于心粗，不辨其是生、住、异、灭，刹那相续。若知其是刹那相续，则知是迁流而不可得者矣。既不可得，执之何为？且自以为能执，而实无可执，徒增业力而已，真愚痴可怜也。

此理惟佛知之说之，而为修行人所急宜觉悟者。故"明正知"中，首先便言此事，以其为成凡成圣之关键故也。

由是观之，本经虽离相、离念并说，实归重在离念，不过以离相为离念之方便耳。迨至念离，则见相即见性，尽管随缘现相，广度众生，毫无障碍矣。何以故？心念既离，其于相也，不离自离故。

此科之义，一深无底。上说"不可得"，是约妄心明义，殊不知佛说此科最大宗旨尚不在此。宗旨云何？在令学人，即妄证真，顿契无生也。何以言之？三际迁流之心，所谓"无明缘行"也。无明者，不觉也。一切众生，初不觉知念念迁流，故随而分别执著。分别，便成第六识，执著，便成第七识，则行缘识矣。

此中言"如来知"者，令学人当如是知也。知者，觉也。且告之曰：迁流之心，当下即空，实不可得，正是令学人速觉，当直下向不可得处观照契入，则湛湛寂寂，当下便是常住真心。正所谓"狂心不歇，歇即菩提"矣。故此科之义，是明至圆极顿，直指向上之法门也。

昔二祖问初祖安心法。祖曰："将心来与汝安。"曰："觅心了不可得。"祖曰："吾与汝安心竟。"正与此中所说，同一法味。当如是知，勿负佛恩也。故上科皆为"非心是名为心"句义，亦可兼明真心。盖真心无名无相，惟一空寂，说为真心，亦非心也，但假名耳。古德所以云"说似一物即不中"也。

由是观之，此科亦具两重不一不异。过去心、现在心、未来心，是为不一；皆不可得，是为不异。又复迁流心与常住心，不一也；知其不可得而当下空寂，则不异矣。

合之上科所说，共为四重。当知佛之委曲说此四重者，开示修观之方便也。

方便云何？先观河沙等器、界、根、身诸法之不一，而销归于众生同具而无异之心。既而进观心念有若干种之不一，而销归于诸心所不异之皆非是名。更观心之所以皆非者，由有三际迁流之不一也，则销归于三际不异之不可得。当知不异者，如义也。步步由不一观不异，则步步趋向真如矣。即复深观迁流心、常住心，虽曰不一，不过性相之异耳，则离相会性，而销归于本无可得之大空，尚复何异之有？则寂寂明明，明明寂寂，一念不生矣。一念不生，而实相生矣。岂非一超直入之修功哉？妙极妙极！今为诸君一一拈出。

若能依此义以修观行，一日千里，尚何待言？当知四重之义，重重深入。而步步由不一入不异，即是步步除分别执著，亦即步步无我。迨至一念不生，人我法我，尚复何存乎？真无我之妙法也。菩萨不向此中通达，更向何处通达？

此一大科，为开佛正知，是令开佛之正觉也。故闻如是教，便应如是开。如是开，便是如是觉。如是觉，便能如是证矣。圆顿大法，孰过于此？下"诸法缘生"一大科，亦复如是开之觉之，而一是向心行上开觉，一是向诸法上开觉。双方并进，则心境皆亡，我法俱空矣。正所谓无我相，无法相，亦无非法相，而离一切诸相，则名诸佛矣。教下名言甚多，无此直捷了当。宗下棒喝交驰，无此彰显明白。愿与诸君共勉之。

此一大科标题（诸法缘生），含义甚多，先当一一说明，入文方易领会。上"心行"一科，是约内心明义，此"诸法"一科，是约外境明义。外境之事相甚多，故曰"诸法"。诸法多不胜数，将从何处说起？今约福矣。观下文云"若有法如来得阿耨多罗三藐三菩提",足证此句"得"字非指彼时——彼时未成如来故。总而言之,"得"者,当得也,非已得也。

三、前问"于法有所得否",亦是举果明因,然"法"字既指无生法忍,故彼中只有举八地果明发心因一义。此中之法,是指无上菩提,故应以两重因果释之,于义方圆。

"有法得阿耨多罗三藐三菩提否",作一句读。"有法"者,心有其法也,即住法之意。问意若曰:如来昔于然灯佛处,心中存有无上正等觉果法,以求证得之否——犹言心中存有当得无上菩提之念否也。经中不如是说之,而曰"有法得"云云者,与上文有法发之语相配,俾遣微细法执之意,一目了然耳。

说一"如来",即含有不应住法意在矣。如来是性德之称,觉性圆明,岂有法尘?作佛时如此,则昔在八地时,既蒙作佛之授记,其心无法尘也可知。证得菩提分法时如此,则初发菩提者便应如是而学,亦由此而可知。因因果果,先后一如,故曰"此处之举果明因含义两重"。

> "不也,世尊!如我解佛所说义,佛于然灯佛所,无有法得阿耨多罗三藐三菩提。"

"不也",活句,谓非无法非有法也。彼时正蒙授记当来作佛,作佛云者,许其将来得证果法之称也,故非无法;然彼时实以证无生忍,一法不生,而蒙授记,故非有法也。

"解所说义",正指上文所说无法发菩提之义,谓由"无法发菩提"之义领会之,知必无法乃得菩提。何以故?因果一如故。长老既未作佛,亦非八地菩萨,云何知其境界?但于佛所说义中,领会得之,此正指示解慧之要也。不曰"如来",而曰"佛"者,有深意焉。盖上曰"解义",是以初发心修因时之义,解得证八地果者之心。

今举佛言,则是由今日已得作佛之果,证明昔时当得作佛之因。何以故?佛者,证得果法成究竟觉之称也。举一"佛"字,明其约证果言,非毕竟无法也。然由所解无法乃得之义推之,则以今日之果,望昔日之因,其于然灯佛时,必无丝毫有法得阿耨菩提之心念可知矣。

报及法施明义，则可以赅摄一切法矣。盖福报之义明，非福报之事，便可例知。布施即摄六度，六度即摄万行。而布施中则以法施为最，若法施之义明，所有六度万行，皆可例知也。法施是善行，善行之义明，非善行之事，亦可例知也。

至于"缘生"二字，当分条以说之，顷言含义甚多，指此言也。

一、内典中"因缘"二字，有时分说，有时合说。分说者，因是因，缘是缘，不容混也；合说者，说因即摄缘，说缘即摄因。盖亲因谓之因，疏因即是缘，故可合说。

此缘生一言，乃合说者，所谓因缘生法是也。因缘生法者，谓一切法之生，不外因缘，从无无端而起者也，故法即因缘所生之果。因缘生法，无异言一切法不外因果。而福德及具足身相，是约果报明义；法施，是约因行明义。既一切法不外因果，故摄一切法尽。

二、诸法缘生者，谓一切法本来无生，但由因缘聚会，假现生相耳。此意盖明诸法是假相而非真性，以性乃本具，万古常恒，非由因缘聚会而生者也，但有相而无性也。

当知佛书所言"性"，皆指心体之性言，与俗书所谓"物性"、"性格"等说，绝不相侔。而一切法既皆为假现之相，可知一切法之当体，如幻如化，如空中花，如水中月，绝非实物矣。

是故缘生之义，即显其有相无性，当体是空耳。福德及具足身相，显无性义便；法施，显体空义便。

由是可知，说缘生，无异说不可得；而说不可得，亦无异说缘生。何以故？心之行动，亦缘生法故，所谓"无明缘行"是也。夫众生处处执著，一言执著，便有能、所。就能执一面言，无非妄念；就所执一面言，便是诸法。今告之曰：汝以为有能执者耶？心行叵得，能执之意，当下即空也。又告之曰：汝以为有所执者耶？诸法缘生，所执之法，亦复当体是空也。

如此开示，正是将众生执见，从根本上推翻。若发觉者，通达此理，我见可冰销矣。何以故？我见之起，起于执实，既认妄念为真心，又以诸法为实有，遂致我见不能遣除。故欲遣我执，最妙观空。佛称医王，又称空王，即谓能医众生执实之病耳。

三、缘生与不可得，皆明即空之义，如上所说，固已，然而大旨虽不异，而含义之广狭则不一。盖不可得之义，但明即空。缘生之义，既明即空，兼明即假。

妄念为成凡之由，将欲了生死，证圣果，必须断念，故只宜说不可得，不宜说缘生。诸法固不应取著，亦不应断灭，故只宜说缘生，不宜说不可得。何谓即空即假？当知一切法，只是缘生，本来是空，此所以言"即非"也；然而既已缘生，不无假有，此所以言"是名"也。

故法与非法，皆不应取也。且以一切法虽体空而缘生，乃是即假之空，所以虽绝非真实，而事相俨然，此众生所以难出迷途也。以一切法正缘生却体空，乃是即空之假，所以虽事相俨然，而绝非真实，此行人所以亟应觉悟也。

云何觉悟？空有不著是已。云何而能不著？要在离相离念。必离相离念，乃能随缘不变，不变随缘耳。

四、前言"心行"及"诸法"两科，是开示一超直入之修功，然其中亦有虽不异而不一者，不可不辨。盖直向心行不可得处契入，是契入空寂之性体；若直向诸法缘生处契入，则是契入如实空、如实不空之体相用，亦即契入寂照同时之性德者也。然而得体方能起用，不空须自空出，若不离念，寂且未能，遑论乎照？故学人于行门，必须空有不著，而于观门，则须一空到底。此理不可不知也。

总之，心行叵得，应离念也。诸法缘生，应离空有二边相也。前不云乎？离念为离相之究竟，离相乃离念之方便。故用功当以离念为主。念若离时，空有二边相，不必说离而自圆离矣。

虽然，"诸法缘生"即空即假之义，离念者，亦不可不通达之以为补助。当知心性本空有同时，故唯心所现之诸法，亦无不空有同时。今观诸法缘生即空即有，即无异观心性之即空即有也。若但知离念，而不知修此观，恐堕偏空，而不能达到寂即照，照即寂也。故于说心行叵得之后，复说诸法缘生，此理更不可不知也。是乃佛之正知，当如是开之也。

五、上说性与诸法空有同时之不异，然其中亦有不一者，不可不辨也。盖真心不但真空，且是真有。真空者，离名绝相故；真有者，常恒不变故。彼一切缘生法不然，本无是物，但现假相而已，乃是真空假有者也

（克实论之，尚不足言真空，只可谓之假空，因诸法之空，是由假有形成者耳。既非实物，空有俱说不上。兹姑随顺古义，说为真空假有）。

因其本空，故说假有；因其假有，故知本空。为欲明其空有是相待相形而成，故曰"空有同时"耳。不似真心，离名绝相之空，常恒不变之有，皆是绝待。其同时并具，初非由于相待相形而成者也，故谓之真，故能为一切法之体。又复真心既万古常恒，故曰"本不生"。若一切法亦名本不生者，乃因假现生相，形成为本来不生耳。实则本无是物，无所谓不生也。故本不生之名虽不异，而一真一假，亦复不一。

或曰："心外无法，心生则种种法生。此心盖指妄心而言。然则佛菩萨既无妄念，而能现种种境相，不知何由而成？"答："佛菩萨实无有念；种种境相，亦实由心而现。此则由于因地发大悲，愿随缘度众，故证果后，虽不起念，而藉夙昔悲愿熏习之力，便能随机感缘，现诸境相。"此义散见诸经论及《大乘止观》。

故修因时，必须悲愿具足，深观诸法缘生之义，使熏习成种，乃能于大定中随缘示现耳。上说诸义，皆行人所应了知。不然，必疑证果后何以念犹未净，或疑无念则无所现，或疑真心与诸法同一即空即有，同一本不生，何以为诸法之体耶？兹姑乘便一言之。

六、开经以来所说诸义，得此"心行叵得"、"诸法缘生"两科，乃洞明其所以然。盖说"三空"，说"一切皆非"等等句义者，以心行不可得故也；说"二边不著"，说"一切皆是"等等句义者，以诸法缘生故也。故此开佛知见一大科，实为全经最要部分。前后所说，无非开佛知见。信者信此，解者解此，修者修此，证者证此。合信、解、行、证，方将"开"字功夫做了。信是初开，而解、而行、而证，乃究竟开也。

> 须菩提，于意云何？若有人满三千大千世界七宝，以用布施。是人以是因缘，得福多不？"
>
> "如是，世尊！此人以是因缘，得福甚多。"

世界宝施，前曾说过。就已说者发明缘生之义，有微旨焉。盖示上来所说一切法相，皆应以缘生义通之。

《中论》云："因缘生法，即空即假。"当知不但所生法，即空即假也，因缘亦复即空即假。因缘即空即假，故虽不著相，而应行布施，前所以言"应无所住，行于布施"也。

因缘即假即空，故虽行布施，而应不著相，前所以言"应布施不住于相"也。所生法即空即假，故虽当体是空，而缘会则生，前所以屡言"是名"也。所生法即假即空，故虽缘会则生，而当体是空，前所以屡言"即非"也。

此科是总明缘生之义。何谓总明？从布施因缘说到福德，福德即布施因缘所生法也。故布施，因也；福德，果也。因果并说，故曰"总明"。则下报身但约果言者，便可例知果必有因。"法施"一科似但说因，亦可例知因果无尽。盖必能施、所施，及闻法施者，各有因缘，且一齐聚会，乃有此法施之事发生。

是此一法施，乃无数因缘聚会所生者也。而将来各各所得之果，则又由此一法施之因缘所生，岂非因果无尽乎？

布施等为佛门大事，尚不离缘生，不离因果，则其余一切法可知矣。故约此数事言之，以示例焉。所谓总明者，复有一义。本科但泛言福德，而下科则言报身。证得报身，可谓福德多矣。本科泛言布施，下科复专约法施为说。皆无异为本科指实者。故亦可判本科为总明，判下报身、法施两科为别明。

前半部中，长老答辞，多言"不也"，即不答"不也"，亦从无答"如是"者。后半部惟开佛知见中，答"如是"最多（此外只有答"以三十二相观如来"一处，言"如是"）。

此经字字皆含深义。可知凡答"如是"，决非泛言，实承前已说者，表示诸法一如，一切皆是之义耳。前言一如皆是，是明融相会性。此诸法缘生所明之义，亦意在融相会性也。

长老深解义趣，故先答"如是"，继之曰"此人以是因缘得福甚多"。正指示行人，应领会诸法缘生道理，以通达乎一切法皆是一如耳。盖缘生道理，即空即假是也。观照即空即假，以契入如实空如实不空，则融诸法之相，而会一如之性矣。

前云"不住相布施，福德不可思量"，今云"得福甚多"，甚多者，不可思量也。经旨趋重下科。此科所说，不过为下科作引案耳。故不住相一层，此中未言，而下科言之。

须菩提，若福德有实，如来不说得福德多。以福德无故，如来说得福德多。

此科是佛正意。说上科，正为引起此科来。此科辞旨深细，须分数层明之。

上科已明福德是缘生法矣。既由缘会方生，岂得有实？有实，便非缘生矣。若非缘生，福德便无得之之路，以一切法，从无无端而得者也。故曰："若福德有实，如来不说得福德多。"

"以"者，因也。"无"者，无实也，正对上文有实言。谓因为福德是缘生法——即空即假而无实之故，一切众生但能布施六度，深植因缘，则因缘聚会，福德便生矣。"聚会"者，成熟之意也。故曰"以福德无故，如来说得福德多"也。

经中两"说"字，着眼！意显表面说福德，骨里是说布施也。何以故？若执福德有实，是不知其为缘生法矣。不知为缘生，便不知在因上注重。若不修布施之因，哪来福德之果乎？故如来不说得福德多也。殊不知正因福德当体即空而无实，乃是即空即假之因缘生法。故欲得果者，但修其因，若勤行布施，则福德自至矣。故如来说得福德多也。

如上所说，经中大旨已明，然犹未说彻也。何以故？只说了得不得的关系，多不多的关系，尚未说著故。当知佛说缘生，重在令人彻了一切法即空即假，以通达乎无我，而融相会性耳。此层道理，须先说清原委，便易明了。

法法莫非因缘所生，故福德是缘生，布施亦是缘生。然则福德之因缘为布施，布施之因缘为何耶？当知布施之因缘，发心是也。发心小则布施小，福德亦小；发心大则布施大，福德亦大。然则发心云何为大耶？不住相是已。心有所住，则有所束；无住，则无拘束，无范围，故大也。故欲布施不住相，必先于福德不住相。若注意于福德，是以福德为实有也（有实，即实有之意），便住相矣。既于福德住相而行布施，是为福德行布施也,则布施亦住于相矣。

盖世尊之说此科,是将前来所说"不住相布施"之言,更加彻底发挥。无异对住相布施者,揭穿其病根所在。盖布施之所以住相,无非为贪求福德耳。

文中"如来说"三字甚要,谓依如义而说也。盖谓若于缘生之理,未能彻了,但知以布施因缘,能得福德,遂贪求福德以行布施,则大误矣。殊不知佛说缘生,是令体会缘生之法,即空即假,而于诸法不执,销归一如之性耳。

若以福德为实有,势必贪求福德以行布施,而住于相矣。既住于相,是向外驰求而违性矣。则以布施因缘故,不无福德;而以住相因缘故,其所得者,无非三界内俗福,纵生顶天,终是苦因。故依如义不说得福德多也。

若其彻底明了缘生道理,观一切法,即空即假,即假即空,并无福德之念(文中明明一反一正,相对而说。反面既以有实为言,正面亦应有无实一义,故以"无实"释"无"字。然经文究竟只单言"无",故应补出"无念"一义。无念义更彻底,宜于此处说之),但为利益众生,修离相之三檀,则是福慧双修,悲智具足。必得不可思议、不可称量无边功德,所谓无上菩提之果矣。依如义说,其得福德多矣哉。

观此经旨,足见因果道理,必应彻底明了。若但知粗浅因果之说,而不彻明其理,因小果亦小矣。当知佛说之因果,绝不可与外道典籍、世间俗书中所说因果,等视齐观。

佛经所说因果道理,是彻底圆满的,是极其精微的,皆是用即空、即假、即中三谛之理来说明的,或用八不等二谛之理来说明的。必须二谛、三谛道理明了,佛说之因果,乃能彻底明了。然后始知佛所说的因果道理,广大圆妙,世出世法,所莫能外。然后始知因果可畏,少起一念,便落因果矣。

何必待之行事哉?然后始知佛法为人人所必需:不但学佛者,应明了佛理;即欲成一人格,亦不能不明佛理;欲真明了世间法,亦不能不先明佛理。然后始知离相离念,关系重大,决不致漠视,决不敢畏难,乃能发大心、修胜行、证妙果也。

现今有心人，多知昌明因果之说，搜罗事实，印送书籍，以期救陷溺之人心，挽危险之世运。此是最好之事，且为极要之事。但往往有人不愿寓目，以为太浅，则何不向大乘佛法中求之？如二谛、三谛等道理，皆佛说因果之真诠也，乃因果之第一义也。明得少分，有少分益；明得多分，有多分益。总之，佛说之因果，能令人成世间善人、贤人、圣人，乃至成菩萨、成佛，其广大圆妙为何如哉？

须菩提，于意云何？佛可以具足色身见不？"

"不也，世尊！如来不应以色身见。何以故？如来说具足色身，即非具足色身，是名具足色身。"

流通本作"不应以具足色身见"，此句中唐人写经无"具足"字，可省也。

"具足色身"，及下科"具足诸相"，古人有种种说。或合色身诸相浑而言之曰"丈六金身"，则说为应身矣。或分指色身为八十种好，诸相为三十二相，此亦是作应身会者。或谓色身是报身，诸相是应化身。惟清初达天法师则曰"色身"、"诸相"，应约报身说。此说最精，应从之。盖经中既于色身诸相，皆曰具足。具足者，圆满之义，其指功行圆满万德庄严之报身言，确凿无疑。因丈六金身、三十二相等之应化身，与功行具足、庄严具足之义不合也。

身相分说，含有要义。盖色身名为具足者，正因其诸相具足耳。故色身为所庄严，诸相为能庄严。分而说之，意在显其有能有所，正是缘生法耳。若本具之性，惟一空寂，既非色相，哪有能庄严所庄严之别？

"不也"，活句，谓亦可亦不可也。盖法身、报身，不一不异。若会归不异之性，则可见；若执著不一之相，则不可见也。故接言"如来不应以色身见"。上言"不也"，下言"不应"，正相呼应，意显无所谓可不可，但不应耳。曰"如来"，曰"以"，皆含精义。说一"以"字，执相之意显然。

如来者诸法如义，乃不异之性，色身为不一之相。岂应执不一之相，见不异之性？言下含有若其泯相，则可见性矣。

"何以故"下，明不应之义也。"如来说"者，约性而说也。约性而说具足色身，则色身乃多劫修因所现之果报耳，是缘生法也。缘生非性，即假即空，故曰"即非具足色身"。然而既是本性随缘，所现修因克果之相，虽当体是空，而即空即假，名相俨然，故曰"是名具足色身"。下科具足诸相之"即非"、"是名"，亦如此释之。

总以明报身是缘生法，即假即空，即空即假。若不明即假即空之义，势必执相而昧性，则性相隔别而不一矣，何能见性？若不明即空即假之义，又必执性而废相，性相亦隔别而不一矣。则所见者，实非无相无不相之全性，亦何能谓之见性乎哉？故必深解缘生道理，体会具足色身等，乃是即假即空，即空即假，而两边不著，然后性相圆融而不异，则见相便见性矣。其所见者，乃是无相无不相，亦即如实空，如实不空之全性矣。

如来之胜报身，尚是缘生，可知一切法，莫非缘生。故一切法皆不可执，执则必堕一边矣。执者，所谓取著也。心有所取，由其动念故也。故欲一无取著，惟有离念而已。

当知佛说诸法缘生之宗旨，在令人体会即假即空，即空即假道理，知一切法本无可执，亦不必执，以离念耳。所以令离念者，修离念之因，必获无念之果，仍不外乎缘生法也。

无念者，所谓佛智也，真如也。由此足见世出世法，莫非缘生，即莫非因果。无智慧者，以恶因招恶果，以善因招善果，以小因招小果，以有漏因招有漏果。若开佛知见，则能以殊胜因招殊胜果。何谓殊胜？无念是已。

总之，法法皆是缘生，故法法皆是即空即假。故于世出世法，皆应二边不著。而欲不著之彻底，惟有离念。又复世出世法，皆是缘生，故世出世间，不外因果。故离念为因，便证无念真如之果也。

凡以前以后说"即非"、"是名"处，皆是为明此义者，皆当以上来所说者通之。以前尚未明说"诸法缘生"之义，故不能如此畅发，而今则应如是通达之也。当知此经体例，是从散说到整，先演绎而后归纳。故以前所说，得以后所说者证之，其义愈明。此所以令菩萨通达，谓当以后义通达前义也。

讲说全部经文，必须依顺浅深次第，随文而说。故讲前半部时，只可含摄后半部之大义，断不能将后说之义，在前说中痛说。何以故？前文有前文命意。若只顾说大义，而不顾其线索，便将经义本来井井有条者，说得杂乱无章，反令闻者莫名其妙。然说至后义时，若不将前说者贯串归纳，便成散沙。不但前说者毫无归着，即后说者亦不见精彩，闻者亦复莫名其妙也。

注家若犯此病，则读之惝恍迷离，不得头绪。头绪未清，欲求深解，难矣。总之，此经之难讲，前后不异，而前后所以难讲处，则又不一。前之难讲，难在要义多在后文，讲时往往犯手，只能帷灯取影，不能畅所欲言。后之难讲，难在理深境细，言语不易形容，且处处应顾到离名绝相一层，虽可畅所欲言，却不可说煞一字，塞人悟门也。会中颇有发大心，欲弘扬此经之善知识，此理不可不知也。

"须菩提，于意云何？如来可以具足诸相见不？"

"不也，世尊！如来不应以具足诸相见。何以故？如来说诸相具足，即非具足，是名诸相具足。"

好者，相之别名。谓随其形相，更细别其相之种种好也。故曰"随形好"。今曰"具足诸相"，便摄有好在。若其无好，不能称诸相具足也。寻常所说三十二相、八十种好，是应身相好。若报身相好，如《华严经·相海品》中所说：如来顶上，有三十二宝庄严相；眉间、眼、鼻、齿、唇、颈，各有一庄严相；舌有四相；口有五相；右肩二相；左肩三相；胸前一相，即吉祥卍字相也；胸左右共有十相；左右手共十三相；阴藏一相；两臀、两胜、两胫共六相；汗毛一相；两足共十三相。以上共九十七种妙相，名曰"大人相"。

欲知其名称相状，可检经文。然此尚是略说，若具足说，则有十华藏世界海微尘数大人相。盖报身相好，无量无边也。今云具足，指此而言。

《华严》云："一一身分，众宝妙相以为庄严。"由此经意，可知具足色身之名，正因具足诸相而称者也。故前云诸相为能庄严，色身为所庄严。余义同前。凡上科所说"即非"、"是名"等义，皆与此通，勿庸赘言。诸相具足，即是具足诸相。佛之色身相好，所以称为殊胜第一者，即在"具足"二字，故颠倒言之以见意。

自开经至此，举身相问答，共已三次，而每次所明之义不同。今分三层，汇而说之，以便通达，一层深一层也。

一、初次问"可以身相见如来不"，但言"身相"二字，是一切身相皆说在内，不专指佛之身相。"如来"亦通指自性，非专指佛。第二次问"可以三十二相见如来不"，是专约佛说，然是说应身也。此次问辞曰"具足色身"、"具足诸相"，是约佛之报身说矣。

二、初次问答，正承"不应住相之"后。故但曰"身相即非身相"，而不说"是名"，以显相皆虚妄，故不应住之义。第二次问答，因正明不坏假名，故"即非"、"是名"并说，以显约性则非，约相则是，两边不住之义。此次正明诸法缘生，故亦即非、是名双举，以显缘生之法，空有同时之义也。

三、前两次问辞曰"可以身相见如来不"，"可以三十二相见如来不"。如来者，性德之称，见如来犹言见性。当知相不应住者，为见性也。性真实，相虚妄，逐妄便违真。故欲见性者，不应住相。

然初次约身相以明不应住者，因身相与性最为密切。身相尚是虚妄，诸相可知矣；身相尚不应住，诸相之不应住可知矣。然所谓不住者，谓应于相上即见其非相，便是不住，便能见性，非谓坏相而后见也。身相如此，诸相皆然。此初次问答所明之义也。

第二次不坏假名，是说在离名字相、离言说相之后，故约三十二相之名言，以明离相之真实义。意谓真如之性，离念境界，不可以名名，不可以言言，不可以相相，故应离名言相以自证。然所谓离名言相者，谓应知性非名言之所及，非谓无名、无言、无相也。但于名言之假相，心不取著，便是离矣，便见性矣。

如来之应化身，不明明有三十二相之名言乎？而此相，实如来之所显现。故于相不著，即见如来。知得应化身三十二相之名言，应如何离，则知一切法相之名言，应如何离矣。此第二次问答所明之义也。

此次初问"佛可以具足色身见不"，次问"如来可以具足诸相见不"——或曰"佛"，或曰"如来"，皆具精义。且初问只应言佛，次问只应言如来，不可移易。何以故？当知佛为果德之称。具足色身，则为果报之身。故说具足色身，应说佛名，以显此身，正是证果成佛者报得之身也。

如来为性德之称，具足诸相，为性德圆明显现之相。故说具足诸相，应说如来名，以显此相，正是证真如性者显成之相也。故前之"佛"与"具足色身"同说者，所以明因果非虚。次之"如来"与"具足诸相"同说者，所以明性相一如。

我前屡言罗什大师之译此经，一字不滥下，字字皆含精义，字字不可忽略。观此数科，益足证明。然则此身既是佛果之报身，为何不应以此身见乎？当知佛可以色身见，佛性何可以色身见耶？见佛当见佛性，岂但见佛身而已耶？故不曰"佛不应以色身见"，而曰"如来不应以色身见"者，为此。"佛可以色身见不"之问，正是探验见地如何。盖问能知见法身佛乎？抑仅知见色身佛乎？

具足诸相，既为性德圆现，为何不应以诸相见乎？当知性相虽一如，然言相则非性。所谓圆融中有行布，不可笼统颟顸也。

故若泯相而观性，则既无相之观念，何尝不可见性？若执相以见性，则但有相之观念，性又何可得见？故不曰"如来不可以具足诸相见"，而曰"如来不应以具足诸相见"者，为此。而"如来可以具足诸相见不"之问，亦是探验见地如何。盖性相虽不一而实不异，虽不异而实不一。能于性相，深知义趣，而大开圆见，不执一，不执异乎？

又复此次两问之辞，与前两次问辞大不同，故明义遂大不同。盖前两次问辞，是问"可以身相"或"三十二相见如来不"，皆是约见者边说，即是约因位说。此中两番问辞，是问"佛如来可以具足色身诸相见不"，是约佛、如来边说，即是约果位说也，故当约果位以明义。云何明耶？当知佛之证果，亦由缘起，何况色身？如来性光，照而常寂，哪有诸相，故皆曰"即非"也。

即复当知，既因圆而果满，遂有具足色身，虽照寂而寂照，不无具足诸相，故皆曰"是名"焉。"即非"者，显其是即假之空也。"是名"者，显其是即空之假也。岂止二边不著？而且二边俱融矣。此之谓圆中。通达无我法之菩萨，应如是知也。

不但此也，当知诸相圆满，为性德圆明之显现，岂可执谓离诸相外，别有法身乎？故曰"是名"。然亦岂可执缘生之诸相，便是法身？故曰

"即非"。然则尚不应执如来现起之诸相,以见如来,则执一切缘起之法相者,其不能见如来也,明矣。

其皆不应执也,亦可知矣。当知具足色身,乃究竟觉果之胜报,岂可执谓离色身外,别有佛性耶?故曰"是名"。然亦岂可执缘起之色身,即为佛性?故曰"即非"。然则尚不应执庄严报身,见清净法身,则执缘起之五蕴苦报身者,其不能见自性法身也,又明矣。其更不应执也,愈可知矣。

总之,言"是名",令其不可执异也。言"即非",令其不可执一也。不执一异,是为圆见。见圆则知亦正,知正则见亦圆。若知一切法莫非缘生,则见一切法不一不异矣。见其不异而不妨不一,故本一如也,而缘生诸法;见其不一而不碍不异,故虽诸法也,而皆是一如。当如是通达也。

上言福德,凡属善果,无论大小,皆福德也。此言胜报身,乃福德中最大最胜者。然无论大小胜劣,皆是约果明义。约果明义者,明其莫非缘生也。佛说缘生之要义,兹更概括为三种言之,层层深进:

一、令知世出世法,一切皆空,惟因果不空。何以故?皆缘生法故。所以因果可畏,所以要修胜因,克胜果(克者,克期取证之意)。

二、既一切皆空,而因果不空,故一切法即空即假。以即假故,所以因必有果,因胜果必胜;以即空故,所以因果虽胜,亦行所无事。此之谓深明因果。

三、佛说一切法缘生者,意在明其本不生也。若二六时中,世法亦随缘做,出世法正随缘起,却一眼觑向一切法本不生处看之,亦不自以为能看。但于世出世法,正随缘时,正如是看;正看时,正如是随缘。可许他是一个伶俐汉。

内而三际心,归之不可得;外而一切法,归之本不生。我法有藏身处么?真乃一了百了,天下太平。本师教我们这些抄直路的法门,我们要一担担起,力奔前程。不见道:是日已过,命亦随减,如少水鱼,斯有何乐?若仍旧拖泥带水,一步三摇,虽日日看经闻法,晓得些理路,有何益处?要防他所知障生,比烦恼障更坏也。开快步,走!

于"福德胜报"之后,接说"法施"一大科,正以显示一切法皆是缘生也。盖必有布施六度之因缘,乃能发生福德胜报之事相。故福德胜报,是约果说，即是约所生之法说。

此"法施"一科，则是约因说也。约因说者，欲以显示缘生无穷，因果无尽之义也。何以言之？当知一言布施，便有三方面：一布施者，二受布施者，三所施之物也。故此法施一大科，即开为三科。初明无法可说一科，约布施者说也。次明闻者性空一科，约受布施者说也。三明无法可得一科，约所施之物说也。

佛所说法，皆是说其所证，故无法可得，是约所施之法说也。而就布施者言，云何知行此施？又云何能行此施？其因缘至不一矣。又就受施者言，何以成众生？又何以能闻法？其因缘亦复甚多。再就所施言，此物云何生？复云何得？因缘复有种种。约此三方面之因缘，已千差万别，说之无尽。何况三方面，倘不聚会于一时一处，仍无此一法施之事发生也。云何而得聚会耶？又非缘不可矣。由此可知，一切事莫非因缘所生者。

不但此也，既有此一法施之缘，又将发生种种之果。果复成因，因又成果。果因因果，自此以往，千差万别，永永无尽。可见世出世间种种事相，所谓诸法者，更无他物，只是不断之因果果因，于众生心目间显现变幻而已。众生不知深观其趣，遂为此相所迷，指而名之曰：此某法，此某法。殊不知指之为因，却是前因之果；名之曰果，实乃后果之因。

所谓因法果法，其本身无一固定者也。既不固定，便非实在，岂止刹那之间，皆成陈迹而已？然则苦苦分别，牢牢执著，某法定某法，岂非痴乎？不但认事相为实有者，痴也。若认事相为实无，亦何尝非痴？何以故？一切法不过因因果果，次第演变，眩人心目，初不能刹那停住也。乃执为有实，自生缠缚，不得自在，其为痴绝，固不待言。

然而法虽非实，却是自无始来，遇缘即起。因果果因，刹那相续，曾不断绝。乃一味执空，不知随顺缘生之理，托殊胜因缘，获殊胜果证。遂致既不能证本非缘生之性，超然于一切缘生法之外，以自解缠缚之苦，得自在之乐；更不能利用缘生事理，随机感缘，示种种法，以拔众生之苦，予众生以乐。

其不能超出者，势必堕落。何以故？恶取空故（因不执实有，并因果亦不相信者，谓之恶取空，明其势必造恶也）。纵不恶取空，但偏于空者，虽能超出缘生，而不能利用缘生，则沉空滞寂，成自了汉（此类但修小因证小果，不知托殊胜因缘，获殊胜果证，故虽能超出，自证本具之性，而不能利用随缘以度众生，如二乘是也）。故世尊呵之曰："焦芽败种，堕无为坑。"此两种执空之病，虽苦乐不同，升沉迥别，然无智慧则一。

佛说此科，意在使人洞知缘生事理，以免执有执空之病，而令发菩提心修菩萨行者，当通达即空即假即假即空之缘生法，而广为布施，俾自他随顺此理，空有不执。既超以象外，复得其环中，便成悲智具足之菩萨矣。

何以故？不执有，则人我空；不执空，则法我空。我、法双空，便是洞彻三空之般若正智，便证空有同时之般若理体。成佛且不难，岂第成菩萨而已乎？故曰："若菩萨通达无我、法者，如来说名真是菩萨。"

如上所说，可知布施者、受施者、布施物之三方面，既皆因缘生法，则皆当体是空，故名为"三轮体空"。喻三方面为轮者，因轮之为物，回转不停；又他物为轮所碾，便破坏无存。以喻因果果因，更迭演变，曾无休息。且以喻财施破悭贪，无畏施破苦恼，法施则能开正智、破三障也。上来所说，皆本科要旨，先为说明，入文较易领会。

"须菩提，汝勿谓如来作是念，我当有所说法，莫作是念。

此下数科，理趣幽深，言其深而且隐，不易见得。且正面是明如来说法之义，而骨里却是教菩萨应如何离念。所谓言在此而意在彼也。兹先将正面之义，分层说明，再说其言中之旨。

上一"念"字，约如来边说，观文可知。"莫作是念"之"念"，则是约长老边说，谓汝不应作是念也。此"念"字，蹑上文"谓"字来。谓者，言说也。作是言，由于作是念，故以"莫作是念"诫之。作是言念，其过何在？在"作念"、"我当"四字也。而作是言念，便是谤佛，故诫以莫作如是言念。此何理耶？下文"何以故"下，正明其故，当于下文详之。

何以故？若人言如来有所说法，即为谤佛，不

能解我所说故。

"何以故"者,问何故不应作是言念。"有所说法"者,谓心中存有所说之法,即作念"我当"之意。一说此言,其罪甚大,必堕无间。何以故?即为谤佛故。此所以不应作是念,作是言也。何以即为谤佛耶?经文似未明言,其实已暗示在"如来"二字之中矣。

圆证本性,方称如来。空寂性中,哪得有念?哪复有我?凡作念我当如何如何,惟妄想未寂,我执未空之凡夫则然。乃谓如来如是,是视如来同凡夫矣,非谤而何?当知说法是报、化佛,并非法身如来。然必证得法身,方成报化身。故报化身与法身,虽不一而不异。故法身无念无说,报、化身虽有说而实无念。

经文特举如来为言者,意在显此。以示切不可疑佛有说法之念,一有此疑,无异疑佛性不空寂,未证法身矣,亦即无异谓并未成佛矣,故曰"即为谤佛"也。

又复佛之说法,无非对机。机者,机缘。对机之言,正明说法亦是缘生。缘生体空,故法本无法。如来已证体空,故说即无说,岂得谓有所说法耶?佛何以能不起念随缘说法?前所谓修因时悲愿熏习之力,是也。此理,十卷《金光明经》,说之最为详明,不可不知,兹引而说之。经曰:"佛无是念,我今演说十二分教,利益有情。"

十二分教,谓三藏,详开三藏为十二部分也。此言佛说经、律、论三藏,利益众生,初不作念"我当如是"也。经又曰:"然由往昔慈善根力,于彼有情,随其根性、意乐、胜解,不起分别,任运济度,示教利喜,尽未来际,无有穷尽。"

此言,虽不起念"我当说法度众",然能随彼众生根性、意之所乐、所解者而说之。且虽如是善应机缘,尽未来际,开示教化,利益一切,皆令欢喜,说法无尽,然亦并无分别机缘之念,乃是不起分别而自然合度,所谓"任运"是也。何故能如此耶?由于往昔在因地时,悲愿具足,深观缘生,熏习成种(善根也)之力使然耳。

然修因时,一面观缘生之假有,一面复应观本具之真空(本经开正知中,先说心行叵得,即是令观真空。次说诸法缘生,乃是令观假有)。若不证得真空之性，虽悲愿具足，深观缘生，亦不能随缘现起也。

故经又曰："依法如如，依如如智，能于自他利益之事，而得自在成就。依法如如，依如如智，而说种种佛法，乃至声闻法。"此言证性而后二智成就。依此二智，一切自他两利之事，皆得自在成就，不但能自在说种种法而已。不必起念分别自然而成，是为自在。

"法如如"者，"法"谓法性，"如"谓真如，次"如"字谓"一如"也。盖言与法性真如而一如，此根本智之异名也。"如如智"者，初"如"字"一如"也，次"如"字谓"真如"，"智"谓"根本智"。盖言与真如根本智一如，即后得智之异名也。

根本智即是性体，后得智乃为性用，得体而后起用，故他经译为后得智。对后得而明根本，故亦名之曰智，其实只是性体。故本经译为"法如如"而不曰"智"。各有取义，皆无不可。盖根本智言其照真，后得智言其照俗。照真则惟一空寂之性光，不谓之智可也。

然既性光朗照，谓之曰智，亦何不可？照俗则鉴别千差万别之事相，称之曰智固宜，然虽曰"鉴别"，并非起念分别也。故曰如如智耳。经又以喻显其理曰："譬如无量无边水镜，依于光故，空影得现种种异相，空者即是无相。"

水、镜皆喻性，水喻清净，镜喻圆满。无量无边，喻性之遍虚空周法界也。光喻二智，智乃光明义故。空喻性体空寂，影喻妄念，异相喻差别事相，无相喻无念。

"空者即是无相"句，正明空影之义，且明虽现种种相，其中仍然无相，故谓之空。总谓水镜无尘而发光，依于此光，故能于空无尘中现种种相。佛性亦然，无念空寂，则智光圆遍。依此智光，故空寂无念中，而得种种之事自在成就。可见自在成就，正由无念空寂而现智光。

今谓"如来作念'我当说法'"，便同凡夫，岂是如来？既不空寂，又岂能说法自在？正所谓"以轮回见，测圆觉海，无有是处"。当知说法如谷响，谓如空谷传声，有感斯应，初无容心也。又如桴鼓之相应，大扣大鸣，小扣小鸣，适如其分，自然而然者也。佛之说法，如是如是。此所以不应作此言念也。然则何故作此言念乎？世尊推原其故曰：无他，不能解我所说故耳。

或曰："前来世尊曾以'如来有所说法不'为问，长老明明答曰：'如来无所说'矣。何以此中，规诫长老不应作'如来有所说法'之言念。且曰'不解所说'，不知所不解者，果何说耶？"当知长老是当机，对长老言，意在规诫大众耳。

观初曰"汝勿谓"，继曰"若人言"，何尝克指长老乎？所谓不解者，若约本经言，盖防闻前来"无有定法如来可说"，及"菩萨为利益一切众生，应如是布施"诸说，未能圆解，则于如来无所说之言，势必错会。其他诸说，亦必不能贯通矣。将谓菩萨尚应利众行施，何况乎佛？佛之出世，原为说法利生者也。

且今正炽然说此《金刚般若》，则"如来无所说"之言，盖谓说了便休，不留一丝痕迹之意。前不云乎？"无有定法如来可说"，可知但无定法可说耳。岂一无所说？说了，无所说耳。正说时，岂能无所说？有所说法，虽非无念，然他念皆可离。说法之念若离，何以度众生耶？不度众生，又何以称佛耶？此其所以公然言曰"如来作是念，我当有所说法"，而不知其为谤佛也。凡夫见解，往往如此，殊不知正与佛法相反。

由此可见，解之关系大矣哉。因不解故，邪知邪见，既怀疑念而自误矣。又作此言，以破坏他人信心，误法误人，所以谤佛，罪至堕无间也。何以知其不解者？在此。观下文所说，正是对其不解处，痛下针砭，令其开解者，故知之也。

须菩提，说法者无法可说，是名说法。"

"无法可说"，意显本无可说也。何以本无可说？以本来无法故。既本无法，哪有可说，故曰"无法可说"也。何以故？一切法莫非缘生故。前云"无有定法如来可说"，正明其本来无法，但由缘会，假现幻相，故无有定。乃不知向缘生上彻底了解，生出种种误会，谬矣。

法是缘生，说亦缘生，说法者亦是缘生。既曰缘生，非无法也，非无说也，非无说法者也。然而缘生无性，当体是空。故虽俨然有说法者，正当炽然而说，显然有法之时，即复了不可得，此之谓"无所说"，言其说即无说也。若以为有所说，是不知其为缘生，而执以为实矣。解得缘生之义，便知法本无法，故说即无说，即说法者亦是即空即假，即假即空，决不致妄作言念，罪同谤佛。

凡夫所以妄作言念者，其根本错误，无非以为既有说法者，必有所说法。若无所说法，便无说法者。如来应世，原为说法度众，非明明有说法者乎？故妄曰"如来有所说法"。是全不解三身之义，误认法身说法矣（法身无说，报、化身方有说）。即复以为既然说法，必有说法念。若无说法念，何以说法？故妄言曰"如来作念，我当有所说法"。是又全不解因无念空寂，方能说法之义也。故文中不但曰"无法可说"，而曰"说法者无法可说"。两句合言之，正所以破其凡情。

何以故？既是说法者无法可说，其不能执为说法者明矣。尚且无法可说，哪有说法之念乎？然而明明有说法者，明明有法可说，何耶？殊不知"是名说法"耳。名者，假名也。当知因是假名说法，所以虽名说法者，无妨无法可说；虽无法可说，无妨名为说法者。

又复当知假名说法者，所以无法可说；正因无法可说，乃有说法及说法者之假名（因空无念，乃成二智，能说种种佛法，如前所引《金光明经》）。

若解得此义，疑念妄言，可不作矣。谤佛之罪，亦可免矣。前云：本经"是名"句，皆当作"假名"会，不可坐实。观上来"是名为心"句，当可洞然。而此处"是名说法"句，更足证明。盖若坐实说之曰"此之谓说法"，则是有所说法矣。一句"如是"，句句皆然，断不能坐实说煞也。

以上正面之义已竟。

当知此"开佛知见"一大科，皆是说以令发觉者通达其理，而除我见者。故此中"莫作是念"之言，是规诫菩萨不应起念。"勿谓如来作念我当"云云，是明说法尚不应有念，何况其他？且令观照真如之性，本无有念，即复观照诸法如义，空有圆融也。曰"即为谤佛"、"不解所说"者，是明苟或起念，便违佛旨。苟谓佛有所说之法，岂非法性未净？

总之，不一不异之义未明，虽闻佛法，必难领解，势必执有疑空，执空疑有，误法误人，造罪不知。故学佛第一要事，在于见圆知正，所谓开解是也。故复开示"说法者，无法可说，是名说法"之义，令其领会通达。若知得佛所说法，法本无法，则知一切法莫不如是。

知得法与言说，及说法者，皆是缘生，即空即假，即假即空，有名无实，则知一切世出世法，一切言说，一切学法者，莫不如是。既说法者无法可说，则学法者当然无法可执。既说法无念，则学法者，便当观照诸法缘生体空，会归一如。观力渐渐深，分别执著便渐渐薄，我见便渐渐除，念亦渐渐离矣。所谓通达无我法者，如是如是，菩萨应如是知也。此初明无法可说之旨趣也。

此下说明下一科加入之意。

此科经文，本为罗什大师译本所无，乃后人据魏译加入者。最初加入，为唐时窥基师，然众未影从也。其一唱众和，遂成定本，则自南唐道颙师石刻始。或曰"唐穆宗长庆二年奉敕所加者"，非也。

柳公权书写此经，在长庆四年，柳为朝臣，既先两年敕加，何柳书中无之？宋《长水刊定记》云"今见近本有此一段"，此语足为南唐始加之证。宋初距南唐时近，故曰"近本"也。

加入何意？以无著论，弥勒颂，皆有此义故。然谓秦译漏脱"三轮体空"之义，似未尽然。

盖前文已有"菩萨为利益一切众生，应如是布施"，"如来说一切诸相，即是非相"，又说"一切众生，则非众生"一段。

秦译或以"诸相非相"中摄有能施、所施之相，合之"众生非众生"，足显三轮体空矣。故此处略去"众生"一段，别显能所双亡之义耳。盖上言说法者无法可说，是明能说者空；下言无法可得，是明所说者空。修功至极处，必应能所皆空，方能性光独耀，迥脱根尘。此义即《心经》所说"无智亦无得"也。

秦译盖有意略去，以显进修之极功，决非脱漏。秦译字字不苟，何独于此义漏之？虽然，有此一科，义更圆满，秦译略去，不免千密一疏。故此番校本，一切皆依唐人写经，独于此科，依道颙石刻者，意在于此。兹当详说其应加之故。

清初达天师作《新眼疏》，分经文为信、解、行、证四大科者，以经文明明具有此义故也。如生信科中，长老郑重请问"颇有众生生实信不"，佛亦郑重答曰"有持戒修福者，能生信心"，而科尾复结之曰"佛及无上菩提法，皆从此经出"。言"从此经出"者，指示学人当从此经入也。信为入道之门，故于本科之末，结显此意。

开解一科，广谈果行以明因心。长老自陈深解义趣，正示人当如是深解也。佛复详为印阐而结之曰：当知经义果报，皆不可思议。"当知"者，当解也，所以结深解之义也。

此进修一科，先明发心无法，继令开佛知见。而佛见，则是不执一异。佛知，则是三际心不可得，一切法本无生。而归结处复明言曰："以无我、无人、无众生、无寿者，修一切善法，则得阿耨多罗三藐三菩提。"且曰："善法即非善法。"其指示学人应通达内心外境，即有即空，不执一异，无我无法，以为惟一之修功，意更显明。盖必修无我无法之因，方证平等法界之果也。

故第四大科中，明言"于一切法无我，得成于忍"。"成忍"者，所谓证也。其余所说，皆是平等法界、诸法空相之义，则皆成证之义也。信、解、行、证，经文、经义明明白白，现现成成。《新眼疏》独见及此，为从来注家所未有。其疏名曰"新眼"，诚不诬也。

当知《华严经》是以信、解、行、证，显示圆融无碍之入道次第。彼经为佛初成道时，加被诸大菩萨，共说如来自证境界。其境界正是诸法一如，一切皆是（不自说者，显示法身无说也）。此《金刚般若》，是为不断佛种而说，故一依《华严》信、解、行、证入道次第说之，俾闻者亦依此圆融次第而入道，以示衣钵相传，灯灯无尽之意。《新眼疏》将此眼目标出，此其所以妙也。

夫信、解、行、证，为入道之阶，固已。然"信"字尤要，成始成终，惟一信心而已。岂止信为入道之门已哉？《华严经》曰："信为道元功德母，长养一切诸善根。"一切善根，赖其长养，故事事法法不能离却信字。即如本经，明明曰："信心清净则生实相。"足见一个信字，贯彻到底。

是故佛既开示如何而信，如何而解，如何而行，如何而证，闻者便当一一生信仰心，亦如是信，亦如是解，亦如是行，亦如是证。不然，便如数他家宝，自无半钱分也。

试观生信科中，既说"持戒修福，能生信心，以此为实"，以答长老之问矣，复曰"一念生净信者，得无量福德"。此正鼓舞闻能生信心之说者，便当起信以持戒修福，庶几能生实信净信耳。

开解文中，于深解义趣后，说信尤多。如曰"信心清净则生实相"，

"信解受持第一希有","信心不逆其福胜彼","心则狂乱狐疑不信",如是反复言之者,皆以显示深解之要也。亦即所以点醒学人,当于开解科中所明之义,生起信心,亦求开如是之深解也。

开解即是明理,理明而后信真修实,乃有证入之可期。否则盲信盲修,枉用功夫矣。所以此科说信最多。第四成证文中,亦有"应如是知、如是见、如是信解"之言,以示如来平等法界,本非凡夫意想所及,断不能用凡情测度,惟当笃信,方能随顺得入耳。

由是观之,信、解、证三大科中,既皆特特标显信字,以为眼目,进修一科,不应独缺。乃秦译独于此科无一信字,故应引魏译此科之言信者(魏译除此科外,亦别无信字),补入秦译,以作点醒学人之眼目。使知凡此科开示之进修法门,皆当深信,依之而行。

不但此也,前文"诸相非相","众生非众生",虽足显三轮体空,然此中兼言"是名",既显即空,复显即假,义更完备。故虽有前文,亦不嫌复。盖前文但言"即非"者,所以明布施应不住相;此文兼言是名者,所以明法施与众生,皆缘生法。即空即假,应不住相而施;即假即空,应施而不住相,故不复也。

又复诸法缘生之义,如但有福德、胜报两科,而不约布施明义,是只有约果之说,而无约因之说,义亦少有未足。且约三轮体空明义,便摄有能所双亡义在。盖能施人与所施法,固为能所对待,而法施之人与闻法之众生,亦为能所对待。故说三轮体空,与能所双亡之义,初不相妨;若但明能所双亡,却不摄三轮体空也。故于此科,独不依原本而加入之者,意在于此。

尔时,慧命须菩提白佛言:"世尊!颇有众生,于未来世,闻说是法,生信心不?"

"尔时",谓说前科甫竟之时。

"慧命",即长老之异译,唐时则译作"具寿",名不同而义同也,皆年高德劭之称。秦译喜用旧有名词,故译为长老。唐译喜新造,称为具寿,以表生命、慧命,两皆具足之意。魏译则作慧命,此名似但说一边,然谓慧指法身，命兼生命说，亦无不可。

"颇有"者，意中恐难多有也。长老意谓：现在许有，未来众生，去佛愈远，业深障重，未必多有，故曰"于未来世"。

"是法"，浑括上说"无法发心"，乃至"无法可说"言，意谓发心修行，必须依法。今云"无法"，且云"说法者，无法可说"，然如是种种之说，莫非法也。末世众生闻之，深恐狐疑。故问曰："闻说是法，生信心不？"当知如上所说，皆是于法不执，精修无我之妙法。长老问意，正是指示学人，应信此妙法，修无我行耳。

> 佛言："须菩提，彼非众生，非不众生。

"彼"字，即指闻法之众生。非众生，约性言；非不众生，约相言。意谓言其非众生耶？然而非不众生也。言其非不众生耶？然而非众生也。正显即空即假，即假即空，一切众生皆是缘生之义。

> 何以故？须菩提，众生众生者，如来说非众生，是名众生。"

此科释明上言"彼非众生，非不众生"之故也。"众生众生"重言之者，承上非众生、非不众生说也。"如来说"，谓约性说。名，谓名相，意谓：顷言非众生、非不众生者，盖约性而说——本具佛性，非众生也，故曰"彼非众生"；但约名相，则是众生耳，故曰"彼非不众生"。此科合之上科，语极圆妙，义极深至，兹分三重说之。

一、长老是问，众生闻如是法能否生信？而答语专就众生说，于生信一层，不置一辞。岂不所答非所问乎？其实不然，问意已圆满答复矣。盖不答之答也。何以言之？长老虑众生于是深法未能生信者，由于认众生为众生，故不免为之担心。然而误矣，是执相而昧性矣。

当知就相而观，虽非不是众生，然不过缘生之假名耳。缘生非性，其性则上等诸佛，本非众生也。然则既具佛性，岂不能开佛正知？则闻是法者，岂无能信者耶？故"非众生，非不众生"一语，便含有"莫作是说"之意在。

二、佛说此科，无异教众生以闻法生信之方便也。方便云何？先观自身是已。一切众生应观此五蕴众法，但由因缘聚会，非生幻生，本来无生。若知此义，则于上说诸法缘生，即空即假、即假即空，发心修行，无法可执之义，自能生信矣。当知说法者尚无法可说，则依法发心修行者，哪得有法可执乎？

三、开示利益众生，行布施六度者，应即相离相也。盖非不众生者，是令体会众生缘生即假，不无是名，应无所住而行布施。此前所以言，"所有一切众生之类，皆应灭度令入无余涅槃"，菩萨应发此大悲也。非众生者，是令体会众生缘生即空，原非众生，应布施而不住于相。此前所以言"灭度一切众生已，而无一众生实灭度"者，菩萨应具此大智也。

总之，缘生之义，贯通一切。此义信得及，其他诸义，便皆彻了而深信无疑矣。

须菩提白佛言："世尊！佛得阿耨多罗三藐三菩提，为无所得耶？"

上来，初约福德言其无实。无实者，所以明缘生性空也。福德之大者，莫过庄严报身，故次约具足身相，以明性空。现此身相，原为说法，故三约说法者无法可说，以明性空。

说法原为度生，故四约众生，以明性空。一层追进一层，追至此科，则一空到底，如桶底脱。何以言之？佛现具足身相，既原为说法度生。而佛之所说，原说其所得，所谓如语，今知莫非缘生，缘生之法，当体是空。故具足身相，有名非实；说法，亦有名非实；众生，亦有名非实。然则岂非得即非得，佛即非佛，一往皆有名非实也耶？则一丝不挂，空寂之性，竟体呈露矣。此本科之要旨也。

长老前云："佛于然灯佛所，无有法得阿耨多罗三藐三菩提。"

然尚以为在八地时，因其不存有菩提之法，故今成佛得菩提耳。今乃知所谓佛得菩提者，亦复得而无所得也。意深于前，故自陈初悟，说一"耶"字，正显一空彻底，如梦初觉景象。此约事言也。若约理言，长老早与如来心心相印。

今陈初悟者，正指示学人应如是穷究到底，不令有一丝法执存在，然后我空性显，始觉合于本觉而成大觉耳。其故作疑问之辞者，又以指示学人，虽如是悟，当请明眼人为之证明也。上句先言"佛得阿耨多罗三藐三菩提"，是明约修因证果说，非毕竟无得；下句始言"无所得"，是明若约法说，非毕竟有得。总明无得之得、得而无得之意。句中有眼，不可笼统。

"如是，如是！须菩提，我于阿耨多罗三藐三菩提，乃至无有少法可得，是名阿耨多罗三藐三菩提。

两言"如是"者，印可上言非毕竟无得，非毕竟有得，所悟不谬也。佛说之义更深，乃将长老说者，更推其原。犹言，何以无所得乎？因其本无少法可得故也。此意正承"我"字来。我无少法可得，正明我空也。因其我空，尚不见有少法，哪有少法可得？既无少法可得，又哪有得法之佛？言"乃至"者，正明其空之又空，一齐扫尽。正当尔时，一念不生，湛湛寂寂，性德圆明矣。总之，性空寂中，本无少法。使其见有少法，正是我见。尚何所得？惟其不见有少法可得，乃真得耳。

句言我于无上菩提，无少法可得，妙。我不见有少法可得耳。言下含有非竟无法，故接言"是名阿耨多罗三藐三菩提"，意显非无"无上菩提"之名言也。又以显无上菩提，但名言耳，岂可著乎？故无有少法可得也。又以显所谓法，所谓得，皆因缘所生。

缘生体空，正当有如是名言之时，却本来无有少法可得也。眼光四射，八面玲珑。前来无法得菩提之义，至此畅发无遗，则无法发菩提之义，更因而彻底洞了。正所以开菩萨之正知，俾得通达无我、法耳。

上来"心行叵得"一科（"须菩提，于意云行？如一恒河中所有沙"下一大层次），遣能执也；诸法缘生一科（"须菩提，于意云何？若有人满三千大千世界七宝"下一大层次），遣所执也。然而能所对待，牵引愈多。故所执之诸法中，复有能所。如福德胜报，所生也；布施六度，能生也。而就布施之法言：法，所施之物也；说者，能施之人也。就布施之事言：说法者，能布施也；闻法之众生，所布施也。更细别之：我，能证者也；

法，所证者也。

总之，一切事莫非对待，有对待便有能所，有能所便有分别，有分别便有执著。然而少有分别，便是第六识，所谓我相是也；少有执著，便是第七识，所谓我见是也。故一一明其皆是缘生，使知缘生体空，有名非实。必应步步观空，层层遣除。其所以痛遣所边之法者，正所以痛遣能边之我。盖二者本是对待相形而成，彼销，此亦销矣。

而先说"心行叵得"，是直向能边遣除，然我相、我见之不易遣，多为外境所移，故于诸法更说得详细也。由是可知用功之法矣。盖遣能，当遣所，遣所即遣能。遣能所即是遣分别，遣分别即是遣执著也。分别遣尽，则六识转；执著遣尽，则七识转；二识既转，则我、法双空，皆是一如矣。皆是一如，所谓平等也。故下接言是法平等，直显性体焉。

复次，须菩提，是法平等，无有高下，是名阿耨多罗三藐三菩提。

此科乃上说诸义之总汇。上来所说，若理、若事、若性、若修，千头万绪，尽归结在此数行中。诸义若网，此数行文则网之总纲也。纲举而后目张，故此数行之义，能洞彻于胸中，则诸义皆得以贯通，皆知所运用矣。若或不然，虽闻得多义，终觉零零碎碎，犹散沙也。道理若未能得要，修功又岂能扼要？然则此科之关系大矣。其应悉心领会，不待言矣。

"复次"者，别举一义，以明前义也。下所云云，皆是说明菩提无少法之所以然者，故以"复次"二字标示之。"是法平等，无有高下"两句，正显无上菩提。然而"是法"二字，切不可坐实在菩提上，不但"是名"二字，不应坐实已也。

何以故？经旨正为执著菩提者，遣其执实。况此处正明菩提无少法之所以然，岂可将是法二字，坐实在无上菩提上讲？若坐实讲之，岂非菩提有法乎？虽《新眼疏》亦不免此病也。

惟肇公、智者两注最佳。注云："人无贵贱，法无好丑，荡然平等，菩提义也。"盖谓凡好、丑、贵、贱不平不等之观念荡然一空，则平且等矣，即此便是菩提之义也。此说既显明其正是菩提，而又未曾说煞，极为尽理，妙契经旨。由是可知"是法"者，谓任是何法也，犹言一切法耳。

无有高下正显其平等。当知一切法有高有下者，由于众生分别执著之妄见，见其如此耳。其实一切法性，平等平等，哪有高下？既无高下，又哪有无上菩提法？故曰"是名阿耨多罗三藐三菩提"。盖无以名之，假立此名耳，所以菩提无有少法可得也。若无上菩提有少法者，既曰"无上"，便高下之相俨然，岂平等性乎？佛之成佛，正因其证平等法性耳。

故曰"如来者，诸法如义"，故见"一切法皆是佛法"，故"如来所得阿耨多罗三藐三菩提，于是中无实无虚"。何以故？诸法一如者，是法平等故。一切法皆是佛法者，无有高下故。法性既平等一如，有何可得？故曰"无实"。正当无有少法可得时，平等一如之法性，圆满显现，故曰"无虚"也。

当知无有高下，则绝诸对待，无对待则成绝对，故假名曰"无上"。无高下则平等，故假名曰"正等"。何以无高、无下，如是平等乎？由其不同凡夫不觉，横起分别执著之故。然亦并无能觉、所觉之分也，故假名曰"正觉"。

由是可知，正因其不分别法，不执著法，且无法之见存，乃名无上正等觉耳。其无有少法也明矣。法性本来如是，佛惟显此本来之性焉耳。其无有少得也，明矣。故曰"我于阿耨多罗三藐三菩提，乃至无有少法可得"也。

前半部令于一切法无住，遣其分别之我执者，无非为显平等之性。后半部令于菩提法亦应无住，遣其俱生之我执者，亦无非为显平等之性。迨说明诸法如义后，复以不可得义，空其能执之心。且以缘生义，空其所执之法。能所皆空，则平等性体遂显，故标科曰"直显性体"。可见所谓无上菩提法者，非他，诸法一如之平等性是。若少有菩提法影子，岂能见性？何以故？性体空寂，所以平等，少有分别执著，便有所立，尚何空寂之有？少有所立，便见高下，尚何平等之有？菩萨应通达此理，尽遣分别执著而无我也。

所谓一切法性，本无高下者，眼前事物，莫不如是。奈众生不知观照何？譬有一事一物于此，或见之以为可喜，或见之以为可厌，而其事其物，初非因人而异。足见一切法性，本无高下矣。盖喜厌之异，异于其人,与事物无关也。

所以多愁者无往非愁,虽遇不必愁之境,而彼仍愁锁双眉。寻乐者无时不乐,虽有无可乐之事,而彼亦强开笑口。环境同,而人之所感,万有不同者,由于所见之不同也。

又如以水言之:人见之为水耳,鱼龙则见为窟宅,修罗则见为刀杖,饿鬼则见为脓血。经言:"此由业力所致。"当知业力何以成此差别?正由当初分别执著之我见,各各不同,遂致造业不同耳。若二乘慧眼,见其本空,并水无之。菩萨法眼,不但见其本空,亦见水之种种差别事相。如是种种所见不同,而水初无如是高下之分也。佛眼则见一如。一如者,水性本空,故随缘而现清浊等相,则虽现清浊诸相,依然水性本空。一切法莫不如是,是之谓"是法平等无有高下"。当知所谓平等者,非将高者削之使下,下者增之使高也。此正分别执著之妄见,更令不平矣,更令不等矣。愈求平等,愈觉纷乱矣。

佛言平等,是令去其分别,去其执著,任他高高下下,而平等自若。盖其心既平,其心既等,则事相上虽有高下,亦自高高下下,各循其分,不相扰乱,则一切平等矣。此平等之正义也。故慕平等之风者,当自平其心始,等其心始。

以无我、无人、无众生、无寿者,修一切善法,则得阿耨多罗三藐三菩提。

上科既以是法平等,无有高下,直显性体。而此之性体,人人本具,个个不无,但为妄想(即是分别)、执著,不能证得(此引《法华》成句)。佛为一大事因缘出现于世者,正为此一大事因缘也。佛说此经,亦为此一大事因缘也。从开经以来,千言万语,横说竖说,层层披剥,层层洗刷,就为的是洗干净一个本来面目出来,令大众体认。体认清楚,方知非照上来所说诸义克实真修,不能证得也。盖性体虽是本具,却被分别执著秽污,而非本来面目矣。非将高下之心,不平等之见去净,岂见本来?

然经上所言,是书本上的,非自己的。夫欲举步,不能不开眼,而开眼正为举步。若不举步,开眼何为?故既说"是法平等,无有高下"八个字，直将性体显示出来，俾大众开眼认明，即复将修此证此之功夫，的的指出，令大众举步，方能达到目的也。欲全修之在性，必全性以起修。

所以此经层层推阐，必令深解义趣。说至上科，更为直显性体，俾众体认者，诚恐未能深解，误以生灭心为本修因耳。所以古德修行，必须先悟本性者，为此。古人证道比今人多者，其最要原因，实在于此。

依上说道理，故此科所说修功，皆是一一针对是法平等，无有高下下手的。众生何故于一切法见有高下乎？无他，分别执著故耳。分别即是人、我对待之相，执著便是我见，所以见有高下而不平等，所以便与性体相违，所以此经启口便令发广大心，降伏我人等相。

"以"者，用也。用无我、无人、无众生、无寿者，犹言用无分别执著之心也。"善法"，即上来所言布施。举一布施，即摄六度，六度即摄万行，故曰"一切善法"。

言"以无我修一切善法"者，是明任是何法，平等平等。须以此平等心，观一切法，随应而修，不可存高下心也。合此两句，即是开经时所说，"于法应无所住，行于布施"之意。"应无所住"者，应用无分别执著之心也。住即是著，有所执著，便有分别。一有分别，所以执著。二事相应俱起，不相离也。行于布施，正所谓修一切善法。

"以无我"句，空也，不著有也，修慧也。"修一切善"句，有也，不著空也，修福也。如是二轮并运，亦即二边不著，则宛合中道，平等平等，便与阿耨多罗三藐三菩提之平等性相应，故曰"则得"。则得者，言其定得也。得者，证也。

若分析言之：以无分别执著心，修一切善法，则合于诸法如义，成法身之因也；福慧双严，成报身之因也；圆修一切，得方便智，成应化身之因也。既是称性圆修，故能性德圆明，三身显现，而成无上正等觉，故曰"则得"也。总明全性起修、全修在性之义耳。

以无我等修一切善法之义，即摄前说"不应取法，不应取非法"，以及"应无所住而生其心"，"应生无所住心"诸句之义。"即非……是名……"皆所以阐发此义者也。则得无上菩提，亦即前说之"信心清净，则生实相"之义。

不但此也，最初所说发离相心即是降伏一科，令发广大愿者，即是令以无我、无人、无众生、无寿者，修一切善法也（重读上句）。其次，复说"不住于相即是正住"一科，令行广大行者，亦即是令以无我、无人、无众生、无寿者，修一切善法也（重读下句）。

全部经文，实以最初两科为主要。以后所说，皆是就此主要，或疏释其理体，或显明其修宗，或剖析其隐微，或发扬其归趣者也。

大抵前半部，是先令于境缘上一切法不住，如"请示名持"以前所说是也。其后，则令于起心动念时，一切法不住，已越说越紧矣。

后半部，开章便令起心动念时，并无上菩提法，亦复不住。向后所说，皆专对此点遣除。迨说三际心不可得，使知能执者，乃不可得之妄念，非真心也。更说诸法缘生，使知一切法莫非即假即空，当其万象森罗，即复了不可得。并佛之果报身，乃至证得之菩提法，一切皆是幻有，一切了不可得。

昔禅宗二祖请初祖示安心法。初祖曰："将心来与汝安。"

二祖惶然良久曰："觅心了不可得。"

初祖曰："吾与汝安心竟。"

何谓"安心已竟"耶？诚以众生常住真心，久被了不可得者扰昏了。不知全由自己分别执著，以致攀缘不休，遂成昏扰扰相。

所谓将心取自心，非幻成幻法是也。若知昏扰扰相，本来了不可得，绝对不取，则当下清凉矣。故曰"吾与汝安心竟"也。此亦如是，觅菩提少法不得，则法法头头，皆是菩提，何必他觅？故即以"是法平等，无有高下"两语，直显菩提焉。

此平等菩提，何以能显耶？从上来所说能、所双空来也。能所何以双空耶？从开经时所说发广大愿，行广大行来也。发广大愿，则不取法（发度无度相之愿故，是不取法）；行广大行，则不取非法。以取法取非法，皆著我、人、众、寿故。法与非法，既皆不取，则我、人、众、寿，四者皆无。四者皆无，则法与非法，了不可得矣。亦即分别执著之三际心，了不可得矣。亦即能修、所修乃至能证、所证，了不可得矣。

如是种种了不可得，则常住真心，所谓"是法平等，无有高下"者，便了了而得。

前所谓"信心清净，则生实相"是也。此之谓"以无我、无人、无众生、无寿者,修一切善法,则得阿耨多罗三藐三菩提"。

总之,此三句经文,乃开经来所说诸句归结之义,俾得握此纲要,以通达从上诸说者,并非于从上诸说之外,别发一义也。应如是融会而观照之。

且由上所说观之,可见此经开口便是说事修,以后种种理性,皆是就事修上说的。不离事修而谈理性,乃说法之要诀。何以故?即有明空,便是二边不著故。此"即有明空"四字,括尽般若理趣。诸君紧记,依此而行,自合中道矣。此处所说"以无我修一切善法",亦具此义。盖谓当于修一切善法时,而无我也。若不修一切善法而曰无我,险极!何以故?非恶取空,即偏空故。当如是知。

须菩提,所言善法者,如来说非善法,是名善法。

无上菩提,不可执实,一切善法,又何可执实?若执实者,与执实无上菩提何异?故更须遣之。一切善法,莫非缘生假有,即有即空。故依如义说,一切善法,当下即非,但有假名耳,何可执实乎?故曰:"如来说非善法,是名善法。"

上云"以无我修一切善法",是约能修边遣;此云非善名善,是约所修边遣。若有所修之法,即有能修之念矣。有所有能,宛然对待之相,便是分别执著。有微细之分别在,则我相仍在;有微细之执著在,则我见仍在,故当遣之罄尽。当知以无我等修一切善法,则得无上菩提者,因其是用无分别执著之心去修,所以便得菩提。盖用此平等心修,则法即无法,修亦不存有能修、所修矣。无修而修,乃能无得而得也。

故此科所言,乃是起修时同时之事,即是修一切善法时,便观照非善名善。使其心中见有善法,则正是我见,何云"以无我等修一切善法"耶?换言之,此科正释明上文"无我、无人、无众生、无寿者"之所以然者,非谓修一切善法后,重又遣之也。断断不可与上科看成两橛,当如是知。

观上来所说,可知此"结示"一科,不但为本科举果明因之结示,乃为开经以来诸义之结示。换言之,即是开经以来所说诸义,无非令"以无我修一切善法"以证平等之性,至此乃为点明耳。

此经最初发大愿、行大行两科，是开章明义。以后约略计之，结示已有多次。第一次，即是"不应取法，不应取非法"两句。第二次，为"应如是生清净心"一段。第三次，为"应离一切相，发菩提心"一大段。第四次，为"诸法如义"、"无实无虚"、"一切皆是等"一大段。今乃第五次矣。而前后五次，自有其浅深次第。

第一次两句，是结度生不住相，布施不住相之义。不住相者，不应取法也；布施度生者，不应取非法也。

第二次，是结示广行六度应无所住者，为令空有不著，俾如实空、如实不空之自性清净心现前耳。

第三次之结示，是明离相方是发菩提心，不但二边不著，并不著亦不应著。故曰"应生无住心，有住则非"等。

第四次之结示，是约果位以示证得清净心者之境界，是一法不住的，法法皆如的，是无我的。使知上说诸义无非为令一尘不立，将微细之分别执著遣除净尽，乃能证佛所证耳。

此第五次之结示，乃是明白开示，一切法性本来平等，无有高下。故一一法皆不可分别执著，菩提法如是，一切善法亦如是。但用无分别执著之心，修无有高下，平等平等之一切善法，便契法性，便见寂照同时之本来面目矣。前后五次，浅深次第，既丝毫之不紊。复点滴以归源，细密之至，圆融之至。

> 须菩提，若三千大千世界中所有诸须弥山王，如是等七宝聚，有人持用布施。

一大千内，有十万万须弥山王，聚集七宝，其多等此。如是，指十万万言也。持如许之七宝，用作布施，其施可谓胜矣。福德之大，亦可知矣。此科是引喻，以显下文受持、广说此经之福德更大也。

> 若人以此《般若波罗蜜经》，乃至四句偈等，受持、为他人说。于前福德，百分不及一，百千万亿分，乃至算数譬喻所不能及。

流通本作"受持读诵",原本无"读诵"字,盖摄在受持内矣。"于前福德","于"者,比较之意也。"前",指上文以等于十万万须弥山王之七宝布施者。盖谓如前布施者之福德,可谓大矣。然而以其福德之百分、千分、万分、亿分、乃至算数不能算之分、譬喻不能譬之分,皆不能及持说此经者,福德之一分也。

经虽是文字名言,然由文字起观照,便由观照而相似、而分证、而究竟成无上菩提,岂一切有相福德所能比乎?

前半部收结时,明言不具说,故后半部"较量显胜",今始一见。然较显之命意,亦复与前大异其趣。须知此科说在"直显性体"之后,显性体即是显法身。前曾以须弥山王喻报身,今却以七宝聚如十万万须弥山王者用作布施,而其福德远不及持说此经。意显持经说经,能令自他同证法身,视彼报身,如同身外之财,何足校哉?当知佛现报身等,原为利益众生令他受用。正如以财布施,令他受用也。故以此为喻,以显证法身者,并报身之相亦不住也。

卷　五

开经以来，所以令离相、离念以除我执者，无非为遣分别执著。分别执著，所谓生灭心也。遣生灭心者，为证不生、不灭之性体也。是为一部甚深《般若》之总结穴，故正宗分齐此而止，即昭明之第三十一分。其三十二分，则属流通分矣。

此三科，皆紧蹑是法平等义来，意在教闻法者，当于法法头头上荐取平等之理，则可于法法头头上得见自性。初科明无圣无凡者，正显无有高下也。一真法界，平等平等，岂有圣凡之别？此义就度生上说明最便，故约度生以明之耳。

　　须菩提，于意云何？汝等勿谓如来作是念，我当度众生。须菩提，莫作是念。

此科大旨，与前"无法可说"一科相同。其不同者，不过前就所说之法言，今就所度之生言耳。然说法原为度生，度生便须说法，故大旨同也。前于无法可说中，所引十卷《金光明经》诸义，说明佛不作念之理由者，皆通于此。总之，佛不起心动念而能随机应缘，以度众生者，不外二理：

一因夙昔大悲大愿熏习成种之力，故能有感斯应。

二因具二智，成三身，如大圆镜，光明遍照，故能所应不谬。具此两种理由，所以不同凡夫，凡有所作，必须作念。

"莫作是念"，是普诫一切人，非专对当时会众言也。盖作是念，则以凡情测圣境。岂但谤佛？自己仍迷在妄想窠中，永无成圣之望矣。故切诫之。

总之，"莫作是念"之言，非仅令不可以轮回见，测圆觉海，实令学佛人必当断妄念耳。开经即令菩萨降伏此念，故曰"实无众生得灭度"者，后半部亦开口便说"无有一众生实灭度"者。今复就佛之度生言之，俾一切菩萨奉为准绳也。

上文虽曾两说"众生非众生"，然是单约众生说。今则约圣凡并说，以明平等法界，义不同前也。或曰："《法华》云：'我始坐道场，观树亦经行，于三七日中，思惟如是事，我所得智慧，微妙最第一，众生诸根钝，著乐痴所盲，如斯之等类，云何而可度？'由是观之，明明有圣有凡，何云无圣无凡？且佛于度生及所说法，皆曾详细思惟，而后说之。思惟即是念，何此经云无念耶？"

当知有圣凡者，约相说也。无圣凡者，约性说也。所以此经说即非，又说是名也。至于思惟之义，当分两层说明其理，以免怀疑。

一、凡佛所说，有随宜说者，此名权说，亦名不了义。有究竟说者，此名实说，亦名了义。如上所引《法华》中此等言句，即是随宜权说。因观知一切众生，根钝痴盲，著五欲乐，与佛证得之清净智、微妙法，不能相应。如斯之类，云何可度耶？乃不得已，先为由浅而深，说三乘法。然说三乘，实为一乘，所谓开权显实是也。

本经此处，正明平等法界，皆是究竟如实之说，故言句多连"如来"二字说之。如来者，诸法如义。何谓如？真如是也。何谓真如？离念境界是也。岂能引权以证实说？且所谓权者，亦是即实之权。故虽曰"思惟"，实则即思惟而无思惟。

凡读佛经，第一当明此义。即如佛常自称我矣，岂可因其随宜之称，而谓"如来有我相、我见"？

又如本经说此无上甚深之法，而着衣乞食，示同凡夫，岂可因此遂疑佛是凡夫？长老处处代众生请问，亦岂可看呆？谓长老真不明《般若》。世间多有以观世音菩萨是男身、是女身怀疑者。夫法身大士，本无有相。其所现身，皆是随机应缘。所谓应以何身得度者，即现何身而救度之。《楞严》、《法华》详说此义。岂可视同凡夫，局定为男为女？即以大士往因言，多劫勤修，何身不有？亦岂可举一世之身，以概多劫之身乎？佛经中类此之事，以及两相抵触之言句，甚多甚多，皆当如是领会也。

二、思惟者，作观之义，作观亦译思惟修也。上所引《法华》两颂（四句为一颂），是承其上文"我以佛眼观"一句而来。两颂所说，盖谓观照众生根机耳。当知作观之时，非无念，非有念。少知作观者，便能了然此中境界，与思索妄想，绝不相同。岂可误会思惟为作念乎？

总而言之，有生可度，有法可说，是约相说。佛作此观，正所谓寂而常照也。然而正当现如是事相时，即复了不可得，故又曰"无法可说，无生可度"，则是约性而说也。虽观而亦无所观也，照而常寂也。

故将所引《法华》两颂，与此中所说者，合而观之，正是性相圆融，寂照同时之义，亦即即权之实，即实之权之义。当如是通达也。若执一疑一，便是执相疑性，执性疑相，执寂疑照，执照疑寂，此正凡夫知见，正所谓钝根痴盲，与微妙第一之智慧，不能相应者也。

故学佛必须开佛知见。佛知即是知一切不可得，知一切即空即假；佛见即是不执一异。若执一疑一，正是执一执异矣。故欲通达佛法微妙之理，非将凡情俗见，一扫而空之，必不能入也。

何以故？实无有众生如来度者。若有众生如来度者，如来则有我、人、众生、寿者。

"实无"略逗，此二字是彻底的，谓实无作念之理也。何谓实无是理？其义甚多，略说其四：

一、若有度生念，便有所度之生，能度之我。能所者，对待之相也。便是分别，便是执著。佛证平等一真法界，故称如来，若有分别执著，何名如来？故谓如来作是念，实无是理。此约平等法界明义，亦是约如来边说，再约众生边说之。

二、何谓众生？不过五蕴集合而已，是缘生法，缘生体空。若有度生之念，岂非不了缘生，执五蕴法为实有乎？有法执，便有我执，曾是如来而有我、法二执乎？故谓"如来作是念，我当度众生"，实无是理。此约缘生体空以明义也。

三、众生之所以成众生，以有念故。众生之所以得度，以无念故。是故度生云者，惟令离念而已。若佛度生有念，则自尚未度，何能度生耶？故谓"如来作是念，我当度众生"，实无是理。此约离念名度以明义。

四、佛度众生，不过为众生之增上缘耳，而众生自己发大心、行大行实为主因。若无主因，虽有增上缘，生亦无从度也。是故众生得度，实众生自度耳。佛无此见，是佛度众生也。故谓"如来作是念，我当度众生"，实无是理。此约因亲缘疏以明义也。

总此四义，故有众生如来度者，佛实无此念也。此句是顺释其故。

"若"字下，复反言以释其故。

有者，谓有念也。若有此念，便落能所。

能度，我相也；所度，人相也；所度不止一人，众生相也；此念继续不断，寿者相也。苟有一念，四相具足。如来正令发心菩萨，除此四相，而谓如来有四相，其诬谤如来，可谓极矣。所以切诫莫作是念也。

此中正破"如来作是念"之邪言，故但约如来边（即前说四义中之初义），以明无能、无所、无我之义，意在令学人了然于平等法界，实无有我耳。

须菩提，如来说有我者，则非有我，而凡夫之人，以为有我。须菩提，凡夫者，如来说则非凡夫。

流通本多"是名凡夫"一句，唐人写经，南宋藏经，及古德注疏中，皆无之，大不应有。

此科是释明无能度、无所度之所以然也。此中"我"字，若但作"我人"之"我"会，固无不可，然义浅矣。须知"我"字，正承上文"我当"之"我"来，盖指佛言。"我则非我"，意显平等法界，佛即非佛耳，正明无圣之意。盖佛之称，显其证果耳。如来之称，亦为显其证性耳。

一真法界，离名绝相，哪有此等名字？且一真法界，一切诸佛，一切众生，同体之性之异名也。因其同体，故曰"一如"，故曰平等无有高下。若此中有"佛"字者，便有高下，便非平等，便有名相，便非空寂。故依如义而说，所谓有佛有圣者，便非有佛有圣。

但凡夫之人，只知取相，不达一真法界，以为有佛有圣耳。平等法界，佛尚无存，岂有能度可说乎？且既是平等同体，不但无圣而已，又岂有凡？故所谓凡夫者，约如义说，便非凡夫也。凡尚无存，岂有所度可说乎？无高无下，平等平等，此之谓性体一如（足见后人妄加"是名凡夫"句，真是画蛇添足）。

无圣无凡，正是无有高下之所以然，故曰"平等"。性体本来如是平等，所以佛说上无佛道可成，下无众生可度。盖度即无度，成即无成也。所以说平等真法界，佛不度众生，所以佛眼观一切众生本来是佛。此皆约性体平等义说也。

何故说平等义？为令发心菩萨通达此义。应以无能、无所、无法、无我之心，修一切善法，乃能如是而证也。由此可知，修行人虽应发愿转凡成圣，然发愿已，即须将凡圣之念抛开。若不抛开，圣凡永隔矣。何以故？圣之成圣，凡之成凡，正由一无念，一有念故。起念，便有高下，便非平等故。古人开示修行，有一句最好，曰："但蓦直行去。"蓦直者，绝无瞻顾之意。

行人只要明了道理，认准方向，便一直行去。转凡不转凡，成圣不成圣，以及一切生死利害等等，概不挂念。如此，便与道相应，与性相应，速能成就，否则反不能成也。古人又有警句曰："古庙香炉去。"谓应万念灰冷也。圣凡尚不挂念，其他可知矣。

> 须菩提，于意云何？可以三十二相观如来不？"
> 须菩提言："如是如是，以三十二相观如来。"

此科为全经紧要眼目，而义蕴幽深。非逐层细剖，不易明了。

"观"，与"见"不同。约如来现身言，曰见；约学人修观言，曰观也。问意盖谓，可以观想有相之应身，即是观想无相之法身不？一有相，一无相，当然不可。然而应身原从法身显现，无相之无，本非是毕竟无，所谓实相，无相无不相是也，则又未尝不可。虽然，若执以为可，未免取相，而有著有之过矣。

然若执以为不可，又未免灭相，而有堕空之过。试看长老所答，可以增长见地不少，再闻佛之所遣，更令人豁开心眼多多。须知开经以来层层遣荡，屡说即非、是名，无非为防学人著于一边。

此处明性相非一非异者，正是说明不应著于一边之所以然也。

"于意云何"，探验见地之辞也。前已屡次探验矣，今更探验者，因此处不曰见，而曰观，问意极细，迥不同前也。盖正恐学人闻得诸法如义，及是法平等者，笼统颟顸，未能深入精微，而自以为一如平等矣。则差之毫厘，谬以千里。故更须探验之，而开示之也。

欲说答辞，有二要义，必当先明：

一、般若会上，佛令长老转教菩萨（见《大般若经》），可见长老久已与佛心心相印，《般若》义趣，早已深知。此经故示不知者，代众生请法故也。

二、甚深之理，本无可说。今不得已，于无可说中而言说之。一人一时，不能说两样话，故寄于二人，用问答体说之，则甚深义趣，较易明显耳。依上两义，故长老所说，无异佛说。一切经中当机人，皆应作如是观，不但此经为然。此是要义，不可不知。

"如是如是"句，若但作应诺之辞会，不但浅视长老，经中所含深旨，亦不显而晦矣。何谓浅视长老耶？且如初次佛问"可以身相见如来不"，长老即答"身相即非身相"。二次问"可以三十二相见如来不"，又答"即非"、"是名"。第三次问"佛可以具足色身见不"，"如来可以具足诸相见不"，皆答以"不应"。何此中忽又执相如此？长老固是代表众生，然而既明忽昧，于理不合。所以"如是"句，实非应诺之辞，乃是说理。

"如"者，诸法如义也。"是"者，一切皆是也。前不云乎？前半部中，无一答"如是"者。后半部答"如是"处，皆表精义。如明五眼中，每答皆称如是，此明肉眼非定肉眼，乃至佛眼非定佛眼。

总之，五不定五，一不定一，不可执一也。正所谓诸法一如，一切皆是。意显惟如则皆是，不如则皆非是，故每答皆称"如是"。次问"说是沙不"，亦答称"如是"者，此明"如来说是沙"，乃以如义说是，非同凡夫之说是也。再问福德因缘，亦答称"如是"者，此明法法皆是缘生，体会得缘生性空，则法法皆如，法法皆是。

故下接云："此人以是因缘，得福甚多。"意显惟其缘生，始有多福之可得，亦惟其缘生，应不执著缘生相，而会归一如性。则虽法法皆是缘生，亦即法法皆是佛法矣。此外皆未答如是。至此，复答称"如是"者，意亦同前。而两称之者，令人当重视如字。必其能如，而后方是耳。

其意盖谓三十二相，亦诸法之一。诸法皆是真如，岂三十二相不是真如？但必应会得如义，方是。何以故？若领会得性相一如，既不灭相，亦不执相，则观三十二相应身，即是观如来法身也。若违如义，势必执相以观性，否则灭相以观性，则无一而是矣。"如是如是以三十二相观如来"，应作一句读之，总以明依照如义，以三十二相观如来，则是也。

长老之意，盖谓观不同见。心中作三十二相观时，本是无相之相。如来现三十二相，亦是相即非相。今了其无相之相而作观，则既非取相，亦非灭相，正与实相无相无不相之义合，亦即与诸法如义合，亦即与如来合。故曰："如是如是以三十二相观如来。"意显既一如矣，观相即是观性也。

长老答意，实是甚深，实是甚圆，实与佛旨相应。而下文如来更加破斥，以遣荡之者，以长老所明如义固是，但其中尚有微细之理，不可不认清辨明。否则势必至于笼统颟顸，未见谓见，认驴鞍乔，为阿爷下巴矣。

此义实关紧要，乃为一般学人最易含混者。故佛与长老，一问一答，以显明此隐微深旨，俾学人不致误认耳。

佛言："须菩提，若以三十二相观如来者，转轮圣王则是如来。"

须菩提白佛言："世尊！如我解佛所说义，不应以三十二相观如来。"

佛意盖谓，汝言"如是如是以三十二相观如来"，乍聆之甚是也。然而本源之地，若未认清，诚恐似是而非。何以故？三十二相，岂但如来现此相哉？转轮圣王亦具有之。然而轮王之相，是由福业来，不同如来是由法身显。

今遽笼统曰"如是如是以三十二相观如来"，然则轮王亦是如来矣。岂非大谬？当知佛言固是说所观之相，意实开示能观之人。盖以业识未空之轮王，因福业故，亦有三十二相，足见相皆虚妄，不足为凭。然若观者业识已空，岂但轮王之三十二相不能蒙蔽？即观众生五蕴色身，亦能洞见法身，而不见有五蕴。苟或不然，虽与如来觌面，亦但观相，而不能观见法身矣。

佛之言此，正因初发心修观者，无明分毫未破，方在业识之中。若闻"一如皆是"，"是法平等"之说，不揣分量，遽谓观相即是观性。不知所观者，正是识而非性也。一切学人应于此中细细勘验。云何勘验？

一、博地凡夫，自无始不觉自动以来，久已性相不一矣。何故不一？由于取相。何故取相？由于业识。故必须尽空诸相，剿绝情识，方足语于性相一如。

二、佛说如义，是令体认一真法界，除其分别执著而无我。故当自审："分别否？执著否？"倘有微细分别执著，便是业识，何云观相即是观性乎？

总之，一如平等，惟有诸佛方能究竟。必须既不执实，且虚相亦泯，直至一念不生，并不生亦无，方是一如而不异。故所谓诸法一如者，是只见一如之性，不见诸法之相。不但此也，直须虽一如平等，而亦无所谓一如平等，乃为真一如，真平等。岂业识未空者，所能妄以自负？

今云"以三十二相观如来"，明明存有能观所观，便是分别执著，业识宛然，乃云"如是如是"，殊不知早已非如，毫无一是矣！古今多少行人，粗念稍息，便谓已证三昧。习气仍在，辄云任运腾腾，是皆以混滥为圆融，鲜有不堕落者。观此经文，真是顶门上痛下一针。

世尊所破，长老原已洞明，故得机便转。而前之所答，亦是悬知众生之病，所以笼统其辞，待世尊破斥之，俾一切众生，皆得自勘自破，不致混滥耳。

凡标"须菩提白佛言"句，皆示郑重之意，此中亦然。意在令学人于此番破解，不可忽略看过也。"解所说义"者，闻知轮王亦同此相，相不足据，便解得诸法一如，必须尽泯诸相而后可也。

长老如是解，正令学人应如是解。不应者，意显非绝对不可。若其情识已空，则有相等于无相，无相何妨有相？而非少有情识者，所应混滥也，故曰"不应"。此语正是切诫学人者。

总之，佛说一如平等，是令一、异皆不可执。今以相观性，明明执一矣，尚得曰"一如"乎？

"转轮圣王"者，以十善化世，不待兵戈，威伏四方，为人世第一大福德人，自然有七宝出现，随意自在。第一曰轮宝，王乘此轮，巡行四方，因称转轮圣王。

轮有金、银、铜、铁四种，得金轮者，曰金轮王，王四大洲。银轮王，王东、西、南三洲。铜轮王，王东、南二洲。铁轮王，王一洲，即南阎浮提也。以福德力，具三十二相，但欠清净分明，因其是由有漏福业而成，不同佛之由无漏法身而现者也。

> 尔时，世尊而说偈言："若以色见我，以音声求我，是人行邪道，不能见如来。

"尔时"者，破解甫竟之时。标此二字，是令学人应与上科同时体会。因偈中所说，正是所破所解之所以然故也。

"色"字，统指一切色相，三十二相亦摄在内。两"我"字，指如来言，即谓性也。

"音声"，赅说法音声在内，正谓不可执取上来一平等诸说，向文字音声中求也。见色者眼识，闻声者耳识，举二识以概其余也。

总之，见闻觉知，虽其体是性，然众生自无始来已变成识。今若以色见，以音声求，显然业识用事，执著六尘境相。乃欲以是见法身，以是求法身，明明是妄见，明明是向外驰求，其知见已大大不正，尚欲见法身如来乎？故斥之曰："是人行邪道，不能见如来。"以真如之性，非是分别执著之业识境界故也。结成欲观一如，非尽空情识不可之意。

或曰："佛经中每令人观佛相好，何也？"须知此是方便。所谓方便，含有两义：众生处处著相，故令舍染观净，此一方便也。既知观净，即复令趋究竟，如此中所说，此二方便也。盖步步引人入胜，是之谓方便。

所以《十六观经》中，最要者为"是心是佛，是心作佛"数行文。明得一切唯心，则知虽观相好而不执实，其分别执著之情识遣矣。所以念佛人虽观见弥陀现前，极乐现前，亦不可著者，此也。何以故？相由心作故。自性清净心，本来无相无不相，相不相更不必置念故。此理不可不知也。当知置念，便是分别矣，执著矣。

上来遣相已遣到极处，亦即后半部无法发心以来之总归结处。盖发心时，即不可取著菩提法者，因少有所取，便著色相，便是向外驰求，便非正知正见，便是法执我执，便与空寂之性相违。岂能见如来哉？所以令菩萨通达无我法者，此也。否则盲修瞎练，走入邪道，欲煮沙以成饭，永永不能达到目的，因修行是以见如来为目的故也。故应通达也。

然而遣相者，但为不可取著而已。若误会是灭相，则又大非，故又有下一科文来，今先说其要旨。

此一科，不但在后半部中，有万钧之重，即开经以来所说不应取非法、非非法，以及既说即非，又说是名等义，直至此处，方说明其所以然。故在全经之中，与上科同为紧要关键。譬如千山万壑，迤逦蜿蜒，行至此处，乃回转环抱，团结起来。遂使前来无数峰峦起伏，莫不一一映带，有情有势焉。

须知前半部是对初欲发心者说，所以空有皆令不著，以合中道。凡说即非、是名处，其语气大都两边兼顾。既不可著有，复不可著空。所谓是名者，含有名相虽假，未尝不是之意。

至后半部是对已经发大心、修大行，并能不取一切法相者说。但恐其独独取著菩提法相，则终为空寂之累，终不能证性，而此执甚细，最为难除。

故后半部所说，皆向著有边痛遣。虽有时即非、是名并说，然其语气，多侧重即非边。含有法相虽是、终为假名，因是假名、所以即非之意。必待遣得一尘不染，一丝不挂，然后又掉转头来，说不应著空。故曰"有万钧之重"也。此正宗下所谓"百尺竿头，更进一步"之意。又曰："还要翻个筋斗。"翻筋斗者，掉转头之谓也。

且前半部所说不应著空，但说其当然。若无此中"于法不说断灭相"句，为之点醒，不但其理未明，亦无归结，而全经精神亦不团聚矣。所以说上科与此科，为全经重要关节者，因其是开经以来所说诸义之归结处故也。

虽然，后半部开章后，既专遣执有，上科虽为遣有之总归结，义蕴幽深，然理本一贯，尚易说明。惟此科忽然转舵，眼光四射。其语气精神，直贯注到前半部。故一句之中，赅括多义。真如侧看成峰，横看成岭，面面皆放光明，皆成异彩，不知从何说起。今欲说明一面一面的道理，宜先说其大旨。大旨明了，面面亦较易明了也。

当知性为一切法之体，相是表面，所以修行者原为证性，故不应执著表面之相。此一定之理也。然而有里亦须有面，若但有主体，而绝无其表，主体亦孤立而无所用。所以修行欲证性者，既不应执取相，亦不应断灭相。此亦一定之理也。

譬如造屋，梁柱是主干，是体。门窗户壁乃至砖瓦灰石等等，是表面，是相。自然最先要注重梁柱。若但知取著外表之相，而不知注重主干之体，如何其可？然若但有主干之梁柱，绝无门窗户壁，尚得名之为屋哉？造屋如此，修行亦然。观此譬喻，其不应执相，亦不应废相之理，可以了然矣。此佛说此科之最要宗旨也。

须菩提，汝若作是念，如来不以具足相故，得阿耨多罗三藐三菩提。须菩提，莫作是念：如来不以具足相故，得阿耨多罗三藐三菩提。

如上所说，可知此遣灭相一科，义意之深广矣。然而不但深广已也，复多隐含之义，头绪又繁，极不易说。说既不易，领会之难可知。然既为重要关键，断不能不细心领会也。

何谓"如来不以具足相故，得无上菩提"耶？当知表面说具足相，实则隐含修福德之义也。因具足相，由修福德来也。佛经中此类句法甚多，所谓互相影显是已。以文字言，如曰"莫作是念，如来不以修福德故，得无上菩提"，岂不直捷了当？今不如是说，而以"具足相"为言者，盖有两重深意：

一、为引起下文不说断灭相，以对上文之不执取相，显明二边不著之义也。且上言如来，下言具足相，可显性虽无相，而亦无不相之义也。

二、说一"具足相"，闻者可以领会句中影有修福德。若说修福德，闻者未必能想到是说具足相，是之谓善巧说。

总之，如此一语双关而说者，因上文说轮王亦有三十二相，而是由修福来，既已破斥，恐人误会证性者不必修福。又因上说以色见我，是行邪道，恐人误会见如来者必须灭相。今如此立说，则两种误会俱遣，故曰善巧也。"汝若作是念"，"是"字，指下文不以具足相等。正恐闻上言者，发生误会，而作是念也。长老是当机，是众生代表，只得向长老发话，其实是普告一切人也。

"得阿耨多罗三藐三菩提"句，影含多义，当逐层说之：

一、阿耨多罗三藐三菩提，义为无上正等觉，然亦摄有佛及如来之义。何谓摄如来义耶？如来者，平等法身也。无有高下，体绝对待，故曰无上；既是平等，故曰正等；不觉则不能证，故曰正觉也。何谓摄有佛字义耶？佛者，觉也，故曰"正觉"；自觉觉他，无二无别，故曰"正等"；觉已圆满，至究竟位，故曰"无上"也。故无上正等觉，可谓性德如来、果德佛之统称。此中不曰佛，不曰如来，而举统称之名为言者，为显二义：

1. 因上句显说具足相，隐含修福德。若单约修因克果之福德言，应用佛称。若单约相虽非性，亦不离性之具足相言，应用如来之称。今上句既具隐显二义，故宜用兼含性、果二德之统称也。

2. 说一得阿耨多罗三藐三菩提，正为引起下文之发阿耨多罗三藐三菩提来，盖欲藉果证以明因心也。藉果明因者，所以阐明后半部开章时所说，"实无有法，发阿耨多罗三藐三菩提"之真实义也。开章时先说无法发菩提之义，接明无法得菩提之义。一发一得，相对而说。此中亦一得一发相对说之者，正所以补足开章时所说之义也。

何谓补足？盖阐明前所谓法者，即摄非法。前所谓无法者，是二边不著，法与非法皆无。如此，方是发菩提。若但会得不取法一面，未免落空。尚得谓之发无上菩提乎？是此中得发并说，故与开章时并说者，相映成趣之要旨也。

由此，又足证明"菩提"下前说既无"心"字，则此中下文"发阿耨多罗三藐三菩提"之下，岂可著一"心"字？乃不明经旨者，笼统滥加，岂非大谬？

二、说一"得"字，更有精妙之义。盖此得字，正针对上科"观"字而说者也。针对观字而说得字者，所以明观则不应取相，得则不应废相之义也。何以故？修观之道，重在见性。观相岂能见性？前半部中，已说得明明白白，曰："若见诸相非相则见如来。"故欲见如来者，必须能见诸相即是非相而后可。

今云以三十二相观如来，并未能见相即非相，何能见如来耶？乃谬引如义，自以为是。不知如义者，虽不废相，亦须不取相，方名为如。今著于一边，何名为如耶？颠顶甚矣，故破斥之曰"行邪道"、"不能见"。以明性相之非一也。

此科不说观而说得者，是约修因证果说也，亦即约性相相得说也。何以故？性相不相得，不名证果故。意显若能不著于相，相亦何碍于性？故相得也。

总之，性是里，相是表。约表里言，性相非一也。若约表必有里，里必有表，表里合一言，性相则非异也。此如买屋者，应观其梁柱。若但观外相，而曰观外相即是观梁柱，岂非笑谈？然若只有梁柱，而门窗户壁，外相一概无有，则虽得此屋，等于不得矣。修行亦然：约观言，必应不取相；约得言，必应不废相也。

明兹譬喻，则一、异皆不应执之理，当可彻底了然。更可见佛所说法，语语有分寸，字字含妙理。诚恐学人粗心浮气，于性相非一非异道理，囫囵吞枣，不能潜心细领。今观如上所说，我世尊已将性、相圆融中之行布，为一切学人，画得了了明明，清清楚楚。若能深切体会，自能既不取相，亦不取非相，又有行布，又能圆融，事事皆合中道，法法不违自性矣。

三、前条所说，更有互相影显之义在，不可不知也。何以言之？上科说观，是约因边说，是明修因者，不可取相也，不可修有漏之福也。当知修因既不可取相，证果又何可取相？但非废相耳。在因位时，不可修有漏福者，以修无漏之因，乃能证无漏之果故也。

此科说得，是约果边说，是明证果者，并非废相也，亦非不由修福来也。当知证果既非废相，修因又岂应废相？但不可取著耳。果非不由修福来，然则在因位时，但不应修有漏之福耳，岂令绝对不修哉？因果一如，故互相影显以明之。

四、上科与此科，两两对照观之，复有要义。上科长行中之意，若云：轮王亦有三十二相，而非如来，是明修福不修慧，不能得无上菩提果之义也。

此科切诫莫作"不修福得菩提"之念，是明修慧不修福，亦不能得无上菩提果之义也。上科四句偈中，呵斥以色、声见如来为行邪道者，明见性不应取相之义也。此科切诫莫作"不以具足相得菩提"之念者，明见性亦非废相之义也。

由第一条至此第四条，合而观之，已将理、性、事、修，以及性相非一、非异、又行布、又圆融之因因果果，说得细密之至、周匝之至矣。然而所含之义，犹不止此。

五、上科言观，此科言念。观、念，一义也。两科合言，意显相与非相，福与非福，两边不著，为正观、念也。若其但取一边，即非正观正念。何以故？不合中道故。故上科取相，便以"行邪道"呵斥之。此科取非相，又以"莫作是念"切诫之。

六、三十二相是应身，应身生灭无常，于明性相非一之义便，故上科遣取相，则举三十二相言之。具足相，即前所谓具足诸相，是报身。然约相言，名报身；约性言，即是报得法身，于明性相非异义便。故此中遣灭相，则举具足相言之。

当知如此而说，亦是互相影显以明义者。何以故？三十二相不应取，可知具足相亦不应取。具足相不应灭，可知三十二相亦不应灭。分而说之者，但为便于显明非一、非异之义耳。

七、不以具足相得菩提中，更含精义。当知具足相之成，是由福慧双修来，不但修福已也。何谓双修？修福时便知不著相是，知不著相，便是慧也。因此，乃能成具足相，得无上菩提。此与轮王大异其趣者，盖轮王福业，称为有漏者，无他，修福著相故耳。故只能成三十二相，只能得轮王果。

由是可知，此中虽是说不灭相，其实兼有不取相义在，此其所以能与性不异也。此层为此科精妙之义，所以举具足相以明非异者，宗旨在此。何以故？非异即是一如，必其相与非相，两边不取，方名一如。若上科所说，是但知不取非相一边，何名一如哉？

综合上说诸义，则此科之义，便可洞明。无非恐人闻上来遣相之说，偏于空边，误会是绝对无相，则与实相之无相无不相相违，便非诸法如义，便非是法平等，便不得无上菩提之果，而不见如来矣。故切诫以"莫作是念"也。若作是念，乃邪见非正见故。论道理，论语气，只此莫作是念一句，于义已足。

今复接说"如来不以具足相故"两句者，盖重言以申明之。使人知注重此两句是要义，不可忽略耳。故"莫作是念"须连下两句一气读之。若"念"字断句，便觉下两句重复矣。

曾见清初一刻本，误从"念"字断句，又嫌下两句重复，遂删去"不"字，而作"如来以具足相故，得阿耨多罗三藐三菩提"。此大谬也。须知有一"不"字，含有虽不应取相，亦不应废相之意在。语气便双照二边，何等圆融活泼？若删去"不"字，语气便著于取相一边，沾滞呆钝，相去天渊矣。

《大智度论》云："般若如大火聚，四面不可触。"岂可钝置一语？试看本经文字，从无一字说煞。以文字论，亦是绝妙神来之笔，非罗什大师译笔，不能妙到如此。取他译本比而观之，自知。此种清初刻本，幸他刻未仿效之。不然，今流通本中，又多一毒矣。

须菩提，汝若作是念，发阿耨多罗三藐三菩提者，说诸法断灭。莫作是念，何以故？发阿耨多罗三藐三菩提者，于法不说断灭相。

此科经义，甚为曲折细致，当潜心领会之。流通本，"菩提"下皆有"心"字，唐人写经皆无之。大约加入"心"字，起于五代，不应加也。

此科正是说明上一科文之所以然者："汝若作是念"至"说诸法断灭"一段，是说明上文作是念之所以然；"何以故"下一段，是说明上文莫作是念之所以然。

"汝若作是念"，即谓作一"如来不以具足相，故得无上菩提之念"也。

"说诸法"之"法"字，紧承具足相来。因具足相，是由修福而成。云何修福？广行六度诸法是也。是故若说不以具足相，便无异说不用修六度法，岂非说成诸法断灭乎？故曰"说诸法断灭"也。

中间又有"发阿耨多罗三藐三菩提"一句，何谓耶？当知世尊因后半部开章时，曾说无法发菩提。诚恐未能深解其义者，闻得后来又说"我于阿耨多罗三藐三菩提，乃至无有少法可得"，上科且说"若以色见我，是行邪道，不能见如来"，势必误会曰：前所云无法发菩提之义，我知之矣。得菩提者，既无少法，且明明开示以色见为邪道。色者，相也。可见如来得无上菩提，全与具足相无关矣。此作"不以具足相故得菩提"之念之来由也。

若作是念，便有第二念曰：具足相者，是由行六度法，勤修福德而来——所谓百劫修相好是也。今得菩提，既与具足相无关，且明明开示"得菩提者无有少法"，可见发菩提者，亦必不应有少法，但当一心趋入空寂之性而已。

凡六度诸法所谓修福德修相好者，全不可放在心上。此所以开示"无法发菩提"耳。行人若如此误会，与佛旨相背而驰矣，走入邪道矣，势必一法不修矣。何以故？说成诸法断灭故，尚得谓之发无上菩提乎？故切诫以莫作是念也。

由此可知"佛说"此科，正是说明为何作是念之所以然者。而佛于遣取相之际，忽然掉转头来，说此遣灭相一大科，又正是阐明前云"无法发菩提"之真实义者也。此科之关系重要也，明矣。故顷言义甚曲折细致，当潜心领会也。凡说理到精深处，切须细辨。不然，势必差之毫厘，谬以千里，走入邪道而不自知，危险之至。此学佛所以宜开圆解，而以亲近善知识为急务也。

"何以故"下，正明不应作是念之所以然。意若曰：前言"无法发菩提"者，是说不应存一念曰"此是无上菩提"，以除其取著法相之病耳。何尝说断灭法相耶？故曰："发阿耨多罗三藐三菩提者，于法不说断灭相。"夫前说无法发菩提时，已说得明明白白，曰：发阿耨多罗三藐三菩提者，但当生起度生本应尽之责，虽尽亦等于未尽之心。岂是说断灭诸法乎？后又言，若菩萨作是言，我应灭度无量众生，则不名菩萨者，亦是说不可存一我能尽责之心。岂是说断灭诸法乎？佛得菩提无少法可得，是说虽得而不存有所得，亦非断灭诸法也。

证法身，得菩提，必须福慧双修。以福慧双修，乃能悲智具足故也。何能言具足相绝对无关耶？乃竟如此误会，大谬大谬。

当知世尊大慈，因上来极力遣相，惟恐颠顶者，未能深解，难免无此误会，故如是恳切告诫之耳。如是告诫者，非但为阐明无法发菩提之真实义，且意在开示学人，欲证平等法身诸法如义，必须尽歇狂心，一念不生而后可耳。何以故？动念便有分别执著故，故曰"莫作是念"也。由此言之，此中"菩提"字下，万不能著一"心"字，显然可见矣。

总而言之，开经来所说诸义，若无此"别遣情执"下两大科文，便难彻底领会，则亦无从演说矣。当知自开经来，演说种种两边俱遣的道理，皆是摄取此处两大科义而说者也。故此两大科，为全经中重要关键，因其义可以贯通全经故也。

即如前半部，启口便说"灭度无量、无数、无边众生，实无众生得灭度"者，是说度尽众生，而不著相，非说一生不度，而为断灭相也。又说"于法应无所住，行于布施"，是说行布施时，不应住相，并非不行布施，而成断灭相也。

所谓"应如是降伏"者，是执著与断灭两边皆要降伏，不是降伏一边。

所谓"但应如所教住"者，即是两边降伏，两边不住。如是一无所住，自能得所应住，亦即是"如所教住"。故曰"若心有住，则为非住"也。

所以世尊示同凡夫尘劳之相者，即是表示不执著具足相、三十二相，而又不断灭相也。是之谓一如，是之谓平等。所以是经有无边功德，而能信心不逆者，便为荷担如来，增福灭罪，当得菩提。而此义甚深，必须深解，否则非惊怖而狐疑，便颠顶而狂乱矣。

不但此也，前云通达无我法者，是不但应通达不取法相之理，且应通达不灭法相之理。何以故？若取法相，即著我、人、众生、寿者；若取非法相，亦复即著我、人、众生、寿者。必须于一切法相，既不取，又不灭，乃能证得平等一如之法性而无我，是真能通达者矣。

故得此两大科，全经便融成一片，义蕴毕宣。所以下科，即以"知一切法无我得成于忍"，圆满收束。

此明非一、非异两大科文中，复有一极要之义。其义云何？所谓"非常非断"是也。"明非一"一科，是说非常，三十二相之应化身，随时显现，生灭非常也。因其非常，故与常住之性非一也。"明非异"一科，是说非断，具足相即是报得法身，故非断也。因其非断，故与常住之性非异也。

虽然，此犹据随宜之义而说，若依究竟了义说之，法、报、应三身，皆是非常、非断。此两大科文中，明明曰如来，指法身说也；明明曰具足相，指报身说也；明明曰三十二相，指应身说也。夫三身并说，以明不应取相，不应灭相者。盖因其非常，故不应取也；因其非断，故不应灭也。

可见经旨，明明是显三身非常非断之义，岂能漏而不说乎？此义亦《般若》要义，不可不明者也。何以故？非常非断之义明，非一非异之义，可因而更明。非一非异之义，若得洞明，然后见圆而知正也。然而其义甚不易明，诸大乘经论中，虽屡屡说之，而说得最详最透者，莫过于十卷《金光明经》。今当引而说之，想为诸君所愿闻也。

彼经曰："依此法身，不可思议摩诃三昧，而得显现。依此法身，得现一切大智。是故二身，依于三昧，依于智慧，而得显现。"摩诃者，大也。三昧者，定也。大定对大智言，大智即大慧也。

定慧从绝对之法身显现，故皆曰大。皆曰大者，明定慧之均等也。明定慧均等者，显寂照之同时也。定慧约修功言，寂照约性具言也。寂时照，照时寂，非言语心思所可及，所谓离名绝相，故曰不可思议。此句统贯大智。

二身，谓报身、应身也。盖谓法身性体，本来离名绝相，寂照同时，但无修莫证。然若非性体本具，定慧之修功，亦无从显现。故曰：依此法身，得现大定大智。此表面之义也。骨里，是开示必须离名绝相，依本寂以修定，依本照以修慧。定慧修功，圆满均等，便能寂照同时，便是证得法身。迨至法身证得，报、应二身之相，即复显现。故曰：是故二身，依于三昧智慧显现。

观此段经义，可知必须离名绝相，以修定慧，方能证法身之性，然亦不断灭报、应二身之相也。报、应二身，彼经译名微异：通常所称之报身，彼则译为应身。通常所称之应身，彼则译作化身。一切经论及古德著述中，此等异名，常常遇之。初学每以为苦，然若细观经旨，便知所指而得会通，亦不必畏其难也。

彼经又曰："如是法身三昧智慧，过一切相，不著于相，不可分别，非常非断，是名中道。"此明法身非常非断也。法身三昧智慧者，意显定慧圆足，便是法身，非此外别有法身。盖三昧智慧，即指法身言，不可误会法身、三昧、智慧是三件事。

观前来所引彼经"依于法身"云云，可以了然矣。何以故？从来皆说报身、应身，从法身现，而彼经云"二身依三昧智慧得现"，足证三昧智慧，即是法身也。

所以凡夫本性，但称佛性，有时则称在缠法身、在障法身，从无有单称法身者。正以其无有定慧，或虽有而不具足，既未证一真法界，未能寂照同时，何能称法身哉？然则既须定慧具足，方名法身，可见法身不外定、慧具足矣。

"过一切相"下四句，明义精极。过者，超过。过一切相，犹言超乎相外。既曰过一切相矣，又曰不著于相，何耶？过一切相句，明其无相也。性体大而无外，亦复小而无内，超然于一切对待之表，故无相也。

"不著于相"句，明其无不相也，因其无不相，乃有不著之可言也。盖性虽非相，而一切相皆从性现。虽从性现，而性仍超乎其外，故不著也。此二句互明其义。因其超然，所以不著；因其不著，故知超然也。合此两句之义，正所以显性相之非一也。何以故？性虽随缘现相，而仍超然不著故。此所谓不著，是言其法尔不著。何以见之？相皆生灭无常，而性之常住自若，不因其随缘现相，便为此生灭相所妨也。可知其本来不著矣。故性与相非一也。此两句，亦是说明法身与报、应二身非一也。

"不可分别"句，所以显性相之非异也，亦即是说法身与报、应二身非异。何故不可分别而非异耶？彼经自明其义曰："虽有分别，体无分别。虽有三数，而非三体。"盖谓报、应二身，只有相而无体，体惟法身而已。所以数虽有三，而体非三。相虽有别，体则无别。故不可分别之言，是约体说者。然亦是一语双关，因其时时现分别之相，乃有不可分别之可说。所以不可分别句，一面固显其体无有别，而一面却显其现相无休也。由是可知非一非异之界限矣。盖以性融相，则非异；性相对举，则非一也。

"非常非断"，紧承上三句来。时时显现体虽无别，而用则有别之相，故曰"非常"；然相虽非常，而法身之性，仍复过一切相，不著于相，故曰"非断"。

或问："从来说法身常住，因其常住，乃名法身，故说法身非断，其义易明。法身虽现报、应等相，今云'非常'，亦是约相而说。然则何云法身非常耶？此义终难了然。"

答："所谓法身常住者，乃单约法身言也。然证得常住法身不生不灭之体已，若住于体，而不现相，则不能与众生接近，何以利益众生耶？故诸佛、诸大菩萨，为利益一切众生故，恒现报身及应、化等身生灭之相，而不住著法身。就其有常住法身而不住言，故曰法身非常也。"

然虽不住，因其常在大定之中，故所现之相，尽管生灭炽然，而法身之常住自若。所谓过一切相，不著于相者，实由于此。故又曰"法身非断"也。当知法身非常，正所谓不住涅槃；法身非断，正所谓不住生死。两边不住，故曰"是名中道"。法身两边不住者，言其既不著于法身，亦不住著于报、应等身也。此正寂照同时境界，非定慧功夫修到圆满均等，不能至此境界也。

本经启口便令发大愿，修大行，除其我执者，因此。以我执未化，必分别执著。少有分别执著，便不能两边不住，又岂能定慧均等？则寂照同时境界，何能达乎？

彼经复曰："化身者，恒转法轮，处处随缘，方便相续，不断绝故，是故说常。非是本故，具足大用不显现故，说为无常。"彼经译应身为化身，此明应身非常非断也。是故说常，犹言故说非断。以应身随缘，恒现不断，故说非断也。无常犹言非常。"非是本者"，言应身非本性之体也。报、应等身，皆本性显现之相用，故非是本。用由本显，非由用显。报、应二身已是用矣，不能更显用，故曰"具足大用不显现"。此句正明报、应是相，相是生灭法，故说为非常也。

彼经又曰："应身者，从无始来，相续不断，一切诸佛不共之法，能摄持故，众生无尽，用亦无尽，是故说常。非是本故，以具足用不显现故，说为无常。"此明报身非常非断也，彼经译报身为应身故。不共之法，如十力、四无畏等，惟诸佛有之，菩萨亦未具足，故曰"不共"。

摄持有两义：此不共之法，为报身之智用，摄持于报身，一也。报身具此智用，遂能摄持众生，二也。故接曰"众生无尽，用亦无尽"。综合上所引之经义观之，非一非异，盖有三义：

法身体也，报、应等身用也，故非一。若以体收用，则不可分别，故非异。此一义也。

而法身之非常，是常而非常；二身之非断，是断而非断。故法身之非常，乃二身之非断，此性相之所以非异也。法身之非断，是毕竟非断；二身之非常，是毕竟非常。故法身之非断，乃二身之非常，此性相之所以非一也。何以言之？法身之非常，是约相续现相说。

经云不可分别者，明其相续现相，而体惟法身也。相续现相，故曰非常；体惟法身，故曰常而非常。法身之非断，是约常住本体说。

经云过一切相，不著于相，正明其常住本体。因其常住本体，故虽现相而能超然不著也。常住本体，故曰非断；现相而复超然不著，故曰非断是毕竟非断。彼二身则不然。二身之非常，是约非是本体说，经云"非是本故"。既非本体，故曰"非常是毕竟非常"，故曰"法身之非断，乃二身之非常，性相之所以非一也"。何以故？一常住本体，一非是本体故。

二身之非断，是约现相相续说，经云"相续不断故"。既显现相续，故曰"非断"，故曰"法身之非常，乃二身之非断，性相之所以非异也"。何以故？同是约现相相续说故。此非一非异之又一义也。

又复三身非常非断之名，非异也。而法身非常非断，与二身非常非断之所以然，则非一。此又非一非异之一义也。

总之，说一有种种一，说异有种种异，且一之中有异，异之中有一。是故说一说异，非也。说不一不异，亦非。说一说异，是也。说不一不异，亦是。然则非可说，非不可说，执则皆非，不执则皆是耳。当如是见，当如是知。如是见者则为圆见，如是知者乃是正知。

或曰："由上所引经观之，可见报、应二身，同是生灭相，同一非本。何故本经约应身明非一，约报身明非异耶？"须知应化身之相续，是证法身后，方便随缘所现，且轮王亦有之。而法身性体，则常住不变。其为非一，最为显明，故约应化之三十二相，以明非一也。

若夫报身，是与法身同时成就。故本经曰："以具足相故得无上菩提。"正明其成就具足相，即是证得无上菩提也。当着眼"故"字。且如《金光明经》明报身之义曰："应身者（即是报身），从无始来，相续不断。""相续不断"句，报应所同，此明其与法身非一也。

"从无始来"句，报身所独，即明其与法身非异也。当知法身可云无始，报身须无明尽后，乃始证得。今云从无始来何耶？此义甚精，细剖方明。

盖报身有二种名，一曰自受用报身，一曰他受用报身。本经曰"具足相"，《金光明经》曰"相续不断"，曰"众生无尽，用亦无尽"，皆是约他受用边说。然必自受用之义明，他受用之义方明。

今先言自受用。自受用报身非他，即指自利之内证圆智而言，假名为身耳。此智固由修功而现，然实性体本具，若非本具，修亦不现，譬如钻水不能出火，煮砂何能成饭？然则性体无始，此智亦复无始矣。故自受用报身为无始也。

再约他受用言之。自受用、他受用，名虽有二，其实是一。盖约内证自利之圆智言，曰自受用。约现相利他之大用言，曰他受用耳。既曰圆智，必有大用。若无大用，何名圆智？一表一里，似若有二，然而表里合一，乃得身名，故名二而实一也。且智是性具，用亦何尝不是性具？故他受用报身，亦为无始也。

综上诸义，报身与法身非异，其义显然。故约报身之具足相，以明非异也。若克实论之，即应化身亦可云无始。何以言之？应化身为修种种法，通达俗谛之事，功行圆满，得大自在，故能随众生意，现种种身。然何以通达俗谛之事乎？由于通达真谛之智故也。可见事摄于智矣，是故报身无始，应身亦复无始。

然则何故独以应身明非一耶？报身与法身亲，应则较疏之故。何谓亲耶？他受用，为所现之相用，是表。自受用，为所具之智慧，是里。然相用之现，即现于智慧。而智慧之具，即具于理体。且理智一如，亦无能具所具之分，能现所现之别。

故无论自他受用，实与理体冥合为一，故亲。亲故非异也。何谓疏耶？应化身虽亦具于理智，亦无能具所具、能现所现等分别，然专属外现之相，故疏。疏故非一也。

试观《金光明经》所说，便可了然。其明报身之义，既曰"无始"，又曰"摄持不共之法"。举内持为言者，正明其与法身亲也。其明应化之义，则曰"处处随缘方便"。举外随为言者，正明其与法身疏也。总之，明得非常非断之义，则非一非异，其义乃得彻底。即诸法一如，是法平等诸义，亦皆彻底。

何以故？三身皆非常非断而非异，故一如也。然非常非断又各有不同而非一，故虽一如而不妨有诸法也。且一中有异，异中有一。故差别是平等中现差别，平等是差别中现平等，亦不隔别，亦不混滥。

行布不碍圆融，圆融不碍行布。此之谓圆中，遮照同时，存泯自在矣。岂第两边不著已哉？而扼要之修功，惟在不取相，不灭相，而以性为中枢。迨已证得空寂性体，以熏习力故，便亦不取不灭，随机应缘，大用无尽。岂但相不住？性亦不住，并不住亦不住矣，而大圆镜智之中枢自若也。

此之谓"以无我、人等，修一切善法，则得无上菩提"，此之谓《金刚般若波罗蜜》，所以传佛心印者也。

通达此理以念佛，便得理一心，必生常寂光净土。愿与诸君共勉之。

须菩提，若菩萨以满恒河沙等世界七宝布施。

流通本作"持用布施"，柳书、慧本，无"持用"字。以七宝布施，已含有持用意在矣。

后半部校显经功，只一二处，然亦意不在校显，不过借作别用。1. 借以作一段落，2. 借以显明他义。如此中，既借布施福德，显成不受者之为得无我忍。复借无我功胜，结束前文所言"菩萨应通达无我法"之义耳。

前半部中，所以说无数宝施，乃至以无数命施，皆未称为菩萨，而此中独举菩萨为言，其必有深意可知。连下文读之，便可恍然，乃是互相影显之文也。盖此科虽仅言宝施，意则含有此人已知一切法无我，故称菩萨。但犹未成忍，故不及后菩萨耳。于何知之？试观下文云："此菩萨胜前菩萨所得功德。"

前半部中，无论宝施、命施，概言福德，未言功德，而此则云"前菩萨所得功德"。前菩萨七宝布施，以功德称，必其已知离相修慧，非但知著相修福之人可比矣。因言功德，因称菩萨。

夫有我者必不能离相，故知其意含此人已知一切法无我也。况前云"若菩萨通达无我法者，如来说名真是菩萨"，然则若非知法无我，其不称之为菩萨也，决矣。

总之，此一大科文中，一字、一句、一名称，皆含极精之义，不可忽略。"恒河沙等世界"，谓世界等于河沙，犹言无数世界。"以"者，用也。"满"者，充满。谓用充满无数世界之七宝行施也。此科不过引一布施多福之事，以为下文不受作张本耳。

> 若复有人，知一切法无我，得成于忍，此菩萨胜前菩萨所得功德。

上文宝施菩萨，既影有知法无我意。此中得忍菩萨，亦影有宝施意。观下文"不受福德"、"所作福德"等句，则此菩萨之大作布施福德，显然可见矣。因其大作福德而不受，所以称其"得成于忍"也。不然，得忍与否从何知之？故此科与上科之文，其为互相影显，决无疑义。

此义既明，便知经旨并非不重视福德，惟当不著不受而已。则此中"知一切法无我，得成于忍"两句，经旨亦实趋重于得忍。

曾见数家注释，因未明了影显之义，遂将"成忍"句，看成带笔。因谓前菩萨但知修福，此菩萨则知法无我，故功德胜前——此修福所以不及修慧也云云。大失经旨矣！何以故？若是此意者，则前来切诫莫作"不以修福德得菩提"之念，何谓乎（如"于法不说断灭相"一科所云）？谬甚谬甚。

一切法不外境、行、果。境者，五蕴、六根、六尘等是；行者，六度、万行等是；果者，住、行、向、地乃至无上菩提等是也。

无我者，谓一切染净诸法，不外因果。因果即是缘生，缘生体空。故一切法中本无有我。当知所谓我者，非他，即众生无明不觉，于一切法中，妄生分别执著之见是也。而一切法性，本来空寂，哪有此物？因其本无，故当除之也。知一切法无我之知，即是解也。谓领会得一切法性，本来空寂也。

盖"一切法无我"五字，是理。"知"之一字，是智。

"得成于忍"者，谓一切法性本来空寂无我之理，与其知之之智，已能冥合为一矣。

忍者，忍可。"契合无间"之意，犹言合一也。理智合一，明其我执已化也。功行至此，是之谓成。云何而成？由于熏修，故曰"得成"。

得成者，犹言熏修得有成就也。非精修功到，云何能成耶？故此两句，上句是解，下句是行。合而观之，是明此菩萨解行成就也。又复上句知是慧，下句忍是定，合之，便是定慧均等。因其定慧均等，所以解行成就也。

所以所得功德，胜过前菩萨也。因前菩萨解、行、定、慧，其功行犹未能达于冥合为一。则是其知之之智，于一切法无我之理，尚未做到安安而不迁地位，故不及也。"忍"字之义，犹言安安不迁也。

自前一大科中标示"若菩萨通达无我法者，如来说名真是菩萨"以后，至此方始归结。可知上来所说，皆是无我法。而令菩萨通达者，但必须功夫做到得成于忍，方为真实通达，真是菩萨耳。

何以故？通者，明通也，即指解言；达者，到达也，即指行言。故通达云者，即谓解行具足。解行具足，故曰"真是菩萨"也。故不可将"通达"二字，但作明理会也。须知解固居行之先，然非如法实行，确有经验，何能深解？前云"行由解出，解因行成"二语，即通达之真诠。如是通达，乃得成忍耳。

须菩提，以诸菩萨不受福德故。"

流通本，"须菩提"上有"何以故"句，柳书、慧本无之。此中本有一"故"字，已显释明上文之意，何需加"何以故"耶？曾见数家注解，谓此科是释上文功德胜前之故。大谬！上文已自说明，功德胜前，因其成忍矣。何须更释？当知此科是以不受之义，释明成忍之故者耳。

夫成忍者，所谓证也。此科释之云：何以谓之证耶？不受是也。盖成忍之言，正是开示学人，功夫必须做到如此，方能无我，故须释明成忍之所以然。若功德胜前，原是带笔，何必特加解释？况前文已经说明耶？

云何不受？下科方明其义，今亦无妨说其要旨。所谓不受者，无他，广行布施六度，若无其事之谓。此非真能忘我者莫办。是其功行，已到炉火纯青之候，故曰得成也。诸菩萨，非实有所指，犹言一切菩萨。以者，因也。意谓凡是菩萨，因其修福不受，方于无我成忍。此菩萨亦复如是不受，故曰成忍耳。

上文言所得功德，此中言不受福德。正明其因不受故，所作福德，尽成无漏之功德也。

上引事文中，不曰"以满无数世界之七宝布施"，而必以"等于河沙"为言者，亦寓精义。盖明白不受者视之，如彼无数宝施，等于泥沙耳。其细已甚，何足道哉？此其所以能不受也。若视为甚多甚盛，便已心为境转矣。心有其境，名之曰受。今曰不受，正明其心空无境也。思之思之，此亦欲不受不著者之妙观也。

须菩提白佛言："世尊！云何菩萨不受福德？"

长老请问，盖有三意：

一、既已修之矣，而又不受，则初何必修。恐不得意者，生出误会。此请问之意一也。

二、不受者，谓拒而不纳乎？福德之至也，因果一定之理，岂能拒而不纳？然则何谓不受耶？此请问之意二也。

三、上言得忍，由于不受。然何以能不受耶？长老请问，意在俾大众彻底明了，皆能达于不受之地。此请问之意三也。故特标以"须菩提白佛言"句，使知此问之要。应于下科开示，加意体会也。

"须菩提，菩萨所作福德，不应贪著，是故说不受福德。

初句言作福德，使知虽不受而应作，不可因不受之言，误会修福可缓。当知作福德，即是修六度，是从大悲心出。诸佛如来，以大悲心为体。因于众生，而起大悲。因于大悲，生菩提心。

云何可缓乎？第一重问意可以释然矣。次三句，言不应贪著，故说不受，使知所谓不受者，非拒而不纳，乃不贪著耳。不贪著者，福德之有无，绝不在念之谓。盖明若为求福德以修六度，是名贪著，则是利益自己，非为利益众生，非大悲心，非无上菩提矣，故不应也。知此，第二重问意可释然矣。

作福德，不著空也，大悲也；不贪著，不著有也，大智也。悲智具足，空有不著，是名中道。且著者，住也。不应贪著，即是应无所住。合之上句，即是应无所住行于布施，正是回映经初所说。且修福不著，亦即最先所说度尽众生而无所度之意，皆所以降伏我执者。此经宗旨，在无住降我，故说至成证时，归结到无住降我上，精神义趣，一线到底，一丝不紊也。

然则上文何不径曰：以诸菩萨不贪著福德故，岂不直捷了当？何故先说"不受"，再以"不著"释之。当知上科说不受，是开示云何而为成忍，盖成忍即不受之谓也。

《大智度论》云："一切不受，是名正受。"正受者，三昧是也，亦谓之定，亦谓之忍。然则不受之言，乃成忍之注脚要语，岂能不特特标出？至于此科说不著，则是开示云何而能不受。换言之，上科先告以成证之境界，乃是一切不受。此科复告以成证之方法，不外经初所言，"应无所住行于布施"也。云何证、云何修，指示得极亲切、极扼要。故不受、不著，两说皆不可少。

且当知行人一切皆不应著，迨至不著功醇，便成不受。故不受亦是一切不受，兹不过约福德以明义耳。盖所以受者，由于著。所以著者，由于贪。所以贪者，由有我。而我之所贪，莫过于福，故约福德言之耳。知此，第三重问意可释然矣。

总之，平等法界，本来一切法无我。学人先当开此正知。如是知已，便如是行。云何行耶？最初所说"应无所住，行于布施"，此中所说"所作福德，不应贪著"，是也。

换言之，便是广修一切法而行所无事。久久功醇，则心若虚空，虽一切法炽然行之，不厌不倦，而相忘于无何有，是之谓不受。不受者，形容其一心清净，不染纤尘也，且自然如是，而非强制。恒常如是，而非偶然，则悲智具足矣，定慧均等矣，分别执著之我相我见，化除殆尽矣。至此地位，无以名之，名曰"得成于忍"。然此犹菩萨境界，而非佛也。故继此而明诸法空相，本来不生，若至于一念不生，不生亦无，则随顺而入如来平等法界矣。闻斯要旨，当静心思惟之。

向后经文，正是点滴归源之处。故其所含之义，甚广、甚深、甚细，若但解释本文，为文所拘，必说不彻底。又如何听得彻底？惟有先将所含要旨，发挥透彻。则说至本文时，便可数言而了。此亦讲演高深道理之一种方法也。

上来所说，千言万语，一言以蔽之，曰"无住"而已。云何无住？所谓不住于相是也。何故不住相？所谓"若心取相，则为著我、人、众生、寿者"是也。当知欲不住相，必须其心不取。不取，正为破我，而破我，正为证一如平等之一真法界。此一法界，即是常住不动之法身，称为如来者是也。

总之，全经所说之义，不外"不取于相，如如不动"八个字，不过直至最后，始将此八个字点明耳。以是之故，此"诸法空相"一大科经义，乃是融会全经旨趣，而究竟彻底以说之者，所谓点滴归源是也。故其所说，更圆更妙。

即如全经皆说无我，至此则说无我原无。夫无我尚无，则是无住亦无住矣，不取亦不取矣。何以故？一切法本不生故。且亦无所谓不生，何以故？法即非法，相即非相故。夫而后究竟无我矣，无我亦无矣。

由是可知，上来所说无圣无凡，非一非异等义，乃是即圣凡而无圣凡，正一异而非一异，忘其为不受而名不受。故虽无圣凡，而无妨成圣成凡；虽成圣成凡，而依然无圣无凡。一异等等，莫不如是。

则亦无所谓两边，无所谓著，无所谓中。何以故？一且不存，哪有两？更哪有边？哪有中耶？非毕竟无也。虽纷纷万有，而有即是无也。何以故？本不生故，是之谓如如，是之谓不动，是之谓不取。

盖生心不取，即是取矣！生心不动，其心早动矣！生心如如，尚何如如之有耶？生心除我，则我见我相俨然也。若不知向此中荐取，纵令辛苦勤修，终是打之绕、添葛藤也。

总之，此一大科所说，正是极力发挥不取于相、如如不动，至究竟处。即是引导学人，观照深般若处，亦即令一切众生，得大自在处。经文既眼光四射，面面玲珑，闻者亦当眼光四射，面面玲珑，未可死在句下，随文字转。当凝其神，空其心，字字句句，向未动念处体会。若沾滞一毫攀缘相，名字相，便无入处。

顷所言当向此中荐取，不辞葛藤，为重言以申明之。标题曰"空相"者，含有本无相、不取相两义。盖此一大科，正是说理体，亦正是说修功。行人应先明了理体本来无相，所以应不取相。且体既无相，故修不取者，便时时处处，皆应观照诸法本来无相之理体。是之谓全性起修，全修在性。

然则欲学《般若》无住之行，何必局定从头修起哉？便可径从诸法空相起修也，故曰"当向此中荐取"也。

当知大乘圆教，亦有渐次，亦无渐次。故禅宗曰："直指向上。"向上者，趋向本源之谓。直指者，剪去枝叶，一眼觑定本源处，单刀直入是也。若将此语看呆，以为惟看话头法门，可以如是观照而直入，念佛及修其他法门者，便不能作此观照本源功夫，自失善利，孰过于此？

凡了义经，无一句不彻底，无一法不是彻首彻尾，所以说理处，即是说修处，且一直贯到证果处。所谓教、理、行、果，虽分为四，然若执定是四件事，岂非行果外别有教理？尚何教理之足云？以是之故，了义经中，语语能证道，句句可入门也。

以《弥陀经》言之，如"执持名号，一心不乱"两语，固然说有前后——执持句是下手处，一心句是执持之功效。然若不能体会一心以起修，终亦不能做到执持也。然则一心不乱，岂可仅作功效观之乎？

以此经言，句句说理、说修，即无一句不可以贯通全经。岂独此一科为然？故随拈一句，皆可从此悟道。昔禅宗六祖，因闻"应无所住，而生其心"句而得彻悟，后人乃执定全经中惟此一句最妙，此正所谓随人脚后跟转也。

若真是伶俐汉，知得大乘佛说是法印者，便可随拈一句，以印之于事事法法。

换言之，便是事事法法，都向这法印上理会之，如此方是会用功人。

则行住坐卧，不离这个，易得真实受用也。何况此一大科，语语说的是心源。佛之所证，证此也。若以为此是如来境界，非初学所及。难道学人不应返照心源乎？其为大错，更何待言？

夫返照心源，固非易事，然不向源头上观照，而寻枝觅叶，如何修得好？源头上能观入些些，一切修功，皆可迎刃而解矣。此如学为文字者然，少得经、子及秦汉人气习，下手便出人头地。修行亦复如是，当如是知也。古德云"不可高推圣境，自生卑屈"，真吃紧语也。

> 须菩提，若有人言，如来若来若去，若坐若卧，是人不解我所说义。

"诸法空相"句，是大乘法印。"不来不去"等句，莫非法印。法印者，一切法皆可以此义印定之之谓。今不过约如来圣号明之，以示例耳。须知来、去等，皆是对待之事相。欲证绝对体者，必当泯诸对待，空其虚相。何以故？一切法性，本来非相故，此约性体以明诸法本来空相也。若约修功言诸法空相者，谓空其诸法之相也，即泯相入体之意。

如来本性德之称，乃此人执著来字，则有来必有去矣。既有来去，复联想到坐卧。此明倘著一相，必致愈引愈多，万相纷纭，永永不得清净，以示读经闻法，不可著文字相也。此人完全门外，闻称如来，心中遂俨若有一来去，以及行住坐卧等，相相不一。

四"若"字，形容其心逐相而转，起灭不停，恍若有睹，神情如画。作此言者，是以凡情测圣境，全未了解如来之义，故曰"是人不解我所说义"。"我"字指如来，谓不解如来二字所明之义也。亦可指佛。佛所说法，无往而非令人离相证性，乃至语言文字，皆不可执。此人全不知性，著于名言，是于佛说之义，毫无领会，故曰"不解我所说义"。呵斥此人不解，正欲一切人，深解空相之义趣也。

> 何以故？如来者，无所从来，亦无所去，故名如来。

如来即是法身。法身常住不动，无所谓来去也。法身遍一切处，亦无需乎来去也。其见有来去者，乃应化身耳。此身是缘生法，谓随众生机感之缘而生起者也。

换言之，即谓此示现之身，皆自众生眼中视之云然耳，如来固未尝动也，此之谓缘生。何以明其然耶？试思佛既示现矣，众生何故有见，有不见？何故有时见，有时不见？盖得见与否，皆视众生之心如何，心净则佛现矣，遂名之曰来。心浊则佛隐矣，因名之曰去。心净心浊，全由众生，故应化身之隐现，亦全由众生，故曰"随缘生起"也。

然而有缘亦必有因，其因为何？前所谓慈善根力及成就二智是。所以随感即现，并不起心作念；所以虽随方示现，而若无其事，法身之不动自若，初不住于来去之相也。然虽法身不动，而恒常示现应化身，从不断绝，亦不住于不动之体也。是之谓如如不动。

明其虽如如，而是不动的；虽不动，而是如如的。故虽见有来去，实则不来不去；虽不来不去，无妨见有来去。此中曰"无所从来，亦无所去"，非谓毕竟无来去也。是说来亦无处，去亦无处。两"所"字最要。无所者，无处也。形容法身本遍一切处，岂更有来处去处乎？既是来去而无来去之处。

可见虽来去，而实未尝来去，乃未尝来去，而现有来去耳。此意即是住而无住，无住而住，乃离相之极致。何以故？来去与不来去之相俱离，故曰极致也。

总之，来去是从不来不去上见，不来不去是从来去上见。不但离尽有相之相，并离尽无相之相矣。盖真如、实相，本来如是。真如者，无可遣，名真；亦无可立，名如也。实相者，虽无相，而亦无不相也。所以结之曰："故名如来。"

名者，假名。不但来是假名，如亦是假名也。何以故？真如而曰"来"，即谓其不住涅槃。盖真如之体本不动，而今曰"来"，然则所谓如者，名而已矣，实不住于不动之真如也。既来矣，而曰如，即谓其不住生死。盖来去之相为生灭，而今曰如，然则所谓来者，亦名而已矣，实不住于生灭之来去也。总以明其无我之极，随感斯应，缘会则现，毫无容心而已。毫无容心者，一念不生之谓也。念且未生，心何尝动哉？

此科虽是约法身以明义，实则二身之义，亦已兼明。善通达者，便当返观自己五蕴色身，虽有来去，而本具之佛性，实不来不去。便从来去皆不上契入。彼来去之相，何足置念哉？迨至契入性体，则任其来去现相，可也。更何必置念哉？则不执不断，遮照同时矣。

念佛人尤当通达此理。须知弥陀来接，而初未尝来也。往生西方，而亦未尝去也。然虽未尝来去，亦何妨现来现去。何以故？不来不去者，理体也；有来有去者，事相也。理事从来不二，性相必须圆融。故尽管不来不去，不碍有来有去；尽管有来有去，其实不来不去。

最要紧者，即是来去要在不来不去上体认；不来不去即在来去上做出。此是念佛求生之要诀，得此要诀，决定往生，且决定见佛。孰谓修净土无须学《般若》，且疑《般若》妨碍净土乎？

更有要义，须彻底了解者。夫相，依性而现者也。性，由相而彰者也。性相二者，一表一里，从不相离者也。然则佛经令人离相何耶？当知所谓离者，非谓断灭，但不应取耳。

夫性相二者，既是一表一里而不能离。然则独不应取相，何耶？当知此因凡夫自无始来，只知认相，逐相而转，于是我人、彼此、高下、厚薄、精粗、美恶种种对待之相，迭起繁兴，牵枝带叶，相引愈多。遂致分别执著因之而日甚，我见因之而日深，贪瞋三毒等烦恼因之而继长增高。乃至造业无穷，受苦无边。

今欲救之，须断三毒。欲断三毒，须除我见。欲除我见，须不分别执著，而欲不分别执著，则须离相。故离相云者，意在除其分别执著之我见耳，非谓毕竟离也。故曰"不取非法相"，又曰"不说断灭相"，即是显示离相之真实义，使不致于误会也。

总之，离相者，为令回光返照以证性也。性既证得，正须现相。然欲证果后，不沉空滞寂，又须修因时，观空而不偏空。此所以既令不取，复令不灭，两边不著耳。

且佛理、佛说，无不圆妙。虽只说不取相，其实已通于性。何以言之？一有所取，便成为相而非性矣。故二乘偏于性边，佛则呵斥之曰："沉空滞寂，未能见性。"盖曰沉、曰滞，即形容其取著之相也。沉滞之相现，不沉滞之性隐矣。故曰"未见性"也。所以不取相一语，贯彻二边，当如是领会也。

至如此中，不曰"有来去"，亦不曰"无来去"，但曰"无所从来，亦无所去"，双照二边，尤为圆融。何以故？若定说有来去，则偏于相边矣。若定说无来去，又偏于非相边矣。今如是双照二边而说，正显性相双融之义也。性相双融，便是平等一如也。

又如"如来"一名，虽以称法身，其实已含有二身，不然，"来"字无所属矣。所以即此名称，已足显明虽有三数，而非三体之义。前约"如"字明义，则通于诸法边，而曰"诸法如义"。今约"来"字明义，则通于不来不去边，而曰"无所从来，亦无所去"。此皆世尊苦口婆心，教导学人于佛说之一切法，皆当如是了解，便能通达乎性相一如，法界平等也。

何以故？若了解得虽不来不去，而现有来去，可知法身常现报化等身而不断绝，所以修因时，不应断灭相也。

若了解得虽现有来去，而实未尝来去，可知报化等身，不能离法身而别有，所以修因时，不应执著相也。了解乎此，则前来"不应取法，不应取非法"，以及"即非"、"是名"等义，皆可彻底了然矣。而"若见诸相非相，则见如来"之义，亦由是而通达矣。

盖如而来，即不灭相之谓也；来而如，即不著相之谓也；而若见诸相非相者，意谓即诸相而见其非相，便是不著不灭，便与如来之义相应，故能见如来也。且如而来，乃是不著时便不灭；来而如，乃是不灭时仍不著。所以不住涅槃，不住生死，是同时的，是一无所住的。

故行人应生无所住心，若心有住则为非住也。若能如是了解而通达之，则性也、相也、一切分别、一切执著，自然化除，自然无念，自然无有挂碍颠倒。故曰："行深般若波罗蜜多时，能度一切苦。"

一切行人，若领会得此科之义，应观一切对待之相，既不能离绝待之性而别有，而绝待之性，亦未尝离对待之相而独存。便当于日常一切对待之事相上，虽无妨随缘而行，却不可随缘而转。此意即是缘应了者，得机便了，不与纠缠；缘应结者，亦无妨结，但不攀缘。果能如是二六时中，勤勤观照，密密勘验，心把得定，脚立得牢，自不为相所缚，而泯相入体矣。此是学人第一着功夫，便是随顺真如，便是直指向上。

所谓"泯相"者，泯是融义，非谓断灭，即不著不断是也。所谓"入体"者，谓契入性体。相融便是契体，非别有体也。何以故？性体本来无相无不相故，是之谓诸法空相。空乃第一义空，即是空而不空，不空而空。所谓但空其相，而不坏诸法。果能如是，则任他万相纷乘，自不为其所动。

以上所说，皆是从此诸法空相起修之方便。有深有浅，其法不一，而仍可一贯。且所谓浅者，亦无浅非深，不可闻其浅而忽之也。听有缘人随己意取行之，大有受用，决不相赚。

须菩提，若善男子、善女人，以三千大千世界碎为微尘。于意云何？是微尘众，宁为多不？"

微尘世界，前虽已说，然此科文中，重在碎合二字。因其可碎可合，足证微尘世界之相，皆是缘生，当体即空，而法性中，本无此等等相（读去声）别也。故虽不断灭，而不可执著耳。盖前来虽屡说即非是名，皆只说了是相非性之当然。今约尘界明其可碎可合，则是彻底说其所以然。此义既明，一切说即非、是名处，可以类推矣。

"以三千大千世界碎为微尘"，即此一语，便是点醒愚痴凡夫，勿执世界为实有也。何以故？以偌大世界而可碎，足证世界是虚幻相，岂实有乎？若其实有，岂能碎乎？所谓碎者，是明世界乃无数微尘集合之相，除微尘外，别无世界。

发菩提心者，应作如是观。观照世界莫非微尘，不可执为实有，非真摇而碎之也。上曰"善男子、善女人"，即指发菩提心之人言也。

"于意云何"，探验见地之辞也。若知微尘之众多，是由世界碎成，则世界之为假有也明矣。然若执有众多，是又误认微尘为实有也。当知世界微尘，大小虽殊，无实则一。

佛说碎界为尘，原欲破人执实世界之见。若尘之非实不明，则界之非实，终不能彻底尽明。盖世尊本意，是欲人彻底了解世间所有，大至世界，小至微尘，莫非虚妄，当体即空，不可执著，不必贪恋。故须探验见地如何也。此中"碎"字，与下文"合"字，此中"众多"字，与下文"一"字，遥遥相对，正是文中之眼，正欲人于此中领会真实义也。

> "甚多，世尊！何以故？若是微尘众实有者，佛则不说是微尘众。

流通本，"甚多"上有"须菩提言"句，古本无之。答"甚多"者，约微尘之虚相言，且表示其已能了解世界之非实有也。一世界，不过多微尘耳，岂实有世界耶？更表示其复能了解微尘亦非实有。

"何以故"下，释明此意。意谓世尊先说世界碎为微尘，乃探验见地时，则云"微尘众"，特特加一"众"字——众者，集合之义也，然则微尘亦为集合之幻相也，明矣。则与世界之为集合而成之幻相何异？可知其亦非实有矣。故曰："若是微尘众实有者，佛则不说是微尘众"也。由此可见"甚多"之答，正所以显其为集合之幻相耳。故曰"答甚多者，约虚相言"也。

须知界碎为尘，其数之多，谁不能知？何必问哉？足见问意着重在"众"字，而此意恰为长老窥破，是之谓心心相印，所以为般若会上当机人，所以能代教菩萨。

古德勘验学人，往往故设疑阵，亦是此意。微尘何以为集合之相耶？所谓一微尘可析之为七极微尘，一极微尘可析之为七邻虚尘。虚者，空也。邻虚，犹今语之等于零也。所以微尘是集合之幻相，并非实有。长老何不径举此义说之，而必在"众"字上显其非实者，何故？此有深意二：

一、因佛既如是说，故依之以明义。依佛语以明义者，所以教导读经闻法者，凡佛所说，字字皆具精义，应当谛听，不可忽略一字也。

二、佛时外道，每将世间事物，层层分析，分析至于不可分，而犹执为实有。正如今之化学家然，分析世界各物，为若干种原质。初不可分者，久久又复可分。分析之功，久而益精，至如所谓原子、电子，然依然执为实有也。二乘则不然，知微尘可析为邻虚，便知一切皆空。

然而必待分析，方信为空，不及大乘之能作体空观也。今长老欲明微尘非实，不引邻虚之说，而约佛说之"众"字显义者，既以明凡由集合而成者，便知是空，不可执实。佛道所以迥异乎外道，且观理便知，何待分析？大乘所以迥异乎二乘也。"所以者何"下，正明此义。

> 所以者何？佛说微尘众，则非微尘众，是名微尘众。

此科之意若曰："佛既说为微尘众，可知微尘是缘生法。缘生之法，当体即空，但是虚相而已。此微尘并非实有之所以然也。"

"则非"者，约一如之法性，明其本来是空也；"是名"者，约缘生之法相，明其不无假名也。

言"佛说"者，正所以显示觉智洞照，法性本空，法相皆幻，初何待乎分析哉？总之，碎者聚之，之谓合；合者散之，之谓碎。本是对待形成之幻相。所以当其有时，便是空时。小而微尘，可合可碎，有即是空也。如此，则大而世界可知矣。故下复约大者言之。盖佛先说界可碎为尘，复举尘而问其众，正欲人之即小悟大，因微尘之本空，便可类推而知世界皆空耳。

> 世尊！如来所说三千大千世界，则非世界，是名世界。

此科承上问意来也。上问既言界非界而为尘，长老复释明尘非尘而为空，则界即是空可知矣。故曰"则非世界，是名世界"。其故详见下科。

此中不曰"佛说"，而曰"如来说"者，有深意焉。盖三千大千世界，名为应身教化之境者，因此境为一切众生所依。法身如来，为利益一切众生，乃随顺众生之缘，显现应身以教化之耳，初不住著于此境也。

何以故？如来法身遍于法界，法界等于虚空，安有所谓三千大千世界乎哉？故举如来，说世界非实是名也。如是而说者，正所以开示众生，应观世界非实是名，而不著。世界不著，则一切不著矣。如是不著，乃能令本具之法身出障也。此不曰"佛说"，而曰"如来说"之深意也。

> 何以故？若世界实有，则是一合相。如来说一合相，则非一合相，是名一合相。"

流通本作"若世界实有者"，柳书无"者"字，慧本则作"若世界有实"。有实,实有,意原无别。今从柳书,以校正本——皆依柳书故也。"一合"者,合而为一之谓,犹今语之"整个"也。盖执著相者,虽闻界可碎尘,或犹以为虽非实有,然当其未碎时,其合而为一之相,固明明有也。

何以故?世界原是总名,既立总名,便是一合之相故。长老为遮此执,所以彻底破之。意谓顷言"则非世界,是名世界"者,何故耶?以凡属名相,莫非虚妄,故曰"则非"。

"则非"者,谓世界但假名,非实有也。不但因其可碎,知非实有,即其未碎,亦非实有。何也?千倍四洲,名小千世界;千倍小千,名中千世界;千倍中千,名大千世界。可见世界之名相,原无一定范围。不但合者可碎,并且合更可合,安可执有一定之一合相乎?故曰"则非一合相,是名一合相",言其不过假名,本来无实也。意明必须实有,方是一合相。今一合相,既无一定,是约世界之名相观之,便可证其非实有。何必待界碎为尘,尘碎为空哉?则世界之为当体即空,彰彰明甚。

"须菩提,一合相者,则是不可说。但凡夫之人,贪著其事。"

读上来"非多"一科(前"甚多,世尊"一段),可知"合"之名,因其可碎而后有,且知碎者仍可碎也,则诸法性空之义明矣。读"非一"一科(即上段经文),可知"碎"之名,原因其合而后有,且知合者仍可合也,则诸法缘生之义明矣。且合而观之,虽是性空,而不碍缘起;因是缘起,故知其性空。

然则所谓一合相者,乃是一不定一,合不定合。故曰:"一合相者,则是不可说。"不可说者,因世界可碎,微尘亦可碎,可见微尘不异世界。若说世界真是一合,岂非微尘亦真是一合?然而世界非世界,乃微尘也。而且微尘非微尘,乃本空也。由是可知世界之一合相,亦复本空。岂非一即非一,合即非合耶?此约相以明,不能定说非一合,定说真一合,故不可说也。

夫修行本为证性。如上所明一即非一,合即非合,约对待之事相云然耳，约清净性言，则都无此事。何以故？性是绝待，非对待，本离名字相、言说相故。此约性以明，性非事相，本离言说，故不可说也。

凡，谓凡情。迷于事相，谓之凡情，故曰："凡夫之人贪著其事。""其事"，泛指一切事相，一合相亦摄在内。言"其"者，明其向外驰求，背觉合尘也。而言"凡情"者，明其非正知也。因其向外驰求，故于事相，起贪恋而生执著。然则欲不贪著，须净凡情；欲净凡情，须开正知也明矣。

当云何知？当知一合相，便是不可说，谓当离名字言说，返照一切法本不生也。故此科开示入道之方，极其亲切，不可但作空谈事理会也。

且其义贯通上下，上科之"无所从来，亦无所去，故名如来"，下科之"我见即非我见，是名我见"，皆当于不可说处领会，不可贪著其事也。如此，方为能解如来所说义，方于一切法本不生之心源，得以随顺契入。

上说非多、非一两科，不但破世界，兼破微尘。此中说凡夫贪著，但约一合相为言，是但说世界，而不说微尘矣。何耶？此有二义：

一、上说微尘非实有，是约"众"字显义。此即显示不但世界为一合之假相，微尘亦为一合之假相也。故此中不可说之一合相，乃兼约世界、微尘而言，非不说微尘也，非但说世界也。故佛不提世界微尘，但举一合相说之者，意在于此。当如是知也。

二、但举一合相说者，意在破斥世间所有，大而世界，小而微尘、莫非假合。因凡夫之贪著，无非误认假合之相为真耳。尘界如此，色身亦然。凡夫所以贪著臭皮囊，执之为我者，无他，由于不知是五蕴假合耳。若知除五蕴外，无此色身，便不致于贪著矣。此佛但举一合相说之之微旨也。盖破依报即兼以破正报也，当如是知也。

此一大科中，含义甚广，今分数节略言之：

一、尘界既非一非多，可见尘界亦非总非别。盖乍视之，世界为总相，微尘为别相。以界是总相故，遂误认为真是一合；以尘是别相故，遂不知其亦是假合。其实，界可分碎，则总即非总矣；尘亦假合，则别即非别矣。

二、说非一非多，即是说不增不减也。盖约体积言，则界相若增，尘相若减；而约数目言，又界相若减，尘相若增。可见增减并无定相，则亦是假名，亦是虚幻。直是增减皆不可说，故曰"不增不减"。

不增不减一语，即谓增减不可说也。他如不生不灭等句，皆同此意。总之，明得界非界、尘非尘之义，便恍然于世间所有大小、高低、来去、一多、总别、增减、贤愚、净秽等等对待之名相，莫非虚幻，当体是空。若明得诸法本空，便会归于性，而诸法一如矣，而是法平等矣。

此为诸法空相之要义。解得此义，便可事事作如是观。观照功醇，便可证无生忍，而泯相入体矣，不可不知。

三、上"明离去来"一科（即"若有人言，如来若来若去"一段），是约三身，以明性空缘起之义也。盖来去，缘起也；不来不去，性空也，是约正报明也。佛之正报明，则一切众生之正报，皆当作如是观也。此"明离一多"一科（即"须菩提，若善男子、善女人，以三千大千世界碎为微尘"一大层），是约尘界，以明性空缘起之义也。盖尘界非尘界，性空也；是名尘界，缘起也。是约依报明也。

大千世界，为一佛教化之境，亦即一切众生色身依托之境。色身所依之境，是名非实，则由此身此境生起之一切事相，皆当作如是观也。

何以言之？正报、依报，为众生所不能须臾离者，尚且虚幻无实，则一切盛衰、苦乐、称讥、毁誉，种种对待之事相，其更为虚幻非实可知。何足贪著哉？此经文约三身、世界，以明诸法空相之微旨也。何以故？约此二以明义，一切事相，赅摄无遗故。

四、约身相、界相言，则身为能依，界为所依，而约圣之法身，凡之佛性言，则性为能起，身、界为所起。须知此清净性，本无来去、一多、总别、增减，但随缘现起来去等相耳。因相是随缘现起，故是虚幻，而性乃本具真实之体，故尽管随缘现起种种对待之事相，而绝待空寂之本性中，仍未尝有彼种种相也。其他一异、圣凡、生灭、垢净、人我、彼此等相，莫不如是。

果能如是一眼觑定本不生之心源上，观照入去，便是所谓"直指向上"，则胸襟当下开豁，烦恼当下消除，颠倒梦想当下远离。如此用功，方是直下承当，可称善用功人。较之枝枝节节而为之者，其功效之悬殊，所谓日劫相倍，岂止一日千里而已？

故《圆觉经》曰："知幻即离，不作方便。离幻即觉，亦无渐次。一切菩萨，及末世众生，依此修行，如是乃能永离诸幻。"此段经文所说，正可移作本经注脚，正是直指向上之修功。

云何修？知幻即离，离幻即觉是也。知者，解也，亦即觉照也。幻者，如上来所说身、界等等是名非实是也。云何即离？一眼觑定心源，观照入去，则诸幻皆离矣。盖知幻便是离也。如是觉照，便合于觉，故离幻便是觉也。

此为一超直入圆顿要门，有何渐次？一切法门，无方便于此者矣。何必更作方便？观"如是乃能永离诸幻"句，可知必如是修，乃为彻底，乃能究竟。闻者当生希有难遭之想也。

五、此外又有一义，为无著菩萨说，亦宜知之。其义云何？则以"尘界非一多"一科为喻说，以喻上科之义也。

世界之一，喻报身是一；微尘之多，喻应化身多；尘界非一非多，喻二身非一非异。但法喻有不齐者，世界非离微尘而别有也，而报身并非离应化身无别有。

当知凡是喻说，只能喻其大体，不能一一恰合。如经中常以日光喻智光，此不过因世间之光，惟日光最大、最遍、最有利益，故取以为譬耳。其实日光依形质生且热，何能与并无所依，而且清凉之智光相比乎？故未可因无著之说，法喻不齐，而少之也。

尘界现有一多，喻二身现有去来，而约性言之，本无一多之相，故亦无来去之相。又约性相合而言之，虽本无一多，不妨现有一多；虽现有一多，其实仍无一多。以喻虽本无去来，不妨现有去来；虽现有去来，其实未尝去来。但凡夫贪著一合之事相，喻凡夫贪著去来之事相也。

无著论曰："为破名色身，故说界尘等。"名色身，谓二身也。意谓佛恐闻上义不了，故更说界尘之喻以破之。今为疏通演畅其义而说之者，以便读其论者，可以融会耳。

由此可见佛说一句法，包含无量义，故可作种种释，故谓之圆音。所以见浅见深，各随其人。古今来，多有学圆顿大教，而竟说成别教，甚且有走入人天教者，其故在此。所以说醍醐可变毒药，又说圆人说法，无法不圆，邪人遇正法，正法亦成邪。所以大乘经中教导学人，以亲近善知识为要图，以开正知见为根本也。

"须菩提,若人言:佛说我见、人见、众生见、寿者见。须菩提,于意云何?是人解我所说义不?"

"世尊!是人不解如来所说义。

"世尊"上,流通本多"不也"二字,不应有也,故唐人写经中无之。试看下文"不解"句,说得何等坚决,其上岂能加"不也"活句?若非活句而是呆句者,既与前来义不一律,且"不解"一句,义已显足,何须更用"不也"呆句,以明其义耶?当知本经无一赘句赘字也。即此便知妄加"不也"者,全不明经旨矣。

此科经义极深。何以故?全经所说,皆是破我,何以人言佛说我见,反为不解义耶?或曰:"此人盖疑佛说此言,必是心有此见,故曰'不解'。"此说大谬!无论何人,断不致怀疑佛有我见。纵令果有如是妄人,怀此妄疑,则"若人言"之下,当有"佛作是念"句。而今无之,足证其说之谬。

然则云何不解耶?当知开经以来,屡言我、人四相不可有,有之便非菩萨。又赞叹无此四相者得无量福德,更令菩萨通达无我法。且曰:知一切法无我得成于忍,功德殊胜。然恐凡夫因佛如是反复申说,遂执谓我见等,真实是有——此见横梗于心,正是我见。岂非反加其缚耶?即不如是,而能渐渐除我,亦非佛说此甚深《般若》之义也。

何以言之?此经于一切法,屡说即非、是名,以明相有性空之义者,意在令人观照本空,顿得解脱也。在利根者,自能闻一知十,悟知我见等,亦复相有性空。则单刀直入,直下可以断其根株。乃今曰"佛说我见"等,其偏执于有相边,未能通达我人等等之见,亦为本空,可知。故曰"不解如来所说义"也。

佛,约相言。如来,约性言。上曰"佛说我见",继曰"不解如来所说义",正显此人,于我见等,但知相有之义,未解性空之义也。如是,则我、人等见,永不能除矣。古德有请师解缚者,师曰:"谁缚汝。"

此科经文,正明斯义。当知性体空寂,本无有缚。今横一我、人等见于心,且曰"佛亦如是说",岂非作茧自缚乎?故我世尊,特与长老兴无缘慈，起同体悲，说此一大科经文，为令一切众生，直下洞彻本来无我无见之心源，得以究竟解粘去缚耳。然则此科经义关系之要，可知矣。其义云何？且听下文。

何以故？世尊说我见、人见、众生见、寿者见，即非我见、人见、众生见、寿者见，是名我见、人见、众生见、寿者见。"

经中凡言是名，皆是约相说，即是约缘起义说；凡言即非，皆是约性说，亦即约性空义说也。须知佛说"我见、人见、众生见、寿者见"者，意在令人领会我、人等见，皆为缘起之幻相耳。若能知幻即离，我见在甚么处？且意在令人领会我人等见，本非空寂之觉性耳。然则离幻即觉，离我见又在甚么处？此佛说我见之真实义也。

今曰佛说我见而不知其他，言下大有耿耿在心之状，即此便是执实。本欲令其破执，今反添一执，我见云何能离乎？即令能离，而存一能离所离之念，即此仍是我见。根株又何能尽拔乎？故曰"不解如来所说义"也。

言此人不解者，正令学人，应向本来清净无我无见之心源上，深深领解耳。此中不曰"佛说"、"如来说"，特特曰"世尊说"者，尤有精义。曰佛，则偏于相边；曰如来，则缺于修边。此中之义，正令人觉照本空之性以起修耳。

而世尊则为十号之总称，佛、如来之义，皆摄在内，故特举之以显义。意谓此中之义，是十号具足者传心秘要。世尊所以为世共尊者，正在于此。必依此义而修，庶几得以因圆果满而成佛，修圆性显而证如来也乎！何以故？我见是无明本，为成凡之由，破我见是智慧光，乃成圣之路。

而此中所明之义，则是破除我见之金刚慧剑，可以断绝根株。非依此法，我见不易除，除亦不能尽也。总之，此中所说，正是的示修功。若但作玄理会，辜负佛恩，莫甚于此。

上次言"即非我见，是名我见"，不可仅作观空之道理会，乃的示破除我见的顶上修功。而言及修功,复有极要之义,不可不先明者,向来似无人剖析及此。

兹当逐层详辨,一一分清,则不但本科本经中之修功,得其要领,凡一切经中所说之性,修及修功之类别,皆不致于不得头绪,而执性废修,因事妨理,种种弊病,亦庶乎其可免矣。

佛说一切法,不外两义:明性、明修,是也。且一句法中,说性必兼有修,说修即摄有性。若不知如是领会,其于佛法,终在门外。

夫性者,理性也。修者,修功也。理性当于差别中见平等,修功当于平等中见差别。何谓当于差别见平等耶?谓当知佛之开示,往往约一事以明理,而其理实贯通于一切事。若闻法者不知如是贯通,是只见差别而不见平等,岂能观其理而会于性乎(性平等故,理必平等)?即如本经说即非、是名处甚多,闻者便当领会其中道理,原无二致。盖凡言"即非",皆是约理体之性,以明本空;凡言"是名",皆是约缘生之相,以明幻有;凡即非、是名并说,皆所以明性相不一不异也。

如是而说,意在使知欲证法性者,其对于法相也,应明其非一而不执著,复应明其非异而不断灭耳。故此理非差别的,乃平等的。

换言之,非一法然,乃法法皆然,即是无论何法,皆应明了此理,两边不著,销归平等之性体,是也。

若约即非、是名之义,以论修功,则大有差别。不能因理性是平等的,遂尔笼统颟顸,视同一律也。若其如此,势必将佛所说之义,但作空理会,以为此不过令人一切观空耳。因其不知细心体认平等中之差别,自然无从着手,故不知其是的示修功也。

或者,因不知是指示修功,遂以为此乃如来境界,岂我辈所敢妄谈?所以怕怖《般若》者,又甚多多。本经所以从来多只说"得相似般若"者,实由于此。又其甚者,则一法不修,我见亦不除,反而自鸣得意曰:"吾学《般若》。"所谓狂乱,正指此辈。

如是等病,皆由其于性修之关系,及修功之类别——换言之,即是于平等之差别,差别之平等,未曾细辨、分清使然。此今日所以不得不细剖之,详说之也。

修行功夫,其类别多不胜说。然可概括为两种:1. 观门,亦名理观。

2. 行门，又名事修。

理观者，即依佛说可以贯通一切之理性，而加以深切之体认，严密之觉照。如是乃能运用之于行门焉。由是可知所谓理观者，虽是理，而已见于修；虽是修，而尚属于理。故若视理观为缓图，非也；若视为修此已足，亦非也。伊古已来，犯此病者不知几许。总之，作理观，必应兼事修；行事修，必应兼理观。缺其一，便不足以言修功矣。

事修者，如布施、持戒，乃至看经、念佛，一举手、一低头，无论大小精粗，凡见之于动作行为者，皆是。其修法须就事论事。事有万千差别，修法亦因之而有万千差别。如礼拜有礼拜的法则，唱念有唱念的法则，岂能一律耶？

不但此也，理观既通于事修，故修理观时，不但应依上说之理性，观其平等之理，且应依所修之事类，观其差别之理。若但知观平等，不知观差别，或但知观差别，不知观平等，则亦等于盲修也已。

当知性也、修也，修中之理也、事也，既不能看成两橛，又不可混为一谈。须体认其不一中之不异，不异中之不一，乃能性修不二，理事圆融。盖须圆融中有行布，行布中有圆融，方为真圆融，真不二，则无修而不成矣。此为学佛第一要件。若于此等处，未能体认明白，则似是而非，决无成就。

即如即非、是名，有约六度言者，有约庄严佛土言者。然庄严佛土，正指修六度行说，可与约六度言者，视同一类。又有约三十二相、具足身相言者，有约世界微尘言者，皆境相也。然虽皆境相，若细别之，不能视同一类也。盖三十二相、具足身相等，因修福慧乃成。世界、微尘，不必修也。故界、尘，无事修之可言，但作理观，观平等之理性，空有不著可矣。

若三十二相等，当归入六度之类，一面观其幻有本空之理性，一面更观六度为自度度他要门。身相、佛土，皆接引众生所必不可无。虽为幻有本空，但不应执著耳，万万不能断灭其事。其运之于行事也，则须依照幻法，勤修不怠。所谓"启建水月道场，大作梦中佛事"，惟心中不存一能修所修而已。此约即非是名之义，以行六度等之修功也。

若夫我见，则大不然。盖六度等是应当成就之事，我见等乃应当消除之事，正相反对。故观其幻有本空平等之理性，虽与修六度同，而就事作观，则应观其全非性有，只是假名，心中固不可存一丝之我，一丝之见。而运之于行事也，则应远离幻有之名相，深照本空之心性。此约即非、是名之义，以除我见之修功也。

知此，则凡无明烦恼等一切应消除之事，其修功可以类推矣。当知我见根深蒂固，今欲除之，非依此中所说之修功，必不能除。兹先说其概要，概要既明，乃可逐层深究。因此中修法，其理极细故也。

何以言欲除我见，非依此法不可耶？其理前来虽已说了，诚恐尚未洞明，兹再换言以明之。

譬若有人于此，能知我见之害，发心除之。然若心中看得我见难除，便已执我见为实有。则既横梗一我见实有之见在心，又横梗一除我见之见在心，缚上加缚，我见云何可除？何以故？但使心中微微有一能除、所除在，依然是见，依然著我故也。

故我世尊特特于此，教以直照本来无我无见之心源，则不但我见无，即无我之见亦无，于是乎我见之踪影全无矣，直捷痛快，孰逾于此？不慧何敢自谓能除我见，然于此事，曾有长时不断之体验观照。其中曲折隐微，略明一二，深知此中修法，妙而且要耳。

今欲诸君能顿得益，且不敢辜负此科经文。谨就我所能领会者将经中所明修功，曲曲宣扬，俾有心人彻底了解。般若法门，或可由此大明于世乎？此则区区之本愿也。然而义味渊深，说既不易。若非静其心，沉其气，亦必不易领会。望诸君善思惟之。

今先约"即非"之义，穷源竟委，明其为除我见之绝妙修功。夫我见者，所谓无明本也。当知清净自性，原无无明。然而凡夫以不达一真法界故，遂自无始，不觉自动，以至于今。其心中自内达外，无非黑漆漆的无明，本具之性光，早已隐而不现矣。

所谓不生不灭与生灭和合，名之为识，是也。既然全体埋在黑漆桶中，无一点点光明，说不执著，亦是执著。令其观空，而所观者正是识情，而非性空也。故即非我见一语，并非但令作观，观照性空，乃是教令振作精神，毅然决然，极力将我见等，一脚踢翻。从根本上，不承认自性中有此我、人等见。"即非"二字，当如是体会，是为第一步胜妙方便。

前云全体在无明中，说不执著，亦是执著。然则说不承认，仍旧为识情用事可知，何以称为胜妙方便耶？当知凡夫从无始来，认贼为子久矣。今蒙佛诲，乃得知其为非，而肯不认。既知且肯，便是不生灭与生灭和合者，大现裂痕。即此，便是从无明壳中，有一线之智光发现，便是始觉，便是背尘合觉之第一步，非胜妙方便而何？

总而言之，胶固已久之物，若不如此先与决裂，岂能遽得脱离？故文中"即非"二字，大须用力，非仅仅作如是观已也。

问："如是觉照，和合者便大现裂痕，诚然。然不过仅现裂痕而已，而欲无明之无，尚应作何方便？"

答："即用此法，无明当下便无，不必更觅方便。故曰'知幻即离，不作方便'也。不然，何妙之有？"

当知自性清净，虽有无明我见等妄念纷纭，而其自性，则常恒不变，清净自若。因自性是真实体，无明是虚幻相。一真一妄，虽无始来，和合为一，实则表合里不合，本不相应，譬如泾渭分明，各不相涉也。此理惟证究竟觉之佛如来，方能彻底知之。故大乘经中，常说此理开示凡夫，以一切凡夫，皆日用而不知故。

而《圆觉经》开示此理最明，曰："此无明者，非实有体。如梦中人梦时非无，及至于醒，了无所得。"梦，喻众生之迷也。醒，喻行人之觉也。学佛人首须信此，所谓信为入道之门者，即谓笃信佛说之理，入道乃得其门。因此理凡夫初未尝知，今虽知之，若非真修，亦难遽了。若无信心，哪有入处？故闻得即非我见，便当径向本来清净之心源上契入。

"径向"者，谓撇去一切不顾，孤零零地，直向未动念处觉照也。此如向来认贼为子，久已喧宾夺主，今幸而知其是贼，岂可复加顾盼，与之纠缠？更不必忧其势大难除。若其忧虑，反张彼焰。要知彼本无根，向之势力，全由自己信任使然。今知其非，不加信任，彼即无从施展，便当服从归化矣。何必畏之哉？此是除妄第一要着，勿忽！

故《圆觉经》曰："知幻即离也。"知字最妙。知者即是觉照，果能觉照，见即冰销。譬如鼠子，觊觎暗陬，如被觉照，彼自逃去，此亦如是。盖同时不能起二念，妄心之起，即由正念之松；正念振兴，妄念便无，乃自然之理，并非奇特。故曰"即离"。当知即离与知幻，初非两事也。

此是除妄最直捷、最扼要之方法，不可轻视。时时如此觉照，不少放逸，我见从何而起耶？即起力亦甚弱。久久功醇，则自然不起矣。此即非我见之修功也。

有应补说者，凡夫之人，无始不觉，妄念未曾暂停。今欲知幻觉照，须修前方便。不然，何从知其为幻而觉照之乎？譬如久居闹市，昼夜喧声不停，并不觉闹，若在清闲之地，少有微响，便尔觉得。此亦如是，必先坚持禁戒以绝染缘，多读大乘以明佛理，令此中略得安静，俗见渐能减轻，乃能知幻，乃能觉照耳。

"即非我见"，本经说在最后者，亦是此意。然而说虽在后，修应居先。若于除无明我见方法，未得要领，则开经以来所说之性、修、理、事，何能彻底照了？则皆不得其要领矣。此理更不可不知也。

"是名我见"等之修功，尤要，尤妙。若但知即非，而不知是名，我见又何能尽净？望诸君且先将"即非我见"之义，体认一番，再听"是名我见"之义。闻法要在字字从心中深刻地体认体认，不然，闻如不闻，何益之有？

今将宣扬"是名我见"之修功矣。或问："本经凡言'是名'，皆明不断灭义。而我见乃应消除者，云何通耶？前说'即非'之修功，为毅然与之决裂，以破其胶固之情，吾已知其妙矣。今曰'是名'亦为绝妙、绝要之修功，岂既与决裂，又与拉拢耶？"答："非此之谓也。前云事有差别，修功即因之而有差别，正指'是名我见'句而言。汝既知我见是应消除者，奈何又以应成就之理观、事修，与此混乱而作戏论耶？"

当知"是名我见"之义，是明我见为真性变现之幻相。所谓消除，并非断灭本性，乃是但除其病，不除其法。一也。且明我见是缘生法，心若攀缘，我见便随缘而起。若心不生，我见即无从生。所谓知幻即离，离幻即觉。二也。此二义，极要极要。除我见之修功，莫妙于此。若不依此，永不能除。恐犹未了，当更详谈，谛听谛听。

先明初义：我人等见，即是分别、执著，所谓六、七识是也。识非他物，即是真性以不觉故，随染缘现起之染相，所谓"不生不灭与生灭和合者"是也。今观即非之义，与之决裂者，乃是不与和合，使彼销化于无形耳。彼若销化，所谓分别之六识，即是妙观察智；执著之七识，即是平等性智。何可断灭乎？

一切凡夫，向苦不觉，不知为识，误认其是真性耳。故曰"认贼为子"。须知此贼原非外来，乃是家贼，且为主要人物。今与决裂，意在令其改邪归正耳。譬如独养之子，因不务正而不承认，意实望其回头。若竟永永摈弃，则家亦毁矣。

此亦如是，不可因恶无明我见，投鼠不知忌器，走入灰身灭智之途。外道之无想，二乘之沉空滞寂，皆坐此病。殊不知既偏于空，心仍有取。若心取相，则为著我、人、众生、寿者，其我见又何尝能除乎？

更明次义：观初义中所说，初因不觉，认无明为真性。然则今既知之而不承认，可见即此一念，正是觉矣。

故《圆觉经》曰："离幻即觉，亦无渐次也。"先观即非之义，既能知幻即离。但须继续此知，遇缘而心不起，则一心清净矣。此所以"离幻即觉"也。所谓离者，即不起之意。初虽不无强制，久久功醇，便自然不起。至于自然不起，我见便究竟清净。当知此义是明，不起便蓦直不起。换言之，不起便得，更不必加以辨别是否不起。何以故？辨别即是攀缘故，是其心又起矣，此即无明，此即我见。

总之，除妄之功，贵在一刀两断。少加顾盼，便是藕断丝连，大忌大忌。

此义，《圆觉》更有八句经文，说得极为彻底，可与本经互相发明。经曰："居一切时，不起妄念。于诸妄心，亦不息灭。住妄想境，不加了知。于无了知，不辨真实。"此八句经，自古至今，各随见地，言人人殊。兹为彻底说明其义，不作一蒙头盖面之语。当知八句之中，初两句为主，即"不起"二字为主也。下六句，是辗转释义，以说明不起之所以然者。谓必如此，方为真不起也。

总之，下六句不但是初两句注脚，且正是离幻即觉之绝妙注脚耳。妄心即是妄念，正指分别执著等无明言。当知妄心非他，本是全真随染而现，何可熄灭？不可误认不起念，为如槁木，如死灰也。离幻即觉，则全妄是真矣，何必熄灭哉？若其熄灭，则是玉石俱焚，非不起之真实义也。

故曰："于诸妄心，亦不熄灭。"复不可误会不熄灭，为住妄想境也。当知唯识无境，妄想既不起矣，安得有境？安得有住？盖离幻即觉，则一切皆空矣。何必再加了知其是否住境耶？若加以了知，则是头上安头，念又起矣。何云不起哉？故曰："住妄想境不加了知。"

更不可误会若一无了知，岂非落于无记？当知既不熄灭，非同槁木死灰。故念不起时，便灵光独耀，迥脱根尘，所以说离幻即觉。盖觉者，真实性也，何必更须辨认是否真实？若其辨之，是又庸人自扰，尚得谓之"不起"乎？故曰："于无了知，不辨真实。"

此六句总意，即是发挥彼经上文，有照有觉，俱名障碍之义者耳。此经"是名我见"之义，亦复如是。夫我见既是缘生，可见自性中，本来不生，不过随缘而起之幻相耳。

然则我见者，其名也；真性者，其实也。今既知其原非真性之体，乃是幻相，而直照本来未生幻相之心源，则假名何在？幻相何存？学人应当如是，用快刀斩乱麻手段，一刀两断，则妄缘不起。不起便得亦无所离，亦无能离，亦无所照，亦无能照。因彼离也、照也，亦皆对待缘生之假名幻相，清净自性中，本来皆无故。

若既知其即非，而离之矣，又皇皇然辨其是否已离，或欣欣然自谓能离。是仍执以为实有，而于是名非实之义，犹未洞明之过也。此即法执，此即我见。故善用功者，必须一离到底，断则顿断，此是名我见之修功也。观上来所说，可知此科所说修功，妙极要极。何以故？《圆觉经》又有要句曰："一切诸佛本起因地，皆依圆照清净觉相，永断无明，方成佛道。"此中修功，正是圆照清净觉相。故能无明我见，一断永断。岂不妙乎？岂不要乎？向来皆将此科只作空理看过，大误。亟当如是知之。更不可徒知而已，如入宝山，空手而回也。亟当依此起修，便得受用。

当知真性久为无明我见所障，非破此障，何能见性？若不见性，岂能超凡入圣？不但此也，开经便令发大愿、起大行，意在破我也。然而我见根深，若绝不克从破我上用功，大愿大行，亦未必遽能发起。观本经以大愿大行起，以破我见结，首尾相应，正是指示成始成终，超凡入圣之道，尽在于此。当如是领会，双方并进也。

此外犹有要义，不可不知者。盖此"约我见明离亦离"一科，即以显示不垢不净之义也（初科明不生不灭，次科明不增不减，此科明不垢不净。合之，以明诸法空相，义与《心经》正同）。我见，垢也；离我见，净也。然曰垢、曰净，犹为对待之相，而清净自性之净，乃是绝待。绝待者，垢净俱无是也。故离我见者，离亦应离。若存一能离所离，仍落对待相中，而非绝待之性矣，则我见终未尽净也。

是以本科教令破我，不可枝枝节节为之，当径向一念不生处契入。则我见之垢，既为假名而本无，于是离我见之净，亦复远离矣。何以故？既无垢，哪有净？垢净俱离，是真清净。

"诸法空相"下三科，初科是约身明义，次科是约世界明义，此科则约妄心明义。我见者，妄心也。合此三科，正是显示身、心、世界，莫非幻化，一切空相，性自平等之义也。

又复，凡夫执身为我，执世界为我所。我及我所，皆起于见也。故身与世界，是所执；见，是能执。而三科之义，则是显明能执所执之相俱空，并能空、所空之念亦空，是之谓诸法空相，亦即发挥不生法相，法相本无之义也。故下科即以"不生法相"云云结束之。

全经千言万语，无非为破我、人四相，而相起于见。至此，则说明我见等为缘起假名，本来性空，此义正所以总结全经也。盖说此经，原为破我，今将破我发挥至究竟处，便是全经诸义之总汇处也。

上云"菩萨通达无我、法"，又云"知一切法无我，得成于忍"，至此更穷至彻底。何以故？向不生处契入，则我见本无，岂先有我而后无之？又岂有所成之忍耶？菩萨应如是彻底通达，乃究竟无我，究竟成忍耳。故下科以"发无上菩提心者，于一切法，应如是知见、信解、不生法相、法相本无"，为结。

菩萨，即是发无上心者。通达，即是知见信解。其义直贯至经初——经初所言"应如是降伏其心"，"但应如所教住"者，无他，为令证一切法相本来不生耳。于是全经之义，收束得点滴不漏，圆满无余。

> "须菩提，发阿耨多罗三藐三菩提心者，于一切法，应如是知，如是见，如是信解，不生法相。

"发阿耨多罗三藐三菩提心者"，正与经初"诸菩萨摩诃萨"句相呼应。即谓发大心之菩萨，应如是知见信解也。开经以来所说发广大心，起广大行,不取法与非法之相,乃至发心不住,说法不住,得果不住,不住亦不住,无非令其知见信解如是如是。盖必如是知见信解,方为通达无我、法,故曰"应如是知见信解"也。

后半部开章以来,但说"发菩提",不说"心"字者,所以遣其执著"此是菩提心"之见也。苟执于法,便落我人四相,便非菩提心,故应遣也。至此则诸法空相矣,菩提心现前矣。故此处不曰"发菩提",而曰"发菩提心"矣。

"应如是知见信解,不生法相"云云,正所以显示发菩提心,必应如是。如是,乃为菩提心,即以结束前来遣荡不住发心之意,在令开如是知见,起如是信解,不生法相云尔,岂令不发菩提心哉?

得此一结,前来所说者,义蕴无不毕宣,气脉一齐贯通,精神极其圆足。譬若画龙,点睛飞去矣。以文字论,亦神妙之至。一切法,通指世、出世,境、行、果而言。

凡上来所说色、声、香、味、触、法、身相、三十二相,乃至世界、微尘之境,布施、持戒等大愿大行,以广度众生、庄严佛土,乃至离相、离念、离我见之行,生实信、生实相、成就第一希有、最上第一希有,以及得福德、得功德、得成忍、名须陀洹,乃至名菩萨、名诸佛、名阿耨多罗三藐三菩提之果,一齐包举在内。

"如是"二字,即指上来所说种种义。上说诸义,不外缘生性空。性空不碍缘生,故成平等之法界;缘生不碍性空,故即诸法而空相。

由是观之,"如是"二字之意味,即显诸法一如,一切皆是。因其皆是一如,故知见信解如是者,不生法相也。不然,法相并不断灭,何云不生哉?可见不生云者,正从如是出,非以毕竟不生为不生也。故下文即以"即非法相、是名法相",表示之。当如是知,如是见,如是信解也。是之谓无上觉心。细意参之。

知、见、解,三字字义,原无大别。然三字连说,则意各有指,大有区别,未可笼统视之。佛经中此类句法颇多,皆当如是辨其意味,知其所指。切不可不求甚解,忽略过去,甚至以为语言重复,则大误矣。

然则此三字何指耶?嘉祥谓,"知"是世谛智,"见"是第一义谛智。达天谓,"知"是比量,"见"是现量。今谓宜依无著论。论云:"智依止奢摩他故知，依止毗钵舍那故见，此二依止三摩提故解。"此义是明三者皆智，但以依止方便不同，故立三名。

奢摩他，此云止。止者，定也。智从定生，名知。观此，是知为真谛智矣。定则万缘俱息，了了证知，故曰"知"也。此与本经前以三际心不可得，诸法缘生即空，开佛正知之义恰合也。盖知约内证边说也。

毗钵舍那，此云观。观即是慧。智从慧出，名见。观此，是见为俗谛智矣。慧则差别事相，无不洞见，故曰"见"也。此与本经前以五眼、是沙、不执一异、开佛圆见之义正同。盖见约外照边说也。

三摩提，此云等持，谓定、慧均等也。定慧均等，名之曰"解"，可见解是由定、慧出，亦即知、见二者之总名耳。此亦与前深解义趣之言义同。

长老本得无诤三昧，定力已足，但慧未均等。追闻甚深《般若》，智慧增上，故能深解。长老涕泪悲泣，正自愧其向来定多慧少。今幸闻深经，而得定慧均等，所以感极而泣也。

既曰"解"，又曰"信"者，何故？须知信为入道之门，功德之母。信者，契合之意。因其契合如是，故能知如是，见如是耳。解为知见之总名，故曰"如是信解"也。因其于一如、皆是之理，契合无间，定慧均等，故能不生法相也。

"如是知"句，明其定力；"如是见"句，明其慧力；"如是信解"句，明其定慧均等之力。信字贯通三句。"不生法相"句，是由上三句所生之功效也。

何以故？有定有慧，契合一如。可见其于言说、名字、心缘诸相，一切皆离。诸相皆离，便引生根本正智，即是不分别智。智无分别，即是一念不生。一念不生，名不生法相也。总之，知见信解，是不生之前方便。方便修足，便证本不生。其功行全在知见信解上，不生是其功效。本不生上，着力不得；著于不生，便是生也。下科正明此义。

须菩提，所言法相者，如来说即非法相，是名法相。

一切法相，皆是假名，本来即非，盖生即无生也。此明上言不生法相之所以然。须知所谓不生法相者，非有法相而不生，亦非毕竟无法相。乃是一切法相，本为缘生，缘生之法，当体即空。所谓"非作故无，本性无故"。既本性无，则不生亦亡。何以故？生即无生故，乃为真不生义。

若不了其有即是空，而注意于不生，则正是生，何云不生哉？故一切发心者，当在一如、皆是上，知见信解——此正降伏，此即无住。果能知见信解如是如是，则虽法相炽然，初何尝生？以本性不生故，则不降伏而降伏，无住而住，住而无住，证入无相无不相之真实性矣。

又复生即无生，则亦灭即无灭矣。可见说生灭，说不生不灭，犹是对待而说。实则即生灭不停时，本来不生不灭。不但生灭不可说，即不生不灭亦不可说也。当悉心观之。

曰"如来说者"，如来是法身，法身即实相。故约如来，而说"即非法相，是名法相"，以显无相无不相之义也。总之，此科是明即法相而无法相，即生而无生，非以不生为不生也。此义是明非但生之念无，并不生之念亦无。正是为一念不生写照，为本不生写照，为下文"不取于相，如如不动"写照也。如如不动者，生即无生之异名也。

又复此科，亦正是结显经初"应如是住，应如是降伏"之义。非但结本科也，全经义趣，至是而包举无遗，首尾完成矣。

结成本科者，如无所从来，亦无所去，不生法相也。一合相不可说，不生法相也。我见即非而是名，不生法相也。盖令即来去而无来去，即一合而无一合，即我见而无我见。何以故？径向未起念之心源上觉照，而契入本不生故。

至若经初所说，度无度相，乃至心若虚空云云，非不生法相乎？发起序中所明，世尊示同凡夫，四十九年行所无事，非不生法相乎？其他诸说，皆可以此义贯通之。所谓应如是知、如是见、如是信解也。总之，千言万语，无非为令即诸相而无相，以证生即无生而已。故曰"全经义趣，包举无遗，首尾完成"也。

上来正宗分已竟。

流通分之判别，古人见地，各有不同。智者将前"结成不生"一科（即上面"须菩提，发阿耨多罗三藐三菩提心者"一段），一并判入流通。蒲益宗之，名前科为"付嘱流通"，名此科为"校量流通"，"云何演说"下，为流通方法，"佛说是经已"之下，为流通相貌。嘉祥但判"佛说是经已"以下，为流通。慧净、圭峰及清初达天皆宗之。窥基亦似同此，但不用序、正、流通字，别立名称耳。

惟清初有溥畹者不然，著有《心印疏》，其疏于"是名"多坐实，因其约三谛说故也。独有超胜之见，不能为其他所掩者——即从此科起，判为流通分是也。何以言其超胜耶？经曰"云何为人演说"，此句已明明揭示弘扬此经之法，判为流通分，恰合经旨，故此次科判依之。

> 须菩提，若有人以满无量阿僧祇世界七宝，持用布施。

阿僧祇，此云无数。今不止无数，乃是无量之无数。以充满无量无数世界之七宝布施，其福德之胜可知。引此财施者，所以显下文法施之福更胜也。"持用"二字，用在此处不嫌其赘者，何耶？以其意在引起下文之"持于此经"来也。意明行布施同，而福德不同者，因其持以行施者不同故也。一是持财宝，一是持法宝。

持无量数世界财宝，不及持一卷经乃至四句偈者，财施只救人身命，法施能救人慧命故。法施救人是彻底的，然非谓财施可废也。正明财宝如幻如化，而凡夫贪著其事，不知贪欲无穷，财宝有尽。若明佛法，则知世间事，无非梦幻，得财施者庶几除苦，行财施者福亦增上耳。且一切有为法中，最难看破者财宝，故引此为言耳。凡一切举财施较胜处，意皆同此，当如是领会也。

> 若有善男子、善女人，发菩萨心者，持于此经，乃至四句偈等，受持读诵，为人演说，其福胜彼。

古本及宋藏皆是"发菩萨心者"，流通本"菩萨"作"菩提"，应从古本。何以故？经云："未能度己，先欲度他者，菩萨发心。"所谓流通者，重在法施利众，故曰"发菩萨心"，以显流通之意也。当知菩提心含义甚广，不止法施一事。此中因将指示流通之法，所以特举发菩萨心为言，与下文"云何为人演说"句，正相呼应也。

"四句偈等"，"等"者，等于半偈，或一句也。四句为一偈，两句为半偈。经中常言，半偈即可证道。若下文所说"不取于相，如如不动"半偈，苟能信受奉行，直趋宝所矣。何况全偈？何况全经？

"持于此经"之"持"，谓持取也，与下文受持义别。"受持"句，自利也。"演说"句，利他也。"如法受持"，则能悟入无生，施不住相，其福便已胜彼。况更为人演说此经，以行不住相之法施乎？盖此经开章即说"度无边众生入无余涅槃"，今为人演说此经，即是以无余涅槃法布施，岂彼七宝布施所能及？

开章又说布施不住相，则闻此不住相之说者，其布施岂止以满无量数世界之七宝布施而已？总之，弘扬此经，便是绍隆佛种，众生获益，不可思议，其福胜彼财施，更何待言？经旨重在流通无上法宝，故下文专约演说言。且明得云何演说，自明得云何受持。说一边，即摄两边矣。

云何为人演说？不取于相，如如不动。

"云何为人演说"，问辞。此中含有二义：一是问演说之人，应当如何？一是问演说经义，应当如何？"不取于相，如如不动"两句，正开示二者应当遵守之轨则也。以说者言，应于能说、所说，及听说者之相，皆不取著。所谓以不生灭心，说实相法，是也。

此经正是实相法，故说者应以不生灭心说之。不生灭心，即是本性，所谓如如不动是也。意谓，演说甚深《般若》之人，应当三轮体空，且当称性而说，直指心源，乃能令闻者即文字般若，起观照般若，悟实相般若也。言下含有既不可妄谈，亦不可浅说意在。

以演说此经言，此经义趣，甚深甚广。前云"一切诸佛从此经出"，是则经中所说，皆为成佛之法也。其深可知！

又云"诸佛阿耨多罗三藐三菩提法，皆从此经出"，是则经中所说，一切佛法，皆莫能外也。其广可知！则欲为人演说，若不得扼要之方，非大而无当，即散而无归，闻者难获法益矣。故示以经义之扼要处，即向下之二句一偈是也。可见此二句一偈乃本经之要旨，亦即一切佛法之要旨，千经万论中，所说之性修理事，此二句一偈，包括尽之矣。

抑有进者，表面是开示云何演说，骨里则是开示云何受持也。何以言之？盖如是演说，必先能如是受持。不然，岂能演说乎？且为人演说，正欲人如是受持也，当如是领会也。由是观之，"不取于相，如如不动"两句经文，其义蕴深广也明矣。今当逐层剖而出之。

首先当知，此两句是全经之归结语，亦是全经之发明语。何谓归结？此一部经，自首至尾，所说无非不取之义，一望可知，无待征引，亦不胜引。至曰"诸法如义，无实无虚"，"一切法皆是佛法"，"是法平等"等句，皆如如义也。"无所从来，亦无所去"，则不动义也。今不过以此两句，结束全经之义耳。是之谓归结语。

然则，何以又谓之发明语耶？全经所说，虽皆此义，然是散见。若学人未能融贯，则望洋兴叹，不知从何而入。故发明之曰：全经要点，不外"不取于相，如如不动"八个字，学者当从此入。夫而后闻者皆能扼要以图，不致瞻前顾后，泛滥无归矣。是之谓发明语。

其次当知，此两句皆是说修功的，亦皆是说成效的。盖必能不取，方能不动；然亦必能观不动，乃能不取。所谓互为因果者也。若但认不取为修功，则经义偏而不全矣。今依经文次第说之。

所谓相者，何相耶？经中说相，甚多甚多色声等六尘相，布施等六度相、身相、佛土相、庄严相、福德相、众生相、度众生相、菩提相、发心相、上求相、下化相、因相、果相等等，历数难尽。

总之，凡说一法，便有其相。今概括之曰："凡所有相，一切不取。"当知说一"相"字，法与非法，皆摄在内矣。故不取相之言，即贯通乎不断灭相。何以故？断灭者，空相也，亦所不取也。当如是领会也。所谓由这一面，便应见到那一面，凡读佛经，第一要知此理。此不取于相句，若不如是领会，便与下文"如如不动"句不应矣。

何以故？空有两边，少有所偏，便非如如故。所以者何？偏则有取，取则已为所动故。总之，无论何取，取则心动，取则著相，而非如如之性矣。

《圆觉经》曰："种种取舍，皆是轮回。"轮回，谓生灭心也。苟有所取，必有所舍。何故取舍？由于分别执著。分别执著，所谓生灭心也。故曰:"种种取舍,皆是轮回。"犹言种种取舍,由有分别执著之生灭心。然则若能不取,当下便离生灭心矣,则当下便见不生不灭之性矣。故曰:"不取于相,如如不动。"

"如如不动"者,不生不灭之性也。"不取"者,无住之真诠也。"无住"者,不动之真诠也。何以故?若心有住,则为非住。非住之言,正明其动。若心有住,则为非住,犹言有取便是心动。故必一无所取,而后一无所动。

如如者,真如之异名也,皆谓本性。然立二名者,真如是指本具者言,如如是指证得者言耳。盖证性之时,智外无理,理外无智。智理冥合,谓之智如理如,故曰如如也。

如如之义,明其能所双亡也。因其无能证,无所证,迥脱根尘,灵光独耀,是以寂照同时。因其寂时照,照时寂,是以无相无不相。因其相不相皆无,是以不生不灭。因其不生不灭,是以如如不动。今既不取生灭之相,是以不生不灭、如如之性现前也。故曰:"不取于相,如如不动。"

《圆觉经》曰:"一切诸众生,无始幻无明,皆从诸如来,圆觉心建立。犹如虚空华,依空而有相,空华若复灭,虚空本不动。"诸如来圆觉心,是说佛与众生同具之本性,在众生分上名曰"如来藏"者,是也。

盖此句是约圣凡共说,非单约佛边说也(若单约佛说,则上句不可通矣)。"犹如虚空花,依空而有相",喻众生自无始来,以不觉故,依本来空寂之性,而幻成无明之相也。

由此可知,无明不过本性中缘起之幻相,犹如空中之花耳。空中本无花也,则性中本无无明也,明矣。"空花若复灭,虚空本不动",喻无明若灭,性本不动。

本不动者,是言当其现有无明之时,此性原未尝动。当知寻常所言心动,乃无明动耳。由此更可了然,但能不取于相,如如不动之本性,当下便现之理矣。又可知取舍正由无明,而无明本是幻相。然则不取于相,当下便如如不动者,因无有取舍,无明已遣故也。是故,学人当于不取即无住上,痛下功夫。不然,虽欲不取,不可得也。

如如二字,有释上如字为相似,为相称;次如字为真如者。谓不取于相,方与真如本性相称相似,而心不动也。此释不妥。

《大乘义章》明言如如亦曰真如,且如如之名,大乘经中常常见之,多指佛之境界言。何可云"相称相似"乎?即欲分开作释,上如字可释为契合。契合真如,所谓智与理冥也。当知曰"相似",曰"相称",则仍体是体,智是智,能所之相俨然。何云不取于相耶?故此释,乍视之但觉其浅耳,细按之则大大不协,故曰不妥也。

佛言,离幻即觉。"觉"字正谓如如不动之性,"即"字正谓当下便是。可见但恐不能不取耳,果能不取,当下现成。今乃释作不取于相,与性相似,显违佛语,万不可从。

顷言学人当于"不取"二字,痛下功夫。然则云何方能不取耶?此层断不可忽略过去,必应细究。当知不取相,即是离相。

《圆觉经》曰:"一切菩萨及末世众生,应当远离一切幻化虚妄境界。由坚执持远离心故,心如幻者,亦复远离。远离为幻,亦复远离。离远离幻,亦复远离。得无所离,即除诸幻。"细究此段经义,可见离相功夫,全在坚持。坚持者,强制之谓也。此层功夫,诚不可少。不然,无始来取相习气,何能除之?

然而更应细究,如何方能坚持不取乎?欲知如何始能坚持不取,当先知众生因何故取?无他,由有分别心,执著我、人、众生、寿者四相故耳。即复当知四相之相,实不外一我相,而我相之根,实发生于我见。

尤应细究,坚持不取,固足以遣我见,然只能伏,不能断也。何以故?无明未破故。且以无明我见未断之故,亦最足以破坏其坚持。然则,非更于离无明我见上用功不可矣。云何能离耶?前引《圆觉经》云"知幻即离,不作方便",是也。此言知幻二字,即是离无明之最妙方便,不必别寻方便也。

然则,云何能知其是幻耶?《楞严经》开示最明矣。经曰:"如来本起因地,最初发心,先以直心正念真如,始能远离诸幻。"正念即是觉照,谓须径直觉照真如本性,方能知其是幻也。由此可见,必须先悟如如不动之本性,乃能不取于相矣。此前所以说"不取于相,如如不动"两句经文,互为因果。应交互用功,不可但认"不取"句为修功,"如如"句为成效也。

换言之,不但应向不取上坚持,还须向如如上觉照,且觉照为坚持之前方便——即是欲坚持不取，必当先修觉照。不然，无明未断，岂能坚持？

是故《圆觉经》云："一切菩萨及末世众生，先断无始轮回根本。"轮回根本，即谓无明我见也。然则云何断耶？前引《圆觉经》不云乎："一切如来本起因地，皆依圆照清净觉相，永断无明，方成佛道。"此与所引《楞严经》，"先以直心正念真如"之义相同。

譬如恶友，初因无知，误视之为心腹。今知其恶，欲与断交。然以关系长久，未能骤断，必须先与疏远，而后方可断绝。此亦如是，自无始来，误认幻识之无明，为其真心，关系密切久矣。

今既翻然大悟其非，若不即速掉转头来，认准清净自性，径与接近，则仍是与无明混在一起矣。故圆照觉相，便是直心正念真如，便是与真心接近。而与真心接近，便是与无明疏远。如是方能望其永断也。

所以要紧功夫，全在圆照二字。何谓圆照？前念已灭，后念未生。正恁么时，一心湛寂，了了明明，是之谓照。圆者，非着力，非不着力，不沉不浮，恍如朗月孤圆，是也。此际一念未起，清净无比，遍体清凉，便是本来面目。

初学未有定力，一刹那间，后念又起，便又如是觉照。只要觉照提得起，如天平然，此昂则彼自落，则又清净矣。务须绵密无间，使之相继，久久便能入定。至于如如不动之全体，谈何容易遽能圆显？然如此用功，便是随顺趋入也。本经此两句，即是此义。不但应向不取上坚持，还当向如如上觉照。要紧要紧。

今更引《圆觉经》，证明觉照本性能除无明之义。经曰："于无生中，妄见生灭。"此言自性本来不生也。本来不生，即是本来不动。生灭即指无明，意谓自性中本无无明，说有无明，由于妄见耳。然则今知觉照清净本性，便是正见。邪正不并立，正见兴，则妄见除矣。

故彼经又曰："如来因地修圆觉者，知是空花，即无轮转，亦无身心受彼生死。非作故无，本性无故。"生死即谓生灭。此言自性既本不生，则亦不灭，故曰"本性无"。谓"亦无身心受彼生死"者，以本性原无生灭之故，并非造作使无也。所以，发心便应觉照本不生之性。故曰"因地修圆觉"。

因地，指发心修行之时。修字，即指觉照。圆觉，指本不生之性也。如是修者，知彼一切生灭幻相，尽是空花，有即非有故也。既如是知，则不为所转矣。不转，明其不动也。故曰"知是空花，即无轮转"。此两句，与知幻即离之义同。既已知幻即离，所以亦无身心受彼生死，则法性如如矣。综观上引经文，当可了然，径向本不生处觉照，为除无明之妙法矣。

何谓本不生处？即于未起念时觉照是也。念且未起，何所谓相？更何有取？果能如是绵密无间，则于不取自有把握。总之，一面向不动处，摄心觉照，以成就其不取。复一面于遇缘时，坚持不取，以圆满其不动，庶于如如性体，得有入处。《楞严》亦同此说。如云："诸修行人，不能得成无上菩提，乃至别成声闻缘觉，及魔眷属，皆由不知二种根本，错乱修习。云何二种：一者，无始生死根本，则汝今者，与诸众生，用攀缘心为自性者。二者，无始菩提涅槃，元清净体，则汝今者，识精元明，能生诸缘，缘所遗者。由诸众生遗此本明，虽终日行而不自觉，枉入诸趣。"

此中所说攀缘心，即是不觉妄动之心；元清净体乃至缘所遗者，即如如不动之本性也。彼经又云："云何汝今以动为身，以动为境？从始洎终，念念生灭，遗失真性，颠倒行事。性心失真，认物为己，轮回是中，自取流转。"此段更说得明明白白，即是初发心时，便应辨明真妄，直向本不动处觉照，乃不致遗此本明，枉入诸趣，自取流转也。

当知如是觉照，亦须摄心。摄心亦非无念，亦非毕竟无相无取。然凡夫非此无入手处，所谓以幻除幻之法门耳。因此法虽亦是幻，然是随顺真如，与其他动念取相者，因心不同，故得果便大不同。又复此法不过入手方便，虽为随顺真如之法门，而能照所照，亦当逐步遣净。所谓"有觉有照，俱名障碍"，故必须离而又离，得无所离，乃除诸幻。当如是知也。

总而言之，如如不动，即不生之义；不取于相，即无住之义。先须觉照本不生，乃能无住。至于一无所住，便证无生。交互用功，是为要门。且如是用功，是贯彻到底的。从初入手，乃至住、行、向、地、等觉、妙觉，皆不外此。故曰"离一切诸相，则名诸佛"，"一切诸佛，从此经出"也。而上来特引《楞严》、《圆觉》，以证此义，亦足见阿耨多罗三藐三菩提法，皆从此经出矣。

更有进者，本经以无住破我，为惟一主旨。可见全经皆是诠显欲破无明，当不取相之义。后半部说诸法一如，说一切皆是等，即是诠显如如不动之义也。迨令通达无我法，而所谓通达，首令开佛知见，往后更畅发缘生性空之义。

此科既以"不取于相"两句，开示学人，应觉照如如不动之本性矣，而下科复开示以观法缘生，恰与正宗分后半部，先显如如，次说缘生之义趣同。此正指示全经要旨在后半部。

"演说"者，若不达后半部之义，前半部便不得要领；"受持"者，若不知从后半部所说者入观，亦复不得要领也。此是世尊深旨，极当体会。至于此科既令觉照本性，下科则令观法缘生者，尤为善巧，尤为扼要。此正佛知佛见，学人亟应如是通达。

盖凡夫全体无明，虽曰"觉照本性"，而本性面目久隐，无非黑漆漆的无明而已。然则奈何？今开示之曰："当先观诸法缘生，以作方便。"故下科结语曰"应作如是观"，谓必当"如是作观"也。何以故？观诸法缘生，即是观诸法空相。相若空时，岂复有取？则如如不动矣。可不谓之善巧乎？可不谓之扼要乎？此义下科更当详谈。

演说演字，有深意焉。演者，演绎也。谓经义幽深，说经者当阐其微，发其隐，广征博引以宣扬之。务使其义曲畅旁通，乃不虚此一说耳。说一切经，皆当依此轨则也。

> 何以故？一切有为法，如梦幻泡影，如露亦如电，应作如是观。"

"何以故"者，问不取于相之所以然也。所以然有二义：

一、因何而不取？偈语前三句已足答释。

二、何以能不取？则须全偈方足答释，而归重于第四句。

今假设问答，以明之：

问："因何而不取耶？"

答："因一切有为事相，皆是缘聚则生，缘散则灭，变化靡常，执捉不住。如梦、幻、泡、影、露、电然，似有无实故也。"

问："然则，何以能不取耶？"

答:"应于一切有为法,作如梦、幻、泡、影、露、电观。知其当体即空,不生贪著,乃能不取也。"

如上所说,本科大旨已明,兹再详细说之:

当知如如不动,是真实性,亦即所谓不生不灭之无为法。前云"一切贤圣,皆以无为法而有差别",今不令观无为法如如不动之真性,而令观有为法缘生无实之幻相,何也?此我世尊深知凡夫之病,特为巧开方便也。此中有二要义:

一、凡夫之所以为凡夫者,无他,背觉合尘,向外驰求耳。何故向外驰求?无他,分别幻相,贪著幻相耳。何故分别贪著?无他,误认一切有为法为真实耳。由是之故,愈迷愈深,不肯回头,永被轮转矣。

故今入门初步,先须令其深观一切有为之法,如梦、如幻、如泡、如影、如露、如电,莫非虚假,一切皆空,到底一无所得。所得,惟一苦味而已。且其苦无穷,说亦说不出。所谓万般将不去,惟有业随身,是也。果能常作如是观,洞明皆空之理,庶几不再受骗,而能死心塌地回光返照乎。此所以欲观无为之真性,应先观有为之幻相也。此第一要义,必应了知者。

二、一切凡夫性光,早被无明隐覆。有如一轮杲日,尽被乌云遮盖,光明全暗,太阳看不见了。此亦如是,妄念纷动,未曾暂停。今欲观之,而能观所观,莫非无明妄识。何能观见本性?此与满天黑云看不见日光,看来看去,无非昏扰扰相,是一个道理。故《圆觉经》曰:"以轮回心,生轮回见,入于如来大寂灭海,终不能至。"

轮回者,生灭之意。寂者,无声,谓真如非可以言诠也;灭者,无形,谓真如非可以相显也。竖穷三际,横遍十方,曰大。体备万德,用赅万有,曰海。如来大寂灭海,即谓如如不动之本性也。可怜凡夫,全是生灭心,即发心作观,亦是生灭见。

今欲以此生灭心、生灭见,观不生灭之圆觉性海,全然反背,故曰"不能至"。不能至者,言其南辕北辙也。

然则修圆觉者,欲觉照如如不动之性,岂非竟无下手处乎?我世尊大慈,今语之曰:勿忧,有妙法在。其法云何?宜观诸法缘生,自有入处矣。此意,无异曰:初不必强息妄念。虽欲息之,亦不可得也。但当向有造作，有对待之一切有为法上，观察其变化无常，如同梦、幻、泡、影、露、电一样。使此心洞明一切诸法，不过缘会时，现有生起之幻相耳，实则生即无生。

从此可知，表面虽万象森罗，而其底里，全然乌有。时时处处，如是观察觉照，便有不可思议功德。

何谓功德不可思议？当知观诸法缘生之理，若领会得一切法当体是空，便能契入诸法空相。相空则性自显。何以故？有相，则诸法千差万别；相空，则诸法一如故。诸法一如，即是性光显现故；性光显现，即是无明已明故。虽无明未必遽断，未必遽与如如不动冥合，而智理冥合，实基于此。何以故？妄念从此日薄故。对境遇缘，不易为其所转故。

由是言之，观诸法缘生，无异观诸法空相。观诸法空相，无异观如如不动也。换言之，观生灭之有为法，如梦如幻，便不知不觉引入不生不灭之无为法矣，功德何可思议哉？此第二要义，为吾人更应了知者。

合上说两重要义，可见作如是观，譬如用起重机，四两可以提千斤，毫不吃力，轻轻巧巧，拨云雾而见青天，真善巧方便也。

不慧学佛以来，前二十年，虽修种种法，作种种观，毫无进步。一日于此四句偈忽若有悟，依此修观。初亦若即若离，若明若昧，未成片段，并无甚效。继悟应于一切境缘上，极力作意以观察之。虽一极小之事，或极顺心，或极不顺心之时，皆以如梦幻等道理印之。即修持佛法，亦以如梦幻等道理印之。行住坐卧，不离这个。如是久久，虽于"不取于相，如如不动"功夫尚浅，然实从作此观起，此心渐觉空空洞洞，于一切境相，渐能无动于中。看经时眼光便觉亮些，念佛时亦觉踏实些。今请诸君试之，必有受用。当知博地凡夫，欲回光返照，舍此无下手处也，珍重珍重。

今再将上科与此科之义，综合而演说之：

上文如如不动，是说性体圆满显现。论其究竟，须至佛位方能圆满。初住以上不过分分现耳，故谓之分证觉。若信位中人，则仅得其仿佛，所谓相似觉也。故前人有将上如字，作"相似"释者。

然如如不动句经义，是自初发心乃至究竟贯彻到底的，故不宜呆板作"相似"释，应作真如释之，乃能圆摄一切。无论相似而现，分证而现，乃至圆满显现，皆由不取于相来。故"相"字，"不取"字，其义意亦复包罗深广，贯彻到底。

相则无论空、有，以及双亦、双非，皆摄在内。其总相，则我、法二执是也。于此诸相，一切不著，乃为不取，且并不取亦复不取，则离而又离，得无所离，即除诸幻矣。于是乎，如如不动之性体全彰也。

然而下手方法，须从未动念处觉照，即观如如不动之本性是也。此即《楞严》"以不生不灭为本修因"之义，亦即所谓依本寂之性以修止，而后得定，依本照之性以修观，而后得慧之义也。若不知从此入手，便是错乱修习，盲修瞎炼，譬如煮砂为饭，永不能成。

虽初学全是无明，观之不见，然必应深明此理，勤勤圆照。如前所说前念已灭，后念未生，正恁么时，一心湛寂，了了明明，是之谓照。圆者非著力，非不著力，不沉不浮是也。此即一线慧光，知幻即离之最初方便。一面复遵依此偈，观一切法，皆如梦、幻、泡、影、露、电，缘生即空。此法更为方便之方便，所谓知幻也。两种最好兼修。

以此两法，互相助成故。盖觉照本性，是在本源上用功，观一切法，是在境缘上用功。又复前观修定之意居多，后观修慧之意居多。定固可以生慧，然非先开慧，其定亦不能成。故互助之中，缘生观尤要。以观缘生，即可引入如如不动故也。此义前已详哉言之。

试思"应作如是观"句，大有非此不可之意。何等恳切？"作"字要紧，谓应十分作意观之也。

佛说此经，本为凡夫发大心者说。此二句一偈，正是指示大心凡夫下手用功处。故前后两观，务须绵绵密密，替换行之。行之既久，必有得处。

"如是"二字，固是指上文如梦如幻等说。须知如梦如幻，正谓诸法之相本空，亦即正谓诸法之性一如。

可见如是之言，实含有一如皆是意味。所以观诸法缘生，便可契入如如不动也。然则作此观者，可以一篇到底，彻见本性。故曰"应作如是观"，犹言观一切法如梦如幻，即是观一如皆是也，故"应作"也。开示谆谆，岂容忽略读过？

"有为法"，不但世间法也，佛法亦摄在内，故曰"一切"。

《圆觉经》曰:"生死涅槃,犹如昨梦。无起无灭,无来无去。其所证者,无得无失,无取无舍。其能证者,无作无止,无任无灭。于此证中,无能无所。毕竟无证,亦无证者。一切法性,平等不坏。"此中一切视同梦幻而无之,正所谓诸法空相,即不取于相之意也。亦即指示观一切如梦幻而空之,便契入如如不动也。

故结之云:"一切法性,平等不坏。"平等,即是如如;不坏,即是不动也。故《圆觉》此段文,恰好引来作此经二句一偈的注脚。

总之,无论染法净法,既有此法,便有对待。既成对待,便是有为,便有生灭,故皆如梦如幻。然而欲证绝待之无为法,非从对待之有为法起修不可者,以舍此别无入手处故也。

不但观缘生是有为法,即觉照本性,亦是有为法。何以故?觉照即是观,既有能观所观,便成对待故。有对待便有相,便落有为矣。

本经所说,皆是无为法,且明明曰:"一切贤圣皆以无为法而有差别。"今于开示演说受持时,却令应观有为法。此为全经经旨绝大关键,亦即学佛者紧要关键。当知无为者,无所作为之谓也。若无所作为,妄何能除?真何能证?凡何从转?圣何得成?故无为法,须从有为法做出,故曰"应作"也。"作"字有力。但第一要义应明了者,是以无为法为目的,借有为法作路径。

若只认无为,鄙弃有为,是自绝也;若著于有为,不知无为,是又自画也。前者,所谓执性废修者也;后者,所谓著事昧理者也。第二要义,应明了者。

修有为法而不著,便是无为,除此别无所谓无为法也。所以本经开章所说,"实无众生得灭度",当自度尽众生出;"于法不住",当自行于布施出。以后所说,其旨趣莫不如是。夫度众生,行布施,有为法也。无灭度,不住法,无为法也。如是作去,便是涉有而不住有,观空而不住空。虽终日行六度万行,终日讲经说法,而实终日涅槃。

由此可知:不取法,当从不取非法做出;即非,当从是名做出;不执著,当从不断灭做出;无实,当从无虚做出;乃至无圣无凡,即从有圣有凡中见;不一不异,即从一异中见;不来不去,即从来去中见。此之谓诸法一如,是法平等。乃至不生不灭,即从生灭上见。此义,即是虽生灭而实不生灭，虽不生灭而示现生灭。此之谓不住生死，不住涅槃。无住之旨，于是乎究竟圆满矣。

而其枢纽，即在观法缘生如梦如幻。了其皆空，所以无住也。故学人最要方便，"应作如是观"也。

作如是观，便是不废有为，不碍无为，自然而然，遮照同时，中中契入如如不动圆觉性海矣。

一部甚深经典，归到极平淡、极切近四句偈中。一切众生，无论利钝，皆可随顺而入。此之谓无上甚深微妙法，百千万劫难遭遇，此之谓真实义。

此与序分所序穿衣吃饭等事，同一趣味。皆是指示道不远人，即在寻常日用中。须于寻常日用中，看得透，把得定，成佛、成菩萨，便在里许。所有自度度他等行愿，乃至礼佛诵经诸事，当视同寻常日用，造次颠沛弗离，而又行所无事，庶乎其近道矣！

故得此四句偈，不但全经在握，一切佛法在握，而成佛、成菩萨，亦在握矣。所谓"一切诸佛，及诸佛阿耨多罗三藐三菩提法，皆从此经出"者，今乃知诸佛及法，皆从于一切有为法，作如是如是梦幻泡影露电等观出耳。

吾辈幸蒙佛恩，授此妙法。惟有一依此法，如是受持，如是演说，俾一切众生，皆作如是观，皆得证无生，乃足以少报本师之恩耳。

上来要旨已竟。至若梦幻等喻，其义甚精、甚细、甚妙。故作此观，便可证道也。兹当详细说之。

佛经中所说有为法之譬喻甚多。梦幻等喻之外，如乾闼婆城、水月、树橛、绳蛇、空花、兔角、龟毛等等。其大旨，无非显示万法皆空之理，警告凡夫，不可认以为实，以破其分别执著，引令出迷耳。魏译《金刚经》，其喻有九，曰：一切有为法，如星、翳、灯、幻、露、泡、梦、电、云，应作如是观。秦译则约之为六。多少虽殊，理则一也。

六喻之中，梦喻为总，幻、泡、影、露、电，为别，皆所以明其如梦也。根性好者，一闻梦喻，便可明了缘生之法，当体皆空。因恐或有未了，故复说幻等五喻。五喻若明，当可恍然万事同归一梦矣。所谓梦者，缘生法之一也。

古语云："日有所思，夜形诸梦。"所思即其作梦之缘也。亦有并无所思而梦者，如世俗所言之托兆。则托兆亦其入梦之缘，故为缘生之法。

有缘必有因，作梦之因为何？意识（亦曰妄心）是也。若无此因，缘亦无从遇矣，故曰"至人无梦"。盖有道之士，妄心虽或未断，必已能伏，故梦少也。由此可知，一切皆唯心所造矣。

可怜凡夫，梦时固是妄心，即其所谓醒时，亦全是妄心也。故其所谓醒，依然是梦。何以故？从来迷而未觉故。若其已觉，决不致但知梦中之悲欢离合，得失穷通为假，而又认所谓醒时之悲欢离合，得失穷通为真也。

须知醒时之心，与梦时之心，既皆是妄非真。所以醒时种种境遇，或由计划而成，或出意料之外，与其入梦之或由于日有所思，或由于神灵托兆，其理由全同也。而转眼皆空，了无所得，亦复毫无二致。岂非醒时即是梦时乎？故警告之曰"如梦"也。乃迷恋其中，计较分别，执著不舍，真痴人说梦矣。故曰"众生从来不觉"也。今曰"如梦"，正唤其速觉耳。或曰"如梦之理，说世间法，诚然不诬。而永明寿禅师曰'大作梦中佛事'，何以佛法亦可作如梦观耶？"此有四重要义，不可不知。约凡夫言，其义有二：

一、佛法作如梦观者，不可执著之意也。佛法重在破我。若有执著，我何能破？故应彻底遣之。佛法尚不可执，何况世间法？

二、学佛者为证性也。若不证性，便不能超凡入圣。而性体空寂，故一切修功，必应归无所得，方与空寂之性相应。佛法作如梦观者，令其勤修佛事，而归于了不可得。庶几能所双亡，智理冥合也。

约佛菩萨言，其义亦有二：

一、佛、菩萨皆是已觉之人，其大作佛事、广度众生而能行所无事者，视之如梦故也。视涅槃如昨梦，所以不住涅槃，而大作佛事；视生死如昨梦，所以不住生死，而常在定中。

二、菩萨作佛事者，自觉觉他也。至于佛位，觉已究竟，而仍作佛事者，因无尽之众生，尚在梦中。以同体悲故，不自以为究竟也。故常行菩萨道，而现身于大梦未醒之众生中，而作佛事。所以永明曰"大作梦中佛事"耳。

综上四义，可知大觉者视生死、涅槃，本无可得，故曰："生死涅槃，如同昨梦。"意谓，住于生死，固是作梦；住于涅槃，亦是作梦。必一无所住，乃为大觉耳。所以若住于所修之法，住于所说之法，住于所得之法，则皆是作梦矣。

故本经主旨，在于无住，故曰"应无所住行布施"，"应离相发菩提心"也。

总而言之，观一切染净法如梦者，意在通达一切有为法本无可得也。一心清净，有何可得乎？若有可得，即非清净矣。故应观一切有为法如梦也。

我世尊说法四十九年，而曰"无法可说"，又曰"我于阿耨多罗三藐三菩提，无少法可得"。果地觉者如是，在因地修行者，亦必应如是可知。

《楞严经》云："应当审观因地发心，与果地觉，为同为异。若于因地，以生灭心为本修因，而求佛乘不生不灭，无有是处。"有可得，生灭心也。观其如梦，了不可得，不生不灭也。当知梦即是有为法。若知其梦了不可得，而不迷不执，有为法便成无为法矣。

如字有味。未觉者，应观其所谓醒者，依然如梦，乃可以解脱一切，远离颠倒；已觉者，应观其所谓觉者，亦复如梦，又何妨现入华胥，游戏三昧耶？

总之，六喻皆是贯彻到底的，不仅为凡夫言也。二乘若知度生如梦，了不可得，便不致沉空滞寂。一类菩萨，若知上求下化如梦，了不可得，便可成佛。故作如梦之观，正是照破我、法二执之宝镜，度入大寂灭海之慈航。

由上所说，可知一切有为之法，皆是依心为因，托事为缘，因缘会合，所生之果耳。除因果外，一切乌有。而名之为果，却又成因；说之为因，旋复招果。是即因果之本身言之，亦复毫无定形，故曰"当体是空"。譬如做梦，非不事相俨然，却是有即非有，故曰"因缘生法，即假即空"。故说一梦喻，已足了彻一切矣。

但以众生久在迷途，平日未尝不知世事如梦，乃一遇顺逆境界当前，仍复执迷，放不下去。且曰："过去事诚然如梦。若境遇当前，历历身受，不谓之实事可乎？"

故又告之曰："顺逆诸境，虽历历身受，其实皆如幻耳。"幻者，佛经所说之幻术也，今世则名之曰"戏"。意若曰：汝见幻人幻术乎？幻出种种飞潜动植之物，岂不俨然似真？又如做戏然，粉墨登场时，邪正贤愚、悲欢得失神情活现，能令人为之颜开，为之泪下。汝亦以为真乎？可因其悲喜无端，恍同身受，遂执以为实事乎？当知人生在世，亦复如是，一切遭逢，莫非妄识业缘之所变现耳。

世间即是戏场！一切众生，即是戏场中的各种角色。当其锣鼓喧阗，非常热闹之候，有智慧者，便当自警，转眼即下台矣。此刻在此做这个角色，不过为业力所牵，须了却一段缘法而已，岂可当真？

譬如唱戏，既做了戏曲中一个戏子，必有夙因，方现此果。固然不能不用心唱做，误了所抱的目的；然而断没有执著戏中所扮演之人物，当作自己者。戏子之目的为何？名誉金钱是也。

做人亦然，今世来做这个人，不过暂充这出戏中一个角色耳。戏子尚能不执所扮演者，当作自己，吾辈岂可误认，所暂充之角色为自己乎？当知因果难逃，因果可畏，既暂充了这个角色，自然不能不用心唱做，以免误了目的。但切不可只认名利为目的，须认准自己本有之家宝，以为目的。家宝者何？自性三宝是也。

必应了了觉悟，做此假戏，既不可错了因果，牵累自性；更不可误认假戏为真，昧失自性。所以正当笙歌嘹亮，大众注目之时，便应自觉自悟，此一出幻戏，非我本来面目。誓当返我初服，庶几锣鼓收声，风流云散时，不致懊恼悲伤，手足无所措耳。故曰应作如幻观也。

世尊大慈，犹虑众生执迷不醒，以为一切人事谓之如幻，诚然非虚，然而抚念身世，终难放下。盖其意中，但能领会世事如幻，而犹认偌大的世界，及其宝贵的色身，为真实有，故放不下耳。因又告之曰"如泡如影"。如泡，喻世界也。如影，喻色身也。何以故？所谓泡者，由于水为风鼓，激荡而成者也。而世界则由一切众生，于性海中，起无明风，造此共业之所结成，故以如泡喻之。

所谓影者，由有日、月、灯光照之而现者也。而色身则由性光之所变现，故以如影喻之。此世、此身，既与泡、影同一缘生。可见身、世，亦与泡、影同一虚妄矣，岂可迷为真实乎？

此义《楞严经》言之最明，经曰："认悟中迷，晦昧为空。空晦昧中，结暗为色。色杂妄想，想相为身。"

此段经文，是说觉性圆明，大而无外，小而无内，本无所谓虚空也，世界也，色身也。全由众生觉性障蔽，遂致本来圆明者，成为晦昧。晦昧者，所谓昏扰扰相也。既已不悟，乃反认晦昧为虚空，故曰"晦昧为空"。是则由其认悟中迷之故也。认悟中迷者，言其自以为悟，实则依然是迷。何以故？以其认晦昧为虚空故。

虚空既是晦昧，复纠结此晦暗者为色。故曰："空晦昧中，结暗为色。"色者，地、水、火、风四大是也，正指世界及一切有情无情之色相而言。先认晦昧者为虚空，复认晦暗结成者为世界，更认色与妄想杂成者为其宝贵之身躯。故曰："色杂妄想，想相为身。"首句"认"字，直贯到底。"妄想"二字，亦贯通上下。

何以误认？由有妄想故也。妄想者，识之别名也。受、想、行，为识之心所。故此中妄想之言，即指五蕴中之受、想、行、识四蕴。想相为身之相，即上文色字。想，即妄想。一切众生之身，无非五蕴假合。

故曰："色杂妄想，想相为身。"谓四大之色相，与受、想、行、识之妄想，杂而合之，成此幻身也。此段经文，明白开示虚空、世界、色身，全由众生昏扰扰的妄想之所变现。妄想本非真实，刹那生灭，由其变现之身世，岂能真实乎？

人人皆知水中之泡，极其脆薄，最易坏灭，殊不知世界亦然，勿谓江山千古也。虽整个世界，未遽坏灭，然而陵谷山丘，桑田沧海，时起变化，足证时时在成坏中。此年事稍多者，所常经验之事，原非理想之谈。

且《楞严》又云："空生大觉中，如海一沤发。有漏微尘国，皆依空所生。沤灭空本无，况复诸三有。"

有漏微尘国，有漏，明其必坏。微尘，明其其细已甚也。三有，谓三界也。

此段经文，是说晦昧之虚空，在大圆觉海中，如海上之一泡。沤，即泡也。而微尘国土，更是依附海泡之物。泡若灭时，且无晦昧之虚空，何况三界耶？一切学人，常当观照此理。所认之虚空，尚是晦昧的昏扰扰相，尚且渺小如泡，何况世界？何况此身？何足算哉？岂可遗弃包含虚空，囊括三界之真实圆明性海，而认一渺小脆薄，成坏无常之浮沤乎？

至于影者，望之似有，考实则无。此身亦然，虚妄现有，考实则无。譬如镜中人影，因照则现，肥瘦长短，纤毫不爽。此身亦然，因心造业，循业而现，寿夭好丑，因果难逃。

南岳思大师曰："净心如镜，凡圣如像。"此明身之可见，因净心本具见性，犹如像之可见，因明镜本具照性。岂可因其可见，遂误认为实有？且净心之见性中，本无此身，不过见性发现之影耳。亦犹明镜之照性中，本无此像，不过照性发现之影耳。

以上所说，犹是以幻身望于净心，明其为净心所现之影。若约幻身当体说之，亦复如影。何以故？除五蕴外，了不可得故。而且五蕴中之色，即是四大。四大既如浮沤，其余受想行识四蕴，又莫非虚妄（名曰妄想，故是虚妄），然则即五蕴本身，已了不可得矣。何况五蕴假合之幻身？其为似有实无可知。了不可得者，言其有即非有也。正如影然，但眩惑人眼耳，其实本空也。

一切凡夫所最执著以为实有者：识心、世界，及其自身也。今一一破其惑曰：识心如幻（前言世间即是戏场，一切众生即是戏场中角色，莫非识心业缘之所变现，故曰如幻），世界如泡，此身如影。

身、心、世界，尚且虚妄非实，则其余一切有为法相可知矣。然而迷途众生，虽知身心世界非实，或犹因循怠忽，不能勤作如梦、如幻、如泡、如影之观。因又警策之曰："如露如电。"露则日出而晞，留不多时，电则旋生旋灭，刹那而过，所谓生命在呼吸间。当加紧用功，如救头燃也。合此如幻等五喻观之，即是观于万事如梦，有即非有。故曰："如幻等五观，是别；如梦观，是总。"

观此六喻，虽是观诸法空相，即是观如如之性，以性相本来融通故也。故观缘生，即可契入如如不动。故无为法性，从观有为法相如梦幻入手，便是两边不著，合乎中道。此义前已详谈。

今再以"三性三无性"说之六喻中随拈一喻，皆可明三性、三无性之理。兹且约总喻如梦说，余可例知。

三性三无性，见于《楞伽经》，及法相宗各经论，此为相宗精要之义。佛说法相，原为明此。若不知注重，但向琐细处剖析，虽将一切法相，剖之极详，未免入海算沙，失其所宗。当知三性三无性之义，学性宗者，亦应通晓，因此义贯通性相。

若知此义，则于缘起性空，更能彻了，修持观行，更易得力。盖上来所说如梦观，尚是总观大旨，若依三性三无性之理观之，则更入深微矣。

何谓三性？1. 遍计执性，2. 依他起性，3. 圆成实性。遍计执者，谓普遍计较执著也，即性宗常说之分别、执著、攀缘、无明、妄心、妄想等——性宗亦谓之分别性。此是妄想，云何称之为性耶？意在明其虽是无明妄想，然为真心之所变现，非离真实性而别有也。但相宗名为遍计执性，是单约凡位说；性宗名曰分别性，则兼约凡圣说。圣位之分别性，是明其应缘示现，对机说法，丝毫不爽。似有分别，盖约众生边望之云然耳，非谓圣位尚起念分别也。当如是知。

依他起性，即性宗所说之缘起、缘生、性起，此正本性随缘现起之相用。相用原不离乎性体，若无性体，便无相用，故曰依他起性。依者，随也。他，指缘而言也。

圆成实性者：圆，谓圆满；成，谓本具。圆成字，约体说，明其本来圆满具足，非造作法；亦兼约相用说，谓相用为体所本具，净德圆满也。实，即真实，此即性宗常说之法界、真如、如如、真心、实相、圆觉、自性清净心等，其名无量。性宗亦谓之真实性也。

何谓三无性？1. 相无性，2. 生无性，3. 胜义无性。无字甚活，有非字意，有空之之意，即不可执著是也。

一、相无性者，众生于一切事物上，妄计有我、有法而执著之，所谓遍计执也。殊不知遍计所执之我相、法相，完全由于误认。

譬如认绳为蛇，不但蛇相非实，即绳相，又何尝真实？故曰相无性，谓虚妄之相，非真实性。当体会性中本无有相，应不著相而无之，乃是性也。

二、生无性者，生，谓缘生。盖一切法，但依因缘聚会，假现生起之相耳，所谓依他起也。然则既为缘生，可见一切法，本无实体，体惟净性。恰如绳之生起，亦由因缘集合而有。绳非实体，其体乃麻。故曰生无性，谓缘生之法，本非真性。当体会缘生法虽以性为体，而于性体中无此缘生，应不著缘生而无之，乃是性也。

三、胜义无性者，真如之性，为一切法之本体，名第一义，亦名胜义。此性真实，众生本具，本来圆满，所谓圆成实也。然胜义亦是名字，如麻亦是假名，故曰胜义无性。谓胜义亦为名言，而非性也。当体会真实性中，本无胜义名字，应并胜义亦不著而无之，乃真实性也。

性宗立名略异：名相无性，曰无相性，谓不著相，方是真性；名生无性，曰无生性，谓不著缘生，方是真性；名胜义无性，曰无性性，谓性亦不著，方为真性。此义，正显相既离性而无体，性亦非离相而别存，于义尤圆。

故无性性，亦名无真性，谓并真实之见无存，乃是真实性也。又名无无性。次无字，空无之义，谓不著空无，乃是真实性也。

上来略释名义竟。当再约如梦之喻，以明三性三无性之理。

佛说三性三无性，所以显性、相之圆融也。诸有智者，必应明了三性三无性之理，以贯通乎性相，则能空有不著，合乎中道。

而本经令观一切有为法如梦者，因作如是观，便能洞彻三性三无性之理故也。换言之，若明三性三无性，方能彻底了然一切有为法之如梦。

兹故将如梦之义，与三性三无性之义，合而演说之，以期于此二义，皆得彻了。至于幻等五喻，原是说以证明如梦之义者，故虽仅约如梦而说，而于义已足。

当知清净心中，本来离相，是谓真实性。犹之心若清净，便无梦相也。但因真性以随缘故，现起身心（此谓妄心，即是识也）、世界等相，是谓依他起性。无异入眠时，随缘而现梦中境相也。乃凡夫之人，以不明一切有为法，既是缘生虚相，生本无生故，遂致计较执著，认虚为实，是谓遍计执性。正如愚痴之辈，以不知梦为缘生虚相，有即非有故，而执梦境为真实也。

是故若知梦中境相，皆是一心之所变现，有即非有者。当知无相性，亦复如是。

夫一切法，莫非心造，故称有为。然则有为之法，既皆心造，可见心性乃真实体，一切有为法，不过依心托事，随缘现起之相耳。所以凡所有相，皆是虚妄，岂可执以为实乎？若其执之，是迷相而昧性矣。何以故？性本无相故。

若知心本无梦，但由妄想熏起。而妄想本虚，所以由其熏起之梦，有即非有者。当知无生性亦复如是，夫一切有为法，既是缘会假现之生相，可见性体中，本来无生。故一切有为法，既不可执以为实，即其缘生之虚相，心中亦不可存。若其存之，依然昧性。何以故？性非缘生故。

若知梦时心，与醒时心，并非二心。但由睡眠之故，名为梦心，实则非梦心外，别有醒心者。当知无性性亦复如是。夫妄心、真心，本来不二，但由无明不觉之故，名为妄心。若无明明，而不觉觉，妄心便是真心。犹之若不入睡，梦时之心，原为醒时心也。故修行人，不可于妄心外，别执有一真心。换言之，即是不应灭色以明空，灭相以见性。若其如此，仍复昧性。何以故？不著于性，乃真实性故。所以者何？苟有取著，便为我相我见，而非自性清净心矣。

上来所说，是以如梦之义，说三性三无性，则三性三无性之义，彻底洞明矣。即复以三性三无性之义，说如梦，故如梦之义，亦可彻底洞明也。综观上说三性三无性之义，可知要紧功夫，惟在不起遍计执，则依他起，便是圆成实。何以故？于性相皆不计执，虽炽然现相，而心固无相也。虽示入生死，而性本无生也。计较即是分别，所谓第六识；执著，所谓第七识也。此即无明不觉，此即我见。

故本经惟一主旨，在于无住，以破我也。综观上说如梦之义，可知作如梦观，是贯彻到底的，即是由粗而细，由浅入深，从初修至于究竟，一切行门，皆不外乎此观。

盖说一梦字，以喻无明不觉也。复说一如字，则喻无明不觉，似有实无，性本非有，精极、确极。不但此也，如梦者，似乎做梦也。似乎做梦，正显一切有为法，是有即非有的；亦显一切有为法，是非有而有的。观其有即非有者，不可著有也；观其非有而有者，不可著空也。

故如梦之言，不是但令观有如梦，乃令并观空有一切如梦。果能于一切有为法，有即非有，何妨于一切有为法，非有而有？此之谓大作梦中佛事。学人初下手，便作此圆顿妙观，则既不执实，亦不执虚，且不执无。即是本经所说无我相、无法相、亦无非法相，一空到底矣。于是虽涉有，而不住有；虽行空，而不住空。故能中中契入无相无不相之实相，则如如不动矣。

盖不住而涉有行空，正所谓即止之观也；行空涉有而不住，正所谓即观之止也。故作如是观，便是止观双运，便能定慧均等；则如是而证，便能达于寂而常照，照而常寂，寂照同时。故曰"一切诸佛，从此经出"。

总而言之，一部《金刚般若》，无住妙旨，全在"不取于相，如如不动"上。而欲达到不取于相如如不动，全在"一切有为法，如梦幻泡影，如露亦如电，应作如是观"上。一切学人，当从此观，随顺而入。

此观，正是金刚慧剑，无坚不摧，无无明烦恼而不破也。故应如是演说，如是受持，永永流通此绍隆佛种之无上大法也。

> 佛说是经已，长者须菩提，及诸比丘、比丘尼、优婆塞、优婆夷，一切世间天人阿修罗，闻佛所说，皆大欢喜，信受奉行。

"佛说此经已"者，谓甚深经典，说已究竟，无义不彰也。"已"字正与下文"欢喜奉行"相呼应，以显机教相扣，大众皆能闻斯行之之意。且显信奉流传，永永无尽，虽名曰"已"，而实未尝已之意也。

长老为当机众，故首列之。次列四众者，皆是佛门弟子也。比丘（义为乞士、破恶、怖魔等）、比丘尼，为出家二众。尚有未受具足戒之沙弥（沙弥之义为息慈，息恶行慈也。又为勤策）、沙弥尼，亦摄在内。

优婆塞、优婆夷，此云清信士、清信女，亦云近事男、近事女，谓清净三业，信奉道法，堪以亲近三宝，承事供养者也。是为在家二众。在家人欲入佛门，先须请比丘，授三皈依。若无比丘，可请比丘尼。此为正式入三宝门，可名佛弟子，亦名三宝弟子。继受五戒，则名优婆塞、优婆夷，若未受五戒，不堪此称也。再进，可受菩萨戒。菩萨戒，有普为出家、在家同说者，如《梵网经》所说之十重四十八轻，有专为在家二众说者，如《优婆塞戒经》所说之六重二十八轻。

若在家人，自审能一一如出家人，可与出家人同受。否则，不如受六重二十八轻。因受戒便当奉持，倘受而不持，招罪不小，必应细意审量而后受之。

受菩萨戒后，则称菩萨戒优婆塞、优婆夷。若尚未正式三皈，只称信士、信女，不称佛弟子及优婆塞、优婆夷也。优婆塞、优婆夷，皆可讲经说法，而为法师。惟不可为皈戒师，因自己未受具足戒之故。三皈依，即是戒也。今世有向在家善知识请求皈依者，此误也。当知请求皈依，乃是请求为传三皈依戒，此事只可向出家善知识请求也。

若向在家善知识请求讲经说法，为其弟子，依以为师，则固无不可者。如其志愿真诚，堪以教化，善知识亦不宜一味峻拒也。

无论聚会之所，或在道路间，在家二众，当敬让出家人居前。虽出家在家，同为佛子，然以次第言，比丘譬若长子，次则比丘尼、沙弥、沙弥尼、优婆塞、优婆夷，不可紊也。

当知出家者割舍恩爱，远离尘俗，已在住持三宝之列，岂在家二众，混身五欲拖泥带水者所可及？故应尊重。即破戒僧亦不可轻视。何以故？当知出家之戒，繁密严重。

比丘具足戒有二百五十条，比丘尼具足戒有三百七十余条。少不经意，便已侵犯。奉持二字，谈何容易？即沙弥、沙弥尼，亦受十戒，比在家人已多一倍矣，岂可轻作讥评？果深知其言行相违，或不守清规，敬而远之可也。此遵佛制，所谓默摈是也。默者，不扬其过；摈者，疏远之意。即对在家二众言行相违者，亦应如是。此是修行人应守之本分，不可忽也。

总之，若欲佛法昌明，必须出家在家众中，皆有道高德重为众所服者，以为领袖；且须政治清明，政府中主要之人，亦能信奉三宝，互相维护而整饬之，始克有济耳。

依佛制，出家人若违佛法，即归僧中领袖大德，依佛律治之。倘犯国律，亦须经其领袖大德同意，先令还俗，然后方可依世法治之。而尤在披剃时，严选资格，乃为正本清源之道也。

"娑婆"为一大千世界，其中有十万万四天下，十万万六欲天等。况佛说法时，十方无量数世界菩萨、天、龙来赴法会者，甚多甚多。故曰"一切世间"。说一"天"及"修罗"，即摄八部。此中"人"字，通指四众以外之人也。不说菩萨者，其义有二：

一、此经说在大般若法会之第九会，前会已详列菩萨矣，此故略之。

二、此经是为发大乘、发最上乘者说，可见在会者，皆是发无上菩提心之菩萨摩诃萨，故不别列也。

"皆大欢喜"者，闻此大法，心开意解，是为欢喜。且知信受奉行，便是荷担如来，当得菩提，成佛有望，非同小可，故大欢喜。在会法众，无不如是，故皆大欢喜也。

"信"，即信心不逆之信。"受"者，解也，即"深解义趣"之"解"。因其有不逆之信，深解之受，所以奉行。奉者，遵奉，谓遵依经中所说之义趣。"行"字，兼自利利他言，谓自己既遵奉而行，复广布此经，为人演说，令一切众生，无不皆大欢喜。如是信受，如是奉行，务使慧水长流，法脉永通，传之尘劫而无滞，普及万类而无遗。则遍法界、尽未来，有此经处，便是佛说法处。

前云佛说此经已，不过约一时之事相言之耳。结集者之意，在于一切大众，依教奉行，佛种永永不绝，则我世尊之说是经，固永永未有已时也。不但结集本经者，具此宏愿。我辈今日说者、闻者，发起此法会、维持此法会者，亦无不皆大欢喜，信受奉行，同具此愿也。具有此愿，乃为真信受，真奉行，真欢喜。此正吾辈报佛恩处。

不慧自愧于此深经，未尽演说之量，不过大海中说其一滴耳。然而即此一滴，已具全海之味。惟愿诸善知识，从实信而入净信，于有为而证无为。以此行愿，庄严佛土，化度有情，便可即身成佛，岂止决定生西已哉？

附录

金刚般若波罗蜜经

如是我闻。一时，佛在舍卫国祇树给孤独园，与大比丘众千二百五十人俱。尔时，世尊食时，著衣持钵，入舍卫大城乞食。于其城中，次第乞已，还至本处。饭食讫，收衣钵，洗足已，敷座而坐。

时长老须菩提，在大众中，即从座起，偏袒右肩，右膝着地，合掌恭敬而白佛言：

"希有，世尊！如来善护念诸菩萨，善付嘱诸菩萨。世尊！善男子、善女人，发阿耨多罗三藐三菩提心，应云何住？云何降伏其心？"

佛言："善哉！善哉！须菩提，如汝所说，如来善护念诸菩萨，善付嘱诸菩萨。汝今谛听，当为汝说。善男子、善女人，发阿耨多罗三藐三菩提心，应如是住，如是降伏其心。"

"唯然，世尊！愿乐欲闻。"

佛告须菩提："诸菩萨摩诃萨，应如是降伏其心。所有一切众生之类，若卵生、若胎生、若湿生、若化生，若有色、若无色、若有想、若无想、若非有想非无想，我皆令入无余涅槃而灭度之。如是灭度无量无数无边众生，实无众生得灭度者。何以故？须菩提，若菩萨有我相、人相、众生相、寿者相，即非菩萨。

复次，须菩提，菩萨于法，应无所住，行于布施。所谓不住色布施，不住声、香、味、触、法布施。须菩提，菩萨应如是布施，不住于相。何以故？若菩萨不住相布施，其福德不可思量。

须菩提，于意云何？东方虚空可思量不？"

"不也，世尊！"

"须菩提,南西北方四维上下虚空可思量不?"

"不也,世尊!"

"须菩提,菩萨无住相布施,福德亦复如是不可思量。须菩提,菩萨但应如所教住。须菩提,于意云何?可以身相见如来不?"

"不也,世尊!不可以身相得见如来。何以故?如来所说身相,即非身相。"

佛告须菩提:"凡所有相,皆是虚妄。若见诸相非相,则见如来。"

须菩提白佛言:"世尊!颇有众生,得闻如是言说章句,生实信不?"

佛告须菩提:"莫作是说。如来灭后,后五百岁,有持戒修福者,于此章句,能生信心,以此为实。当知是人,不于一佛二佛三、四、五佛而种善根,已于无量千万佛所,种诸善根。闻是章句,乃至一念生净信者。须菩提,如来悉知悉见,是诸众生,得如是无量福德。何以故?是诸众生,无复我相、人相、众生相、寿者相,无法相,亦无非法相。何以故?是诸众生,若心取相,则为著我、人、众生、寿者。若取法相,即著我、人、众生、寿者。何以故?若取非法相,即著我、人、众生、寿者。是故不应取法,不应取非法。以是义故,如来常说:汝等比丘,知我说法,如筏喻者。法尚应舍,何况非法?

须菩提,于意云何?如来得阿耨多罗三藐三菩提耶?如来有所说法耶?"

须菩提言:"如我解佛所说义,无有定法,名阿耨多罗三藐三菩提,亦无有定法,如来可说。何以故?如来所说法,皆不可取,不可说,非法,非非法。所以者何?一切贤圣,皆以无为法而有差别。"

"须菩提,于意云何?若人满三千大千世界七宝以用布施,是人所得福德,宁为多不?"

须菩提言:"甚多,世尊!何以故?是福德,即非福德性,是故如来说福德多。"

"若复有人,于此经中,受持乃至四句偈等,为他人说,其福胜彼。何以故?须菩提,一切诸佛,及诸佛阿耨多罗三藐三菩提法,皆从此经出。须菩提,所谓佛法者,即非佛法。

须菩提,于意云何?须陀洹能作是念,我得须陀洹果不?"

须菩提言:"不也,世尊!何以故?须陀洹名为入流,而无所入,不入色、声、香、味、触、法，是名须陀洹。"

"须菩提，于意云何？斯陀含能作是念，我得斯陀含果不？"

须菩提言："不也，世尊！何以故？斯陀含名一往来，而实无往来，是名斯陀含。"

"须菩提，于意云何？阿那含能作是念，我得阿那含果不？"

须菩提言："不也，世尊！何以故？阿那含名为不来，而实无来，是故名阿那含。"

"须菩提，于意云何？阿罗汉能作是念，我得阿罗汉道不？"

须菩提言："不也，世尊！何以故？实无有法，名阿罗汉。世尊！若阿罗汉作是念，我得阿罗汉道，即为著我人众生寿者。世尊！佛说我得无诤三昧，人中最为第一，是第一离欲阿罗汉。我不作是念，我是离欲阿罗汉。世尊！我若作是念，我得阿罗汉道，世尊则不说须菩提是乐阿兰那行者。以须菩提实无所行，而名须菩提是乐阿兰那行。"

佛告须菩提："于意云何？如来昔在然灯佛所，于法有所得不？"

"世尊！如来在然灯佛所，于法实无所得。"

"须菩提，于意云何？菩萨庄严佛土不？"

"不也，世尊！何以故？庄严佛土者，则非庄严，是名庄严。"

"是故须菩提，诸菩萨摩诃萨，应如是生清净心。不应住色生心，不应住声、香、味、触、法生心，应无所住而生其心。须菩提，譬如有人，身如须弥山王。于意云何？是身为大不？"

须菩提言："甚大，世尊！何以故？佛说非身，是名大身。"

"须菩提，如恒河中所有沙数，如是沙等恒河，于意云何？是诸恒河沙，宁为多不？"

须菩提言："甚多，世尊！但诸恒河，尚多无数，何况其沙？"

"须菩提，我今实言告汝，若有善男子、善女人，以七宝满尔所恒河沙数三千大千世界，以用布施，得福多不？"

须菩提言："甚多，世尊！"

佛告须菩提："若善男子、善女人，于此经中，乃至受持四句偈等，为他人说，而此福德，胜前福德。复次，须菩提，随说是经，乃至四句偈等，当知此处，一切世间、天、人、阿修罗，皆应供养，如佛塔庙。何况有人尽能受持读诵。须菩提，当知是人，成就最上第一希有之法。若是经典所在之处，则为有佛，若尊重弟子。"

尔时，须菩提白佛言："世尊！当何名此经？我等云何奉持？"

佛告须菩提："是经名为《金刚般若波罗蜜》。以是名字，汝当奉持。所以者何？须菩提，佛说般若波罗蜜，则非般若波罗蜜。须菩提，于意云何？如来有所说法不？"

须菩提白佛言："世尊！如来无所说。"

"须菩提，于意云何？三千大千世界所有微尘，是为多不？"

须菩提言："甚多，世尊！"

"须菩提，诸微尘，如来说非微尘，是名微尘。如来说世界，非世界，是名世界。须菩提，于意云何？可以三十二相见如来不？"

"不也，世尊！何以故？如来说三十二相，即是非相，是名三十二相。"

"须菩提，若有善男子、善女人，以恒河沙等身命布施。若复有人，于此经中，乃至受持四句偈等，为他人说，其福甚多。"

尔时，须菩提闻说是经，深解义趣，涕泪悲泣，而白佛言：

"希有！世尊！佛说如是甚深经典，我从昔来所得慧眼，未曾得闻如是之经。世尊！若复有人得闻是经，信心清净，则生实相，当知是人，成就第一希有功德。世尊！是实相者，则是非相，是故如来说名实相。世尊！我今得闻如是经典，信解受持，不足为难。若当来世，后五百岁，其有众生，得闻是经，信解受持，是人则为第一希有。何以故？此人无我相、人相、众生相、寿者相。所以者何？我相即是非相，人相、众生相、寿者相，即是非相。何以故？离一切诸相，则名诸佛。"

佛告须菩提："如是，如是。若复有人，得闻是经，不惊不怖不畏，当知是人，甚为希有。何以故？须菩提，如来说第一波罗蜜，非第一波罗蜜，是名第一波罗蜜。须菩提，忍辱波罗蜜，如来说非忍辱波罗蜜。何以故？须菩提，如我昔为歌利王割截身体，我于尔时，无我相、无人相、无众生相、无寿者相。何以故？我于往昔节节支解时，若有我相、人相、众生相、寿者相，应生瞋恨。须菩提，又念过去于五百世，作忍辱仙人。于尔所世，无我相，无人相，无众生相，无寿者相。是故须菩提，菩萨应离一切相，发阿耨多罗三藐三菩提心。不应住色生心，不应住声、香、味、触、法生心，应生无所住心。若心有住，则为非住。是故，佛说菩萨心不应住色布施。须菩提，菩萨为利益一切众生，应如是布施。如来说：一切诸相，即是非相；又说：一切众生，则非众生。须菩提，如来是真语者，实语者，如语者，不诳语者，不异语者。须菩提，如来所得法，此法无实无虚。须菩提，若菩萨心住于法而行布施，如人入暗，则无所见。若菩萨心不住法而行布施，如人有目，日光明照，见种种色。须菩提，当来之世，若有善男子、善女人，能于此经受持读诵，则为如来以佛智慧，悉知是人，悉见是人，皆得成就无量无边功德。

须菩提，若有善男子、善女人，初日分，以恒河沙等身布施；中日分，复以恒河沙等身布施；后日分，亦以恒河沙等身布施。如是无量百千万亿劫，以身布施。若复有人，闻此经典，信心不逆，其福胜彼。何况书写，受持读诵，为人解说？须菩提，以要言之，是经有不可思议、不可称量无边功德。如来为发大乘者说，为发最上乘者说。若有人能受持读诵，广为人说，如来悉知是人，悉见是人，皆成就不可量、不可称、无有边、不可思议功德。如是人等，则为荷担如来阿耨多罗三藐三菩提。何以故？须菩提，若乐小法者，著我见、人见、众生见、寿者见，则于此经不能听受读诵，为人解说。须菩提，在在处处，若有此经，一切世间天人阿修罗，所应供养。当知此处，则为是塔，皆应恭敬，作礼围绕，以诸华香而散其处。复次，须菩提，善男子、善女人，受持读诵此经，若为人轻贱，是人先世罪业，应堕恶道。以今世人轻贱故，先世罪业则为消灭，当得阿耨多罗三藐三菩提。须菩提，我念过去无量阿僧祇劫，于然灯佛前，得值八百四千万亿那由他诸佛，悉皆供养承事，无空过者。若复有人，于后末世，能受持读诵此经，所得功德，于我所供养诸佛功德，百分不及一，千万亿分，乃至算数譬喻所不能及。须菩提，若善男子、善女人，于后末世，有受持读诵此经，所得功德，我若具说者，或有人闻，心则狂乱，狐疑不信。须菩提，当知是经义不可思议，果报亦不可思议。"

尔时，须菩提白佛言："世尊！善男子、善女人，发阿耨多罗三藐三菩提心，云何应住？云何降伏其心？"

佛告须菩提："善男子、善女人，发阿耨多罗三藐三菩提者，当生如是心，我应灭度一切众生，灭度一切众生已，而无有一众生实灭度者。何以故？若菩萨有我相、人相、众生相、寿者相，则非菩萨。所以者何？须菩提，实无有法发阿耨多罗三藐三菩提者。须菩提，于意云何？如来于燃灯佛所，有法得阿耨多罗三藐三菩提不？"

"不也，世尊！如我解佛所说义，佛于然灯佛所，无有法得阿耨多罗三藐三菩提。"

佛言："如是，如是。须菩提，实无有法如来得阿耨多罗三藐三菩提。须菩提，若有法如来得阿耨多罗三藐三菩提，然灯佛则不与我授记：'汝于来世，当得作佛，号释迦牟尼。'以实无有法得阿耨多罗三藐三菩提，是故然灯佛与我授记，作是言：'汝于来世，当得作佛，号释迦牟尼。'何以故？如来者，即诸法如义。若有人言，如来得阿耨多罗三藐三菩提。须菩提，实无有法，佛得阿耨多罗三藐三菩提。须菩提，如来所得阿耨多罗三藐三菩提，于是中无实无虚。是故如来说一切法皆是佛法。须菩提，所言一切法者，即非一切法，是故名一切法。须菩提，譬如人身长大。"

须菩提言："世尊！如来说，人身长大，则为非大身，是名大身。"

"须菩提，菩萨亦如是。若作是言，我当灭度无量众生，则不名菩萨。何以故？须菩提，无有法名为菩萨。是故佛说一切法无我、无人、无众生、无寿者。须菩提，若菩萨作是言：我当庄严佛土，是不名菩萨。何以故？如来说：庄严佛土者，即非庄严，是名庄严。须菩提，若菩萨通达无我法者，如来说名真是菩萨。须菩提，于意云何？如来有肉眼不？"

"如是。世尊！如来有肉眼。"

"须菩提，于意云何？如来有天眼不？"

"如是。世尊！如来有天眼。"

"须菩提，于意云何？如来有慧眼不？"

"如是，世尊！如来有慧眼。"

"须菩提，于意云何？如来有法眼不？"

"如是，世尊！如来有法眼。"

"须菩提，于意云何？如来有佛眼不？"

"如是，世尊！如来有佛眼。"

"须菩提，于意云何？恒河中所有沙，佛说是沙不？"

"如是，世尊！如来说是沙。"

"须菩提,于意云何?如一恒河中所有沙,有如是等恒河,是诸恒河所有沙数佛世界如是,宁为多不?"

"甚多,世尊!"

佛告须菩提:"尔所国土中,所有众生,若干种心,如来悉知。何以故?如来说诸心皆为非心,是名为心。所以者何?须菩提,过去心不可得,现在心不可得,未来心不可得。须菩提,于意云何?若有人满三千大千世界七宝,以用布施。是人以是因缘,得福多不?"

"如是,世尊!此人以是因缘,得福甚多。"

"须菩提,若福德有实,如来不说得福德多。以福德无故,如来说得福德多。须菩提,于意云何?佛可以具足色身见不?"

"不也,世尊!如来不应以色身见。何以故?如来说具足色身,即非具足色身,是名具足色身。"

"须菩提,于意云何?如来可以具足诸相见不?"

"不也,世尊!如来不应以具足诸相见。何以故?如来说诸相具足,即非具足,是名诸相具足。"

"须菩提,汝勿谓如来作是念,我当有所说法,莫作是念。何以故?若人言如来有所说法,即为谤佛,不能解我所说故。须菩提,说法者无法可说,是名说法。"

尔时,慧命须菩提白佛言:"世尊!颇有众生,于未来世,闻说是法,生信心不?"

佛言:"须菩提,彼非众生,非不众生。何以故?须菩提,众生众生者,如来说非众生,是名众生。"

须菩提白佛言:"世尊!佛得阿耨多罗三藐三菩提,为无所得耶?"

"如是,如是!须菩提,我于阿耨多罗三藐三菩提,乃至无有少法可得,是名阿耨多罗三藐三菩提。复次,须菩提,是法平等,无有高下,是名阿耨多罗三藐三菩提。以无我、无人、无众生、无寿者,修一切善法,则得阿耨多罗三藐三菩提。须菩提,所言善法者,如来说非善法,是名善法。

须菩提,若三千大千世界中所有诸须弥山王,如是等七宝聚,有人持用布施。若人以此《般若波罗蜜经》,乃至四句偈等,受持、为他人说。

于前福德，百分不及一，百千万亿分，乃至算数譬喻所不能及。

须菩提，于意云何？汝等勿谓如来作是念，我当度众生。须菩提，莫作是念。何以故？实无有众生如来度者。若有众生如来度者，如来则有我、人、众生、寿者。须菩提，如来说有我者，则非有我，而凡夫之人，以为有我。须菩提，凡夫者，如来说则非凡夫。

须菩提，于意云何？可以三十二相观如来不？"

须菩提言："如是如是，以三十二相观如来。"

佛言："须菩提，若以三十二相观如来者，转轮圣王则是如来。"

须菩提白佛言："世尊！如我解佛所说义，不应以三十二相观如来。"

尔时，世尊而说偈言：

"若以色见我，以音声求我，是人行邪道，不能见如来。

须菩提，汝若作是念，如来不以具足相故，得阿耨多罗三藐三菩提。须菩提，莫作是念：如来不以具足相故，得阿耨多罗三藐三菩提。须菩提，汝若作是念，发阿耨多罗三藐三菩提者，说诸法断灭。莫作是念，何以故？发阿耨多罗三藐三菩提者，于法不说断灭相。

须菩提，若菩萨以满恒河沙等世界七宝布施。若复有人，知一切法无我，得成于忍，此菩萨胜前菩萨所得功德。须菩提，以诸菩萨不受福德故。"

须菩提白佛言："世尊！云何菩萨不受福德？"

"须菩提，菩萨所作福德，不应贪著，是故说不受福德。须菩提，若有人言，如来若来若去，若坐若卧，是人不解我所说义。何以故？如来者，无所从来，亦无所去，故名如来。须菩提，若善男子、善女人，以三千大千世界碎为微尘。于意云何？是微尘众，宁为多不？"

"甚多，世尊！何以故？若是微尘众实有者，佛则不说是微尘众。所以者何？佛说微尘众，则非微尘众，是名微尘众。世尊！如来所说三千大千世界，则非世界，是名世界。何以故？若世界实有，则是一合相。如来说一合相，则非一合相，是名一合相。"

"须菩提，一合相者，则是不可说。但凡夫之人，贪著其事。"

"须菩提，若人言：佛说我见、人见、众生见、寿者见。须菩提，于意云何？是人解我所说义不？"

"世尊！是人不解如来所说义。何以故？世尊说我见、人见、众生见、寿者见，即非我见、人见、众生见、寿者见，是名我见、人见、众生见、寿者见。"

"须菩提，发阿耨多罗三藐三菩提心者，于一切法，应如是知，如是见，如是信解，不生法相。须菩提，所言法相者，如来说即非法相，是名法相。须菩提，若有人以满无量阿僧祇世界七宝，持用布施。若有善男子、善女人，发菩萨心者，持于此经，乃至四句偈等，受持读诵，为人演说，其福胜彼。云何为人演说？不取于相，如如不动。何以故？

一切有为法，如梦幻泡影，如露亦如电，应作如是观。"

佛说是经已，长者须菩提，及诸比丘、比丘尼、优婆塞、优婆夷，一切世间天人阿修罗，闻佛所说，皆大欢喜，信受奉行。

《金刚经》校勘记

此本一依敦煌石室唐人写经，而柳公权所书，即石室藏经之一，久有影印本行世，可以覆按。故《校勘记》中，首列柳书，次列参校诸本。兹将所据各本名目，及有无单行本流通，一一详载于校勘记前，以便检校。

柳书 经后题云："长庆四年四月六日（衔），柳公权为右街僧录准公书。"按：柳书，清宣统间上海有正书局，曾汇聚石室中藏品十余种，以珂罗版影印行世，颜曰"石室秘宝"。柳书为秘宝之一也。长庆，乃唐穆宗年号。

翁书 乾隆五十七年壬子，翁方纲书。跋云："依南唐道颙法师石本。"按：翁书，系依五代时南唐石刻，故列于宋藏之前。现有石印赠品。

宋藏 南宋理宗绍定时，平江府碛砂延圣院刊，所谓"碛砂藏"是也。按：此藏经始于宋理宗绍定四年，完成在元武宗至大二年，前后历八十年而后工竣。原藏西安卧龙、开元两寺，后移存陕省图书馆，现上海影印宋版藏经会正在影印中。

张书 南宋理宗宝佑二年甲寅，张樗寮即之书。自跋云："依天台教僧宗印校本。"清康熙四年乙巳，笪重光等摹勒上石，供焦山石壁庵。按：宝佑二年，后于绍定二十余年。经中文句，与碛砂藏微有异同。有拓本，又有民国十七年汪大燮依张书所写石印本赠品。

《金刚经注疏》 唐纪国寺释慧净注。注前有唐常太博士河南褚亮序，慧公同时人也。后有日本丹阳散人跋，其略云："此注在支那不行，于扶桑亦未睹。近义空师获其真本，遂刊行而永传之。久隐之至宝，一旦发光扬彩，可谓得时。享保二岁丁酉初秋。"按：日本享保丁酉，为我国清康熙五十六年。经文不审何时会入。以校柳书，字句多同，且少魏译一段，必在他种会本前，故先列之。

　　《金刚经注》　姚秦释僧肇注。有日本沙门敬雄序云："曩由慈觉大师，于支那持归，秘诸名山九百年。顷祖芳禅人持以示余，余叹曰：'此经之注，肇公为先，注来大东，亦此注为先，而发于诸注既行之殿者，岂非时节因缘乎？'天台大师曾讲此经，专依肇公，犹如说《观经》，专依净影也。梓而行之，其利益复如何哉？宝历十二壬午之夏。"

　　按：日本宝历壬午，为我国清乾隆二十七年，距今百七十二年。上溯九百年，约在吾唐季懿宗咸通之初。经文亦不知何时会入。但与南唐石刻及《长水刊定记》，互有出入，亦已加入魏译六十二字。且注其下云："此六十二字，肇本无之，天台疏亦无科判。然诸本皆有此文，故且存之。"其必后于慧注之会本，可知。以上两书，均见商务印书馆影印《续藏经》中，无单行本（古农按，《续藏》中此书，曾于民国九年，丁惟森等依黎端甫校本，刻于赣州刻经处）。

　　《金刚经智者疏》　隋天台智者说，清光绪三十三年金陵刻。

　　《金刚经义疏》　隋嘉祥吉藏撰，民国六年金陵刻。

　　《金刚经赞述》　唐大慈恩寺窥基撰，民国六年金陵刻。

　　《金刚经疏论纂要》　唐大兴福寺宗密述，民国十一年北平刻。按：以上四书，皆得诸日本。《义疏》原无经文，乃金陵刻时会入者，故与现流通本同。其他三书会入之经文，或依其旧，或未全依，故与流通本有同有异。可以单行本与《续藏》对校也。

　　《金刚经疏记汇编》　民国十九年北平刻。"疏"即《疏论纂要》，"记"则宋长水沙门子璿所撰《刊定记》。按：《续藏》中收有明释大璸之《疏记科会》，是清乾隆四十七年依照云栖旧本重刻者，可藉以考证明时经文与今本异同也。

应云何住

　　柳书、翁书、宋藏、张书、明刻及慧注、肇注、《纂要》三会本皆同。今流通本及清初本作"云何应住"，与后周语同。按：《赞述》引经，亦作"应云何住"。

若非有想非无想

柳书乃至明刻、慧注、肇注、智疏、《赞述》、《纂要》五会本及今流通本皆同。清初刻本，于"非无想"上，有加一"若"字者，并注云："古本无之。"按：古本既无，何可滥加？今以所见各本参校，盖自唐季以后，经文乃被人陆续增易，而明、清间增易最多也。

若菩萨有我相人相众生相寿者相即非菩萨

肇注会本，"若"下无"菩萨"二字，余本皆有。

则见如来

柳书、翁书、宋藏、张书及慧注、肇注、智疏三会本并同。流通本"则"作"即"，明清刻本皆然。

于此章句

古今各本皆同，惟肇注会本，作"此于章句"。

则为著我人众生寿者

古今各本皆同，惟清初刻本，"则"作"即"。

何以故若取非法相

古今各本皆同。清初刻本，有疑"何以故"三字为衍文而删之者。

是故如来说福德多若复有人

古今各本皆同。清初有刻本，于"若复"上，加"佛言须菩提"五字。

所谓佛法者即非佛法

古今各本皆同。清初有本，于"即非"句下多"是名佛法"句。按：《长水刊定记》云："如经中，即非佛法是胜义谛，遮增益边；是名佛法，是世俗谛，遮损减边。其余'即非'、'是名'例此。"见《疏记汇编》卷三第十一页。是长水时，已有刊本，不知被谁加入此句矣。然考圭峰疏意，实无"是名"句。疏云："第一义中，无有佛法从经出也。"见《纂要》卷上第二十六页。《长水记》于此，则依《疏》而释，未及"是名"句。见汇编卷四第三十二页。考古德注疏中，皆无是名句义。

而实无来

柳书、宋藏、慧本均同。流通本作"而实无不来"。盖南唐石刻已加入"不"字矣。按智者疏、嘉祥义疏皆云："以'无'兼'不'。"慧注则云："观内既不见有我，说谁不来，故云'而实无来'也。"足证本作"无来"。

是第一离欲阿罗汉我不作是念

柳书至明刻、慧注等五会本并同。流通本"我"上有"世尊"二字，清初诸本皆然。

我若作是念

古今各本皆同，惟肇本无"我"字。

于法有所得不世尊如来在然灯佛所

柳书、慧本同。流通本"有所得不"下，有"不也"二字，南唐石刻以后本皆然。

则非庄严

柳书、宋藏、张书、慧本同。流通本作"即非"，南唐石刻、明清诸本皆然。

而此福德胜前福德

古今各本皆同，惟慧本"而"作"如"。

则为有佛

柳书至明刻、慧注、《纂要》两会本并同。流通本及清初诸本，"则"作"即"。

则非般若波罗蜜

柳书至明刻及慧注会本并同，流通本及清初诸本，"则"作"即"，其下又有"是名般若波罗蜜"句。清初有本并注其下云："古本无。"按："是名般若波罗蜜"句，南宋碛砂藏始见加入，不但为唐人写经所无，即南唐石刻，及张樗寮书，皆无之也。慧注等五会本经文，皆无"是名"句。又考肇注曰："则非般若，即慧空也。境灭慧忘，何相不尽？弘持之旨，宜在于此。"智者疏同。智疏又曰："般若即非般若，此是如空。"嘉祥义疏曰："般若非般若，心行断也。下如来无所说，绝言语也。"又曰："'佛说般若'，此是佛般若也。'则非般若'，非是二乘智慧。"慧注曰："证真之日，得真般若。得真之时，便舍文字。故云'佛说般若，即非般若'。"《赞述》曰："则非般若波罗蜜者，非一佛独陈也。"《纂要》曰："则非般若者，无著云'对治如言执故'。"以上诸古注，皆未释及"是名"。

可以三十二相见如来不不也世尊何以故

柳书、慧本同,流通本"何以故"上有"不可以三十二相得见如来"句。按:南唐石刻,已加此句。考各古注,皆未释及之。《义疏》谓犹是释成前文,"可以身相见如来不"之义,故与前文贯串而释。

则生实相

古今各本并同,清初本"则"作"即"。

则是非相

柳书至明刻、慧注等五会本并同,流通本、清初本"则"作"即"。

是人则为第一希有

古今各本并同,清初本"则"作"即"。

此人无我相人相众生相寿者相

柳书至明刻、慧注等五会本皆同,流通本、清初本作"此人无我相无人相无众生相无寿者相"。

则名诸佛

柳书至张书、慧注等五会本皆同,流通本、明清刻本"则"作"即"。

非第一波罗蜜

柳书至明刻、慧注会本皆同,流通本、清初本作"即非"。

如来说非忍辱波罗蜜

柳书至明刻、慧注等五会本并同。流通本、清初本,于此句之下,有"是名忍辱波罗蜜"句。清初有本,注明其下云:"是名句,古本无,然不可少。"由此可见是彼时加入。按:智疏曰:"既无我人,谁加谁忍?故非忍为忍,忍为非忍,为般若体也。"《纂要》曰:"忍到彼岸,已离苦相。况彼岸非岸,谁苦谁忍?"其他古注中,皆无"是名"句义。

则为非住

柳书至明刻、慧注、肇注、智疏、《纂要》四会本并同。流通本、清初本"则"作"即"。

菩萨为利益一切众生

柳书至明刻、慧注等五会本并同。流通本众生下有"故"字,盖清初时加入者也。清初有本注明其下云:"各本无'故'字。"

则非众生

柳书、宋藏、明刻及慧、肇二注会本并同。流通本、清初本"则"作"即",南唐石本、张书亦然。

则无我见

柳书至明刻,慧注等五会本、流通本并同。此与下文,"则为如来以佛智慧","则为荷担","则于此经","则为是塔","则为消灭",清初本"则"多作"即"。

皆成就不可量不可称无有边不可思议功德

柳书如此,其他各本作"皆得成就"。按:慧注云:"若人依经起行,即生无边之福,与三佛性相应,故能圆满界种。""界"谓真如,"种"谓菩提心、六度行。"界种",即三佛性也。玩此注意,其无"得"字可知。"得"者,当得也。今言与三佛性相应,是已成就矣。已成就者,谓其成就相应,已具有能圆满界种之资,非谓已成佛。此即《长水记》所云:"若能宣说受持,此则修行二利,能令佛种不断,则名荷担菩提。"盖成就之言,即言其成就荷担。所以《长水记》又云:"不可量等功德,与无上菩提为因也。"据此,足证本无"得"字。

心则狂乱

柳书至明刻、慧注等五会本并同,流通本、清初本,"则"作"即"。

发阿耨多罗三藐三菩提者

柳书如此,其他各本,"者"上有"心"字。按:经旨正破存有菩提法之心,故下即紧接曰"当生如是我应灭度众生,乃至无一众生实灭度之心"也。则"菩提"下不能著"心"字,应从唐人写经明矣,下同。

何以故若菩萨有我相人相众生相寿者相则非菩萨

柳书、明刻本、慧本、并同。翁书乃至流通本等,"若"上有"须菩提"三字。又清初本,"则非"作"即非"。

实无有法发阿耨多罗三藐三菩提者

柳书如此,其他诸本,"者"上有"心"字。

若有法如来得阿耨多罗三藐三菩提

柳本、慧本同,其他各本,"提"下有"者"字。

然灯佛则不与我授记

古今各本皆同,清初本"则"作"即"。

则为非大身

柳书、宋藏、张书、明刻、慧注等五会本并同。流通本"则"作"即",翁书及清初本皆然。

则不名菩萨

古今各本皆同,清初本"则"作"即"。

无有法名为菩萨

柳书、慧本、肇本并同。流通本作"实无",南唐石刻以后皆然。按:《长水记》云:"但约无我无人,真如清净,名为菩萨,非谓别有一法。"足证无"实"字。若有之,当云"非谓实有一法",不云"别有"矣。

恒河中所有沙

柳书、宋藏、张书、慧本并同。流通本"恒"上有"如"字,南唐石刻、明清诸本皆然。

有如是等恒河

柳书、宋藏、张书、慧本并同。流通本"等"上有"沙"字,南唐石刻、明清诸本皆然。

过去心不可得现在心不可得未来心不可得

古今各本并同,惟慧本,初"过去",次"未来",三"现在"。无著菩萨论亦然,论云:"过去已灭故,未来未有故,现在第一义故。"

如来不应以色身见

柳书、慧本同。流通本"色身"上有"具足"二字,南唐石刻以后诸本皆然。

即为谤佛

古今各本并同,南唐石刻、张书"即"作"则"。

"尔时慧命须菩提"至"是名众生"

柳书无,南唐石刻以后有。按:此六十二字,秦译本无之,乃后人据魏译增入者。故肇注乃至《纂要》,皆未释及,惟赞述已引魏译加入释之。大约唐时或加或不加,至五代以后本,则无不加入耳。总之,此段之义,偈论俱有，取魏译增入，亦佳。秦译盖因前文已有"如来说一切众生，则非众生"，故此处从略欤？

为无所得耶如是如是

柳书、慧本同。流通本"如是"上有"佛言"。按南唐石刻，已有"佛言"二字矣。

则得阿耨多罗三藐三菩提

柳书至明刻、慧注等五会本并同，流通本、清初本"则"作"即"。

如来说非善法

柳书、宋藏、张书、慧本并同。流通本"说"下有"即"字，南唐石刻、明清诸本皆然。古注如慧注、《赞述》，引经皆无"即"字，惟《纂要》引作"即非"。

受持为他人说

柳书、慧本并同流通本"受持"下有"读诵"二字，南唐石刻以后本皆然。

如来则有我人众生寿者

柳书至明刻、慧注等五会本并同。流通本、清初本，"则"作"即"。

则非有我

同上。

则非凡夫

同上。又清初本及今流通本，此句下复有"是名凡夫"句。柳书至明刻、慧注、肇注、智疏、《赞述》四会本皆无之。清初有本，注明为"古本所无"。详考各古注，皆无"是名"句义也。

转轮圣王则是如来

同上。

汝若作是念发阿耨多罗三藐三菩提者

柳书、慧本、肇本并同。流通本"者"上有"心"字，南唐石刻以后本皆然。

发阿耨多罗三藐三菩提者于法不说断灭相

同上。

以满恒河沙等世界七宝布施

柳书、慧本同。流通本"布施"上有"持用"二字，南唐石刻以后本皆然，而明刻本有少"持用"二字者。

此菩萨胜前菩萨所得功德须菩提以诸菩萨不受福德故

柳书、张书，慧注、赞述二会本并同。流通本"功德"下有"何以故"三字，南唐石刻、碛砂藏亦然。明刻本间，无"何以故"句。

是微尘众宁为多不甚多世尊

柳书、宋藏、明刻、慧注等五会本皆同，流通本"甚多"上有"须菩提言"句，南唐石刻、张樗寮书、清初本皆有之。

佛则不说是微尘众

柳书至明刻、慧注等五会本并同。流通本、清初本，"则"作"即"。

则非微尘众

柳书、宋藏、张书、明刻、慧注等五会本并同。流通本"则"作"即"，南唐石刻清初本皆然。

则非世界

同上。

若世界实有

柳书如此。慧注会本作"有实"。流通本及南唐石刻以后各本，皆作"实有者"。

则是一合相

柳书、翁书、宋藏、明刻、慧注等五会本并同。张樗寮书、清初本、流通本，"则"作"即"。

则非一合相

柳书、宋藏、张书、明刻、慧注等五会本并同，南唐石刻、清初本、今流通本"则"作"即"。

则是不可说

柳书至明刻、慧注等五会本并同，清初本、今流通本"则"作"即"。

是人解我所说义不世尊

柳书、慧本同。流通本"不"下有"不也"句，南唐石刻以后各本皆然，惟明刻无之。

即非我见人见众生见寿者见

古今各本皆同,惟明刻"即"作"则"。

发菩萨心者

柳书至明刻、慧本并同,流通本、清初本"菩萨"作"菩提"。按:《长水记》云:"发菩萨心者,拣余人也。"